近世東アジア
比較都城史の諸相

新宮 学
【編】

妹尾 達彦
桑野 栄治
中村 篤志
久保田 和男
渡辺 健哉
張 学鋒（小尾 孝夫 訳）
橋本 義則
馬 彪
成 一農
【著】

白帝社

近世東アジア比較都城史の諸相

目　　次

序　章　近世東アジア比較都城史研究序説……………………………新宮　学　3
1　都城とは何か　3
2　近世都城としての北京　4
3　近世東アジア比較都城史研究会の活動　8
4　本書各章の概要　10

第一部　宮城をめぐる諸問題

第1章　太極宮から大明宮へ
　　　　──唐長安における宮城空間と都市社会の変貌……………妹尾達彦　17
はじめに──空間と政治　17
1　太極殿の時代　18
　　（1）中国都城史における太極殿時代　19　　（2）太極殿の変貌　25
2　大明宮の時代──太極宮太極殿から大明宮宣政殿へ　31
　　（1）大明宮の建築構造　31　　（2）大明宮の空間配置の特色　34　　（3）文学の大明宮　42
おわりに──空間と社会　47

第2章　朝鮮初期昌徳宮後苑小考……………………………………桑野栄治　61
はじめに　61
1　後苑の管理機構　62
　　（1）上林園から掌苑署へ　62　　（2）上林園という空間──15世紀前半の後苑点描　63
2　昌徳宮後苑の造成事業　66
　　（1）解慍亭──昌徳宮後苑の誕生　67　　（2）文昭殿と広孝殿──太祖と太宗の真殿　68
　　（3）閲武亭──習陣・閲武のための楼亭　69
3　昌徳宮後苑の拡張　70
　　（1）新茅亭と無逸殿　70　　（2）採桑壇──中宮の先蚕儀礼　72　　（3）そして享楽の場へ──燕山君代　74
おわりに　77

第3章　清朝宮廷におけるモンゴル王公
　　　　──光緒9～10年乾清門行走日記の分析から………………中村篤志　89
はじめに　89
1　モンゴル王公の年班・行走制度　91
2　光緒9年末、モンゴル王公の乾清門行走日記の概要　93
　　（1）史料の概要　93　　（2）史料の作者　94　　（3）史料の特徴と執筆目的　95
3　宮廷儀礼における乾清門行走の位置付け　97
おわりに　100

第二部　都城空間をめぐる諸問題

第4章　開封廃都と臨安定都をめぐって　………………………………久保田和男　115
はじめに　115
1　靖康の変で奪われる首都機能——開封の廃都　116
　　(1) 金が北方へ持ち去ったもの　116　　(2) 高宗政権の成立と開封廃都　118
2　南郊祭祀と臨安首都体制の確立　120
　　(1) 揚州での南郊　121　　(2) 分散する首都機能　121　　(3) 臨安首都体制の確立——明堂祭祀から南郊祭祀へ　123
3　「都人」の再生と『東京夢華録』の成立　127
おわりに　130

第5章　元の大都の形成過程　………………………………………………渡辺健哉　139
はじめに　139
1　金の中都　140
2　金の中都から元の南城へ　143
3　大都城の建設　146
4　南城に規制される大都城　151
おわりに　153

第6章　北京外城の出現——明嘉靖「重城」建設始末　………………新宮　学　159
はじめに　159
1　明初の北京城整備　162
　　(1) 華雲龍の北城壁増築工事　162　　(2) 永楽年間の南城壁拡張工事　162　　(3) 正統年間の改修工事　163　　(4) 内城の規模と設備　163
2　外城建設にいたる経緯　165
　　(1) 外城建設の発端　165　　(2) 毛伯温の築城提案　167　　(3) 王邦瑞の重城建設提案　169
3　南関廂外城の建設工事　170
　　(1) 工事の開始と中断　170　　(2) 工事再開と四面重城工事の決定　172　　(3) 四面重城工事の着工　173　　(4) 南面外城工事への変更　175　　(5) 工事の完成と陞賞・恩廕　176　　(6) その後の外城整備　178
4　未完に終わった四面重城プランの全容　179
　　(1) 工事区間——「外城基址」　179　　(2) 規模と設備——「外城規制」　179　　(3) 必要となる労働力——「軍民夫匠役」　180　　(4) 費用と支出手続——「銭糧・器具」　180
　　(5) 監督方法——「督理官員」　181
おわりに　181

第7章　六朝建康城の研究——発掘と復原　……………………張　学鋒　小尾孝夫　訳　195
はじめに　195
1　文献史料による六朝建康城の復原研究　195
　　(1) 朱偰『金陵古迹図考』　196　　(2) 羅宗真『六朝考古』　198　　(3) 郭黎安『六朝建康』　199

（4）秋山日出雄「南朝都城『建康』の復原序説」「南京の古都『建康』」 199　　（5）中村圭爾「建康の『都城』について」 200　　（6）郭湖生「六朝建康」 201　　（7）馬伯倫主編『南京建置志』 201　　（8）李蔚然「六朝建康発展概述」 202　　（9）賀雲翱『六朝瓦当与六朝都城』 203　　（10）廬海鳴「六朝都城」 204　　（11）外村中「六朝建康都城宮城攷」 204
2　六朝建康城の最新考古成果　206
3　建康城の傾斜問題について　208
4　建康城復原の新構想　209
5　中国都城発展史上の建康城　215

第8章　日本古代宮都の獄――左右獄制の成立と古代宮都の構造……………………橋本義則 221
はじめに 221
1　平安京以前の宮都の獄　223
　　（1）平城京の獄　223　　（2）平城京以前の獄――飛鳥・「藤原」京の獄 230　　（3）恭仁京の獄――2通の刑部省解 231　　（4）長岡京の獄 232
2　平安京の獄　234
　　（1）左右獄と検非違使 235　　（2）囚獄司管下の獄 238
3　日本古代宮都の獄と唐長安・洛陽城の獄　240
おわりに 244

第9章　秦・前漢初期「関中」における関（津）・塞についての再考………………馬　彪 251
はじめに 251
1　「関中」「四塞」の史料と解釈の問題　252
2　張家山漢簡『津関律』にみる「塞界」の具体像　253
3　「関中」における関（津）の位置と分布　256
4　「関中」の塞についての再検討　259
5　「関中」の関（津）と塞の位置関係　260
おわりに 263

第10章　中国古代都城城市形態史評述………………………………………………………成　一農 265
1　中国各個時代都城空間布局和建造過程的簡要介紹　265
　　（1）二里頭 266　　（2）偃師商城 267　　（3）鄭州商城 268　　（4）洹北商城 269　　（5）安陽殷墟 269　　（6）西周豊鎬以及洛邑 270　　（7）臨淄斉国故城 270　　（8）曲阜魯国故城 271　　（9）易県燕下都 272　　（10）邯鄲趙国故城 272　　（11）新鄭鄭、韓故城 273　　（12）荊州郢都紀南城 273　　（13）夏県魏都安邑 273　　（14）侯馬晋都新田 274　　（15）鳳翔秦都雍城 274　　（16）秦都咸陽 275　　（17）西漢長安 275　　（18）東漢洛陽 276　　（19）曹魏鄴城 276　　（20）北魏平城 277　　（21）北魏洛陽 277　　（22）東魏、北斉鄴城 278　　（23）南朝建康 280　　（24）隋大興城、唐長安城 280　　（25）隋唐洛陽 281　　（26）北宋開封 282　　（27）南宋臨安 283　　（28）金中都 283　　（29）元大都 283　　（30）明南京 284　　（31）明中都 284　　（32）明、清北京城 285

2 研究評述　286
　（1）"規画"的定義以及以往研究中的相関問題　286　（2）如何判断都城布局的相似性以及"相似性"在研究中的意義　288　（3）過度闡釈　291　（4）対一些典型観点的分析　293
3 不是結論的結論——中国古代都城形態是否構成一種"相互聯繋、前後影響"的歴史　296

あとがき　303

英文目次　304

中文目次　306

図表一覧　307

索　引　309

近世東アジア比較都城史の諸相

序章
近世東アジア比較都城史研究序説

新 宮 　 学

　本書は、平成21-23年度の3年間にわたって交付された科学研究費補助金の基盤研究（B）「近世東アジアの都城および都城制についての比較史的総合研究」（研究代表者 新宮 課題番号21320130）によって得られた研究成果の一端を取りまとめて公刊するものである。

　本科研の特徴は、古代や中世の都城に比べてこれまで取り上げられることの少なかった東アジアの近世都城を中心に据え、比較研究の対象としているところにある。また歴史学的方法に歴史地理や考古学的知見を加えて、都城および都城制に関する共同研究を進めた点にも特色がある。科研申請の時点では、新宮のほか久保田和男、桑野栄治、妹尾達彦、中村篤志、橋本義則、林部均、馬彪、渡辺健哉の9名で組織した。共同研究のメンバーには、中国、朝鮮、日本、モンゴルなど、東アジア都城研究の分野で現在、旺盛な研究活動を行っている研究者をそろえることができた。その得意とする分析方法は、政治史、社会史、歴史地理、考古学、環境史、儀礼研究など多岐にわたっており、多様な研究視角からの比較史的考察を行ってきた。

1　都城とは何か

　都城とは、本来、城壁で囲まれた都市のことである[1]。中国では、一般的に王朝の都や複都に対して用いられることが多く、「王都」とも言い換えることができよう。著名な歴史地理学者の楊寛が指摘するように、都城は歴代王朝の政治の「中心」であり、新しい王朝の樹立にあたって創業の君主やこれを輔佐する功臣たちはみな都城の造営を真っ先になすべき政務とした[2]。

　都城は、都市（city）とは異なって東アジアに特有の概念である。その淵源は、あらためて言うまでもなく中華文明にあるが、古代以来、中華文明の影響を受けた周辺地域にも拡がった。東アジアの諸国や諸地域では、その王権の所在地が都城として造営される場合が多かった。城壁で囲まれたその都城空間は、周囲と区別されて王権を象徴する場として整備されてきた。都城には、囲郭城壁のみならず、四方に設置された城門、直交する街路（グリッドプラン）、宮殿や礼制建築の配置に見られる南北軸の存在など、共通する特徴を見出すことができる。こうした都城空間が、近代にいたるまでそれぞれの王権を支える舞台として機能し続けていた。

　日本における都城研究を振り返ると、文献史料や考古資料を用いた膨大な研究蓄積を有している。戦前以来、平城京や平安京などの日本都城への関心から古代・中世の都城が主に研究対象とされてきた。なかでも、長安や洛陽に代表される中国都城との影響関係に焦点が当てられ

とはいえ、都城や都城制を構成するさまざまな要素について、これまで十分な比較史的検討が行われてきたわけではなかった。たとえば、ユーラシアの諸地域では、近代直前にいたるまで都城（王都）を囲む城壁が存在していた[3]。また日本を除く東アジア諸地域では、これらの城壁や城門の存在によって明確に意識されていた都市空間が、それぞれの地域における政治・経済や文化・社会のありようを大きく規定し続けてきたと考えられる。したがって、都城と都城制についての比較研究は、東アジア諸地域における伝統社会の特質を解明するうえで重要な手がかりとなることが期待される。

近代を迎えた東アジア諸国では、19世紀末以来、近代都市の建設や鉄道・自動車等の交通網を整備する中で、それまで都市空間を強く規制していた城壁や城門などの建造物の多くが解体撤去された。これにより、都市化が進展する一方で、市街地の郊外への無秩序なスプロール現象が始まり、自然破壊と環境悪化が一段と進んだ。また近年の急激な経済発展によって、超高層ビル建設など都市の再開発が急ピッチかつ大規模に進められている。このため、近世以来の都市空間を構成していた歴史的建造物とその景観、および都城遺構等は、深刻な破壊の危機に直面している[4]。これまでの多くの研究蓄積を有する古代・中世の都城にとどまらず、近世都城についても比較研究の必要性がますます高まっている所以である。

2　近世都城としての北京

西暦1267年の初め、東アジアのほぼ中央に位置する現在の北京の地で新たな都城の建設が始まった。元朝の紀年で言えば、至元三年十二月にあたる。クビライ（世祖）によって建設されたカン・バリク（汗八里、トルコ語でカアンの都を意味する）である。数年後に「大都」と正式に命名されることになるその都城空間は、現代中国の首都北京の都市空間にも引き継がれている。

13世紀初頭、チンギス・カンによって周辺の高原に住む遊牧民をまとめ上げたモンゴルは、本来定住のための都市を必要とはしていなかった。物資の集積地や軍事基地が建設されていたにすぎない。2代目オゴデイ・カアンのとき、金朝征服の達成を承けて帝国の威厳を示すべく1235年にカラコルム（和林）の地で首都の建設に初めて着手した[5]。まず万安宮が建てられ、これに附属する商工業区も設けられた。

これに対し大都を建設したクビライは、チンギス・カンから数えれば5代目となるものの、カラコルムを建設したオゴタイの子、グユクと同じチンギス・カンの孫の世代であった。クビライにとっても、都市はまだまだ目新しい存在であったろう。とはいえ兄モンケとともに南宋の襄陽攻略に従事した経験を持つクビライは、城壁で囲まれた都市の軍事的重要性をよく認識していた。

即位後、1256年上都開平城（現在の内モンゴル自治区正藍旗の東、ドロン・ノール地区）の造営に続いて、金朝以来の中都旧城（燕京）の改造に取りかかっている。しかし間もなくこれを断念して、中都城に隣接する北東郊外の地に新たに都城建設を計画した。農耕地域に限れば、すでに存在する地方都市の拡張整備ではなく新たな敷地での都城のプランニングは、隋唐の長安城以来のことであった。ここに、近世都城としての大都の都市プランがもつ時代を画する意義がある。

クビライによる大都の位置選択は、従来、唐朝滅亡後の10世紀初めから南北に分裂した中国のうち、この地が北側の非漢族政権の中核都市に成長し、遼代には南京、金代には中都が営まれていたことから説明されてきた。これに加えて、杉山正明はクーデタで即位したクビライ新政権の母胎が内モンゴリアに根拠を置く勢力であったことを新たに強調している[6]。

そもそも、北京地区は中国河北平原の最北端にあり、古代以来の黄河文明の中心に位置する中原から見れば、辺境の地にすぎなかった。しかし広くユーラシア世界を見わたせば、古代以来、中国王朝の都が置かれることの多かった長安と同様に、その大陸を東西に貫く農業＝遊牧境界地帯にあった[7]。

それだけではない。渤海湾に面した天津までは約100kmと沿海部に位置し、黄海をへて東シナ海に通じる。さらには、北は日本海、南は南シナ海と、東アジアの海域世界にも開かれていた。この絶妙な位置は、その後の東アジア世界を規定することになる。14世紀後半、南京で政権を樹立しモンゴル勢力を北に追いやった明朝も、永楽帝の代にいたりクビライの選択を継承せざるを得なかった[8]。

本書のタイトルに冠した「近世」概念については、以前にもいささか言及したことがあるが、ここであらためて説明を加えておきたい。

中国史では、これまで「近世」という概念は何よりも近代の国民国家形成を説明するための概念として用いられた。辛亥革命後の1914年、内藤湖南は『支那論』[9]の中で宋代、すなわち10世紀以降をとくに「近世」と捉えた。『支那論』が、現実に進行しつつある中国での共和制の創出を理解すべく書かれたと同様に、そこで初めて自覚的に使われた近世概念も、中国の国民国家形成にいたる歴史を説明するために用意されたものであった。西欧近代との類比を強く意識したものであり、近代と言い換えることも可能なものであった[10]。

第二次大戦後になって、列強に植民地化されていたアジアの民族独立と社会主義国家の成立という現実をまえに、世界史の発展法則にもとづいた時代区分論争が華々しく展開されるようになった。かつて内藤が近世ととらえた宋代以降の社会は、史的唯物論の強い影響のもと、生産関係としての地主＝佃戸関係を重視する立場から、前田直典によって農奴制による中世の社会と位置づける見通しが示された[11]。

これに対し、内藤の学問を継承した宮崎市定は、「東洋的近世」[12]の中で、統一、分裂、再統一という段階をたどったヨーロッパとの比較史的視点から、宋王朝の天下統一をもって東洋

の近世段階に定位した。宮崎の場合には、内藤の上古（古代）・中世・近世の三区分法に最近世（近代）を加えて新たに四区分法とした⑬。「国民主義〈ナショナリズム〉」の勃興により近世的統一が達成されたとしていることから明らかなように、東アジア世界の近世を論じるというよりは、あくまで中国一国の発展を跡づけようとするものであった。

　このように、50年代から70年代にかけて中世説と近世説とのあいだで繰り広げられた時代区分論争において焦点となったのは、中国一国の発展段階をめぐってであった。鋭く対立した両学説ではあったが、双方がともに追求していたのは、国民国家としての中国の成立にいたる諸段階を測るための「ものさし」であった。

　その後、1980年代に入って、戦後歴史学のパラダイムが大きく転換⑭する中で、発展段階論に立つ歴史把握は後退するとともに、中国社会の固有な構造を重視する立場から、ヨーロッパモデルを非ヨーロッパ世界に適用しようとする古代、中世、近代の三区分法的把握も、その意義を急速に喪失することになった。

　さらに1990年代後半を迎えると、近世概念は一国史的な束縛から解き放されて、あらためて東アジア世界における時代の共時性やユーラシア規模での一体化を示すものとして用いられるようになった。例えば、岸本美緒は、一種の便宜的な方法にすぎないと断りながら、16世紀から18世紀までの間を指して、東アジアの「近世」と捉えた⑮。これは、日本史の近世やヨーロッパ史でいう近世（Early Modern）ともほぼ重なるという。それは、アジアの諸地域の国家体制や社会経済のあり方が、ヨーロッパと同じだからではなく、また世界システム論のように、異なる体制が一つの分業システムのなかにしっかりと統合されているという認識に基づくものでもなく、「さまざまな個性をもつ諸地域が相互に影響を与えあいながら、16世紀から18世紀というこの時代の激動のリズムを共有していたという認識にもとづくもの」で、いわば、ゆるやかな共時性ともいうべき考え方である。

　一方、杉山正明は、近世とは明言していないものの、13・14世紀に人類史上で最大の版図を実現したモンゴルによる大統合に着目しながら、ユーラシアと北アフリカはモンゴル時代を通して、「中世」の残滓をふりはらい、「ポスト・モンゴル時代」とでもいうべき時期をへたうえで、「近代」へと徐々に移り変わったとした⑯。いわゆる西欧の「大航海時代」も、あくまでモンゴル時代におけるゆるやかな一体化を前提にしておこったことを強調した。

　以上のように、一国史的な束縛から解き放たれて東アジア世界やユーラシアにおける時代の共時性を示すものとして再定義された「近世」概念の登場は、それぞれの国家や地域における伝統社会のとらえ方にも大きな影響をもたらしている。

　編者の新宮は、タイム・スパンをやや長くとり、13世紀以降から18世紀までを東アジアの近世と捉えて、中国の都の東西移動から南北移動への変化（後述）に着目し近世中国における首都北京の成立の意味を論じたことがある⑰。杉山がいうモンゴル時代の大統合と、岸本がいう激動のリズムを準備したポスト・モンゴル時代におけるそれぞれの地域での独自の歩みや、

その結果として生じた激動のありようにも注意を向けたいからである。これは、中世から近代にいたる移行期を積極的に位置づけようとする立場とも分析視角を共有している。伊藤毅は、中世でも近代でもない近世の固有の特徴として、統一化、集権化、商業化、世俗化などを挙げている[18]。

中世から近代にいたる移行期を積極的に位置づけようとする視点は、近年の伝統社会の形成に注目する一連の研究[19]とも通底している。2012年8月、箱根で開催された明清史研究合宿においても、「さまざまな近世」と題してシンポジウムが設定され、3本の充実した報告をもとにホットな議論が繰り広げられたことも、記憶に新しいところである[20]。

中国における都の移動に着目して時代を捉えた議論として、閻崇年の「東西南北大十字形遷移」モデルがある[21]。これによれば、都の移動の軌跡は殷周時代から五代北宋までの東西移動（安陽・西安・洛陽・開封）と、それ以後、現在にいたる南北移動（杭州・南京・北京）という大きな十字形を描いていると概括している。

この十字形をなす移動は、経済的重心（穀倉地帯）の東南部への移動と、北方民族の根拠地が西北地域から東北地域に移ったことが絡みあった結果である。また妹尾達彦が指摘するように、都の立地は、中国の内部要因のみならず、東アジア世界の空間的広がりとその歴史にも規定されている[22]。逆に、決定された都の位置はそののち東アジア世界全体に大きな影響をあたえるという相互規定的な関係にもあった。

前者の経済的重心の東移についてより詳しくみると、3世紀以降、三国呉や南朝の時代から江南の開発が進み、唐代になると国家の財政にも大きな影響をあたえ始めた。都長安の穀物供給も、東南地方からの漕運に依存せざるをえなかった。しかし物資輸送は困難な問題をかかえており、結果として都自体の東方移動を引き起こした。

10世紀以降になると、中国では、遼、金、元、清と相次いで非漢族政権が成立する。それらはすべてまず北中国に鼎を定め、天下に号令した。この結果、長安や洛陽は軍事的重要性を失って、都の南から北への移動が始まった。

こうした東西移動と南北移動は、古代・中世と近世との両京制の差違にも端的に示されている。前者では、長安と洛陽に代表される東西型の両京であったのに対し、後者は、明代の北京と南京に代表されるように南北型の両京制に代わった。したがって、中国史上、古代や中世の都は主に長安に、近世以降は北京に置かれる傾向にあったと概括することができる。長安から北京へという都の移動趨勢は、一国史の中で生起する諸要因のみならずユーラシアや東アジア世界の動向とも密接にリンクしながら決定されていた。モンゴルのクビライによる大都建設に始まり、これに続く明の永楽遷都や清の順治遷都において、いずれも北京の地が選択された理由もここにある[23]。

3 近世東アジア比較都城史研究会の活動

　この十年来、「東アジア比較都城史研究会」（代表　橋本義則）が組織され、東アジア諸国のの都城と都城制についての共同研究を進めてきた[24]。その研究成果の一部は、『東アジア都城の比較研究』としてまとめられ、2011年2月に京都大学学術出版会より刊行されている。その序文「東アジア比較都城史研究の試み――東アジア比較都城史研究会のあゆみ――」の中で、代表の橋本は、その目的と研究活動について以下のように的確に説明している。

　東アジア諸国の都城と都城制をよりよく理解して研究を深めるために、研究対象とする国や地域の枠を超えた研究会を組織したこと。東アジア諸国と地域の都城と都城制について、あらかじめ多様な研究課題（たとえば羅城・葬地・禁苑・壇廟など）を設定し、比較史的視角から具体的かつ基礎的に、そしてまた徹底的に検討するとともに、個々の都城の自然環境・人文環境に見られる共通性と差異性をも認識するため、中国・韓国・北朝鮮・ベトナム・モンゴルなどの東アジア諸国に残る都城遺跡の共同調査を実施すること。さらには、これらの都城に関する国際的な共同研究を併せ行うことを目指している。

　今回冒頭に記した科学研究費補助金の採択を契機に、研究代表者の新宮は、科研のメンバーとともに主に近世都城に焦点をあてた「近世東アジア比較都城史研究会」を新たに組織した。とくに、近世段階における都城の歴史的展開と地域的差異を解明すべく、都城空間と宮城に関する諸問題を共通テーマにした研究会を開催してきた。研究会は公開形式で行い、毎回科研のメンバー全員による研究報告をもとに議論を重ねてきた。

　第1回の研究会は、2009年6月27日28日に山形大学で2日間にわたって行われた。研究代表・連携研究者9人のうち、その当時海外出張中の2名を除く7名が研究報告を行い、各自がこれまで進めてきた東アジア都城史研究の概要について報告し、相互の理解を深めた。また3年間の共同研究の進め方と海外調査の計画について協議した。

　第2回の研究会は、橋本を代表とする基盤研究（B）「東アジア諸国における都城及び都城制の比較を通じてみた日本古代宮都の通時的研究」と合同で、2010年1月に山口大学において開催した。第1日目は、中国社会科学院考古研究所研究員の劉振東氏を招いて漢長安城の発掘調査に関する報告を踏まえ、中国古代都城についての認識を深めた。2日目は、中国の複数都城制に関する久保田・渡辺・中村・新宮の4報告をもとに検討を加えた結果、中国近世の複数都城制と皇帝巡幸の密接な関係が浮かび上がった。さらに2月には、東北学院大学教授の佐川正敏氏の協力を得て、中国社会科学院考古研究所研究員の董新林氏による遼代上京城址と祖陵の発掘調査に関する講演会を開催することができた。

　第3回研究会は、2010年6月26日27日の両日にわたって山形大学で行われた。共通テーマ「都城空間をめぐる諸問題」をもとに研究代表・連携研究者を含む科研のメンバー9名全員が中国・朝鮮・モンゴル・日本の都城についてそれぞれ研究報告を行い、都城空間の形成過程

や景観認識について比較史的考察を深めた。また海外調査の打ち合わせと事前準備を兼ねて、連携研究者の中村と渡辺が調査予定のモンゴル都城に関する近年の研究成果の概要を紹介し、共通理解を得ることができた。

　第4回の研究会は、2011年6月25日26日の両日にわたって山形大学で行われ、「宮城をめぐる諸問題」を共通テーマとして掲げた。メンバー8名が中国・朝鮮・日本の都城の宮城空間に関わる諸問題についてそれぞれ研究報告を行い、宮城の機能とその変遷について様々な角度から比較史的考察を深めた。また夏の海外調査の打ち合わせも行った。

　科研のもう一つの柱となる海外共同調査では、毎年夏季に近世都城に的を絞って現地踏査を行った。北宋の開封城（河南省開封市）、遼の上京城（内モンゴル巴林左旗）、遼金の中京城（内モンゴル寧城県）、金の中都城（北京市）、モンゴルのカラコルム、元の上都城（内モンゴル正藍旗）・大都城（北京市）・中都城（河北省張北県）、明の南京城（江蘇省南京市）・中都城（安徽省鳳陽県）、明清の北京城（北京市）と、近世東アジアの代表的都城遺址のほとんどを踏査し、それぞれの都城についての歴史地理や考古学的な知見を共有して共通認識を得ることに努めた。

　2009年9月には、14日から24日まで中国都城調査（南京・鳳陽・開封）を実施した。東晋の建康城、宋の開封城、明の中都城、南京城の都城遺跡等を踏査して、北宋開封城から明の中都城・南京城をへて明清北京城と収斂していく中国近世都城史の主要な系譜についての共通理解を深めた。南京では、南京大学歴史系教授の張学鋒氏、開封では市文物考古研究所所長の劉春迎氏、鳳陽では、中国明史学会理事の陳懐仁氏の協力を得て、限られた日程ではあったが、きわめて効率よく現地の都城遺跡等を調査することができた。沿海部で都市再開発が急速に進展する中で、緊急発掘による考古調査に追われている現地の発掘担当者から直接情報を収集することができたことは大きな収穫であった。さらに南京大学では、歴史系の范金民教授や夏維中教授の尽力により新宮と橋本が、河南大学では苗書梅教授・馬玉臣教授の尽力により久保田がそれぞれ研究報告を行い、現地の研究者と交流を深めることができたことも貴重な機会となった。

　2010年度は、8月29日から9月7日までの日程でモンゴル都城踏査を実施し、オルホン河流域に展開するカラコルム遺跡、エルデニ・ゾー、ホショー・ツァイダム、ハルバルガスンの遺跡を中心に踏査した。とくに、カラコルム遺址の踏査やモンゴル国立科学アカデミー考古研究所とドイツの合同発掘現場の見学により、元の上都や大都に直接つながるモンゴル帝国時代の都城遺跡に止まらず、それ以前のウイグルや突厥時代までも視野に入れてモンゴルの都城史の展開をたどる必要性を痛感した。モンゴル都城調査では、元科学アカデミー歴史研究所所長・元国立歴史民族博物館館長のオチル（A.Ochir）氏の用意周到な案内により、限られた日数であったが極めて効率よく踏査することができ、遊牧地域に建設された都城について多くの知見を獲得することができたのは大きな成果であった。また科学アカデミーに留学経験を持つ

中村の案内で、同歴史研究所や考古研究所の研究者とも交流することができた。

　2011年度は、9月6日から9月14日までの日程で中国の河北・内蒙古都城遺址調査を行った。明土木堡（河北省懐来県）、元中都（張北県）、察罕脳児行宮（沽源県小宏城）、元上都（内蒙古正藍旗）、応昌故城（克什克騰旗）、遼上京・祖陵（巴林左旗）、遼中京（寧城県）などの遺跡を踏査した。とくに、渡辺と旧知の張北県元中都遺址管理処常務副主任兼文物局局長柴立波氏の案内により元中都遺址と新設されたばかりの元中都博物館を参観できたことや、遼上京城遺址の発掘現場を指揮する社会科学院考古研究所の董新林氏の案内により現地を見学する機会が得られたことはとても有益であった。今回の調査に研究協力者として全日程参加した社会科学院歴史研究所副研究員成一農氏には、調査都城遺址に関する中国側資料の収集にあたり多くの協力を得た。

　以上の3年間にわたる研究会の開催と毎年の海外調査の実施によって、研究代表者新宮自身は、隋唐の長安城でいったん完成の域に達していた中国都城が、北方の遊牧的要素に加えて江南の経済発展の影響をも吸収しながら、明の南京城や明清の北京城において近世都城として集大成するという、中国都城史の展開過程に関する大まかな見通しを獲得することができたと考える。

4　本書各章の概要

　本書の本論は、前述した近世東アジア比較都城史研究会で設定した共通テーマをもとに、第一部「宮城をめぐる諸問題」と第二部「都城空間をめぐる諸問題」の二部構成からなっている。第一部の宮城をめぐる諸問題では、都城の中核に位置する宮城内の宮殿や庭園、宮廷儀礼が取り上げられている。第二部の都城空間をめぐる諸問題では、都城空間全体に注目し、遷都、城壁建設、空間形成、その周縁などさまざまな視点から分析が試みられている。序文を終えるにあたり、本書に収められたそれぞれの論考の概要を簡単に紹介しておきたい。

　第一部の第1章（妹尾達彦論文）は、8世紀までの中国史を集約する舞台であった長安城の太極宮から9世紀以後の中国史の展開を準備する場所となる大明宮へという、皇帝が常居する空間の移動についての背景を考察する。宮城内の主要宮殿の移動という一見小さな変化が、唐王朝の体制の変貌を示す象徴的な出来事であり、ひいては東アジア史の大きな転換の引き金になったという壮大な連関を明らかにしている。

　第2章（桑野栄治論文）は、15世紀朝鮮王朝初期の王都漢城（現在のソウル）における離宮昌徳宮の後苑が取り上げられる。後苑内の諸建築物の沿革とその機能が、基本史料の『朝鮮王朝実録』を中心に詳細に分析されている。その結果、広義には園林空間を指す上林園が後苑と花果を管掌する掌苑署と改称され、管理機構として定着していくことがまず指摘される。続いて外国使節の引見、軍事訓練、政治・学問的サロンという従来からの機能が、拡張工事に伴

い燕山君代には享楽の場へと移行していく過程が丹念に追跡されている。

　第3章（中村篤志論文）は、清朝末期の光緒年間、北京の宮廷空間における皇帝とモンゴル王公とのあいだの対面接触について取り上げている。乾清門行走について詳細に記したモンゴル語日記史料の分析により、行走したモンゴル王公は日常の乾清門での侍立のほか、来京した王公・ラマの謁見や各種の賜宴で、年班の一般王公とは別に御前大臣管下の乾清門侍衛として参加する事例を確認する。勤務初日の召見や元旦朝賀の儀式などで、一般の来京王公よりも近い距離で皇帝と接触する機会を多く持っていたことが明らかになる。この時期、皇帝とモンゴル王公との関係の希薄化が進展する中で、かかる「近さ」の演出が行われていた意義について考察を深める必要性を提起している。

　第二部の第4章（久保田和男論文）では、北宋の開封から南宋の臨安への首都機能の移転過程を「廃都」から「定都」への過程として詳細に明らかにしている。金が図書や礼器などさまざまな文化財を北へ持ち去ったり、徽宗・欽宗を筆頭に10万人を数えたという多くの人的資源を連行することで、開封は首都機能を奪われた。また首都住民としての「都人」と宋朝政府との一体感を演出する祝祭として機能した南郊祭祀を取り上げ、南宋の臨安では、開封と同様には再生できなかったとし、そこに「行在」と称され続けた都城空間の限界を見出している。さらに旧都開封の繁華を語る『東京夢華録』は、臨安におけるこうした「都人」の再生を背景に誕生したと説いている。

　第5章（渡辺健哉論文）は、金の中都から元の大都城の建設にいたる王朝を超えた都城空間の成立過程を考察する。従来の大都研究では、新城としての大都城にのみスポットが当てられてきたが、大都城と南城を一体と見なして広義の「大都」の都城空間を分析するを必要性を説いている。金の中都城（南城）が元の大都城にどのような形で包摂されていったのかという課題を設定するとともに、新たにプランニングされた大都の都城空間も前朝の旧都の制約を受けていた点に注意をうながしている。大都城の建設当初の状況を時間軸に沿って明らかにしつつ、南城の存在が、大都の都城空間の南側から北に向かうという開発の方向性を規定したこと、結果的には元代を通じても北半分にまで開発の手が及ばなかったという見通しを提示する。

　第6章（新宮学論文）は、明代嘉靖年間に出現した北京外城の建設過程を丹念に跡づける。庚戌の変を契機に首都の住民を防衛すべく建設された外城は、明初南京の外郭城をモデルとしていた。京城全体を囲む「重城」案と住民の多い南側部分のみ囲む案とが存在していた。都城の理念から全体を囲む重城案を重視する嘉靖帝の意向は、結局実現することがなかった。そこに、近世段階における都城空間がもつ意味の変容を見いだしている。

　第7章（張学鋒論文）は、六朝の建康城研究に関する日中双方の学説史を丹念に整理しつつ、最新の考古資料に基づき、より整合的な建康城の復原を行っている。宮城や都城がともに南北に長い方形状の淵源を魏晋洛陽城に求めると同時に、北から東に25度傾斜した建康城の特徴を長江と青渓の流向に規定されたものと説明する。そのうえで、東晋建康城に見られる北から

南に向かって苑囿・宮城・都城・商工業および居民地区という斬新な配置は、匈奴や鮮卑等の草原文化の影響を受けつつ発展した中国中世都城特有の構造として新たに位置づけている。南京城は江南を代表的する近世都城であるが、六朝建康城以来の幾重にも重なった都城遺跡の上に造営されており、建康城の復原の成果とも密接な関わりを持っている。本科研の期間中に小尾孝夫氏による日本語訳で『山形大学歴史・地理・人類学論集』第13号に掲載された張論文を、あらためて本書に再録したのはこのためにほかならない。

　第8章（橋本義則論文）は、日本の平安京で宮城の外、京城内に置かれた中央官司の左右獄を取り上げる。平安京以前の宮都では、獄は京内に囚獄司のもとに一つだけ設置され、唯一の中央監獄であった。平安京において左右両獄が成立するのは日本の貞観年間のことで、右獄の囚獄司に加えて、左獄が新たに検非違使の獄から生まれたとしている。創建当初から左右対称に配置された左右京職・東西市・東西両寺・東西鴻臚館とは異なり、検非違使の権力強化の結果として成立した左右獄では、厳密な左右配置が行われなかったことを明らかにする。これに対し、日本の律令制のモデルとして採り入られた唐では、貞観末年に御史台獄が成立し、中央監獄の大理寺獄と御史台獄を東西獄と称するようになるものの、両獄はともに皇城内の承天門街西に置かれており、日本のように都城中軸線による獄の東西振り分けがなされていなかった点に差異を見出している。

　第9章（馬彪論文）は、都城空間の外縁に位置する秦代・前漢初期の「関中」における「関（津）」「塞」について、出土史料をもとに、従来からある典籍史料を再考している。先ず張家山漢簡『津関律』をもとに塞界について具体的に明らかにした上で、関（津）の位置と分布、および関（津）と塞の位置関係の図示化を試みている。今後、考古資料をも加えてより立体的な古代「関中」の空間復原の可能性を新たに提示している。

　第10章（成一農論文）は、夏王朝の二里頭から明清の北京城にいたる32例の都城を取り上げている。タイトルにある中国語の「中国古代」とは、あらためていうまでもなく近代以前の全ての王朝時代を意味する。これらの都城の空間配置とその建設過程に関する中国の研究成果を紹介・論評したうえで、都城がある理想モデルのもとに設計されたと見なしがちであった従来の都市形態発展史の脱構築を行った意欲的な試みである。都城の都市形態をさらに全面的に認識するために、これまで重視されてきた大型の版築基壇遺址はもちろん、今後は街路や一般の住宅遺址の考古発掘をも重視することを提起している。前節で触れたように2011年度調査に研究協力者として加わった成氏は、歴史地理を専門としている。近世都城を比較研究するにあたり、中国における都城の豊富な発掘成果と現在の研究状況の把握は不可欠であると考え、中国語原文のままではあるが本書に収録させていただいた。ただ紙幅の都合で、最初の原稿に収められていた多くの図版を割愛せざるを得なかったことを、この場を借りてお詫びしたい。

　以上のように本書に収めた諸論考は、東アジアにおける古代から近世にいたる都城の展開の諸相をさまざま視角から研究分析を試みている。その多くは近世都城に焦点を当てており、日

本を除く東アジア諸地域では、近世段階にあっても都城という研究枠組みが有効かつ重要であることが明らかになるであろう。隋唐期に出現した長安城は決して都城の完成形態ではなかった。その後も中国はもちろん東アジアの諸地域では、都城のさまざまな展開と変容が見られた。本書が、これらの都城の共通性と差異性を解明する近世東アジア比較都城史の研究領域の新たな開拓となることを期待している。

　最後に、本書は日本学術振興会による平成25年度科学研究費補助金研究成果公開促進費（学術図書）の交付を受けている。専門性の高い本書の刊行は、研究成果公開促進費の交付無くしては不可能であった。日本学術振興会及び審査にあたられた関係者各位にあらためて感謝したい。

註

(1)　礪波護「中国都城の思想」岸俊男編『都城の生態』日本の古代9、中央公論社、1987年、84頁。
(2)　楊寛『中国古代都城制度史研究』上海古籍出版社、1993年、9頁。因みに、西嶋定生監訳、尾形勇・高木智見共訳『中国都城の起源と発展』学生社、1987年、14頁では、「政治のかなめ」と訳している。その訳語に込められた意図については、262頁を参照。
(3)　羽田正「都市の壁――前近代ユーラシア王都の都市プランと象徴性」『アジア学の将来像』東京大学出版会、2003年。
(4)　新宮学「進む開発、保存の危機――明代都城遺跡、中都の現況」『山形新聞』2005年11月24日付、共同通信社配信、ほか地方新聞数紙に掲載。
(5)　佐口透『モンゴル帝国と西洋』第5章　モンゴル帝国の文化史跡、平凡社、1970年、301頁。白石典之『モンゴル帝国史の考古学的研究』同成社、2002年、329頁。松田孝一・白石典之「モンゴル高原における都市成立史の概略――匈奴時代〜モンゴル時代――（増補版）」『内陸アジア諸言語資料の解読によるモンゴルの都市発展と交通に関する総合研究　研究成果報告書』1998年、10頁。
(6)　杉山正明「クビライと大都」梅原郁編『中国近世の都市と文化』京都大学人文科学研究所、1984年。のちに同『モンゴル帝国と大元ウルス』京都大学学術出版会、2004年に収録。
(7)　妹尾達彦「都市の千年紀をむかえて――中国近代都市史研究の現在――」中央大学人文科学研究所編『アフロ・ユーラシア大陸の都市と宗教』中央大学出版部、2010年、66頁。
(8)　新宮学『北京遷都の研究――近世中国の首都移転』汲古書院、2004年。
(9)　『内藤湖南全集』第5巻、岩波書店、1972年所収。
(10)　堀敏一『中国通史――問題史としてみる』講談社、2000年、340頁。
(11)　前田直典「東アジヤに於ける古代の終末」、及び「東アジヤ史の連関性と発展性」同『元朝史の研究』東京大学出版会、1973年所収。なお、後者は1948年度歴史学研究会大会の際の講演原稿である。
(12)　宮崎市定『宮崎市定全集』第2巻、岩波書店、1992年所収。初出1950年。
(13)　宮崎市定『中国史』上下、『宮崎市定全集』第1巻、岩波書店、1993年所収。初出1977、78年。
(14)　後註の岸本美緒「時代区分論」を再録した同『風俗と時代観』研文出版、2012年の補記（35頁）で述べた以下の一節は、戦後歴史学のパラダイム転換についてきわめて的確に表現しているので、ここで紹介しておきたい。「世界史を学ぶ意味は、論理的に完結した新しい世界史像を構築し、世界の隅々までその枠組みで理解しきろうとすることではなく、世界史上のさまざまな社会で人々が抱いていた世界史像を理解しようと試み、それらがゆるやかに重なりあい、影響を与えあいながら、ダ

14　序章　近世東アジア比較都城史研究序説

イナミックに動いていく全体的図柄を示そうとすることではないだろうか。」。
(15) 岸本美緒「時代区分論」『岩波講座世界歴史』第1巻、岩波書店、1998年、34頁。同『東アジアの「近世」』山川出版社、1998年。なお、宋代以降中世説の首唱者とされる前田も「もし日本史でいふやうに近代の前に近世といふ時代をおくならば、シナの中世は唐末即ち九世紀前後から始つて明中期迄及ぶもので、近世は明末即ち十六世紀から阿片戦争迄がさうであると私は考へたい（230頁）」と述べて、ほぼ同じ時期に中国の「近世」を想定していた。
(16) 杉山正明「中央ユーラシアの歴史構図——世界史をつないだもの——」『岩波講座 世界歴史』第11巻、岩波書店、1997年、77頁。
(17) 新宮学「近世中国における首都北京の成立」伊藤毅編『近世社会の成立』シリーズ都市・建築・歴史5、東京大学出版会、2005年。
(18) 註17の著書の編者伊藤毅執筆による序文。
(19) 山本英史編『伝統中国の地域像』慶應義塾大学出版会、2000年など。
(20) 当日は、伊藤正彦「『伝統社会』形成論＝『近世化』論と唐宋変革」、上田信「シナ海域の蜃気楼王国——海における中世から近世への移行——」、濱島敦俊「近世江南試論——開発・中間社会団体・士大夫——」の3報告が行われた。のちに、伊藤報告は2013年10月同じタイトルで『新しい歴史学のために』283号に掲載された。
(21) 閻崇年「中国都城遷移的大十字趨勢」『燕歩集』北京燕山出版社、1989年所収、初出1986年。
(22) 妹尾達彦「中華の分裂と再生」『岩波講座世界歴史』第9巻、岩波書店、1999年。
(23) 同様な選択としては、北方政権にとどまったものの、女真族金の海陵王完顔亮による中都遷都を加えることもできる。註17の新宮論文参照。
(24) 新宮は、科学研究費補助金の平成15-20年度基盤研究（S）「歴史学的視角から分析する東アジアの都市問題と環境問題」（研究代表者　妹尾達彦）、平成16-18年度基盤研究（A）「東アジア諸国における都城および都城制に関する比較史的総合研究」（研究代表者　橋本義則）に、それぞれ研究分担者として加わった。研究代表者の妹尾および橋本は、毎回の研究会と海外都城調査において研究テーマを設定して共同で研究を進め、比較史研究として大きな成果を挙げることができた。その後は、19-21年度基盤研究（B）「東アジア諸国における都城及び都城制の比較を通じてみた日本古代宮都の通時的研究」（研究代表者　橋本）、22-25年度基盤研究（A）「比較史的観点からみた日本と東アジア諸国における都城制と都城に関する総括的研究」（研究代表者　橋本）、22-25年度基盤研究（B）「朝鮮史における複都・副都の位置・構造・機能に関する調査研究」（研究代表者　田中俊明）にも分担ないし連携研究者として参加する貴重な機会に恵まれ、現在に至っている。

第一部　　宮城をめぐる諸問題

第1章

太極宮から大明宮へ

——唐長安における宮城空間と都市社会の変貌

妹尾達彦

【キーワード】空間　場所　太極殿　太極宮　大明宮

はじめに——空間と政治

　7世紀末の唐朝に生じた都城宮殿区の移転という一見すると小さな変化が、実は歴史の転換を象徴する出来事であり、同時に、政治と社会の大きな転換を将来することを論じることが、本論の目的である[1]。

　具体的には、長安の宮城（大内とも称し隋の大興宮に当たる。唐中宗神龍元年（705）以後は太極宮と称す[2]）から大明宮への皇帝常居の宮殿区の移転の歴史的背景を探りたい。また、従来の宮城から大明宮への宮殿区の比重の転換が、唐朝の統治体制の変貌を象徴する出来事であり、東アジア各国家の政治・軍事・経済・思想・社会全般に深く大きな変化をもたらすことになったことを指摘したい。より大きな歴史の中で位置づければ、太極宮が8世紀までの中国史を集約する舞台であったのに対し、大明宮は、9世紀以後における中国史の新たな展開が始まる場所となったといえよう。

　政治権力の施行が政治の行われる舞台の空間配置と密接に関連することは、ここ数十年来、政治学のみならず、人類学、社会学、地理学、文学等の社会・人文科学において分析されてきた[3]。これら近年における研究は、政治が舞台としての空間を必要とするとともに、空間が政治を創造することを指摘する。人間の生活する空間は、都市計画によってつくりだされるのではなく社会的に生産されるものであり、空間は表象作用を通して社会的な意味をもつようになるという認識は、20世紀後半以後における社会・人文科学で広く共有されるようになっている[4]。

　歴史学においても、政治活動の行われる空間と政治の展開との相互関係についてすでに多くの研究が蓄積されてきた。本論の課題である7〜12世紀における都城研究に関連する文献史学の主な成果をあげれば、日本古代都城の空間と政治の関連に着目し初めて系統的な分析を試みた岸俊男[5]を始め、古瀬奈津子[6]、橋本義則[7]、吉田歓[8]等の東アジアの都城の中に日本都城を位置づける空間分析がある。中国都城研究では、都城の宮殿構造の変遷と政治運営の変遷と

の密接な関係を初めて系統的に分析した楊寛[9]の研究が筆頭にあげられ、金子修一[10]、趙雨楽[11]、松本保宣[12]、袁剛[13]、姜波[14]、新宮学[15]、陳揚[16]、久保田和男[17]、平田茂樹[18]等によって研究が進められてきた。以上の諸論考は、20世紀後半以来の人文・社会諸科学における空間に着目する研究動向を間接・直接に受けて進められた研究といえよう。

　本論は、このような研究動向をふまえ、中国の歴代都城の宮殿区の建築構造の変遷の中に隋唐長安の宮殿区を位置づけようとする試みである。その際に、宮殿区の中枢宮殿である太極宮の太極殿（隋は大興殿）から大明宮の宣政殿への政治の主要舞台の転換に焦点を合わせて論じたい。太極殿から宣政殿への中枢宮殿の転換が、7世紀から9世紀にかけての東アジアの変貌を凝縮していると考えられるからである。

　注意すべきは、大興宮と太極宮の宮城区が都城の中枢宮殿区であった時代は隋唐初の100年弱の時間にすぎず、7世紀末から唐末にいたる200年強の時間が大明宮の時代であったことである（武則天の洛陽奠都期〈690〜705〉や玄宗の興慶宮聴政時〈728〜756〉にも大明宮は一定の政治機能を維持した）。大明宮こそが、唐朝の大半の政治の帰趨を定めた空間だった。7世紀末以後の国内外の官人や官吏、軍人、宮女、各国使者は大明宮に集ったのであり、大明宮の宮殿構造の影響が東アジアの都城に広く見いだせるのは当然ともいえよう。

　太極宮と大明宮の政治空間の比較分析は、近年、急速に進展し始めている[19]。ただ、両宮の機能の違いについての系統的かつ詳細な検討が今後に委ねられていることも確かであろう。そこで、本論は、従来の研究をふまえ、第一に、太極宮から大明宮への移転の歴史的意義を中国都城史の上に位置づけてみたい。第二に、太極宮と大明宮の建築構造と機能の違いに象徴される隋唐の政治と社会の変貌の特質について、より系統的な見通しを述べてみたい。紙幅の関係で、本論では、両宮の変遷についての全体的な見通しを述べることを主目的とし、細部の論証は別稿に委ねたい。

　唐代における太極宮から大明宮への中央政治の表舞台の転換は、単に唐代史のみならず、空間と政治の関連という大きな問題を考える際に、好個の事例を提供してくれると思われる。唐代の場合、同じ王朝において中央政治の舞台の移動という空間の転換が生じたために、政治空間の転換が、国家を構成する政治・軍事・経済・社会構造一般に広く深く影響を与えていく様を、比較的明瞭に把握することができる。そのために、政治の舞台や宮殿の移転と政治・社会の変貌との相互作用を考える際に、唐代の事例は比較の好事例になると思われるのである。

1　太極殿の時代

　中国都城史において、宮殿区の中核をなす宮殿が太極殿と呼ばれた時期は、図1東アジア都城の変遷—太極殿の時代—のように、曹魏明帝の改造した洛陽から唐の長安までの約650年間の時期である。太極殿を中枢宮殿とした都城とは、曹魏洛陽（220〜265）、西晋洛陽（265〜

313)、東晋建康（317～420）、後趙鄴（335～350）、前秦長安（351～394）、後秦長安（386～417）、北魏平城（398～493、太極殿の建造は492年）、北魏洛陽（493～534）、宋建康（420～479）、斉建康（479～502）、梁建康（502～557）、陳建康（557～589）、唐長安（618～904）の13の都城である。これらの都城に太極殿が置かれた期間は、延べ780年にもおよぶ。太極宮から大明宮に中枢宮殿区が移転した後も、太極宮の宮殿や皇城の官庁は、政治や王権儀礼の舞台として使用され続け、大明宮と行政と儀礼の機能を分担した。本節では、中国都城史における「太極殿の時代」ともいえるこの時期の特色を論じたい。

(1) 中国都城史における太極殿時代

太極殿の時代とは？

　すでに明らかにされているように、天地の神々と祖先の霊をまつる漢長安の儀礼空間は、前漢末に儒教の王権論にもとづいて都城を主要舞台に再編され、『周礼』に主拠する王莽による新の長安による改造を経て、後漢洛陽に継承されていく[20]。王莽は、漢から新への王朝交替を正統化するために、王朝交替を理論化する儒教の王権論（禅譲と革命の思想）にもとづいて新王朝の都城長安の儀礼空間を整えた。後漢洛陽は、前漢末から新にかけての長安改造の経験をふまえ、儒教の王権思想にもとづいて計画的に建造された中国史上初めての儒教都市だった。後漢洛陽は、城内の南宮におかれた中枢宮殿と受命の祭祀をおこなう城南の円丘とを南北に連結する儀礼軸を骨格にもつ[21]。

　後漢洛陽の都市構造は、漢魏革命を経た魏の都城として基本的に継承されたが、魏明帝により、宮殿、禁苑、壇廟、城池、道路等が改造された[22]。この時、中国都城の中枢宮殿に初めて太極殿の名称が登場する。その後、太極殿は、図1のように、魏晋洛陽から唐長安に至るまで、西魏・北周・隋を除く歴代政権の都城の中枢宮殿の名称となり、太極殿の建造と修築が王権の正統性を主張する論拠の一つとなった。

　魏洛陽から唐長安にいたる都城の宮殿区と太極殿の構造と機能の変遷に関しては、太極殿前殿と東西堂、朝堂、中央官庁の空間配置と政治機能の関連の観点から、明らかにされてきている[23]。この時期は、太極殿を中核とする都城をつらぬく南北軸に沿い、北郊-後苑（華林園）-太極殿-南郊と南北につながる儀礼空間が整備された時期でもある[24]。

　他の時期・場所ではなく、魏の明帝の洛陽で太極殿が登場した理由は、魏晋洛陽が、後漢洛陽城の北宮と南宮を併用する両宮制から一宮制に転換したからと思われる[25]。都城が複宮制から一宮制に転換したために、従来の名称にない唯一性・絶対性をもつ宮殿の名称が必要となり、それにふさわしい当時の名称として「太極」の名称がえらばれたからだろう。

太極という思想

　太極殿という名称は、3世紀から10世紀にかけて流行した太極思想にもとづいている。太

20　第1章　太極宮から大明宮へ

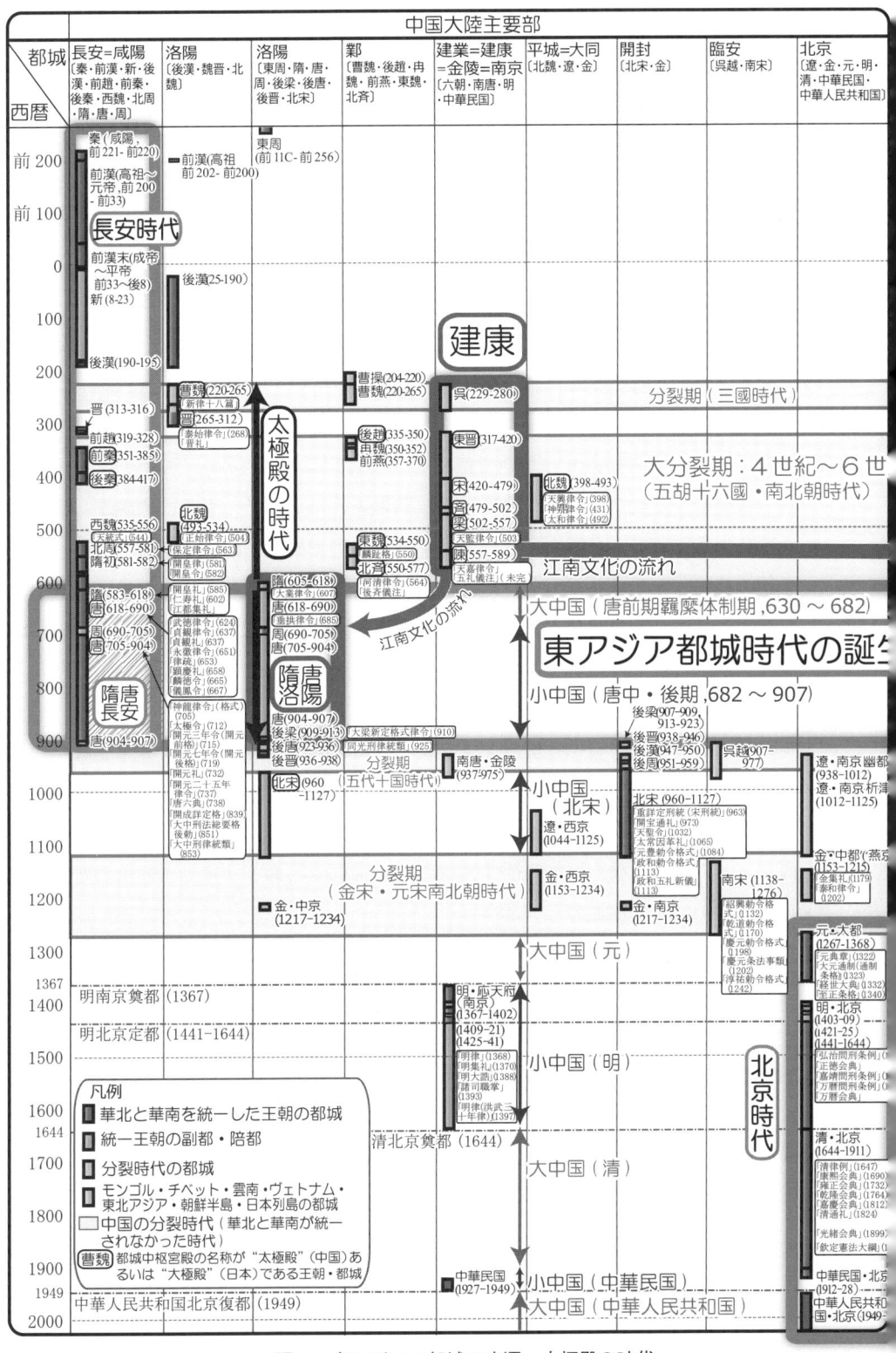

図1　東アジアの都城の変遷—太極殿の時代

妹尾達彦　21

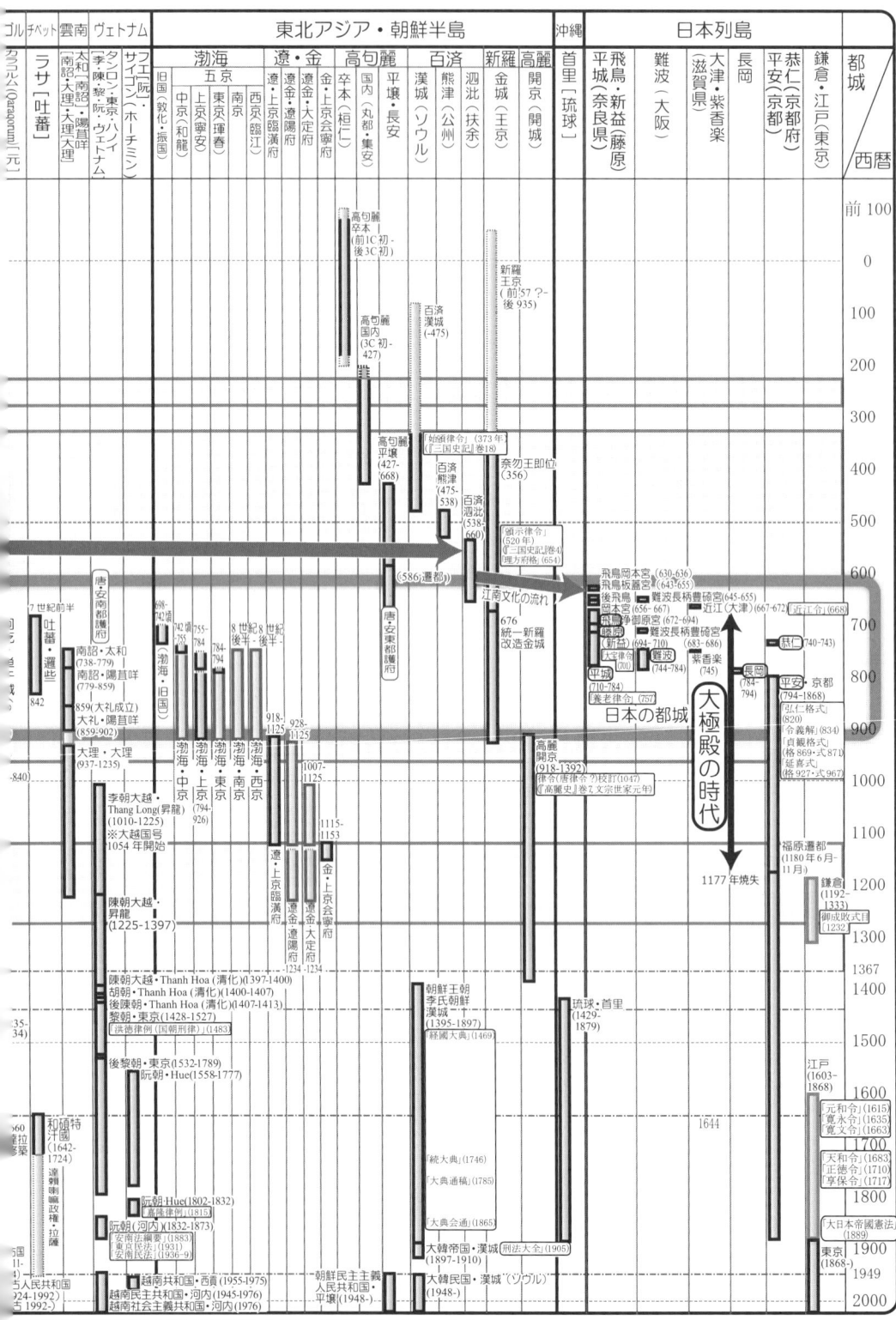

ゴルカラコルム[元]	チベット ラサ[吐蕃]	雲南 南詔・太和 南詔・陽咩 大理・大理	ヴェトナム タンロン・東京・ハノイ[李陳黎阮・陽咩・ヴェトナム]	フエ[阮][敦化・隆山]	東北アジア・朝鮮半島								沖縄 首里[琉球]	日本列島						鎌倉・江戸(東京)	都城
					渤海 五京				遼・金			高句麗	百済	新羅	高麗		飛鳥・新益(藤原)	平城(奈良県)	難波(大阪)	大津・紫香楽(滋賀県)	長岡	平安(京都)		
				旧国(敦化・琿春)	中京・東京	上京・寧安	東京・琿春	南京	西京・臨江	遼・上京臨潢府	遼金・遼陽府	金・上京会寧府	卒本(丸都・集安) 国内	平壌・長安	漢城 熊津 泗沘 (ソウル)(公州)(扶余)	金城(王京)	開京(開城)								西暦

[Timeline chart showing historical capitals and dynasties across East Asia from 前100 to 2000 CE. Key entries include:]

- 高句麗 卒本 (前1C初-後3C初)
- 新羅 王京 (前57?-後935)
- 高句麗 国内 (3C初-427)
- 始頒律令(373年)『三国史記』巻18
- 高句麗 平壌 (427-668)
- 百済 熊津 (475-538)
- 奈勿王即位(356)
- 百済 漢城(-475)
- 百済 泗沘 (538-660)
- 頒示律令(520年)『三国史記』巻4 理方府条(654)
- (586遷都)
- 676 統一新羅 改造金城
- 江南文化の流れ
- 唐・安南都護府
- 7世紀の後半 吐蕃・邏些
- 南詔・太和 (738-779)
- 南詔・陽咩 (779-859)
- 842
- 859(大礼成立) 大礼・陽咩 (859-902)
- 渤海・旧国 742-755
- 渤海 中京 8世紀後半
- 渤海 上京 755-784, 794-926
- 渤海 東京 784-794
- 渤海 南京 8世紀後半
- 唐・安東都護府
- 飛鳥岡本宮(630-636)
- 飛鳥板蓋宮(643-655)
- 後飛鳥(656-667)
- 難波長柄豊碕宮(645-655)
- 飛鳥浄御原宮(672-694)
- 近江(大津)(667-672)
- 近江令(668)
- 新益(694-710)
- 難波長柄豊碕宮(683-686)
- 大宝律令(701)
- 難波(744-784)
- 紫香楽(745)
- 恭仁(740-743)
- 平城(710-784)
- 養老律令(757)
- 長岡(784-794)
- 平安・京都(794-1868)
- 弘仁格式(820)
- 令義解(834)
- 貞観格式(格869・式871)
- 延喜式(格927・式967)
- 日本の都城
- 大理・大理 (937-1235)
- 渤海 918-1125
- 928-1125
- 遼・上京臨潢府
- 遼金・遼陽府
- 金・上京会寧府 1115-1153
- 1007-1125
- 高麗 開京 (918-1392) 律令(唐律令?)校訂(1047) 『高麗史』巻7, 文宗世家元年
- 1177年焼失
- 李朝大越・Thang Long(昇龍)(1010-1225) ※大越国号 1054年開始
- 陳朝大越・昇龍 (1225-1397)
- 陳朝大越・Thanh Hoa(清化)(1397-1400)
- 胡朝・Thanh Hoa(清化)(1400-1407)
- 後陳朝・Thanh Hoa(清化)(1407-1413)
- 黎朝・東京(1428-1527) 洪徳律例(国朝刑律)(1483)
- 朝鮮王朝 李氏朝鮮 漢城(1395-1897)
- 経国大典(1469)
- 福原遷都(1180年6月-11月)
- 鎌倉(1192-1333)
- 御成敗式目(1232)
- 1367
- 後黎朝(1532-1789) 阮朝・Hue(1558-1777)
- 琉球・首里(1429-1879)
- 続大典(1746)
- 大典通編(1785)
- 江戸(1603-1868)
- 元和令(1615) 寛永令(1635) 寛文令(1663)
- 天和令(1683) 正徳令(1710) 享保令(1717)
- 和碩特 汗国(1642-1724)
- 阮朝・Hue(1802-1832) 高麗律例(1815)
- 阮朝・(河内)(1832-1873)
- 安南法(編纂)(1883) 東京民法(1931) 安南民法(1936-9)
- 大典会通(1865)
- 大韓帝国・漢城(1897-1910) 刑法大全(1905)
- 大日本帝國憲法(1889)
- 1644
- 1860 拉薩 1911-4
- 5人民共和国 1992-
- 越南民主共和国(1945-1976) 越南共和国・西貢(1955-1975) 越南社会主義共和国・河内(1976-)
- 朝鮮民主主義人民共和国・平壌(1948-)
- 大韓民国・漢城(ソウル)(1948-)
- 東京(1868-)

大極殿の時代

[主]横軸は空間(東アジア各国の都城)を表し、縦軸は時間(西暦)を表す。

[出典]妹尾達彦「東亜都城時代的誕生」(杜文玉主編『唐史論叢』第14輯、西安・陝西師範大学出版社、2012年)付図1改図。

極の語は、もともと『易経』や『荘子』等の儒教や道教の古典に記された言葉である。『易経』の十翼の繋辞伝上には、「易に太極あり、これ両儀を生ず。両儀は四象を生み、四象は八卦を生み、八卦は吉凶を定め、吉凶は大業を生む。」とあり、太極は陰陽を生み出す存在であり万物の根源をなすと記されている[26]。一方、太極という語が文献上初めて現れる『荘子』太宗師篇には、太極を道に準じる存在としている[27]。

3世紀から9世紀にかけての時期に太極殿の名称が普及したのは、当時の易学や讖緯思想、天文占星思想、民間信仰にもとづけば、太極は、北極ないし北極星、北極星をかこむ紫微宮に比定され、天の中心をなす万物の根源であり、天帝の常居であると考えられていたからである。太極が、天そのものをさす場合もある[28]。太極の存在を天界の星座に擬えることで、太極という抽象的な概念が目に見える形で具象化するのである[29]。

このような太極思想が、後漢に形式を整えた讖緯思想の影響を受けていることを、福永光司は指摘している。福永によれば、讖緯思想とは、戦国末期、前3世紀頃から盛んになった占星術的な天文学を基盤とし、それを陰陽五行や律暦術数の思想と結びつけ、さらに、儒家の『易』の哲学や、道家の神仙思想、民間の土俗信仰などをも雑多に取り入れた、宗教的で神秘主義的な色彩を強くもつ一群の思想をさすという[30]。太極思想は、後漢の大儒・鄭玄（127～200）によって、天と地の対応をとく体系的な政治哲学を構成する要素の一つとして練り上げられていき、太極の概念は儒教の王権論の変遷に従って変容した[31]。

太極殿の時代の分期

東アジア都城史の流れの中に、太極殿を中枢宮殿とする都城の系譜を描いたものが、図1である。太極殿の時代は、前期と後期に二分することができる。すなわち、前期は、漢王朝崩壊を契機に中国大陸が未曾有の分裂時代をむかえる3世紀前半の魏洛陽から6世紀末の南朝建康にかけての時期である。後期は、7世紀初に唐によって中国大陸が再統一された時期となる。

前期は、晋による短期間の統一はありながらも、魏洛陽から始まり南北朝時代に至る分裂期であり、中国大陸に複数の太極殿が併存する時期である。後期は、隋による中国再統一を継承した唐が、晋以来の一つの太極殿を復活させた時期である。太極殿をもつ北魏・東魏・北斉と南朝が南北に対峙した時期は、複数の政権が互いに都城の中枢宮殿を太極殿と称し合う「複数の王朝と複数の太極殿」の時代といえよう。唐になり、晋洛陽太極殿の時代から実に約300年ぶりに「一つの王朝と一つの太極殿」が復活したのである。

鄭玄の都城、王粛の都城

この時期の都城の儀礼空間の建造には、儒教の王権論にもとづく二つの系譜がある。後漢の大学者・鄭玄の説にもとづく魏洛陽→晋洛陽→北魏洛陽→東魏・北斉鄴→隋唐長安という都城の流れと、王粛（195～256）の説にもとづく西晋洛陽→東晋建康→南朝建康という流れである。

鄭玄は、都城を、複数の超越的存在（昊天上帝と五上帝の六天）と天子‐皇帝が交感する舞台と考えたのに対し、王粛は、唯一の超越的存在（昊天上帝の一天）と天子‐皇帝が交感する舞台と考えて鄭玄説を批判した。そのために、鄭玄が、昊天上帝をまつる円丘と五帝の中で王朝の始祖を生んだ感生帝をまつる南郊とを分祀したのに対し、超越的存在の唯一性を唱える王粛は、円丘と南郊を合祀して昊帝上帝のみをまつった。

鄭玄と王粛は、経書解釈が異なるために王権儀礼の挙行に際しても多くの点で対立した[32]。隋唐初の長安は、鄭玄説にもとづく円丘・南郊分祀の儀礼空間をもつ都城だったが、高宗の顕慶礼になると、王粛の説にもとづく南朝建康の王権儀礼の影響を受けて鄭玄・王粛両説の折衷が進み、最終的に王粛説にもとづき円丘と南郊は合祀となる[33]。太極の概念をめぐっても鄭玄と王粛の解釈にはずれはあったが、『易経』繫辞上伝の太極の注釈では両者の違いは大きくなく、ともに太極を根源的なものとしている。

「天としての太極」から「理としての太極」への転換

「太極殿の時代」が唐末の9世紀に終わった理由は、太極の解釈の転換による。宋の儒者たちは、鄭玄に代表される緯書にもとづく解釈を批判して、太極を「理」としてとらえ直した。太極は、宋代になると、仏教の理の概念の影響も受けて、世界秩序の根源をなす概念である「理」と同一視されるようになる。理は、天をふくむすべてをつつみこむ抽象的な上位概念なので、天をふくむあらゆる存在が理という根源的な秩序の前で相対化された[34]。朱子は、「太極只是天地萬物之理。在天地言、則天地中有太極。在萬物言、則萬物中各有太極。（太極とは、天地万物の理にほかならない。天地についていえば、天地の中に太極がある。万物についていえば、万物の中にそれぞれ太極が存在するのだ）」（『朱子語類』巻1、理氣上、太極天地上）と述べている（日本語訳は、溝口雄三・小島毅監修、垣内景子・恩田裕正編『朱子語類訳注』汲古書院、2007年3頁にもとづく）。

このように、宋代以後、太極は、新たに天の上位概念となった理と同一視されることで、天界の星座とのつながりから解放され、より抽象的で普遍的、根源的な秩序の概念に転換した。上記の朱子の解釈によれば、理は、世界のどこにもどの人にも遍在するので、普遍的秩序の理にもとづく政治をおこなうことで為政者の正統性を獲得することとなった。これにともない、唐代までのように、天界の特定の星座とのつながりをしめすことで王権の正統性を顕示する必要性は薄れ、天界の星座と対応することをしめす太極殿の名称も重要性を失っていくのである。大局的にいえば、中国思想における理という概念の形成は、ユーラシア大陸で広く見ることのできる世界宗教の流入による伝統思想変容の中国的事例になるだろう[35]。

太極殿と律・令・礼の関係

太極殿の時代は、図1のように、都城と太極殿の建造や律・令・礼の制定と施行が、各王朝

の正統性や優越性を主張する時代だった。王朝を創造し存続させるには、都城の建造・整備と宮殿の建築、律令礼の制定と発布、正史の編纂、量衡の統一、暦の発布、銭貨の鋳造等が不可欠だった(36)。

儒教の王権論は、時間的には、易姓革命論にもとづいて王朝の交替の必然を主張する。しかし、空間的には、同時期に対等の天下をもつ他の国家の存在を認めない。天帝の子である天子が統治する天下は、「天に二日無く、土に二王無し」の常套句のように唯一であり、同じ時期の空間では天下を治める正統性をもつ政権は一つしか存在しないと考えた(37)。そのために、複数の政権が割拠する時期には各政権による正統性の主張が生じ、主張する各政権には唯一の正統性をもつことの証明が求められた。太極殿を中枢宮殿とする宮殿建築は、政権の正統性の視覚情報化に他ならなかった。

日本の事例——天子-皇帝制と天皇制の違い

図1のように、中国大陸以外の地域では、唯一、日本列島の政権が、「太極殿」を意味する「大極殿」を主要宮殿とした。すなわち、日本における大極殿の建造は、都城の建造や天皇号(中国の皇帝号に対抗するための君主号)、元号、暦、律令、礼典の施行や貨幣の発行とともに、日本列島における独自の政権の主張の一環をなすものだったといえよう。ただ、日本の場合、唐朝との軋轢を避けるために、唐王朝の使者が目に触れる都城の宮殿には太極殿の語を用いず、「太」の字を欠筆し「大」極殿とした可能性がある(38)。日本の「大極殿の時代」は、7世紀から1177年(安元3年)に太極殿が焼失するまでの数世紀続いた。

日本の「律令」国家の最大の特色は、中国の制度を参照しながらも、天子-皇帝制に対抗して天皇を神とする国家を創造しようとした点にあると思われる。漢代に形を整えた儒教の王権論では、天帝の子である天子は、天帝の君臨する無限の天下を治める存在である。しかし、現実には、軍事力と行政力の限界によって統治のおよぶ地域と及ばない地域が存在する。この統治理念上の矛盾を合理的に解決する為政者の称号が、天子と皇帝の並称だった。天子は天帝の命を受けて不変で無限の天下をおさめる存在であるのに対し、皇帝は有限の時間と現実の統治空間をおさめる存在である。要するに、統治における理想と現実、有限と無限の矛盾を止揚する制度が、天子-皇帝制度だった。天子と皇帝の役割の相違は、王権儀礼の中で明確に規定されている(39)。

天子-皇帝制度において重要な点は、いわば理想である天子と現実にたつ皇帝の間の差違を縮める政治的努力(善政主義)が為政者に課せられたことである。皇帝である為政者は、理想的な天子をめざす政治的努力を自らに課さねばならない。その努力を助ける存在が官僚である。このような構造は、当然ながら官僚による皇帝政治の批判を許容し、中国の政治に不断の緊張を強いることになった。中国では、天子-皇帝が神ではなかったために、このような政治運営が可能だったのである。

しかし、天皇を神=天とした日本の場合、天皇の権威を利用して権力掌握をはかる世俗為政者たちの争いは生まれても、神である天皇への直接の批判は原則的にゆるされず、中国の天子-皇帝制度の内包する政治的緊張を捨象する仕掛けになっている。皇帝の政策を批判する官僚が存在することで政治運営が理想に近づくという中国儒教の発想は、日本の天皇=神の体制のもとでは、あらかじめ排除された。このような日中の政治理念の相違は、やはり、両国における官僚制度の伝統の有無と経験の厚みの違いによると思われる。

中国の律令や正史の編纂、都城の建造が、王朝交替を前提とする天子-皇帝制にもとづく制度であるのに対し、日本の場合は、王朝交替を認めず為政者を天皇=神（天）とし、唐の天子-皇帝制を天皇制に換骨奪胎させようとした。そのために、中国の儒教知識人から見れば、日本の律令や正史、都城は、類似した名称をもち一見中国の制度のように見えても、儒教の王権論による律令や正史、都城制度とは認識されず、日本独自の地域的な制度に見えたと思われる。逆に、当時の日本の知識人の立場からいえば、中国の天子-皇帝の王権理論と抵触しない天皇=神の概念の導入をはかることで、国際的な自立をめざしたといえるだろう。

(2) 太極殿の変貌

太極殿で行われる王権儀礼は、『大唐開元礼』によれば、皇太子・皇太子妃・群臣の朝賀、納后の儀礼、冊命の儀礼、内冊、朔日受朝等であり、儀礼項目ごとに儀礼次第の細かい規定がある。また、皇帝の大葬と即位儀礼は太極殿で行われ、郊祀や太廟などの最重要儀礼の挙行に際しても、太極殿は出発地点に位置づけられていた。これらの儀礼は、大明宮に政治の中心が移った後の唐後半期にも継承された。太極殿は、当然ながら、唐代王権儀礼の中で中核的な役割をはたしている[40]。本項では、太極殿時代の宮城と皇城の空間配置の特色を論じたい。

秩序の空間——都城と律・令・礼

前近代中国における法律が天子-皇帝制の理念を体現していることは、改めてのべるまでもない。儒教の礼の思想にもとづいて律・令を解釈する契機となったのが、晋王朝（265〜420）における泰始律令（律20篇・令40篇・故事30巻）と晋礼（五礼儀注）165篇の制定である。晋王朝になって、初めて、律・令・礼が互いに関連しあいながら編纂される時代が到来した。晋朝は、古くから刑法として機能していた律や行政法規としての令、王権儀礼の細目を定めた礼などの国家規範を、儒教思想にもとづいて新たに系統的に解釈し、互いに関連する国家規範として編纂しようとしたのである[41]。律・令・礼の編纂は、晋朝以後、唐開元年間にいたるまでの約500年間継承され、玄宗期における『大唐開元礼』（開元20年（732）完成奏上）の編纂と開元律令の制定（開元3年令（715）・7年令（719）・25年律令（737））、『唐六典』の編纂（開元27年（739）完成）に結晶する。

律・令は、天と地を媒介する天子-皇帝の身体に価値の規準をおく規範の体系だった。たと

26　第1章　太極宮から大明宮へ

図2　隋大興城の都市計画

【出典】底図は、史念海主編『西安歴史地図集』(西安・西安地図出版社、1996年) 78頁図「唐長安県、万年県郷里分布図」を用い、等高線は、陝西省地質鉱産局・陝西省計画委員会編『西安地区環境地質図集』(西安・西安地図出版社、1999年) 2頁図「西安地区政区図」にもとづいて作図した。円丘以外の城外の国家儀礼の舞台の位置は文献による推測である。禁苑の苑墻の殆どの部分は推測である。漢唐代の渭水の流路は、史念海編『西安歴史地図集』(西安地図出版社、1996年) に基づく。現在の渭水の流路はGoogle2008年の航空写真により描画。秦咸陽城範囲は、陝西省考古研究所編『秦都咸陽考古報告』(北京：科学出版社、2004年) 2頁図1「秦都咸陽遺址位置図」、及び中国社会科学院考古研究所漢長安城工作隊・西安市漢長安城遺址保管所編『漢長安城遺址研究』(北京：科学出版社、2006年) 622頁図1「秦、西漢都城位置関係図」による。

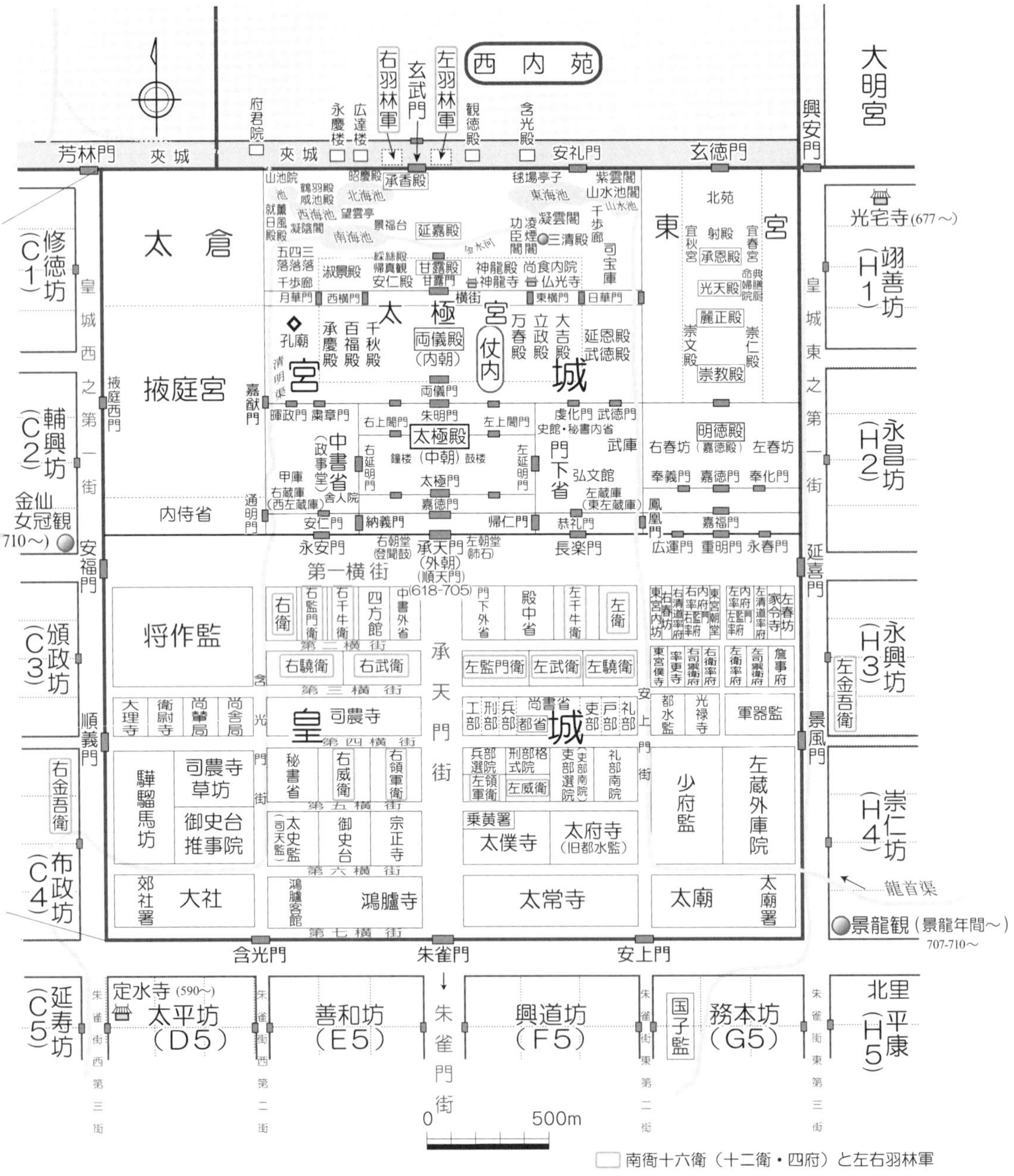

図3 唐長安城の宮城と皇城：8世紀前半

【出典】妹尾達彦「隋唐長安城の皇室庭園」（橋本義則編『東アジア都城の比較研究』京都大学学術出版会、2011年）308頁所載図14を訂補。作図に際しては、妹尾達彦「中国の都城と東アジア世界」（鈴木博之他編『シリーズ都市・建築・歴史I記念的建造物の成立』東京大学出版社、2006年）185頁所載図3-11(a)「唐長安城の宮城と皇城」を、傅熹年主編『中国古代建築史 第2巻』（北京・中国建築工業出版社、2001年）363頁の図3-2-2「唐長安太極宮平面復元示意図」、馮曉多「唐長安城北部主要池陂及其作用」（『西安文理学院学報（社会科学版）』9-5、2006年）44頁所載「図中所標西内苑部分建築」、北田裕行「隋唐長安城太極宮後園とその系譜－北斉と隋の四海－」（『古代学』1、奈良女子大学古代学学術センター、2009年）30頁所載図3「太極宮復元図」に基づく。太極宮北部の復原に際しては、とくに北田裕行氏の復元図を参照した。なお、外村中「唐の長安の西内と東内および日本の平城宮について」（『仏教芸術』317号、毎日新聞社、2011年）38頁図14「唐長安西内東内付近概念図」も参照。

28　第 1 章　太極宮から大明宮へ

図 4　衛禁律の空間構造

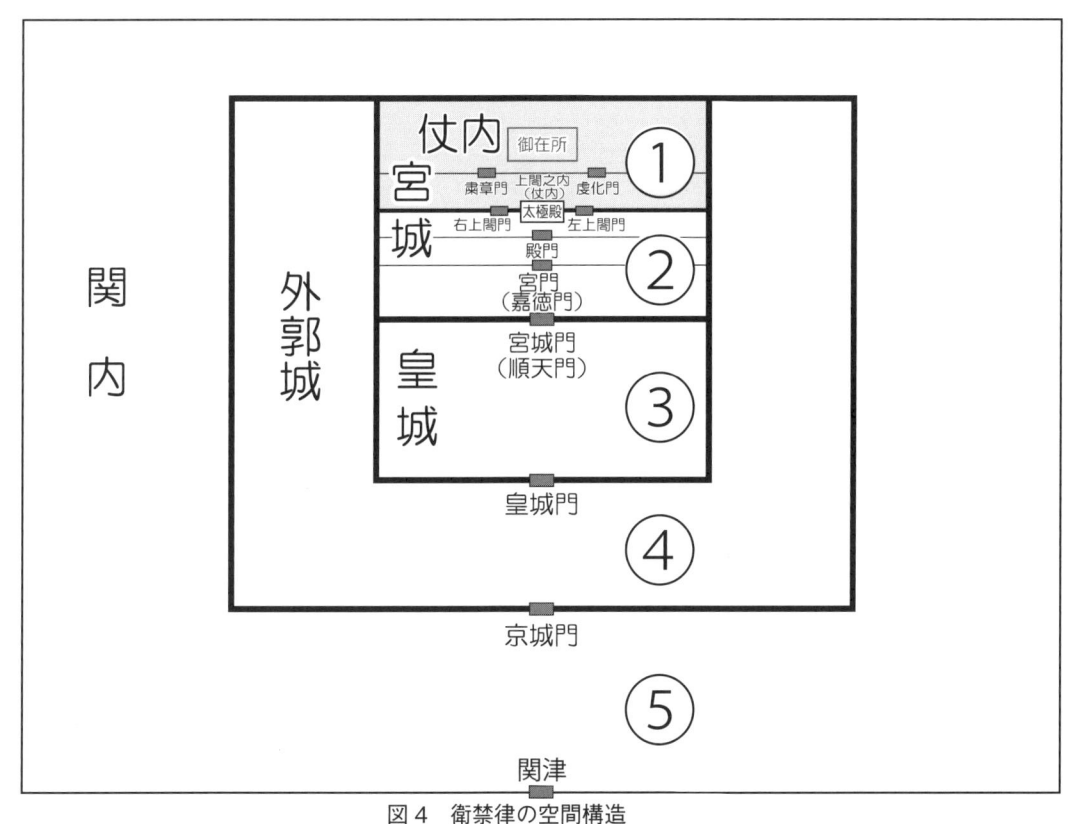

【出典】『唐律疏議』巻 7 ～ 8，衛禁律にもとづき図化。妹尾達彦「東アジアの都城時代と交通網の形成」国立歴史民俗博物館・玉井哲雄編
『アジアからみる日本都市史』東京・山川出版社、2013 年、54 頁図 3「衛禁律の空間構造」を改図。
※律の上で都城の空間は上図のように分節化され、⑤から①の順に罪が重くなる。

えば、唐律では、天子 – 皇帝の御す空間を「御在所」とよび、通常は、宮殿の中に存在するが（唐長安城の場合は両儀殿等の内朝の宮殿をさす）、天子 – 皇帝の御す場所であれば、どこであれ、そこが「御在所」であり秩序の中核となった[42]。都城とは、御在所の場所であり、天子 – 皇帝の身体（御在所）の至高性を、国家規範をなす律・令・礼を動員して、誰もが目に見えるかたちで表現するための建築空間だった。

　御在所に集約される都城は、天子＝皇帝の身体の隠喩としてつくられた。天帝の子である天子＝皇帝の身体（＝御在所）は、天帝の御す宇宙の鏡であり小宇宙(ミクロコスモス)である。玉座の天子＝皇帝の身体からの距離によって「内」と「外」の空間が階層化され、宮殿に距離的に近い空間ほど社会秩序の上位に位置づけられた。図 4 唐衛禁律の空間で図示したように、太極殿以南の空間が外と認識されるのに対して、太極殿より北の空間は「内」と規定され聖別化された。このように、御在所をからの空間的距離によって罪の大きさが増減するように衛禁律全体が構成されていたのである。御在所に御す天子 – 皇帝の至高性は、唐律全体の構造をなし律による中心性の構築といえよう。

　地上の宮殿に御す皇帝が南面して左手の方角は左街（東街）、右手の方角は右街（西街）と

分割され、陰陽思想にもとづき左（陽）が右（陰）に優越した[43]。都城の宮殿は、唐長安城の場合、「両儀」[44]、「甘露」[45]、「太極」の名称のごとく、天界の天帝の宮殿に直結する聖なる空間として聖化されたのである（図2・図3）[46]。

このように、都城という空間や令、礼などの国家規範は、そこに居住する為政者を天子－皇帝に転換するための文化装置であった。律や令、礼は、天子－皇帝の御す宮殿を聖なる中心として聖別化するために視覚的・空間的に構成されており、魏晋洛陽以来の都城制の整備とともに体系化されていくのである[47]。まさしく、「社会秩序は、差異をつくりだし、分類し、位階を設け、禁忌によって守られた境界を画定し、そして、役割や行為のモデルをさまざまな条件のなかに封じ込める」（G. バランディエ）のである[48]。

太極殿時代の政治空間

都城と律・令・礼制との密接な関連は、唐長安城の都市空間の復原図からうかがうことができる。上掲の図2は、開元25年（737）律令の施行された前後の8世紀前半の唐長安城の宮城・皇城部分の拡大図である[49]。8世紀に入ると、大明宮の改造や興慶宮の建設を始めとする唐独自の都城改造が進んでいくが、唐長安城は、基本的に隋大興城の建築構造を継承している[50]。

中国都城史をふりかえると、このように、宮城の空間と皇城の空間を横街をはさんで南北に分けた上で、宮城から皇城、外郭城を貫く南北軸の東西に各種の官庁や施設を整然と配した建築は、大興城以前には存在しない。この点について、池田温氏は、隋大興城の都市空間と統治理念との密接な関連に注意をうながし、「皇城内の官庁配列は隋初の統治理念に密着しきわめて計画的に決定されたと推察され、中国史上でも画期的な整然たる城坊組織を有するこの都城の中核として、宮城・皇城の担う役割がその形によく反映している」と指摘している[51]。

唐代の中央官庁は、三省・九寺・一台・五監・十六衛と称される（唐初は異なる）。開元年間には、六省（尚書省・門下省・中書省・秘書省・殿中省・内侍省）・二十四司（吏部・司封・司勲・考功・戸部・度支・金部・倉部・礼部・祠部・膳部・主客・兵部・職方・駕部・庫部・刑部・都官・比部・司門・工部・屯田・虞部・水部）・一台（御史台）・九寺（太常寺・光禄寺・衛尉寺・宗正寺・太僕寺・大理寺・鴻臚寺・司農寺・太府寺）・五監（国子監・少府監・北部軍器監・将作監・都水監）・十六衛（左右衛・左右驍衛・左右武衛・左右威衛・左右領軍衛・左右金吾衛・左右監門衛・左右千牛衛）の制度が整った。その他に、東宮の官庁や親王府の官庁等が存在した。また、都城には、地方官庁である京兆尹や県の官庁もおかれていた[52]。

それでは、都城内における宮城と皇城の宮殿や官庁等の建築物の配置は、どのような原則にもとづいて決定されたのであろうか。おそらく、次の二つを原則に配列されたと思われる。

①建築物の重要度に応じた皇帝の身体（御在所）からの距離。重要な機能をもつ建築物ほど皇帝の御す宮殿（御在所）に近くなる。
②陰陽の秩序にもとづく序列。東（陽）が西（陰）よりも優位となる。

①と②の原則を合体させると、内朝の宮殿に最も近い東側が序列の最上位となり、以下、宮殿に最も近い西側→東側→西側の順に序列が下がってくると考えられる。この配置方法は、各種の機能をもつ都城のあらゆる建築物が、皇帝の御在所を頂点とする階層に位置づけ得るように、設計され配置されていたことを意味している。

門下省（左省）と中書省（右省）の配置を一例にあげると、他の官庁と異なり、門下・中書の両省が宮城内の太極殿（中朝）・両儀殿（内朝）の左右の皇帝と最も近い距離におかれた理由は、両省が各官庁の中で別格に位置づけられていたからである[53]。両省は、宮城内のみならず、皇城内の一番序列の高い承天門街と第一横街の交わる位置に、それぞれ、門下外省と中書外省という出先機関もおいていた。

陰陽秩序にもとづけば、陽（東）が陰（西）よりも優位にたつので、東側の門下省の方が西側の中書省よりも序列が上におかれていたことがわかる。そのために、宰相会議の行われる政事堂は、唐初は門下省の中に設置されていた。ただし、後に中書省の権限が伸張して政事堂は683年に中書省に移転し、723年には政事堂が中書門下に改称され、中書省の優位が決定づけられた[54]。さらに、太極宮から大明宮への皇帝居住地の移転も重なり、隋唐初の宮城・皇城空間のもつ象徴性そのものが弛緩していくことになった。

唐令（官品令・職員令）では、門下省と中書省は員数・官品・職掌ともに厳密に左右対称になるように構成されていた。門下侍中と中書令（各2人、正3品）、黄門侍郎と侍郎（各2人、正4品上）、給事中と舎人（門下給事中4人・中書舎人6人〈唐開元年間〉、正5品上）、録事と主書（各4人、従7品上）、主事と主事（各4人、従8品下）等である[55]。

このように、門下省と中書省は両省と称され、単なる行政機関ではなく、天子＝皇帝の御す太極殿の中心性と至高性をきわだたせる視覚性に富む象徴空間の構成要素として建造されている。同様に、皇城内に東西対称におかれた皇帝の身辺をつかさどる殿中省と外国来賓の謁見をつかさどる四方館（隋の謁者台）、駐屯する計数万の衛兵を管理する左右の諸衛（左右衛を筆頭に、左右驍衛・左右武衛・左右威衛・左右領軍衛・左右金吾衛・左右監門衛・左右千牛衛）、太常寺と鴻臚寺、太廟署や太社署等の官庁の配置も、陰陽秩序と皇帝を頂点とする階層序列を視覚的に明示する建築物であった。

太極殿の東西に配置された尚書省六部二十四司の建物は、尚書都省をはさみ、東方には左司として吏部（吏部・司封・司勲・考功）・戸部（戸部・度支・金部・倉部）・礼部（礼部・祠部・膳部・主客）の三部が順にならび、西方には右司として兵部（兵部・職方・駕部・庫部）・刑部（刑部・都官・比部・司門）・工部（工部・屯田・虞部・水部）の三部がならんだ。この空間配置は、開元七年（719）に成立した開元格二十四篇の序列に対応している[56]。

もともと、図3に描かれた唐宮城・皇城図の空間構造は、開元10年（722）に韋述（？～757）の編纂した『両京新記』巻1の宮城・皇城部分と、韋述『両京新記』を増補した北宋・宋敏求『長安志』巻6、宮室、唐上、同書巻7、唐皇城、唐京城1（1076年序文）や、北宋・呂大防「長安

図」(1080年完成)に依拠して描かれたものである[57]。

　唐朝の理想的な王制を記す『唐六典』の編纂は、玄宗(在位712～756)の勅命により、韋述が『両京新記』全5巻を完成した開元10年(722)に編纂が始まり、集賢院の学士を中核にした編集組織のもとで編集作業が進められ、開元27年(739)に完成した。『両京新記』の著者である韋述も、集賢院学士の一人として『唐六典』の編纂作業に加わっている。韋述『両京新記』巻1の宮城・皇城の部分が、『唐六典』の記す宮城と皇城の官庁の配置や職掌の叙述と密接に関連しているのも、当然といえよう。

　要するに、図3に復元した8世紀前半の唐長安城の都市空間には、名例から断獄におよぶ唐律や、官品令から雑令におよぶ唐令、序列から王公以下葬通儀にいたる『大唐開元礼』150巻に規定された礼が、目に見える形で具体的に表現されていると考えられる。刑罰を定めた律も、行政法規や行政制度を記す令も、儀礼細則を示す礼も、天子-皇帝に価値をおく点で、あくまで特定の空間に限定されない普遍性を主張するが、その価値観自体は、天子-皇帝の御す都城の空間で可視化されるのである。

　確かに、律・令・礼は、特定の時間と空間の束縛をうけない抽象的な論理性と普遍性をもつがゆえに新たな権力者の正統化を可能にし、王朝の交替や空間、種族を超越して継承されていく機能をもつ。たとえば、唐律の本文では、建築物の固有名詞の使用を慎重に避けており、その代わりに疏議において具体的に該当する建築物の名を注記することで、律のもつ普遍的な価値の存在を示す配慮をとっている[58]。しかし、天子-皇帝を頂点とする秩序を明示する、このような隋大興＝唐長安の建築構造こそが、体系的な律と令と礼を生みだす一因となり、その施行を円滑化したことも疑いない。

　ただ、律・令・礼にもとづくこのような政治空間は、実際の効率的な政治運営には必ずしも適していなかった。機能よりも象徴性に重きをおき、都城としての正統性の賦与が優先されたからである。都城の政治が機能性を重視して、より集権的に再編成されるようになるには、大明宮の建造をまたねばならなかった。

2　大明宮の時代――太極宮太極殿から大明宮宣政殿へ

　前節では、中国都城史における太極殿時代(3世紀～7世紀)の特色を概論した。本節では、大明宮時代(7世紀末～10世紀初)の宮殿区の空間と政治の関連を論じる。太極宮から大明宮への宮殿区の移転が、東アジアの歴史の変貌とどのように関連していたのかという問題についても、宮殿区を構成する空間構造の違いをもとに論じてみたい。

(1)　大明宮の建築構造
　大明宮の建築構造については、考古学発掘の進展や国家遺址公園を前提とした整備によって、

20世紀末からに進展し始め[59]、発掘報告論文や研究論文を集めた専著も出版されている[60]。また、大明宮に関する史料集も公刊され、研究の便宜は一段と増してきた[61]。ここでは、近年の考古学発掘や研究の進展を整理し、不明な点が多く残されてはいるものの、大明宮の建築構造の復元推測図を提示してみよう。

考古学発掘の進展

　大明宮の宮殿・官庁配置の復原は、宋代から現在に至るまで継続的に試みられている[62]。ただ、現在の研究の基礎をなすのは、1959年に刊行された中国科学院考古研究所編『唐長安大明宮　中国田野考古報告集専刊丁種11号』であり、同書所載「図一　大明宮地形位置図」と「図三　大明宮城址及宮殿分佈実測図」によって、初めて、考古学発掘の復原図を底図に大明宮復元図を描くことができるようになった[63]。

　特に、中国社会科学院考古研究所により、1995年の春・秋、翌1996年の春・秋の四期におよぶ考古発掘と調査が行われた際、新たに、龍尾道の位置や含元殿の柱石配置、大台の形、含元殿建築時の窰址、含元殿前広場の構造、東朝堂の位置と建築構造等の詳細が判明したことは、画期的なことだった。とりわけ、龍尾道が含元殿前の中央に南北に延びていたという考古学者の馬得志等の唱えた従来の見解が否定され、龍尾道は含元殿の東西に2本あったことが判明したことは大きな反響をよんだ。

　咸亨元年（670）に推定される含元殿の再建以後に関しては、従来のように含元殿の南側中央に龍尾道が造営されたと考えるのは誤りであり、正しくは、含元殿の東西左右に龍尾道が建造されたことが判明した。現在の大明宮含元殿の復元は、この咸亨元年（670）以後の状況を復元している。含元殿遺址は、前期と後期の層が重なっているのである[64]。後期の龍尾道は、現在復元されている形をとるようになり、含元殿の東西から屈曲しながら上る2本の形状によって特色づけられる。この龍尾道改造の結果、含元殿前には大きな広場が誕生した。この含元殿前の広場が王権儀礼に活用されたことは疑いなく、含元殿前における王権儀礼挙行の必要のために、このような龍尾道の改造がなされたのではないかと推測されている。

　なお、1995年から1996年にかけて龍尾道の跡地が試掘された当初、龍尾道復元については建築史学の楊鴻勲と安家瑶等の考古学者の二説があった[65]。現在の大明宮含元殿遺址は、基本的に安家瑶説にもとづいて復元されている。含元殿発掘は、大明宮の政治構造を考える際に核心的に重要な意味をもち、その後の長安史研究に少なからぬ影響を与えた[66]。

　2005年9月から2006年1月にかけて丹鳳門が発掘され、丹鳳門が、従来考えられていた三門ではなく、図5の呂大防「唐長安図」に描かれたように、明徳門と同じく五門であることが確定した。丹鳳門の発掘も、大明宮の構造を考える際に大きな意義をもつ[67]。日本の奈良文化財研究所と中国社会科学院考古研究所による太液池の共同発掘も進み、大明宮の園林区の状況が判明してきたことも、大明宮復元にとって大きな成果だった[68]。大明宮をかこむ地域の自然

環境に関しては、李令福[69]、馮暁多[70]、陳楊[71]等の研究があり、古景観の復元も始まっている。

　以上の研究により、大明宮の建築構造は、丹鳳門‐含元殿（外朝）‐宣政殿（中朝）‐紫宸殿（内朝）を中軸線とし、3つの性格の異なる空間（外朝・中朝・内朝）から構成されていることが判明した。大明宮の中軸線は、太極宮の承天門（外朝）‐太極殿（中朝）‐両儀殿（内朝）と対応しており[72]、『周礼』の外朝‐中朝‐内朝の三朝制の理念に基づいていることが明らかとなった[73]。

大明宮の復原平面図

　全面的な発掘がまだ終わっていないので、大明宮の全体構造を詳細に示す復原図は作成されていないが、半世紀を越す研究・調査の結果、基本構造は明確になっており、比較的詳細な復原推定図も描かれるようになっている。とくに、建築史学の楊鴻勲[74]と傅熹年[75]の研究が、今後の大明宮の建築構造の復元研究の基礎をなすといえよう。

　考古学発掘にもとづく従来の代表的な大明宮復原図には、以下の諸図がある。

①中国科学院考古研究所編『唐長安大明宮』科学出版社、1959年、2頁図一「大明宮位置図」。
②馬得志・馬洪路『唐代長安宮廷史話』新華出版社、1994年、54頁図「唐大明宮実測図」
③史念海主編『西安歴史地図集』西安歴史出版社、1996年、89頁所載「唐大明宮図（考古）」及び「唐大明宮図（文献）」
④傅熹年主編『中国古代建築史　第2巻』中国建築工業出版社、2001年、403頁所載図3－2－8「陝西西安唐長安大明宮平面復原図」。
⑤何歳利著、馬彪訳「唐長安大明宮発掘の成果と課題」『アジアの歴史と文化』15巻、2011年、35頁図2「唐大明宮遺址考古平面図」。
⑥中国社会科学院考古研究所陝西第一工作隊「西安市唐大明宮遺址考古新収穫」『考古』2012年11期、4頁図1「2007－2011年唐大明宮遺址考古平面図」
⑦楊鴻勲『大明宮』科学出版社、2013年、25頁所載図2－2「唐長安大明宮復原平面図」。

　なお、妹尾達彦『長安の都市計画』講談社、2001年、179頁図51「長安の大明宮」は、20世紀末までの発掘成果にもとづいて描いたものである。本論で掲載した図6大明宮図は、上記の諸図と近年における研究をふまえて描き直したものである。ただ、本図は、筆者の独創ではなく、あくまで本論で引用した諸論著の成果をまとめたものにすぎない。今後の考古発掘や研究の進展によって、さらに正確な復元推定図を描けることを望みたい。

大明宮の沿革

　大明宮の建築物の特色は、太極宮の宮城や皇城と異なり、必要に応じて増築を頻繁に繰り返している点にある。そのために、大明宮の建築物には、唐中期以後の歴史の展開が刻印されている。大明宮の沿革については多くの論著があり[76]、特に近年は、杜文玉が大明宮の沿革を詳細に復原している[77]。

改めて述べるまでも無いが、唐代長安城の宮殿の中で、太極宮・大明宮・興慶宮の三宮殿が規模が最も大きく、立地からそれぞれ太極宮は西内、大明宮は東内(北内)、興慶宮は南内と称され、合わせて「三大内」と称された。大明宮は、この三大内の一つで、長安城太極宮の東北部、禁苑の東南部に位置する。

龍首原上の高台の高爽地にある大明宮は、もともと、唐初は太極宮の後苑の射殿(大謝礼の行われる殿)の地であった[78]。太宗は、父の高祖李淵の避暑地として、貞観8年(634)、この高台に宮殿の建築を始め永安宮と名付けた[79]。建設中の永安宮は、貞観9年(635)正月に大明宮と改名されたが、高祖の死去によって建設は一旦停止した。

その後、高宗の龍朔2年(662)に大規模に改めて修築・増築され、翌年(663)に新宮殿が完成した[80]。高宗は、従来の居住地である太極宮を出て大明宮に転居し、大明宮での聴政を始め、大明宮の名称を「蓬莱宮」と改称した。咸亨元年(670)に再び「含元宮」と改称し、長安元年(701)にもとの「大明宮」の名称に戻し、以後、大明宮の名称が固定する。

ただし、龍朔3年(663)に、高宗が大明宮を重建して聴政を始めたとは言え、大明宮が、太極宮に替わって唐朝政治の中核地としての場を確定するのは、安史の乱を経て8、9世に至ってからである。高宗に続く中宗、睿宗は多く洛陽に滞在しており、長安に居るときには大明宮ではなく太極宮に居た。武則天は、高宗とともに太極宮から大明宮に移居したが、多くは神都・洛陽で政治を掌った。玄宗は、開元2年(714)に太極宮から大明宮に移居したが、開元16年(728)以後は開元2年(714)建造の興慶宮に居住することが多かった。安史の乱に際して長安が陥落した際に、玄宗が陥落直前まで居た宮殿も興慶宮であった。長安陥落を目前にした玄宗は、興慶宮を防御する飛龍院の禁軍に護られて興慶宮を脱して旧長安城に1泊した後に、旧長安城の西門の延秋門から蜀へ脱走する。

大明宮が、太極宮に替わって皇帝が常居する宮殿に固定するのは、安史の乱によって陥落した長安が、至徳2載(757)に再び、唐朝の粛宗によって収復されて以後のことである[81]。このように、長安の大明宮が中央政治の表舞台となることは、東部の洛陽城が武則天以来の中央政治の表舞台から姿を消すことと並行した現象である。唐末の大明宮の状況については、高本憲・韓海梅[82]の研究がある。

(2) 大明宮の空間配置の特色

大明宮は、三朝制に見えるように基本的に太極宮をモデルに建築されているが、太極宮と異なる点も多い。大明宮の行財政機関の機能に関しては、多くの研究があるが、王静の「唐大明宮的構造形式与中央決策部門職能的変遷」と同「唐大明宮内侍省及内使諸司的位置与宦官専権」の二篇の論考[83]が、現在も考察の基礎を与えてくれる。近年は、大明宮国家遺址公園の設立を機に、大明宮を研究する「大明宮学」が提唱されるまでになり、大明宮研究の専門誌『大明宮研究』も刊行され(年刊で2011年9月に総第1期を刊行)、大明宮研究は画期をむかえている。

太極宮と比べた時の大明宮の空間の特色と機能を整理すると、①内廷における軍事・財政機関の集中化、②宮城防衛の強化と禁軍の再編、③王権儀礼の変貌と宮殿の劇場化、④道教建築の突出と蓬萊宮の誕生等があげられよう。これらの特徴は、相互に関連しているので、以下、太極宮と異なる理由に注意しながら整理してみよう。

①軍財政諸機関の集中化——「西北部軍事前線-大明宮-江南経済連結」の形成

　太極宮の宮殿や南側の皇城内の諸官庁の多くは、大明宮建築後も使用され機能していたので、大明宮内に新たに建築された外朝・中朝・内朝の宮殿や官庁は、何らかの特別な政治的理由があって適所に建てられたものである。つまり、大明宮の建築物の立地・規模・建築意匠を手掛かりに、唐中期から後期にかけての新たな政治・経済構造を窺うことが可能になる。このような研究が、今始まったばかりであり、今後、個々の建築物の情報が整理されれば、より総合的な分析が可能になるだろう。

　大明宮の建築物をながめると、軍事・財政機関の集中化が顕著である。唐後期になり、農業-遊牧境域地帯の西北部軍事前線と、政治中枢の都城の大明宮、それに、沿海部の穀倉地帯である長江下流域（江南）の経済が、大明宮を中核に財政的に連結されたことは、宋代以後の後期中華帝国の歴史に多大の影響をおよぼすことになった。この時初めて、中国大陸に国家の主導による広域かつ集権的な軍事財政システムが誕生したからである。大明宮という政治機能の集中した空間なくして、このような大規模な物流の制御は不可能だったに違いない。

　宮城と皇城に分割されていた隋唐初の建築構造は大明宮では崩れ、大明宮の中枢宮殿の周囲に重要官庁が集中し宮殿と混在する形態になった。この傾向は、特に、最奥の内廷（内朝）に当たる紫宸殿以北の空間で顕著である[84]。内廷の紫宸殿を中核に、皇帝と隣接する身近な空間に皇帝直属の官庁や宮殿を配置することで、皇帝の命令のより効率的で機能的な執行が可能になっている[85]。この構造は、基本的に、北宋・開封の内城の建築構造に継承されることになる[86]。

　紫宸殿を囲む内廷では、西方には、延英殿[87]-枢密院[88]-思政殿-内侍省[89]-集賢院（学士院）[90]-翰林院[91]-浴堂殿[92]-麟徳殿[93]-右蔵庫-右銀台門-右軍（右神策軍）とつづく、軍事・行政・財政の重要官庁が集中的に立地している。紫宸殿の東方には、文思院[94]-宣徽殿[95]-少陽院[96]-清思殿-左銀台門-左軍（左神策軍）と広がる、より皇帝の身体に密着するもう一つの行政・軍事の重要官庁が連なる。このように、紫宸殿を囲む地区は、唐後期の行財政・軍事の重要機関が、集中的に立地しており、唐王朝の心臓部となった。

　内廷に位置するこれらの建築の多くは、皇帝直属の内諸司の官庁だった。内廷の内諸司は、皇帝が人事権をもつ宦官が掌る官庁であり、8、9世紀における中央政府の集権化と宦官の勢力の伸長を反映する場だった[97]。内廷（内朝・後朝・仗内）にあたる太極宮の両儀殿と大明宮の紫宸殿の行財政機関の配置を比べると、同じ内廷でも大明宮内廷の行財政機関は、その数の

36　第1章　太極宮から大明宮へ

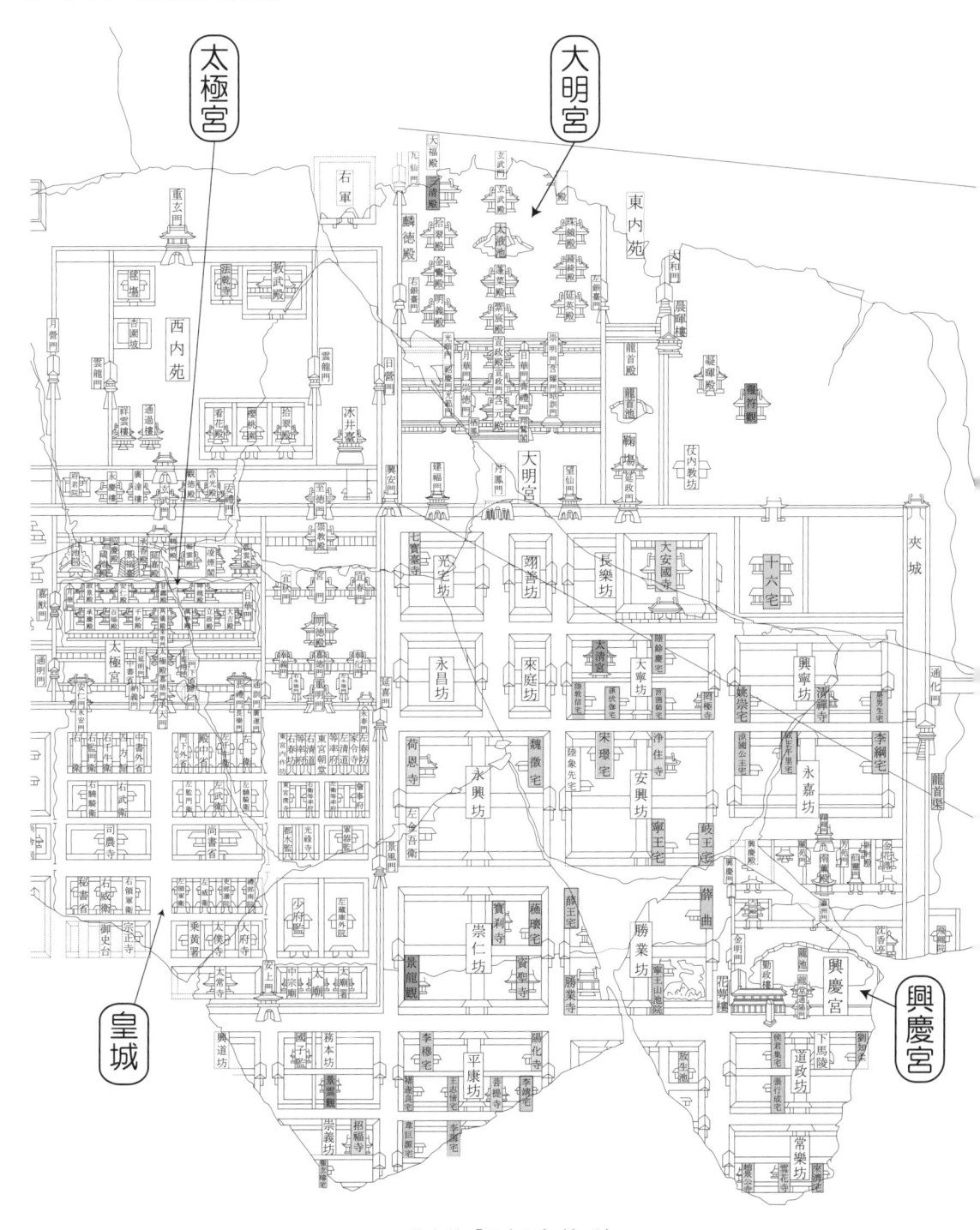

図5　呂大防「長安図」（部分）

▨は官人・親王・公主宅、▢は仏寺、▨は道観と太清宮（大寧坊）、▨は川・水渠・池・陂を示す。

【出典】本図は、平岡武夫『唐代研究のしおり第七　唐代の長安と洛陽　地図篇』（京都・京都大学人文科学研究所、1956年）所掲図版二第二図「長安城図」（呂大防）と曹婉如等編『中国古代地図集（戦国−元）』（北京・文物出版社、1990年）所載図48「長安城図残片墨線図」を底図に、妹尾達彦「都城圖中描繪的唐代長安的城市空間—以呂大防「長安図」残石拓片圖的分析爲中心—」（『張廣達先生八十華誕祝壽論文集上冊』台北・新文豊出版公司、2010年）243頁圖5「呂大防「長安図」拓本残存部分」を訂補したものである。点線部分は、北京大学図書館蔵拓本等によって補ったが、点線内の文字には一部推定箇所も存在する。

図6 8～9世紀の大明宮

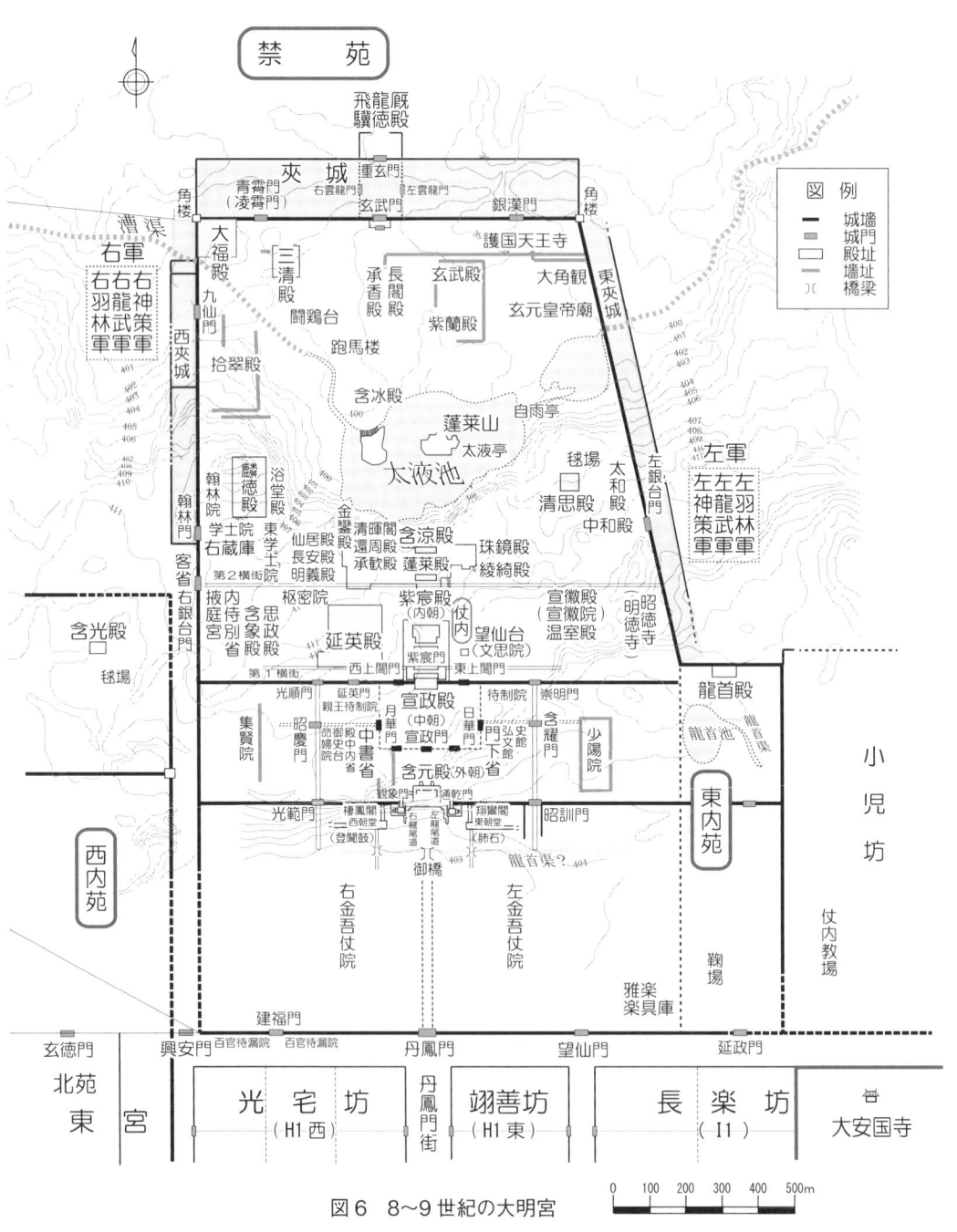

[出典] 本図は、何歳利「唐長安大明宮発掘成果与課題－考古新成果与興安門遺址発掘与研究」（山口大学人文学部、2011年1月8日の講演原稿）所載図2「唐大明宮遺址考古平面図」を底図に、史念海主編『西安歴史地図集』（西安歴史出版社 1996年）89頁所載「唐大明宮図」、中国社会科学院考古研究所西安唐城工作隊「唐大明宮含元殿遺址1995～1996年発掘報告」（『考古学報』1997年第3期）所載図1「含元殿遺址位置図」、傅熹年編『中国古代建築史 第2巻』（北京・中国建築工業出版社、2001年）403頁所載図3-2-8「陝西西安唐長安大明宮平面復原図」、中国社会科学院考古研究所・日本独立行政法人文化財研究所奈良文化財研究所連合考古隊「唐長安城大明宮太液池遺址発掘簡報」（『考古』2003年第11期）10頁図3「太液池遺址2001-2002年発掘区位置図」、王静「唐大明宮的構造形式与中央決策部門職能的変遷」（『文史』2002年第4輯）、同「唐大明宮内侍省及内使諸司的位置与宦官専権」（『燕京学報』2004年新16期）等の考証を参照して、妹尾達彦『長安の都市計画』（東京・講談社、2001年）179頁所載図51「長安の大明宮」を補訂したものである。

多さと建築規模の巨大さ、豪華な建築景観、なによりも政治的重要性の点において際立っている。8、9世紀の中央政治は、大明宮内廷の行財政機関によって進められたのであり、これは、8、9世紀の天子−皇帝が、唐前期のような律令官制の束縛を脱して、より機能的で集権的な意思決定構造を築きつつあったことを示している。

　安史の乱（755〜63）後の唐王朝は、統治領土の減少による国家財政の危機や地方軍閥の台頭に直面し、政権の延命のために行財政の根本的な改革に着手した。その結果生まれた新しい行財政は、その後の中国史の展開に少なからぬ影響を及ぼすことになった。唐初の律令制に代表される広域の統治をめざす政治組織は、安史の乱を経て変容を余儀なくされ、支配のシステムは、限られた領土の効率的な利用に改編された。安史の乱によって華北の財源地の主要部が失われた結果、長江下流域が中国史において初めて中央財政の主要財源地となり、都城を媒介として、北部中国に駐屯する膨大な軍隊への効率的な軍糧補給システムの構築が始まることになる[98]。

　軍事的な衝突の頻発する西北辺境部の軍事前線と、財源としての長江下流域、政治中心としての長安という3つの異なる地域が、交通・運輸制度の改革によって機能的に連結し始め、中唐期の8世紀末から9世紀初にかけて、都城を媒介に西北部軍事前線と長江下流域が財政的に連結する政治・経済体制が生まれた。筆者はこの体制を、「西北部軍事前線−都城−長江下流域（江南経済）連結」とよんでいる[99]。このシステムの要であり司令部となったのが、大明宮の紫宸殿を中核とする諸官庁だった。

　このシステムは、唐代の長安から宋代の開封、明代の北京へと王都を変えながら継承され、後期中華帝国の行財政の骨格であり続けた。本論の対象である長安城の大明宮は、このような安史の乱後の中国史の新しい展開を象徴する歴史空間であったと考えられる。大明宮は、従来の太極宮に替って唐後半期の行財政の要となり、中央政府の意思決定の主要舞台となったのである[100]。

②禁軍の再編——防衛の強化

　大明宮の建築構造を眺めると、宮城防衛の強化と禁軍の再編過程を具体的に知ることができる。大明宮の夾城や宮墻、閣廊の建設による複城化や、大明宮の三方を守る禁軍の配置等から明瞭に察することができるように、大明宮は、太極宮に比べて軍事防御構造の面でより強化されていた[101]。

　大明宮の防衛構造や禁軍の機能は、池田温[102]、張永禄[103]、趙雨楽[104]、林美希[105]によって、太極宮と比較しながら論じられてきた。趙雨楽は、宦官が軍事・財政権を掌握していく過程で大明宮の軍事防衛構造の整備が進んでいくことを、系統的に明らかにしている[106]。とくに注目されるのは、北宋の禁軍の総司令部をなす枢密院が、9世紀の大明宮に誕生している事実である[107]。枢密院のように、大明宮の軍事防衛や禁軍配置の経験が、五代十国宋代に生かされ

ていくのである。

③宮殿の劇場化と王朝儀礼の変貌

　大明宮の豪華で威圧的な建築物の数々は、宮殿区を劇場化し王権儀礼を世俗的に変貌させた。大明宮に政治の中心が移行することで、太極宮と大明宮は王権儀礼を分業することになり、大明宮においては、宗教性に重きを置かない王権儀礼の演劇化が進展することになった。

太極宮の儀礼舞台と大明宮の儀礼舞台の違い

　大明宮と太極宮の諸建築物を比べた時の第一印象は、歴代宮殿建築における大明宮の建築物の図抜けた豪華さだろう。大明宮の建築物は、塩専売制や両税法の施行などの税制改革のおかげで好転した唐朝の財政を基礎に、膨大な建築費と労力をかけた大規模で豪勢な建築物に満ちていた。中国大陸の北部を領有していたにすぎない隋が、財政基盤も固まっていない状況の中で短期間に建造した太極宮の建築群と比べると、大明宮の建造物の華麗さと豪華さは際だっている。

　低地に立地した太極宮と異なり、龍首原の隆起する地形を活用した大明宮の建築は、低地に立地した太極宮には無い高度差をもつ変化に富んだ景観をつくっていた。丹鳳門−含元殿（外朝）−宣政殿（中朝）−紫宸殿（内朝）−蓬莱殿−含涼殿−太液池と続く大明宮の南北中軸線は、高低差をふまえて造営されており、平坦な太極宮では感じることのできない躍動感にあふれた建築群を構成していた（図6参照）。龍首原の起伏を利用したこの空間構造は、各宮殿で行なわれる王権儀礼に劇的な効果をもたらした。

　特に、外朝（前朝）にあたる含元殿は15.6mの高さの台地の斜面の上に建造されており、見上げるような偉容を誇っていた。丹鳳門から大明宮に足を踏み入れた官人達は、広場の中を610m先に立つ含元殿をめざして進むと、主殿をなす含元殿と翼楼でつながる建築群の広場に至る。含元殿は、主殿と東西の二つの楼閣（翔鸞閣と棲鳳閣）が飛廊で連結する、巨大な鳥が翼を広げたような形状となっており、近づくものを包み込むような建築景観をなしていた。含元殿は、三朝制の外朝（前朝・治朝・路門）にあたり、元正・冬至等の大朝会や、改元・大赦・冊封・受貢等の各種の王朝儀礼の主要舞台であった[108]。

　主殿に東西の楼閣を飛廊で連結し、龍尾道と広場をもつ含元殿の建築構造は、渤海の上京龍泉府の1号宮殿や日本の平安宮の大極殿等にも見ることができ、東アジアの宮殿建築に広く影響を与えた[109]。渤海や日本の場合、全体の都城プランは隋唐初の長安城の影響を受けてはいても、宮殿区の構造は大明宮の宮殿区の影響が大きいように感じる[110]。これも、渤海や日本の朝貢使節が実際に訪れた場所が大明宮の含元殿を始めとする建築群であり、自らの見聞にもとづいて宮殿区を造営したためであろう（渤海上京の平面図である図7を参照。第1号宮殿が含元殿、第2号宮殿が宣政殿、第3号宮殿が紫宸殿に対応する）。

40 第1章 太極宮から大明宮へ

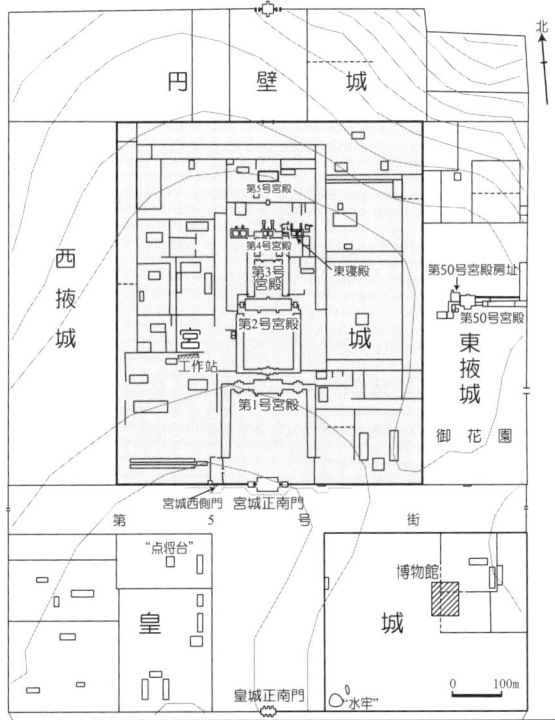

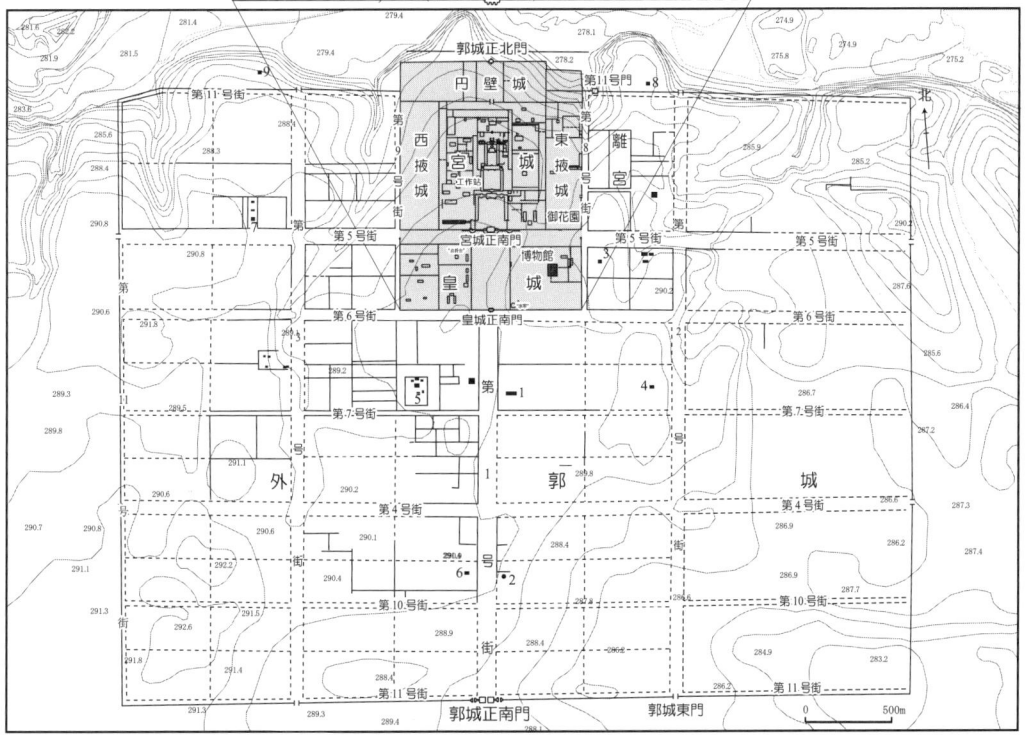

― 実測部分 ‥‥ 復原部分　0~9 仏寺遺址　　**図7　渤海上京の都市構造**　　― 等高線等高距為1米

【出典】黒竜江省考古文物研究所編『渤海上京城－1998〜2007年度考古発掘調査報告』(北京・文物出版社、2009年)
15頁図9「渤海上京城遺址、上京城遺址宮城与皇城平面図(黒竜江省文物考古研究所2008年絵制)」及び黒竜江省考古文物研究所編『渤海―上京城考古』(北京・科学出版社、2012年)15頁図1「渤海上京城平面図」を改図。
等高線は同上『渤海上京城－1998〜2007年度考古発掘調査報告』19・20頁図「渤海上京城遺址地形図」による。

先述の1990年代の考古発掘によって、咸亨元年（670）と考えられる含元殿の再建後は、含元殿の東西左右に龍尾道がそれぞれ造成され、含元殿前に龍尾道はなくなり広場となった構造が判明した。そのために、龍尾道再建後は、高台の上の三層をなす大台に建つ含元殿の威容が一層際だった。丹鳳門から進み含元殿前の広場から見上げる含元殿は、今まで朝会の行われていた太極宮の承天門前広場に比べ、空間的規模の点でも建築意匠の点からいっても、さらに大きく豪華であったのである(111)。

　含元殿の北300mの位置する宣政殿が、三朝制の中朝（燕朝・路寝）にあたり、建築構造上、大明宮の中枢宮殿をなした。宣政殿は、太極宮の太極殿に相当する。皇帝の常日聴政の宮殿である。宣政殿北60mの地に紫宸殿がある。紫宸殿は、三朝制の内朝（後朝・小寝）にあたり、内廷に御す皇帝が政務を日常的につかさどる、実質的に唐後期の中央政治の中枢をなす場所だった。紫宸殿を中核に、東西に重要な中央官庁が広がっている。これら含元殿から紫宸殿までの三朝は、龍首原の丘陵の上に南北に立つように配置されていた。

　紫宸殿西北の丘陵に造営された麟徳殿も、三つの建築が南北に連結して一つの大きな建築物となる建築技術の粋を極めた独特の建築であり、その威圧感は大きかった。麟徳殿は、基台部分の延べ面積が一万平方メートルを超す巨大さであり、木造建築として当時世界最大規模の建築物だったといわれている。8、9世紀に麟徳殿の大広間で行われた数千人規模の宴会は、参加したものに忘れがたい印象を与えた。麟徳殿では、皇帝と宰相、高官たちとの会合と宴会や、外国使節との謁見儀礼が頻繁に行われた(112)。また、麟徳殿の北方の道教の三清（元始天尊・太上老君・太上道君）をまつった三清殿も、現在も残る高度の基壇をもち、道教儀礼の舞台として重視された(113)。

　このように、龍首原の高台の起伏を巧みに利用して建築された新しい儀礼空間が大明宮で誕生し、朝会や朝賀、朝貢使節や科挙受験生との謁見、皇帝の千秋節等を始めとする儀礼が挙行され、この儀礼空間が諸儀礼の質や規模に直接影響を与えていくのである(114)。特に、科挙受験生にとって、世界最大規模の宮殿が連なる大明宮は仙人のすむ仙界であり、試験に合格して大明宮に参内することは自らが仙人に昇仙することと観念されていた(115)。

太極宮の儀礼と大明宮の儀礼の違い

　注意すべきは、大明宮の建造とともに、すべての王朝儀礼が大明宮に移動したのでは無いことである。大喪や即位儀礼、太廟・太社、郊祀等の隋唐初の長安城の象徴的都市プランと不可分の関係にある王朝儀礼は、儀礼舞台を移動させることはできなかった。移せるのは、当初の都市プランで設定された儀礼空間との象徴的結び付きの弱い、より世俗的で皇帝の身体性と密着した儀礼のみである(116)。実際に、『大唐開元礼』に規定された王権儀礼の多くは、太極宮を舞台とし続けた。

　このようにして、大明宮の建築は、太極宮を中核とする左右対称の都市構造に視覚化された

儀礼空間をふまえて、天帝や皇族祖先との時空の結び付きを象徴的に確認する隋唐初の儀礼から、官人多数を参加者とする、より現世的で世俗的な唐後期の儀礼に、王権儀礼の比重が移行する契機をつくった。あるいは、その傾向を促進させたといえよう。大明宮に政治の主要舞台が移ることによって、長安は、象徴性から機能性を重視する都城へと変貌し、宇宙の都から世俗の都市へと脱皮していくのである。

④宮城区の仙境化——道教建築と園林

　大明宮の特色の一つに、道教建築の突出がある。大明宮は、蓬莱宮と名づけられたことからも端的にうかがえるように、仙界を模して建造されている。大明宮内には、道教関係の建築や道教に因む建築名称が顕著である。すなわち、三清殿、蓬莱殿、蓬莱池＜太液池＞、紫宸殿、含元殿、望仙門、重玄門、九仙門、玄元皇帝廟等は、道教にもとづくか因む建築物といえよう。紫宸殿の後方は、広大な園林地区となっており、太液池を中心に多数の池沼と建築物が建造され、水渠の走る緑あふれる風光明媚な園林区を形成していた。太液池を囲むこの地区は、仙界をかたどった大明宮の特色を凝縮する場所だったといえよう。

　このような大明宮の建築群は、唐代中期以後における道教の影響力の拡大を如実に物語る[117]。蓬莱宮と称された大明宮の全体が、道教の仙境（蓬莱）を模して建造されたことが、大明宮の性格をよく表している。円仁の『入唐求法巡礼行記』には、円仁の滞在した時期における大明宮での道教の勢力の拡大ぶりが、具体的に生々しく描写されている[118]。

　大明宮における道教関係建築の突出は、仏教、儒教、道教三教のバランスを配慮した隋唐初の都市プランの解体を意味していると思われる[119]。唐後期における道教の突出は、王権儀礼が住民を包み込んで世俗化を強めていく動きと対応していると考えられ、皇帝直属の機能的で新しい行財政機関が大明宮の内廷に次々と造成される、8、9世紀の政治動向と相関した現象であろう[120]。ただ、円仁の『入唐求法巡礼行記』にも描かれているように、宦官には仏教徒が多く、会昌の廃仏に際しても仏僧への保護を続ける宦官の信者が少なくなかった。

　玄宗の開元29年（741）には、大明宮前の大寧坊西南隅に老子を祀る太清宮が建設され、最重要の王朝儀礼である南郊の儀礼過程にも、太清宮への参詣が取り入れられた（太清宮の立地と形状は、図5呂大防「長安図」を参照）。大明宮前の太清宮は、大明宮内廷東北部に造営された玄元皇帝廟と対をなしている。太清宮が建設された3年後の天宝3載（744）には、術士の上奏を契機に、長安東郊の日壇東に九宮貴神壇（太一・摂提・軒轅・招揺・天符・青竜・咸池・太陰・天一の九神）が造営され、太清宮と同様に、大祀の中に入れられた[121]。8、9世紀から唐末に至るまで、道教は勢力を伸長させていったのである。

(3) 文学の大明宮

　最後に、詩に詠われ物語に描かれた大明宮の特色を探り、詩や物語を通して、唐後半期の支

配者層の心の中に大明宮の権威と意味がつくられていく過程を論じよう。李白や白居易と大明宮の密接な関係を示す詩や、小説や物語の中における大明宮の描かれ方、語られ方に注目し、大明宮に映し出された文人たちの心象風景をうかがってみたい。文学や口承文芸こそが、権威を創造し、人々の共属意識や仲間意識をつくりだすからである。

特に、科挙の浸透とともに、進士合格者たちが昇仙する仙界として大明宮が表象されていく様は興味深い。大明宮は、詩や物語の対象となることで、主体的に支配を支える被支配者を産み出す舞台装置となっていくのである。要するに、大明宮は、文化と権力の相互作用による新たな空間編成の主要舞台となることによって、同時代の東アジア諸国と中国の後代の王朝の宮殿構造に大きな影響を与えていくのである。

①詩に詠われた大明宮——歴史から記憶へ

8、9世紀の詩や小説に大明宮が頻出する理由は、8、9世紀の大明宮が中央政治の主要舞台として登場するからである。同時に、科挙の浸透によって、大明宮が、受験生達の成功を象徴する場所と考えられるようになったことが大きい[122]。

大明宮は、科挙合格や昇進をめざす官人たちの貢挙や銓選、制科の舞台となり、8、9世紀には、多数の官人や科挙受験生が大明宮の含元殿や宣政殿で直接皇帝を仰ぎ見る機会を得た。また、当時の多くの官人が、大明宮含元殿・宣政殿・紫宸殿で挙行された朝会等の儀礼への参加を栄誉と考え、次第に、大明宮の建築そのものが天子-皇帝の権威となっていく。大明宮の建物の偉容を歌う詩の流行が、大明宮に御す天子-皇帝の中心性を一層強化していくようになるのである[123]。

(a) 李白と大明宮

天性の詩人とされる李白（701〜762）が、60年ほどの波乱に富んだ人生の中で最も栄光に満ちた日々と感じたのは、左拾遺翰林学士として大明宮の翰林院に勤めた天宝元年（742）から同3年（744）にかけての2年弱の年月だった。李白は科挙を経ずに、翰林待詔となっている。短期間の翰林院勤務の後、職を失い長安を離れた李白は、地方を放浪する生活に入る。李白は、翰林待詔として玄宗に直接つかえた短いが充実した年月のことを一生忘れず、大明宮での華やかな生活を想い出しては、現実の寂寥と孤独に沈んでいくのである[124]。

放浪する李白の長安への思いは、李白の詩の中に数多く残されている。たとえば、「単父の東楼に秋夜、族弟沉が秦に之くを送る（送単父東楼秋夜族弟沉之秦）」に、長安に行く族弟にむかって「明日斗酒別、惆悵清路塵。遙望長安日、不見長安人。長安宮闕九天上、此地曾經爲近臣（明日斗酒の別れ。惆悵す清路の塵。遙かに長安の日を望めども長安の人を見ず。長安の宮闕は九天の上、此地會て経近臣と為る。）」（詹鍈『李白全集校注彙釈集評』巻14、第5冊、天津・百花文芸出版社、19396年、2348頁）とあり、また、「金陵の鳳凰台に登る（登金陵鳳凰台）」

に、「總爲浮雲能蔽日、長安不見使人愁(総て浮雲の能く日を蔽うが為に、長安は見えず人をして愁えしむ。)」(同上書、第6冊、3011頁)と表現されることから、長安の日日への李白の心情をうかがうことができよう。

李白の長安への断ち切れぬ思いがよく伝わる詩の一つに、「従弟南平太守之遥に贈る二首(贈従弟南平太守之遙二首)」がある。その第一首には、次のようにある(同上書巻10、第4冊、1738〜1743頁、『全唐詩』巻170)。

少年不得意、落魄無安居。	少年意を得ず、落魄安居無し。
願隨任公子、欲釣呑舟魚。	願わくは任公子に随い、呑舟の魚を釣らんと欲す。
常時飲酒逐風景、壯心遂與功名疏。	常時飲酒風景を逐い、壮心遂に功名と疏し。
蘭生谷底人不鋤、雲在高山空卷舒。	蘭は谷底に生じ人鋤かず、雲は高山に在り空しく巻舒す。
漢家天子馳駟馬、赤軍蜀道迎相如。	漢家の天子駟馬を馳せ、赤軍もて蜀道に相如を迎ふ。
天門九重謁聖人、龍顔一解四海春。	天門九重聖人に謁し、龍顔一たび解くれば四海春なり。
彤庭左右呼萬歲、拜賀明主收沈淪。	彤庭に左右万歳を呼び、拝賀す明主の沈淪を収むるを。
翰林秉筆回英眄、麟閣崢嶸誰可見。	翰林筆を秉って英眄を回らし、麟閣崢嶸たり誰か見るべき。
承恩初入銀臺門、著書獨在金鑾殿。	恩を承けて初めて入る銀台門、書を著してひとり金鑾殿にあり。
龍鉤雕鐙白玉鞍、象床綺席黃金盤。	龍鉤雕鐙 白玉の鞍、象牀綺席 黄金の盤。
當時笑我微賤者、卻來請謁爲交歡。	当時わが微賤なるを笑いし者、かへって来って謁を請うて交歓をなす。
一朝謝病遊江海、疇昔相知幾人在。	一朝病を謝げて江海に遊べば、疇昔の相知 幾人か在る。
前門長揖後門關、今日結交明日改。	前門は長揖し後門は關じ、今日交を結び明日改まる。
愛君山岳心不移、隨君雲霧迷所爲。	愛す君は山岳心移らざるを、君に随い雲霧為すところに迷う。
夢得池塘生春草、使我長價登樓詩。	夢み得たり池塘春草を生ずるを、我をして長しえに登楼の詩に価せしむ。
別後遙傳臨海作、可見羊何共和之。	別後遙かに伝う臨海の作、見る可し羊何のともにこれに和せしを。

李白にとって、この詩で詠われる大明宮の金鑾殿や翰林院、麟楼閣、銀台門などの建築物は、玄宗につかえた翰林待詔時代の思い出がつまった場所であり、天子＝皇帝の御座する世界の中心・長安の象徴だった。偶然に南平郡（現在の重慶市）で出会った従弟の李之遥に贈ったこの詩の中の李白の屈接に富む姿から、8世紀の大明宮がもつ文化的磁力の大きさを知ることができる。

⒝**白居易と大明宮**

　李白と異なり科挙進士科に合格し、エリート官人としての一生をおくった白居易（772〜846）の事例は、境遇や時期の違いから、李白に無い文人エリート意識をうかがうことができる。ただ、勤務する大明宮の景観が、唐朝の官人としての自負を沸き起こさせることは共通している。白居易は、科挙合格後に秘書省校書郎に就き、一旦、畿内の盩厔県の県尉に出た後に、左拾遺・翰林学士となり、李白と同じく、大明宮の翰林院に勤めている。

　ここでは、白居易が、長慶元年（821）に50歳のときに作った詩（「待漏入閣書事奉贈元九学士閣老（漏を待って閣に入るとき事を書して元九学士閣老に贈り奉る）」朱金城『白居易集箋校』巻19、律詩、北京・中華書局、1238頁）を見てみよう。同年に科挙に合格した親友の元稹（779〜831）が、中書舎人を拝し翰林学士となった時に贈った詩である。

```
待漏入閣書事奉贈元九学士閣老　　漏を待って閣に入るとき事を書して元九学士閣老に贈り奉る

衙排宣政仗、門啓紫宸關。　　衙は宣政の仗を排し、門は紫宸の關を啓く。
彩筆停書命、花磚趁立班。　　彩筆停りて命を書し、花磚趁いて班に立つ。
稀星点銀礫、残月堕金環。　　稀星銀礫を点じ、残月金環を堕す。
暗漏猶伝水、明河漸下山。　　暗漏猶水を伝え、明河漸く山を下る。
從東分地色、向北仰天顔。　　東より地色を分かち、北に向かいて天顔を仰ぐ。
碧縷炉煙直、紅垂佩尾閑。　　碧縷炉煙直く、紅垂れて佩尾閑なり。
綸閣慙並入、翰苑忝先攀。　　綸閣並入るを慙じ、翰苑先に攀づるを忝なくす。
笑我青袍故、饒君茜綬殷。　　我が青袍の故きを笑い、君が茜綬の殷きを饒す。
詩仙歸洞裏、酒病滞人間。　　詩仙は洞裏に帰し、酒病は人間に滞おる。
好去鵷鷺侶、沖天便不還。　　好し鵷鷺の侶を去り、天に沖して便ち還らず。
```

　この詩から、大明宮の宣政殿や紫宸殿に奉職できる中央官庁の官人に就任できたことの幸福感と自負がよくうかがえる。9世紀における科挙の浸透は、文学の世界に新しい感興をもたらした[125]。科挙の浸透と制度化が、科挙官人が皇帝の権威をうたう文学のジャンルを生じさせ、

また、その文学自体が、科挙と皇帝の権威を正統化してゆく機能をはたしていくのである。この詩に詠われた宣政殿や紫宸殿、翰林院は皇帝の権威そのものを象徴し、大明宮の建築景観を媒介に科挙官人の心の中に、天子−皇帝の存在が浸透してゆく有り様を窺うことができる。

②物語の大明宮――空間から場所へ

韻文の詩と異なり、物語は無数の変型を生みだしながら伝承され、人々を結びつけていく。大明宮の宣政殿に関する韋述『両京新記』に所載の次の物語も、大明宮で働く多くの官人たちの心象を映し出していると思われる。

此殿初就、毎夜夢見數十騎、衣鮮麗、游往其間。高宗使巫祝劉明奴・王湛然問其所由。鬼曰：「我是漢楚王戊太子、死葬於此。」明奴等曰：「按漢書、戊與七國反誅死、無後、焉得其子葬於此？」鬼曰：「我當時入朝、以路遠不從坐、後病死。天子於此葬我、漢書自有遺誤耳。」明奴因宣詔與改葬。鬼喜曰：「我昔日亦是近屬豪貴、今在天子宮内、出入不安、改卜極爲幸甚。今在殿東北入地丈餘、我死時天子歛我玉魚一雙、今猶未朽、必以此相送、勿見也。」明奴以事奏聞、有敕改葬苑外。及發掘、玉魚宛然見在、棺槨之屬、朽爛已盡。自是其是遂絶。（辛徳勇『両京新記輯校・大業雑記輯校』西安・三秦出版社、2006年、6〜7頁。『分門集注杜工部詩』巻15も参照）

〔日本語訳〕

　この宣政殿が完成した時のこと、高宗は、毎夜、鮮麗な衣服をつけた数十騎の騎士が宣政殿の中を走り回る夢を見た。そこで、高宗は、巫祝の劉明奴と王湛然に鬼の騎士に走り回る理由を尋ねさせた。鬼は、

「私は漢の楚王劉戊の太子です。死んだ後にここに埋葬されました。」

という。劉明奴たちは、

「『漢書』を調べると、劉戊は呉楚七国の乱の際に死んでおり、後裔はいないはずだが。どうして、この場所に劉戊の子が葬られているのだ？」

と尋ねた。鬼は、

「私はちょうど呉楚七国の乱が起きた時に漢長安城に入朝しており、反乱の地と遠く離れていたために罪に問われることがなかったのです。後に長安で亡くなりました。天子は、この場所に私を埋葬してくれました。『漢書』の記述に遺漏と誤りがあるだけです。」

と答える。劉明奴が、皇帝の宣詔によって改葬することを許すとつげると、鬼は喜んで、

「私は、かつて豪貴な方に近属し、現在も天子の宮殿の中にいますので、出入におそれ多い状況が続きました。改葬してくださるとうかがいとてもうれしく存じます。今、宣政殿の東北の地面の下一丈ばかりの墓の中に、私が死んだときに天子に歛えられた玉魚一雙があり、今も朽ちていません。必ずこの玉魚一雙をお送りします。もう現れることはござ

いません。」
という。

劉明奴がその事を皇帝に奏聞すると、高宗は詔をして禁苑の外に劉戊の太子の墓を改葬させた。（劉戊の太子が話していた墓地の場所を）発掘すると、確かに玉魚は宛然として現存した。棺槨のたぐいはすでに朽ち果てていた。これ以後、夢に騎馬が現れることは無かった。

宣政殿の鬼をめぐるこの物語は、ありふれた冥界譚の一種であり、冥界と現世を巫祝が媒介する構造をもっている。冥界譚の構造に真実性をもたらすために、大明宮や宣政殿、呉楚七国、劉戊、高宗、劉明奴、王湛然等の実在する固有名詞が使われている。この物語は、8世紀初に玄宗につかえた韋述（？～757）の『両京新記』に記載されていることから、大明宮に勤務する官吏や軍人たち、後宮の女性たちが聞き手であり、語り手であったと思われる。このような冥界譚を互いに語り、伝え、聞き、記録にとどめることで、大明宮に働く人々の間に、同じ時期に大明宮で生を共有しているという共属意識が生み出されると思われるのである。

大明宮をめぐる無数の物語や噂話、流行話、ゴシップ等は、内容の真実性にかかわらず、それが人々の間で話され伝えられることによって、話題を共有する人々の間に仲間意識を醸成させると思われる。こうして、空間は、さまざまな物語と意味を持つ場所に転換し、人々の心に定着していくのであろう。8世紀から9世紀にかけての大明宮は、このようにして、都城における人間関係を構築する詩と物語の主要舞台となるのである。

おわりに——空間と社会

近年における空間をめぐる研究は、空間が、都市計画によって幾何学的に規画されて創り出されたり、あらかじめ実在するものではなく、人々の生活にねざす表象作用によって社会的に構築されることを強調する。空間がもつ物質的機能は、人々による表象の営みを通して実現するのである。この意味において、太極宮から大明宮への政治の主要舞台の転換は、政治権力による空間編成の転換と、それにともなう社会の対応をうかがうことのできる興味深い事例になると思われる。

問題となるのは、どのような社会的経過によって空間が構築されるのかという問題である。大明宮の事例は、権力の集中と強化が空間の再編を必要とし、政治空間の再編が集権化を可能にすることを示唆している。その際に、特定の空間を舞台とする文学や物語が、空間に意味を賦与し、社会という場を創造するために重要な役割をはたしていることを指摘した。

隋唐の中国大陸再統一を契機に、東アジア各地域においても国家統合が始まり、各国家で都城が造営される都城の時代が誕生した（図1参照）。都城の時代は、中枢宮殿の時代でもあり、

7〜8世紀の東アジアでは、新たな都城と宮殿が各地に次々と造成されていった。それぞれの都城は、互いに政治的独立の象徴として造営されたために、各国間の共通言語となる普遍的な要素と、地域固有の伝統にねざす要素とが併存している。特に、宮殿は都城そのものを象徴しているために、宮殿の建築構造の中に、当時の世界認識や伝統意識、都城のになう政治・経済機能の一端が具体的に表現されている。宮殿の空間構造の研究が、都城史研究の核をなすゆえんである。

太極宮から大明宮への中枢宮殿区の転換を考える際に、唐朝をかこむ国内外情勢の変化との関連に注意しなくてはならない。安史の乱を契機に、唐朝の統治空間は、農業地域と遊牧地域をともに包み込む大きな統治空間から、農業地域を主とする小さな統治空間に縮小した。このこのような国内外の情勢の変化が、唐の制度の劇的な改変をうながしていく。

すなわち、唐の制度は、政治的には、多元的な農牧複合国家から農業地域を核とする集権国家へ変貌する。8世紀末から9世紀にかけては、異なる生業と思想・生活習慣を包み込む普遍的な帝国を目指すのではなく、農業地域を主とする生活習慣の類似した人々を統括するより効率的・集権的な体制の構築がはかられたのである。

この政策は、軍事的には、唐前期の農牧複合国家の軍事体制である蕃兵と府兵の併用から、農業国家に立脚する募兵制へという転換を生みだし、行政的には、唐前期の農牧複合国家における羈縻州・都督府と州県制度の併用から、農業地域に主拠する藩鎮・巡院・州県制度への転換を促した。軍事戦術的には、騎兵主体の戦術から、歩兵に重きを置く戦術への転換がはかられ、その結果として、軍人数の増加と軍餉負担増加が生じることになるのである。

財政面では、華北に力点をおく直接税（租庸調制）から、江南に力点をおく両税法と間接税（塩税・茶税・酒税・商税等）の重視へと転換せざるを得ず、この税制改革の成功によって、唐朝の中央財政はかつてない財政規模を誇るようになった。このような税制転換は、南朝の税制への回帰の側面をそなえていたことを見落としてはならない。経済的には、農業＝遊牧境界地帯を媒介とする奢侈品貿易・局地市場から、沿海地帯を媒介とする大衆品貿易・全国的市場への転換が始まり、長江中下流域で発達する市場町が、経済の新たな牽引力となっていく。社会的には、科挙の浸透によって、業績主義的社会の形成と男女の性別認識の強化が生じる。男性知識人が科挙を経て官人となることで文人を社会階層の上位におく価値観が社会に構成され、同時に、民衆の中に武人としての価値観がカンターカルチャー（対抗文化）として生まれ、文と武が分離していくようになった。文化的には、多文化・多種族社会にもとづく世界主義的風潮から、科挙合格の男性知識人や道士の主唱する漢族主義的風潮が高まっていく。

以上の動きは、互いに密接に連動しており、長安は、連動する上記の諸々の転換の主要舞台だった[126]。そして、以上の変貌の中に大明宮を置いてみると、大明宮こそが、以上の転換のすべてを表現し推進する場所であったことに改めて気づく。中国史の新たな展開を準備し創造するためには、大明宮という空間と場所が社会的に生産される必要があった、といえるだろう。

註

(1) 本論は、妹尾達彦「中唐の社会と大明宮」(松本肇・川合康三編『中唐文学の視角』創文社、1998年) 337～354頁、同「大明宮的建築形式与唐後期的長安」(『中国歴史地理論叢』1997年4期、97～108頁、後に中国社会科学院考古研究所・西安大明宮遺址保護領導小組編『大明宮遺址考古発現与研究』文物出版社、2007年、303～309頁に再録)、同「コメント (2)——太極殿」(『都城制研究 (2)——宮中枢部の形成と展開：太極殿の成立をめぐって』奈良女子大学21世紀COEプログラム報告集vol.23、2009年、奈良女子大学) 93～114頁をふまえ、最近の宮殿をめぐる考古発掘や文献研究の成果にもとづいて、太極宮から大明宮への転換の意義を新たに論じたものである。

(2) 武徳元年 (618) 五月に唐が隋の禅譲を受けて建国した際に、隋の大興殿は太極殿に改称された。しかし、残存文献によるかぎり、大興宮という固有名詞が付されていた隋の宮殿区は、唐では宮城ないし大内と呼ばれ固有名詞をもたなかったようである。太極宮という名称は、武則天の周王朝から唐朝に国号が復活した神龍元年 (705) に付された (楊鴻年『隋唐宮廷建築考』陝西人民出版社、1992年、15～17頁参照)。おそらく、玄宗期から大明宮が皇帝常居の宮殿区として定着していたので、大明宮と区別するための固有名詞が必要となり、唐朝復興にあわせ太極殿にちなんで太極宮と命名されたものと思われる。本論の題目「太極宮から大明宮へ」の「太極宮」の語は、「705年に太極宮と呼ばれることになる隋唐長安の宮殿区 (大内・宮城)」の意味で用いている。

(3) 政治の運営が、舞台となる建築物の配置や空間の性質と密接な関係をもつことが、20世紀末から現在にかけて、様々な研究分野において指摘されてきている。日本での例をあげれば、政治学における原武史『皇居前広場』光文社、2003年、増補版、ちくま学芸文庫、2007年、社会学における若林幹夫『熱い都市 冷たい都市』弘文堂、1992年、地理学における荒山正彦・大城直樹・遠城明雄・渋谷鎮明・中島弘二・丹羽弘一『空間から場所へ——地理学的想像力の探求』古今書院、1998年、建築学における陣内秀信『東京の空間人類学』筑摩書房、1985年、ちくま学芸文庫、1992年、文学における前田愛『都市空間の中の文学』筑摩書房、1982年、ちくま学芸文庫、1992年等が、それぞれの分野を代表する研究といえよう。このような日本における政治空間の研究は、人類学のクロード・レヴィ＝ストロース (Claude Lévi-Strauss, 1908～2009) や哲学のミシェル・フーコー (Michel Foucault, 1926～1984) 等に始まり、構造主義以後に展開する空間論と問題関心が重なっている。空間をめぐる研究は、近年は、地理学のデヴィッド・ハーヴェイ (David Harvey, 1935-) やエドワード・ソジャ (Edward William Soja, 1940年～)、に先導される「新しい地理学」の研究を受けてさらに進展している。本論の分析でも、政治空間の構造に関する上掲の分析から大きな示唆を受けている。日本における歴史空間分析の特色は、近代日本における人文・社会科学の伝統にもとづき、日本の現実をふまえた独自の実証的分析が展開されている点にある。

(4) このような研究動向については、ミシェル・フーコー著、福井憲彦訳「空間・地理学・権力」(『アクト (actes)』1998年4号、日本エディタースクール出版部) 44～57頁や、デヴィッド・ハーヴェイ著・加藤茂生訳「空間から場所へ、そして場所から空間へ」(『10＋1 特集 新しい地理学』11、INAX出版、1997年) 85～104頁、エドワード・ソジャ『ポストモダン地理学——批判的社会理論における空間の位相』青土社、2003年に示唆に富む見通しが述べられている。

(5) 岸俊男『日本古代宮都の研究』岩波書店、1988年。

(6) 古瀬奈津子『日本古代王権と儀式』吉川弘文館、1998年。

(7) 橋本義則『古代宮都の内裏構造』吉川弘文館、2011年。

(8) 吉田歓『日中宮城の比較研究』吉川弘文館、2002年。

(9) 楊寛著、西嶋定生監訳、尾形勇・高木智見共訳『中国都城の起源と発展』学生社、1987年、同『中

国古代都城制度史研究』上海人民出版社、2003年。
(10) 金子修一「唐の太極宮と大明宮——即位儀礼におけるその役割について」『山梨大学教育学部研究報告』44、1993年。
(11) 趙雨楽『唐宋変革期軍政制度史研究（一）——三班官制之演変』文史哲出版社、1993年、同『唐宋変革期之軍政制度——官僚機構与等級之編成』文史哲出版社、1994年、同『従宮廷到戦場—中国中古与近世諸考察』中華書局、2007年。
(12) 松本保宣『唐王朝の宮城と御前会議』晃洋書房、2006年、同「唐代後半期の常朝——太極宮を中心として」『東洋史研究』65巻2号、2006年、70～106頁、同「唐代御史対仗弾奏小考」『立命館文学』598、2007年、372～378頁、「唐初の対仗・仗下奏事——討論集会か、密談か」『立命館文学』619、2012年、129～142頁。
(13) 袁剛『隋唐中枢体制的発展演変』文津出版社、1994年。
(14) 姜波『漢唐都城礼制建築研究』文物出版社、2003年。
(15) 新宮学『北京遷都の研究——近世中国の首都移転』汲古書院、2004年、同「近世中国における皇城の成立」（王維坤・宇野隆夫編『古代東アジア交流の総合的研究』国際日本文化研究センター、2008年、139～178頁。
(16) 陳揚『唐太極宮与大明宮布局研究』陝西師範大学2010年度修士論文、同「唐代長安政治権力中枢位置的変遷与"三大内"機能的嬗変」『西安文理学院学報（社会科学版）13巻2期』2010年4月、9～13頁。
(17) 久保田和男『宋代開封の研究』汲古書院、2007年。
(18) 平田茂樹『宋代政治構造研究』汲古書院、2012年。
(19) 特に、上記の金子修一、松本保宣、陳揚の研究が、今後の両宮の比較分析の基礎となる。金子論文は、即位儀礼を事例に太極宮と大明宮の王権儀礼の相違を論じ、松本保宣は、唐後期の延英殿での聴政をてがかりに唐王朝の中央政治機能の変遷を明らかにし、陳揚論文は、太極宮と大明宮の建築構造を対比させて両宮の機能の違いとその要因を詳しく分析している。
(20) 前漢末から王莽新を経て後漢洛陽にいたる儒教王権儀礼の進展については、目黒杏子「王莽「元始儀」の構造——前漢末における郊祀の変化」『洛北史学』8、京都府立大学史学会、2006年、85～103頁、村元健一「前漢長安の変容と王莽の造都構想」『大阪歴史博物館研究紀要』7、2008年、1～20頁、楊英『祈望和諧——周秦両漢王朝祭礼的演変及其規律』商務印書館、2009年、劉瑞『漢長安的朝向・軸線与南郊礼制建築』中国社会科学出版社、2011年、渡邉義浩『王莽：改革者の孤独』大修館書店、2012年等の研究で詳論されている。
(21) 後漢洛陽の都市構造については、近年における村元健一「後漢洛陽城の南宮と北宮の役割について」『大阪歴史博物館研究紀要』8～1、2010年、1～21頁、渡辺将智「後漢洛陽城における皇帝・諸官の政治空間」『史学雑誌』119編12号、2010年、1～38頁を参照。
(22) 曹魏洛陽の都市改造については、傅熹年主編『中国古代建築史　第二巻　三国・両晋・南北朝・隋唐・五代建築』中国建築工業出版社、2009年、8～16頁に基本情報が整理されており、向井佑介「曹魏洛陽の宮城をめぐる近年の議論」『史林』95～1、2012年、247～266頁が、近年における研究動向を簡潔に整理している。
(23) 渡辺信一郎『中国古代の王権と天下秩序』校倉書房、2003年。
(24) 妹尾達彦「隋唐長安城の皇室庭園」橋本義則編『東アジア都城の比較研究』京都大学学術出版社、2011年、269～329頁。なお、北宋洛陽城の主要宮殿も太極殿の名称が付されている（五代後晋では宣徳殿）。これは、唐王朝の文化の正統なる継承者であることを自負する北宋が、唐の東都で宋の西京である洛陽の中核宮殿に、唐長安にならって太極殿の名称を付したものといえよう。北宋の政治の中枢機能をはたす東京開封の宮殿は、外朝では大慶殿と文徳殿、内朝では紫宸殿・垂拱殿・崇政

殿・延和殿であった。北宋洛陽の太極殿の役割は、宋王朝が唐王朝の正統を継承する象徴性にあり、王朝の中枢をなす宮殿として機能したのではない。その後も、清代の北京の宮殿の一つが太極殿と命名された時もあったが、これも中枢宮殿として機能したわけではない。したがって、宮殿の中枢宮殿が太極殿とよばれる太極殿の時代とは、曹魏明帝から唐末までの約650年間と考えて問題ないだろう。

(25) 魏晋洛陽の太極殿が後漢洛陽の北宮と南宮のどちらに建造されたのかという点について、北宮説が定説となっていたが、近年、佐川英治は、後漢の南宮が魏の明帝の都城改造によって正規の宮殿となり太極殿が建造されたと論じる（佐川英治「曹魏太極殿の所在について」『岡山大学文学部プロジェクト研究報告書』15、2009年、同「漢魏洛陽城研究の現状と課題」『洛陽学国際シンポジウム報告論文集——東アジアにおける洛陽の位置』明治大学大学院文学研究科・明治大学東アジア石刻文物研究所、2011年、115〜138頁）。佐川は、宮殿を貫く中軸線によって都城が左右対称に設計される一宮制の完成を北魏洛陽においている。佐川の南宮太極殿説に対し、北宮に太極殿が建造されたとする説は、外村中「魏晋洛陽都城制度攷」『人文学報（京都大学）』99、2009年や、杜金鵬・銭国祥『漢魏洛陽遺址研究』科学出版社、2007年等によって唱えられている。この見解の相違については、向井祐介「曹魏洛陽の宮城をめぐる近年の議論」『史林』95－1、2012年、247〜266頁の問題整理を参照。

(26) 太極の意味について、『易経』の十翼の繋辞伝上には、「是故易有太極、是生兩儀、兩儀生四象、四象生八卦、八卦定吉凶、吉凶生大業」（このゆえに易に太極あり。これ太極を生ず。両儀は四象を象じ、四象は八卦を生ず。八卦は吉凶を定め、吉凶は大業を生ず）とある。

(27) 太極の意味について、『荘子』大宗師篇には、「夫道有情有信、无為无形、可受而不可伝、可得而不可見、自本自根、未有天地、自古以固存、神鬼神帝、生天生地、在太極之上而不為高、在六極之下而不為深、先天地生而不為久、長於上古而不為老（下略）」とある。上記の『荘子』のいう六極は、天地四方をさす。

(28) 後漢の馬融（79〜166）は「易有太極、謂北辰。（中略）北辰居位不動、其餘四十九、転運而用也。」（『周易正義』巻7、大衍之数五十其用四十有九）と述べ、馬融の教えを受けた後漢の大学者の鄭玄（127〜200）は、『易緯乾鑿度』の「太乙取其数以行九宮。」に注して、「太乙、北辰神名也。太乙亦作太一。」と述べている。ここでいう太乙、太一は太極と同義である。このように、太極は、宇宙の中心の存在であり、北極になぞらえられるとされていた。

(29) 内田和伸『平城宮大極殿院の設計思想』吉川弘文館、2011年の分析を参照。

(30) 福永光司「昊天上帝と天皇大帝と元始天尊」（同『道教思想史研究』岩波書店、1987年）134〜135頁。

(31) 太極思想の変化については、程強『"太極"概念内涵的流衍変化——従「易伝」到朱熹』上海師範大学哲学院博士論文、2012年に詳しい。

(32) 鄭玄と王粛の思想の違いについては、渡邉義浩『儒教と中国——「二千年の正統思想」の起源』講談社、2010年、李振興『王粛之経学』華東師範大学出版社、2012年に詳論されているのを参照。

(33) 小島毅「郊祀制度の変遷」『東洋文化研究所紀要』108、東京大学東洋文化研究所、1989年、123〜219頁、金子修一『唐代皇帝祭祀の研究』岩波書店、2006年、呉麗娯「『顕慶礼』与武則天」『唐史論叢』10、三秦出版社、2008年。

(34) 宋学における理の概念については、溝口雄三「中国前近代における「理」の機能をめぐって」『一橋論叢』83－4、1980年、499〜518頁、小島毅『中国の歴史7　中国思想と宗教の奔流 宋朝』講談社、2005年、伊東貴之『思想としての中国近世』東京大学出版会、2005年等の論述を参照。

(35) 妹尾達彦「北京の小さな橋——街角のグローバルヒストリー」関根康正編『ストリートの人類学 下巻　国立民族学博物館調査報告』No.81、人間文化研究機構国立民族学博物館、2009年、95〜183頁。

(36) 正史編纂の場合、宋・范曄等撰『後漢書』120巻、齊・梁の沈約撰『宋書』100巻、梁・蕭子顕撰『南齊書』59巻が編纂され、北朝に対する南朝の正統性を主張した。北朝では、北齊で魏収撰『魏書』130巻が編纂され、南朝と北周に対する北齊の正統性が主張された。

(37) 『礼記』曽子問篇に、「曽子問曰、喪有二孤、廟有二主、禮與。孔子曰、天無二日、土無二王。嘗禘郊社、尊無二上。未知其為禮也。」(曽子問ひて曰く、「喪に二孤有り、廟に二主あるは、礼か」と。孔子曰く、「天に二日無し、土に二王無し。嘗禘郊社に、尊、二上無し。未だ其の礼たるを知らざるなり。」)とあり、同書坊記篇に、「子云、天無二日、土無二王、家無二主、尊無二上。示民有君臣之別也。」(子云く、「天に二日無く、土に二王無く、家に二主無く、尊に二上無し。民に君臣の別有るを示すなり。」)とあり、同書喪服篇に、「天無二日、土無二王、國無二君、家無二尊。以一治之也。」(天に二日無く、土に二王無く、国に二君無く、家に二尊無し。一を以て之を治むるなり。)とあり、『孟子』万章章句上には「孔子曰、『天無二日、民無二王』(孔子曰く、「天に二日無く、民に二王無し」)」とある。

(38) 「大」と「太」の字はしばしば通用されるので、大極殿が太極殿の「太」の字を避諱したと断言することはできないが、日本の建国に際し、中国の天子-皇帝制に対抗して天皇制を制定したことや、都城の造営、日本独自の律令制の施行、正史の編纂、独自年号の使用、暦の頒布、銭貨鋳造等の政策とあわせて考えると、大極殿の名称が、日本という国家を建国するための政策の一環をなしていたことは確かだろう。

(39) 王権儀礼における天子と皇帝の役割の違いは、小島毅「天子と皇帝——中華帝国の祭祀体系」松原正毅編『王権の位相』弘文堂、1991年、333～350頁に簡潔にまとめられている。また、高明士『天下秩序与文化圏的探索——以東亜古代的政治与教育為中心』上海古籍出版社、2008年、同『律令法与天下法』五南図書出版、2012年の示唆に富む分析も参照。

(40) 太極殿を中核とする王権儀礼の特色については、金子修一、前注(10)「唐の太極宮と大明宮」や、松本保宣、前注(12)「唐代前半期の常朝——太極宮を中心として」を参照。また、妹尾達彦「唐長安城の儀礼空間——皇帝儀礼の舞台を中心に」『東洋文化』72号、東京大学東洋文化研究所、1992年、1～35頁も参照。

(41) 晋礼と晋泰始律令の制定が、儒教の礼の概念による従来の律令の再編をめざす試みであったことは、小林聡「泰始礼制から天監礼制へ」『唐代史研究』8号、2005年、26～38頁、同「西晋における礼制秩序の構築とその変質」『九州大学東洋史論集』30号、2002年、27～60頁を参照。

(42) 戴炎輝『唐律各論(上)』成文出版社有限公司、1988年、25～26頁は、御在所を宮殿と宮殿以外の皇帝の居室の二種類の義があるとする。ただ、御在所は、宮殿であるかどうかには関係なく天子-皇帝が所在する場所のことをさすと考えた方がより正確だろう。御在所の語は、『唐律疏議』に頻出する。同書巻7、衛禁律を事例に例をあげれば、衛禁律59条の「殿門、徒二年半。持仗者、各加二等。仗、謂兵器杵棒之屬。餘條稱仗準此。」の疏に、「【疏】議曰、太極等門為殿門、闌入者、徒二年半。持仗各加二等、謂將兵器・杵棒等闌入宮門、得徒三年、闌入殿門、得流二千里。兵器、謂弓箭・刀柏之類。杵棒、或鐵或木為之皆是、故云『之屬』。餘條、謂下文『持仗及至御在所者』、幷『持仗強盗者』、並準此。」とあり、同上書巻7、衛禁律69条の「諸犯闌入宮殿、非御在所者、各減一等。無宮人處、又減一等。入上閤内、有宮人者、不減。」の疏に、「【疏】議曰、諸條稱闌入宮殿得罪者、其宮殿之所、御若不在、各得減闌入罪一等。雖是宮殿、見無宮人、又得減罪一等。假若在外諸宮、有宿衛人防守而闌入、合徒一年之類。若入上閤内、有宮人、雖非御在所、亦合絞。無宮人處、亦減二等。」とあり、同上書巻7、衛禁律73条の「諸向宮殿内射、謂箭力所及者。宮垣、徒二年。殿垣、加一等。箭入者、各加一等。即箭入上閤内者、絞。御在所者、斬。」の疏に、「【疏】議曰、射向宮垣、得徒二年。殿垣、徒二年半。箭入者、宮内、徒二年半。殿内、徒三年。即箭入上閤内者、絞。「御在所者斬」、謂御在所宮殿。若非御在所、各減一等。無宮人處、又減一等。皆謂箭及宮・殿垣者。若箭力應及宮・

殿而射不到者、從『不應為重』。不應及者、不坐。問曰、何以知是御在所宮殿？答曰、向宮垣射得徒二年、殿垣徒二年半、準其得罪、與「闌入」正同。上條、『闌入宮・殿、非御在所、各減一等。無宮人、又減一等。』即驗車駕不在、又無宮人、闌入上閣者合徒三年。此條箭入上閣絞、御在所斬、得罪既同『闌入』、明為御在宮中。御若不在、皆同上條減法。箭入宮中、徒一年半。殿中、徒二年。入上閣內、徒三年。」などである。このような衛禁律の空間構造を図化すれば、本文の図4のようになる。

(43) ただし、あくまでも空間ではなく皇帝の身体自体が空間序列の規準であることに気をつけなくてはならない。たとえば、皇帝が北面する形となった南宋臨安の宮殿構造の場合、皇帝の左手の方角が西となり右手の方角が東となり、南面する場合と逆になる。すなわち、臨安では、北面する皇帝の身体が基準となり、宮殿から外郭城に延びる御街が南から北に走り、御街を軸に太廟が左手（西）、社稷が右手（東）に置かれた。

(44) 両儀の語は、上掲の『周易』繋辞上伝の「易有太極，是生兩儀。」にもとづく。

(45) 甘露の語は、『老子』32章に「天地相合，以降甘露。」とあり、天地陰陽の気が調和すると天から降る甘い霊液をさす。徳治を行う王の時代にのみ天から降る瑞兆とされた。

(46) 中国の都城が世界各地に存在した聖なる都の範型の一つであることは、M. エリアーデ（M. Eliade）著・久米博訳『エリアーデ著作集第3巻 聖なる空間と時間 宗教学概論3』（せりか書房、1963年）、Paul Wheatley, Paul Wheatley, *The Pivot of the Four Quarters : A Preliminary Enquiry into the Origins and Character of the Ancient Chinese City*, Edinburgh : Edinburgh University Press, 1971、大室幹雄『劇場都市——古代中国の世界像』三省堂、1981年を参照。

(47) このような考えについては、妹尾達彦「都城と律令制」大津透編『史学会シンポジウム叢書 日唐律令比較研究の新段階』山川出版社、2008年、97～118頁で初歩的に論じている。

(48) G. バランディエ著、渡辺公三訳『舞台の上の権力——政治のドラマトゥルギー』平凡社、1982年、51頁、原書 Balandier, Georges, *Sens et puissance; les dynamiques sociales*, Paris : Presses universitaires de France, 1971。

(49) 図3は、妹尾達彦「韋述『両京新記』和8世紀初的長安社会」栄新江主編『唐研究』9巻、北京大学出版社、2003年所掲の図2や、池田温「西京宮城皇城略図」（同『律令官制の形成』『岩波講座世界歴史5』岩波書店、1970年、308～309頁）にもとづき、その後の研究の成果をとりいれて作図した。

(50) 宮城の範囲については、近年、外村中「唐の長安の西内と東内および日本の平城宮について」『仏教芸術』317号、2011年、9～51頁によって、問題点が周到に整理された。外村論文は、東宮と太極宮をあわせた空間を宮城の範囲と論証し間然するところがない。外村論文の引用する史料にもとづくかぎり、確かにその通りと思われる。一方、『長安志』巻12、長安県、龍首山に引用する『括地志』には、「今宮城之太倉」（経訓堂叢書本）とあり、宮城の中に太倉を含む記述がある。また、『唐六典』巻7、尚書工部（中華書局217頁）には、「宮城在皇城之北。南門三門。中曰承天、東曰長楽、西曰永安。」とあり、宮城（太極宮）の範囲に東宮を含まない記述もある。現時点では、宮城の語が、太倉（それに掖庭宮）、太極宮、東宮をすべて包含する空間を指すこともあり（これが従来の大半の概説書で採用されている見方）、東宮と太倉、掖庭宮を含まない真ん中の空間だけを宮城（＝太極宮）と呼ぶ時もあった、という他ない。

(51) 池田温、前注「律令官制の形成」306頁。

(52) 各官庁の配列は、基本的に『唐六典』の配列にもとづいている。

(53) 『唐六典』巻8、門下省、同書巻9、中書省の叙述を参照。

(54) 政事堂における宰相会議については、松本保宣『唐王朝の宮城と御前会議——唐代聴政制度の展開』晃洋書房、2006年、羅永生『三省制新探——以隋和唐前期門下省職掌与地位為中心』中華書局、2005年、劉后濱『唐代中書門下体制研究——公文形態・政務運行与制度変遷』斉魯社、2004年、

雷家驥『隋唐中央権力結構及其演進』東大図書、1995 年、謝元魯『唐代中央政権決策研究』文津出版社、1992 年、袁剛『隋唐中枢体制的発展演変』文津出版社、1994 年、孫国棟『唐宋史論叢 増訂版』商務印書館、2000 年、孫国棟「唐代三省制之発展研究」（同上書）81～185 頁を参照。

(55) 『唐六典』巻 1、尚書都省、同巻 2、尚書吏部、同巻 3、尚書戸部、同巻 4、尚書礼部、同巻 5、尚書兵部、同巻 6、尚書刑部、同巻 7、尚書工部、同巻 8、門下省、同巻 9、中書省。

(56) 『唐六典』巻 6、刑部、池田温、前注「律令官制の形成」291～292 頁、滋賀秀三『中国法制史論集』創文社、2003 年、77 頁。

(57) 唐長安城の復元図作成に関する研究史については、妹尾達彦「隋唐長安城の皇室庭園」（橋本義則編『東アジア都城の比較研究』京都大学学術出版会、2011 年、269～329 頁を参照。

(58) 井上和人「唐代長安の諸門について──『唐律疏議』における「門」字の分析」（法史学研究会編『法史学研究会会報』9 号、2004 年、26～44 頁。

(59) 西安曲江大明宮遺址区保護改造辦公室編『大明宮国家遺址公園　建築篇』陝西人民出版社、2010 年、同編『大明宮国家遺址公園　規画篇』陝西人民出版社、2009 年。

(60) 中国社会科学院考古研究所・西安市大明宮遺址区改造保護領導小組編『唐大明宮遺址考古発現与研究』文物出版社、2007 年、楊鴻勳『大明宮』科学出版社、2013 年。

(61) 呉春・韓海梅・高本憲主編『唐大明宮史料匯編』文物出版社、2012 年、何建超・呉広懐『大明宮唐詩輯注』人民出版社、2010 年等を参照。

(62) 1950 年代から 1990 年代にいたる大明宮発掘に関する論著は以下のものがある。
　(1) 馬得志「唐大明宮発掘簡報」『考古』1959 年 6 期、1959 年、296～301 頁。
　(2) 中国科学院考古研究所編『唐長安大明宮』科学出版社　中国田野考古報告集専刊丁種 11 号、1959 年。
　(3) 陳明達「続『唐長安大明宮』後」『考古』1960 年 3 期、1960 年、52～54 頁。
　(4) 劉致平・傅熹年「麟徳殿復原的初歩研究」『考古』1963 年 7 期、385～402 頁。
　(5) 郭義孚「含元殿外観復原」『考古』1963 年 10 期、567～572 頁。
　(6) 傅熹年「唐長安大明宮含元殿原状的探討」『文物』1973 年 7 期、30～48 頁。
　(7) 傅熹年「唐長安大明宮玄武門及重玄門復原研究」『考古学報』1977 年 2 期、131～58 頁。
　(8) 馬得志「唐長安城発掘新収穫」『考古』1987 年 4 期、329～336 頁、310 頁。
　(9) 中国社会科学院考古研究所西安唐城工作隊「陝西唐大明宮含耀門遺址発掘記」『考古』1988 年 11 期、988～1001 頁。
　(10) 楊鴻勳「唐長安大明宮含元殿復原研究」『慶祝蘇秉琦考古五十五年論文集』文物出版社、1989 年、525～39 頁。
　(11) 中国社会科学院考古研究所西安唐城工作隊、前注「唐大明宮含元殿遺址 1995～1996 年発掘報告」。

　この後、大明宮遺跡公園の構想が実現化していく中で、考古発掘と大明宮の整備が一挙に進展することになる。この点に関しては、楊鴻勳「唐長安大明宮含元殿復原研究報告──再論含元殿的形制」中国建築学会建築史学分会編『建築歴史与理論　第 6、7 合輯』中国科学技術出版社、2000 年、3～32 頁、傅熹年「大明宮」（同著『中国古代城市規画、建築群布局及建築設計方法研究（上）』中国建築工業出版社、2001 年、21～22 頁、楊玉貴・張元中編著『西安文博叢書　大明宮』陝西人民出版社、2002 年等を参照。なお、大明宮の発掘成果を整理した初期の論考としては、小野勝年「長安の大明宮」『仏教芸術』51、1963 年、109～120 頁、秦浩編著『隋唐考古』南京大学出版社、1992 年、第 3 節唐長安城的変革、一、大明宮的創建、29～41 頁がある。大明宮発掘の歴史は、龔国強「1957－2009 半個世紀的大明宮考古与考古人」『中国文化遺産』2009 年 4 期、68～75 頁を参照。

(63) 近年における発掘の進展については、中国社会科学院考古研究所陝西第一工作隊「西安市唐大明宮

遺址考古新収獲」『考古』2012 年 11 期、3〜6 頁、何歳利「大明宮考古軼事」(『中国文化遺産』2009 年 4 期、86〜89 頁、李春林「大明宮考古成果巡礼」『中国文化遺産』2009 年 4 期、76〜84 頁、高本憲「大明宮遺址保護 50 年」『中国文化遺産』2009 年 4 期、90〜93 頁等を参照。

(64) この点に関しては、中国社会科学院考古研究所西安唐城工作隊「関于唐含元殿遺址発掘資料有関問題的説明」『考古』1998 年第 2 期、93〜96 頁、傅熹年「対含元殿遺址及原状的再探討」『文物』1998 年第 4 期、76〜87 頁、中国社会科学院考古研究所西安唐城隊「西安市唐大明宮含元殿遺址以南的考古新発現」『考古』2007 年第 9 期、3〜6 頁、劉思怡・楊希義「唐大明宮含元殿与外朝聴政」『陝西師範大学学報（哲学社会科学版）』38 巻 1 期 2009 年、42〜46 頁、侯衛東「含元殿、麟徳殿遺址保護工程記」『中国文化遺産　総 32 期』2009 年 4 期、94〜103 頁等を参照。

(65) 安家瑶が龍尾道南端の道路が正南を向く形であったと想定するのに対し、楊鴻勲は、龍尾道の南端道路を東西から登る形に復元した。この点に関しては、安家瑶説が正しい（楊鴻勲著、田中淡・福田美穂訳「唐長安大明宮含元殿の復元的研究――その建築形態に関する再論」『仏教芸術』233 号、1997 年、安家瑶著、町田章訳「含元殿遺跡の発掘に関する誤解を解く」『仏教芸術』238 号、1998 年を参照）。なお、安家瑶論文では、含元殿の源流が隋仁寿宮の宮殿にあることも論じている。初期の含元殿の発掘と研究を主導した馬得志の見解は、馬得志「唐大明宮含元殿の建築様式とその源流」『東アジアの古代文化』93、1997 年に明かである。なお、傅熹年主編『中国古代建築史――三国・両晋・南北朝・隋唐・五代建築』中国建築工業出版社、2001 年の大明宮の復元に関する節（同書 357〜391 頁）は、馬得志の見解によりながらも、建築史学からの独自の系統的な大明宮復元の試みとして参照すべき成果である。

(66) 中国社会科学院考古研究所西安唐城工作隊「唐大明宮含元殿遺址 1995-1996 年発掘報告」『考古学報』1997 年 3 期、341〜406 頁、図版 1-32。

(67) 王璐『唐大明宮丹鳳門遺址保護初探』西安建築科技大学学位論文、2007 年 6 月、中国社会科学院考古研究所西安唐城隊「西安市唐長安城大明宮丹鳳門遺址的発掘」『考古』2006 年 7 期、39〜51 頁、楊鴻勲「唐長安大明宮丹鳳門復原研究」『中国文物科学研究』2012 年 3 期、52〜61 頁、86 頁、張錦秋「丹鳳門遺址保護展示工程設計」『中国文化遺産』2009 年 4 期、120〜125 頁等を参照。

(68) 中国社会科学院考古研究所・日本独立行政法人文化財研究所奈良文化財研究所聯合考古隊「唐長安城大明宮太液池遺址発掘簡報」『考古』2003 年 11 期、7〜27 頁、同「西安唐大明宮太液池南岸遺址発現大型廊院建築遺存」『考古』2004 年 9 期、3〜6 頁、同「西安唐長安城大明宮太液池遺址的新発現」『考古』2005 年 12 期、3〜6 頁等を参照。

(69) 李令福「龍首山、龍脈与唐大明宮探析」『絲綢之路』2010 年 24 期、32〜38 頁。

(70) 馮暁多「唐長安城北部主要池陂及其作用」(『西安文理学院学報（社会科学版）』9-5、2006 年）41〜45 頁。

(71) 陳楊、前注『唐太極宮与大明宮布局研究』。

(72) 古瀬奈津子「宮の構造と政務運営法」『史学雑誌』37 編 7 号、1984 年、31 頁の注 40、松本保宣「唐後半期における延英殿の機能について」『立命館文学』516 号、1990 年、78〜79 頁。

(73) 大明宮の三朝制については、早く、佐藤武敏「唐長安の宮城について」『江上波夫教授古希記念論集（考古・美術編）』山川出版、1976 年、同「唐の朝堂について」『難波宮と日本古代国家』塙書房、1977 年の論考があり、その後の研究の基礎となった。

(74) 楊鴻勲『建築考古学論文集（増訂版）』清華大学出版社、2008 年、同「再論唐長安大明宮含元殿的原状」『建築考古学論文集（増訂版）』清華大学出版社、2008 年、433〜457 頁、同「唐大明宮含元殿朝堂復原探討」『建築考古学論文集（増訂版）』清華大学出版社、2008 年、458〜460 頁、同「唐長安大明宮麟徳殿復原研究階段報告」『建築考古学論文集（増訂版）』清華大学出版社、2008 年、461〜475 頁、同「唐大明宮三清殿与清思殿復原初探」『建築考古学論文集（増訂版）』北京・清華大学出

56　第1章　太極宮から大明宮へ

版社、2008年、476〜481頁、同『大明宮』科学出版社、2013年等を参照。とくに、同著『大明宮』は、楊鴻勲による大明宮研究の集大成であると同時に、現時点における大明宮研究の最高水準を明示しているといえよう。

(75) 傅熹年『傅熹年建築史論文集』文物出版社、1998年、同『中国古代城市規画、建築群布局及建築設計方法研究（上冊、下冊）』中国建築工業出版社、2001年所載の大明宮関係の研究を参照。

(76) 大明宮の建造の経緯については、中国科学院考古研究所編（馬得志執筆、夏鼐審閲）『唐長安大明宮』科学出版社　中国田野考古報告集専刊丁種11号、1959年、1頁、張永禄『唐都長安』西北大学出版社、1987年、78〜95頁、馬得志・馬洪路『唐代長安宮廷史話』新華出版社、1987年、肖愛玲「論大明宮之歴史地位」（『絲綢之路』2010年24期）5〜13頁、劉子建・喬寧「唐大明宮設計特徴探析」『邢台学院学報』、2012年1期、96〜98頁、李春陽・燕連福「大明宮見証的唐朝歴史：一段彰顕平等開放的歴史」『絲綢之路』2010年24期、14〜19頁、黎羌「論大明宮与長安文化」『絲綢之路』2010年第24期、20〜26頁、杜文玉「大明宮与大唐文化」『中国文化遺産』2009年4期、62〜67頁、同『唐代宮廷史　上・下』百花文芸出版、2010年、高本憲「唐高宗与大明宮」『文博』2008年5期、52〜56頁、金鉄木『千宮之宮——大明宮的真相与伝奇』東方出版社、2009年、楊希義・孫福喜・張璠『大明宮史話』陝西人民出版社、2011年等を参照。大明宮の建築構造の特色に関しては、陳揚・辛文婷「簡論大明宮宮廷附属建築物的布局」『絲綢之路』2010年24期、89〜92頁を参照。

(77) 杜文玉「唐長安大明宮、太極宮三清殿小考」『唐都学刊』28巻2号、2012年、1〜14頁、同「論唐大明宮延英殿的功能与地位——以中枢決策及国家政治為中心」『山西大学学報（哲学社会科学版）』、2012年3期、196〜205頁、杜文玉・趙水静「唐大明宮紫宸殿与内朝朝会制度研究」『江漢論壇』、2013年7期、120〜127頁、杜文玉「唐大明宮金鑾殿的功能及地位研究」『陝西師範大学学報（哲学社会科学版）』、2012年3期、76〜82頁、同「唐大明宮麟徳殿功能初探」『晋陽学刊』2012年2期、102〜109頁、同「唐大明宮含元殿与外朝朝会制度」『唐史論叢』15、2012年、1〜25頁。

(78) 大明宮の位置する龍首原の自然景観の特徴については、史念海「唐長安城外龍首原上及其隣近的小原」『中国歴史地理論叢』1997年2期を参照。

(79) 大明宮建造のいきさつに関しては、龔静「大明宮初建時日考」『長安大学学報（社会科学版）』、2012年2期、12〜15頁、趙喜恵・楊希義「唐大明宮興建原因初探」『蘭州学刊』2011年5期、213〜215頁、高本憲「唐朝大明宮初建史事考述」『文博』2006年6期、56〜58頁等を参照。

(80) 大明宮再建に関わる政治状況については、張全喜「浅談唐帝国再建大明宮的原因」（『科教文滙』23、2010年、59〜60頁）に簡単な分析がある。

(81) この点に関しては、張永禄、前注『唐都長安』93〜94頁、古瀬奈津子「儀礼における唐礼の継受——奈良末〜平安初期の変化を中心に」池田温編『中国礼法と日本律令制』東方書店、1992年、379〜381頁、楊鴻年『隋唐宮廷建築考』陝西人民出版社、1992年、6〜9頁等を参照。

(82) 高本憲・韓海梅「唐末大明宮毀廃過程考述」『文博』2009年第3期、39〜42頁。

(83) 王静「唐大明宮的構造形式与中央決策部門職能的変遷」『文史』2002年4期、101〜119頁、同「唐大明宮内侍省及内使諸司的位置与宦官専権」『燕京学報』新16期、2004年、89〜116頁。

(84) この点に関し、日本都城の内裏と比較して唐代長安の内廷の構造の特色を論じる研究に、古瀬奈津子「中国の『内廷』と『外廷』——日本古代史における『内廷』『外廷』概念再検討のために」『東洋文化』68、1988年、参照、同「昇殿制の成立」青木和夫先生還暦記念会編『日本古代の政治と文化』吉川弘文館、1987年、がある。

(85) 唐後期の軍事制度の特色については、王永興『唐代後期軍事史略論稿』北京大学出版社、2006年を参照。

(86) 大明宮の構造が北宋開封に与えた影響については、今後詳細な検討が必要である。この問題に関しては、唐後半期の政治空間を論じる松本保宣、前注『唐王朝の宮城と御前会議』と、宋代開封の宮

殿と政治構造の関連を論じる平田茂樹、前注『宋代政治構造研究』が、今後の研究の基礎をなす。

(87) 延英殿については、松本保宣、前注『唐王朝の宮城と御前会議』や杜文玉の上掲論文「論唐大明宮延英殿的功能与地位——以中枢決策及国家政治為中心」を参照。
(88) 枢密院については、李金徳『唐宋変革期枢密院研究』国家図書館出版社、2009年を参照。
(89) 内侍省については、王静、前注「唐大明宮内侍省及内使諸司的位置与宦官専権」を参照。
(90) 集賢院については、池田温「盛唐之集賢院」『唐研究論文選集』中国社会科学出版社、1999年、初出1971年、190〜242頁、李福長『唐代学士与文人政治』斉魯書社、2005年、李徳輝『唐代文館制度及其与政治和文学之関係』上海古籍出版社、2006年、呉夏平『唐代中央文館制度与文学研究』斉魯書社、2007年、同『唐代文館文士社会角色与文学』中国社会科学出版社、2012年等を参照。
(91) 翰林院については、楊果『中国翰林制度研究』武漢大学出版社、1996年、傅璇琮『唐翰林学士伝論　晩唐巻』遼海出版社、2007年を参照。
(92) 浴堂殿については、李向菲「唐大明宮浴堂殿方位考」『中国歴史地理論叢』、2008年4期、149〜153頁を参照。
(93) 麟徳殿については、杜文玉、前注「唐大明宮麟徳殿功能初探」、孔黎明・蘇静「唐大明宮麟徳殿遺址詮釈与展示方法探索」『建築与文化』11、2011年、94〜96頁、王暁寧「大明宮麟徳殿遺址」『黒竜江史志』15、2012年、14〜15頁等を参照。
(94) 文思院については、李民挙「宋代的後苑造作所与文思院」北大考古学編『考古学研究』2、1994年、244〜248頁を参照。
(95) 宣徽殿については、友永植「唐宋時代の宣徽院使について——主に五代の宣徽院使の活動に注目して」『北大史学』18号、北海道大学史学会、1978年、60〜80頁を参照。
(96) 少陽院については、董春林「少陽院与唐中后期太子権力之遷移」『延辺大学学報（社会科学版）』、2009年5期、140〜144頁。
(97) 唐長孺「唐代的内諸司使及其演変」『唐長孺文集3　山居存稿』中華書局、2011年、252〜282頁、趙雨楽『唐宋変革期軍政制度史研究（一）——三班官制之演変』文史哲出版社、1993年、同『唐宋変革之軍政制度－官僚機構與等級之編成』文史哲出版社、1994年、49頁、寧志新『隋唐使職制度研究（農牧工商編）』中華書局、2005年等を参照。
(98) この財政運輸システムに関しては、丸橋充拓『唐代北辺財政の研究』岩波書店、2006年、西村陽子「唐末五代の代北における沙陀集団の内部構造と代北水運使」（『内陸アジア史研究』23号、2008年）1〜24頁を参照。
(99) 妹尾達彦「中華の分裂と再生」樺山紘一他編『岩波講座世界歴史9』岩波書店、1999年。
(100) 太極宮時代の政治中枢については、礪波護『唐代政治社会史研究』同朋舎、1986年、謝元魯『唐代中央政権決策研究』文津出版社、1987年、袁剛『隋唐中枢体制的発展演変』文津出版社、1994年、雷家驥『隋唐中央権力結構及其演変』東大図書公司、1995年、任士英『唐代玄宗粛宗之際的中枢政局』社会科学文献出版社、2003年等の研究を参照。
(101) 蒙曼『唐代前期北衙禁軍制度研究』中央民族大学出版社、2005年、趙雨楽『従宮廷到戦場——中国中古与近世諸考察』中華書局、2007年、王鏡輪・向斯『中国古代禁衛軍——皇家衛隊始末』解放軍出版社、1999年。
(102) 池田温「律令官制の形成」『岩波講座　世界歴史5　古代5』岩波書店、1970年。
(103) 張永禄『唐都長安』西北大学出版社、1987年、87頁。
(104) 趙雨楽、上掲『唐宋変革期軍政制度史研究（一）——三班官制之演変』、同『唐宋変革期之軍政制度——官僚機構与等級之編成』、同『従宮廷到戦場——中国中古与近世諸考察』中華書局、2007年を参照。
(105) 林美希「唐代前期宮廷政変をめぐる北衙の動向」『史観』164巻、2011年、47〜64頁、同「唐・左右

龍武軍の盛衰——唐元功臣とその後の禁軍」『史滴』33号、2011年、111～138頁、同「唐代前期における北衙禁軍の展開と宮廷政変」『史学雑誌』121編7号、2012年、41～66頁、同「唐前半期の閑厩体制と北衙禁軍」『東洋学報』94巻4号、2013年、1～29頁を参照。

(106) 賈志剛「大明宮太液池出土"左策"銘文磚考釈」『絲綢之路』2010年24期、45～50頁も参照。

(107) 李金徳、前注『唐宋変革期枢密院研究』41～111頁参照。

(108) 劉思怡・楊希義「唐大明宮含元殿与外朝聴政」『陝西師範大学学報（哲学社会科学版）』38－1、2009年、42～46頁参照、杜文玉、前注「唐大明宮含元殿与外朝会制度」1～25頁等を参照。

(109) 含元殿の建築構造の由来については、内田昌功「北周長安宮の路門と唐大明宮含元殿——殿門複合型建築の出現とその背景」『歴史』115輯、2010年、1～19頁、日本の都城への影響については、山田邦和「桓武朝における楼閣附設建築」『国立歴史民俗博物館研究報告』134、2007年、155～176頁。

(110) 渤海上京の発掘とその成果については、黒竜江省文物考古研究所編『渤海上京城　上冊、下冊、附図』文物出版社、2009年、黒竜江省文物考古研究所・趙虹光編『渤海上京城考古』科学出版、2012年等を参照。

(111) 中国社会科学院考古研究所西安唐城工作隊、前注「唐大明宮含元殿遺址1995-1996年発掘報告」397～99頁。また、楊鴻勲「唐長安大明宮含元殿復原研究報告——再論含元殿的形制」中国建築学会建築史学分会編『建築歴史与理論』6・7合輯、中国科学技術出版社、2000年、3～32頁、傅熹年「大明宮」（同著『中国古代城市規画、建築群布局及建築設計方法研究（上）』中国建築工業出版社、2001年、21～22頁も参照。

(112) 劉致平・傅熹年、前注「麟徳殿復原的初歩研究」『考古』1963年7期、石見清裕「唐代外国使節の宴会儀礼について」『小田義久博士還暦記念東洋史論集』朋友書店、1995年。

(113) 三清殿については、杜文玉、前注「唐長安大明宮・太極宮三清殿小考」を参照。

(114) 楊寛、前注『中国古代都城制度史研究』、妹尾達彦、前注「唐代長安の儀礼空間」。

(115) 妹尾達彦「唐代の科挙制度と長安の合格儀礼」唐代史研究会編『律令制——中国朝鮮の法と国家』汲古書院、1986年、239～274頁。

(116) 金子修一、前注「唐の太極宮と大明宮——即位儀礼におけるその役割について」、陳磊「唐代皇帝的出生、即位和死亡地点考析」『史林（上海社会科学院歴史研究所）』2007年5期、118～127頁。

(117) 唐後期の道教の動向については、砂山稔「道教と隋唐の歴史・社会」秋月観暎編『道教研究のすすめ——その現状と問題点を考える』平河出版社、1986年、郝雯「浅談大明宮建築名体現的道教思想」『剣南文学』2012年8期、360～361頁等を参照。

(118) 円仁『入唐求法巡礼行記』巻5の叙述を参照。また、妹尾達彦「「円仁の長安——9世紀の中国都城と王権儀礼」『中央大学文学部紀要　史学』53号、2008年、17～76頁、同「長安、礼儀的都——以円仁『入唐求法巡礼行記』為素材」栄新江主編『唐研究』15巻、北京大学出版社、2009年、385～434頁も参照。

(119) 隋大興城や唐初の長安城の都市プランを見ると、城内には100を超す仏教寺院の大伽藍が配置されており、隋唐初は仏教都市と呼ぶにふさわしい。もともと道観は十数に過ぎず、目立たなかった。これは、隋大興城が、仏教という世界宗教の力を借りて胡漢融合の普遍的な価値を重視したことの現れであろう。これに対して、玄宗以後に顕著となる8、9世紀における道教重視は、普遍的価値よりも漢族の伝統を重視する姿勢を唐朝が強めたことを意味していると考えられる。このについて点は、妹尾達彦「都市の生活と文化」谷川道雄・池田温・古賀登・菊池英夫編『魏晋南北朝隋唐時代史の基本問題』汲古書院、1997年、で少しふれている。

(120) 隋唐初の象徴性重視から唐後期の機能性重視に、長安城の建築構造や政治構造が移行してゆくことについては、更により詳細な論証が必要であるが、妹尾達彦『長安の都市計画』講談社、2001年において不充分ながら概観した。

(121) 九宮貴神については、呉麗娯「論九宮祭祀与道教崇拝」栄新江主編『唐研究』9巻、北京大学出版社、2003年、を参照。

(122) 妹尾達彦「詩のことば、テクストの権力——9世紀中国における科挙文学の成立」『中国——社会と文化』16号、2001年、25～55頁。

(123) たとえば、官人達が大明宮の早朝の参内の状況を詠う「早朝大明宮」の連作などを参照。何建超・呉広懐、前注『大明宮　唐詩輯注』も参照。

(124) 李白と長安の関係に関しては、妹尾達彦「長安への旅」『NHKスペシャル　新シルクロード5　カシュガル・西安』NHK出版社、2005年、200～215頁で、李白の詩「観胡人吹笛（胡人の笛を吹くのを観る）」を引用して論じている。「観胡人吹笛」の詩中の「梅花」や「出塞」という胡人の吹く曲は、李白が大明宮の翰林院に勤めていた時に城内で流行した曲名であり、長安時代に聞いた音楽をはからずも地方で聞くことによって、放浪する悲しみが沸々とわき起こる様をうたっている。李白の人生における長安生活の価値の重みを物語る詩の一つといえよう。

(125) 妹尾達彦「唐代の科挙制度と長安の合格儀礼」唐代史研究会編『律令制　中国朝鮮の法と国家』汲古書院、1986年、同「白居易と長安・洛陽」川合康三等編『白居易研究講座　第1巻　白居易の文学と人生1』勉誠出版、1993年。

(126) 詳しくは、妹尾達彦「中華の分裂と再生」樺山紘一他編『岩波講座世界歴史9、中華の分裂と再生』岩波書店、1999年、同「都市の千年紀を迎えて——中国近代都市史研究の現在」中央大学人文科学研究所編『アフロ・ユーラシア大陸の都市と宗教』中央大学出版部、2010年、63～140頁を参照。

第 2 章
朝鮮初期昌徳宮後苑小考

桑野 栄治

【キーワード】後苑　上林園　政治的サロン　国家儀礼　軍事訓練

はじめに

　朝鮮初期（ほぼ15世紀に相当）の王都漢城（いまのソウル）には太祖4年（1395）9月に王宮の景福宮が竣工し、漢城還都後の太宗5年（1405）10月には離宮として昌徳宮が創建された[1]。景福宮と昌徳宮には宮城[2]の北部に古代中国の園林空間を彷彿させる後苑（いわゆる禁苑）が存在した。帝都北京でいえば、宮城の西側に設けられた太液池を取り囲む西苑に相当しよう[3]。景福宮後苑については中宗26年（1531）に刊行された官撰地理誌の『新増東国輿地勝覧』巻1、京都上、苑囿条に「景福宮後苑〔序賢亭・翠露亭・関雎殿・忠順堂有り〕」と簡略な記録を残している（史料中の〔　〕内は割註。以下同じ）。ところが、従来の韓国人による通史的都城研究では朝鮮初期の官撰地理誌の記録に注目することはなく、その結果、景福宮後苑に点在したこれらの楼亭・殿閣の具体的な機能に関しては明らかにされていなかった[4]。

　一方、昌徳宮後苑に関しては同じく『新増東国輿地勝覧』巻1、京都上、苑囿条に「昌徳宮後苑〔昌慶宮後苑と通ず。閲武亭有りて、亭の傍らに四井有り。曰く摩尼、曰く玻瓈、曰く瑠璃、曰く玉井と。世祖の時、鑿つ所なり〕」とあり、少なくとも閲武亭の存在をわれわれに知らしめるが、従来の都城研究では閲武亭以外の諸施設も紹介されている[5]。ところが子細に検討すると、造営下命後に工事が中断された建造物の事例、逆に撤去命令が下ったにもかかわらず存続していた事例もあり、問題がないわけではない。壬辰倭乱（文禄・慶長の役）により景福宮と昌徳宮は廃墟となり[6]、朝鮮初期の昌徳宮後苑の様子を伝える絵画資料も現存しない[7]ことから都城研究を進めるうえで障壁となっている。造景学の立場から後苑の空間利用に迫った論考が朝鮮後期（17〜19世紀）に偏重する[8]のも、こうした史料の制約に起因する。

　筆者は朝鮮初期漢城研究の一環として、景福宮後苑の建築群に関する史料を『朝鮮王朝実録』から抽出し、朝鮮初期における景福宮後苑の空間構造を考察したことがある[9]。本論はその続編として後苑の管理機構、および昌徳宮後苑の沿革とその機能について追跡することにしたい。具体的には朝鮮初期における後苑の管理機構である上林園、ならびに離宮昌徳宮の後苑に点在する諸建築物の沿革とその機能について取りあげることにする。

1　後苑の管理機構

(1)　上林園から掌苑署へ

　従来、朝鮮初期の上林園に関する研究が皆無であったわけではない。たとえば朝鮮後期の掌苑署に関しては、18世紀末頃に成立した『掌苑署謄録』（ソウル大学校奎章閣蔵、筆写本1冊）を分析した全濼玉氏による論考があり、正祖18年（1794）当時の漢城と京畿道一帯の果園（京苑と外苑）を簡潔に整理し、当時は果園が一般的に「東山」と称されたことを指摘した[10]。朝鮮初期に時期を限れば、かつて田川孝三氏が財政史の観点から、

　　上林園は太祖三年七月、前朝以来の東山色を改めて置いた所謂闕内司の一で、又供上衙門の一であり、宮闕及京・外苑囿を管理した。奴婢田結多数を属し、その栽培する所の果実等は薦新・進上及び使客支待の為に供上された。

と触れたことがある[11]。ここにいう「京・外苑囿」についても田川氏は「闕内苑囿の外、京苑は竜山・漢江等に、外苑は開城府・江華府・南陽・果川・楊州・富平におかれた」と解説する[12]。田川氏はその史料的根拠を示してはいないが、おそらく成宗23年（1492）に成立した『大典続録』の規定に基づくものであろう[13]。

　太祖3年（1394）7月に朝鮮政府は従前の「東山色」を「上林園」と改め[14]、世宗5年（1423）3月には提調2名と副提調1名を置き、政府の高官が下級官庁の長官を兼任するいわゆる提調制が導入された[15]。その後、世祖12年（1466）正月の官制改革の際に太祖（在位1392～98年）代以来の上林園を「掌苑署」と改称し[16]、苑囿（後苑）と花果（花草と果物）を管掌する機構として法典に定着することになる。成宗16年（1485）正月に施行された基本法典『経国大典』によれば、

　　掌苑署〔苑囿・花果を掌る。提調一員、別提三員〕。（『経国大典』巻1、吏典、京官職条、
　　正六品衙門）

とあり、掌苑署に配属された官員として「正六品／掌苑一員、別提」「従六品／別提」と定める。別提については、のち朝鮮後期の『大典通編』（正祖9年、1785）巻1、吏典、京官職条、正六品衙門、掌苑署の項、ならびに『大典会通』（高宗2年、1865）巻1、吏典、京官職条、従六品衙門、掌苑署の項ではいずれも「【原】苑囿・花果を掌る〔提調一員、別提二員〕」とするが、おそらく誤刻であろう。『新増東国輿地勝覧』文職公署条も「別提三人」と記録するからである（後掲）。

　さらに『経国大典』巻1、吏典、雑職条によれば、掌苑署にはいわば技術官職として「従六品／慎花一員」「従七品／慎果一員」「正八品／慎禽一員」「従八品／副慎禽一員」「正九品／慎獣三員」「従九品／副慎獣三員」の計10名が配置されており、彼らが後苑内の花果の栽培や禽獣の飼育を担当したものと考えられる。『経国大典』の条文中にある「苑囿」に関しては、のち明宗10年（1555）に成立した『経国大典註解』に、

> 苑は禽獣を養う所以なり。牆有らば囿と曰う。古、之を囿と謂い、漢、之を苑と謂う。(『経国大典註解』上、後集、吏典、六曹条)

と解説を加える。つまり、苑とは禽獣を飼育する施設であって、垣などの区画施設があればこれを囿という。古代中国の都城に附属した庭園施設の語義[17]を、朝鮮王朝が継承していることは一目瞭然である。

また、官撰地理誌の『新増東国輿地勝覧』は掌苑署について以下のごとく記録する。

> 掌苑署〔北部鎮長坊に在り。苑囿・花果を掌る。○掌苑一人、正六品。別提三人。【新増】燕山丙寅、掌苑を革む。今上初め、復た置く〕。(『新増東国輿地勝覧』巻2、京都下、文職公署条)

これにより、官制改革により長官の掌苑が燕山君12年(1506)にいったん廃止された[18]のち、「今上」つまり中宗(在位1506〜44年)代のはじめに復活したことが知られる。また、掌苑署の官衙は漢城の北部鎮長坊にあったという。朝鮮後期の英祖(在位1724〜76年)代に製作された『都城大地図』によれば、景福宮後苑と「鎮長坊」とのあいだに「掌苑署」と墨書され[19]、純祖34年(1834)に完成したと推定される金正浩『青邱図』所収の「都城全図」にも、景福宮後苑と「鎮長坊」とのあいだに「掌苑署」の官衙が描かれる[20]。したがって、掌苑署の位置は朝鮮後期まで変わることはなかったと考えてよかろう。

(2) 上林園という空間——15世紀前半の後苑点描
①明帝の処女要求と上林園

明が元の高麗統治政策を踏襲し、朝鮮に対しても処女(未婚の女性)の進献を要求してきたことは、つとに末松保和氏によって指摘されたとおりである[21]。「朝鮮女性史上の一大事件」ともいうべきこの問題を実録記事に徴すれば、世宗9年(1427)7月には明使による処女要求と上林園に関わる希有な記録がみえる。

> 三使臣、闕に詣みて辞す。上、勤政殿に迎え入れ、茶礼を行い訖りて、使臣と上林園に詣み、処女に見ゆ。(『世宗実録』巻37、9年7月乙巳〔19日〕条)

世宗(在位1418〜50年)は同王8年10月以降、晩年まで景福宮にて生活していた[22]。ここにいう「三使臣」とはこの年4月下旬に来朝した明使昌盛・尹鳳・白彦の一行であり、馬5,000匹の進献を要求する宣宗宣徳帝の勅書を朝鮮国王世宗のもとにもたらした[23]。約2カ月のあいだ朝鮮に滞在した明使一行が任務を終え、帰国する前日に景福宮の勤政殿にて世宗に別れの挨拶を済ませたことを伝える。茶礼とは、朝鮮国王が明使に茶を進めてもてなす宮中儀礼である[24]。ついで世宗は明使とともに景福宮後苑の上林園へと向かい、明使が選抜した処女と引きあわせたという。前日に中宮の昭憲王后沈氏(1395〜1446年)は慶会楼にてその処女7人を引見し、親族も招いて餞別の宴を開いていた[25]。泣き疲れ、上林園で待機していた彼女らはすでに朝鮮を去る覚悟を決めていたと思われる。

その翌日の記録が以下に示す実録記事である。

> 三使臣、闕に詣む。上、勤政殿庭の幕次に迎え入れ、茶礼を行う。七処女、上林園より勤政殿に入り、分かちて有屋の輢子に入る。成氏独り一輢に入り、其の余は則ち二人共に一輢、使臣親しく鑰(かぎ)を鎖(と)ず。執饌婢(＝宮中で食事をつくる婢)及び従婢(＝嫁入りの際に付き従う婢)は皆な乗馬し、建春門(＝東門)より発行す。其の父母・親戚、街を闌(さえぎ)りて哭送し、観る者亦た皆な流涕す。(『世宗実録』巻37、9年7月丙午〔20日〕条)

ここには「其の父母・親戚、街を闌りて哭送し、観る者亦た皆な流涕す」とみえるように、明を中心とする東アジア国際秩序に参入した朝鮮の立場と、その後の朝鮮社会におよぼした影響を考えるうえで興味深い(26)。わずか2件の記録ではあるが、15世紀朝鮮の一時期、上林園は明帝への「献上品」を管理する場として利用されていたことになる。

その後、世宗11年正月には景福宮の思政殿と慶会楼の重修工事が始まり、世宗は一時的に生活の場を上林園に移したことがある(27)。ところが、上林園での生活は不便であったためか、世宗は景福宮建春門内にあった東宮へ移り、その東宮に住まう王世子が上林園へ居を移すこととなった(28)。おそらく、上林園は国王・王族の生活空間としても利用できる施設を構えていたのではないかと推測される。

②祭場としての上林園

実録記事によれば、太宗(在位1400～18年)は太宗13年(1413)7月に上林園に童男数十人を集め、蜥蜴祈雨祭を行うよう命じたことがある。

> 検校漢城尹孔俯に命じて童男数十人を聚め、蜥蜴を以て上林園に祈雨せしむ。三日にして罷む。(『太宗実録』巻26、13年7月己卯〔2日〕条)

当時の記録には「三日にして罷む」とあることから、童男数十人は昼夜をわかたず3日間、「トカゲよトカゲよ、雲を興し霧を吐け。いますぐ雨が溢れれば、お前を帰してやろう」と祭文を唱えていたことであろう(29)。蜥蜴祈雨祭は旱魃に対する施策の一環であり、同日には僧侶と巫女を選抜して各地の山川にて祈雨祭を行うよう、最高議決機関たる議政府に命じている(30)。果たして3日目には小雨が降ったらしく、上林園にて蜥蜴祈雨祭を行った童男にはそれぞれ正布(麻布)1匹が下賜された(31)。

一方、世宗代には宗親の治癒祈願に関する記録もみえる。世宗20年7月に世宗の兄である孝寧大君(太宗の次男。1396～1486年)の病状が思わしくなかったことから、世宗は上林園にて祈禱を命じた(32)。孝寧大君の病は2カ月後に回復しており(33)、上林園での祈禱はある程度の効果はあったのであろう。

わずか2件の事例にすぎないが、上林園はたんなる果樹園ではなく、祈雨祭や祈禱の場としても活用されていたことになる。

③動植物園としての上林園

　朝鮮初期には国王の下命によることなく、地方の山海の珍奇な産物が国王のもとへ進上されることがあった⑷。こうした特殊な産物は国内にとどまらず、ときには日本からももたらされている。たとえば、太宗6年9月に対馬第7代島主の宗貞茂（？〜1418年）が使者を朝鮮に派遣して土物を献上した。

　　対馬島守護宗貞茂、使を遣わして土物を献ず。蘇木・胡椒及び孔雀なり。使者自ら言う、南蕃船を掠めて得る所なりと。司諫院上言す、珍禽・奇獣、国に蓄わざるは古の訓えなり。況んや此の剽劫の物をや。宜しく却けて受くることなかるべし、と。上、絶遠の人を重んじ、命じて孔雀を上林園に蓄わしむ。（『太宗実録』巻12、6年9月壬午〔26日〕条）

　このとき対馬宗氏は、南蛮船から略奪した蘇木（蘇芳）・胡椒のほかクジャクを献上した。実際、先月には南蛮の爪哇国（ジャワ）からの使節団が全羅道群山島沖で倭寇に襲われ、船中のクジャク・オウム・インコのほか蘇木・胡椒などの薬材が略奪されたとの報告があったばかりである⑶⑸。そのため、司諫院は珍禽・奇獣を飼うべきではないと太宗を諫めたが、太宗は「絶遠の人を重んず」との立場からこれらを受け取り、クジャクは上林園で飼育するよう命じた⑶⑹。太宗はその後、枝振りのよい梨の木を江原道に求めて上林園に接ぎ木させ、また済州島へは上林園の官員を派遣して柑橘数百株を全羅道順天など沿海の邑に植えさせるなど、果樹の栽培にも興味を示している⑶⑺。

　これより約40年を経た世宗29年5月のこと、同じく対馬の第8代島主宗貞盛（？〜1452年）もやはり使者を派遣し、今回は木芙蓉3株と楊梅（ヤマモモ）1株を献上した。例によって朝鮮国王はこれらの献上品を上林園に植えるよう命じた⑶⑻。

　同じく世宗代には明と国境を接する北方の平安道、そして南方の済州島より一風変わった献上品が王都漢城に届いた。たとえば世宗10年3月の実録記事によれば、平安道では黒キツネが捕獲され、献上品として届けられたその黒キツネは上林園にて飼育することとなった⑶⑼。世宗17年9月には済州按撫使（正三品の牧使の前身）崔海山（1380〜1443年）が6つの実が連なったザクロを進上すると、世宗はこれを上林園に送らせた⑷⓪。翌年閏6月に同じく崔海山がサルとノロを届けるや、世宗はやはり上林園に飼育を命じている⑷①。のちに済州按撫使が献上したサルとノロは漢城の上林園から仁川の牧場（龍流島）へ移されたが、いずれも済州島の風土の特異性を示す事例といえよう。

　また、世宗29年8月の実録記事には都城の整備と関わる記録もみえる。世宗は京畿と忠清道の長官である監司（観察使）に次のごとく王命を下した。

　　京畿・忠清道監司に示す。都城四山の松木、蟲の食する所と為りて枯朽に至り易く、栗木を栽えんと欲す。其れ栗種十余石を備えて上林園に送れ、と。（『世宗実録』巻117、29年8月己巳〔10日〕条）

　ここにいう「都城四山」とは、王都漢城を取りまく白岳山・仁旺山・駱駝山そして木覓山（南

山）を指す。松の木は虫害のために枯れやすいことから、栗の木に変更すべく、上林園にて植林を試みたようである。

その後、文宗元年（1451）7月に上林園にて栽培されていた梨が今年は不作であったため、薦新・進上および大小の国家祭祀に支障を来し、特例として北方の咸吉道（のち咸鏡道）にその進上を命じたことがある[42]。ただ、これ以降は園林空間としての上林園は次第に実録記事から姿を消すようになり、後苑という用語に収斂されていったものと考えられる。

2　昌徳宮後苑の造成事業

昌徳宮後苑の機能について、たとえば鄭在鑂氏は次のごとく述べた[43]。

> 朝鮮歴代国王のうち、昌徳宮後苑を造成した王をみると、世祖・光海君・仁祖・英祖・正祖など困難な逆境を乗り越えた創業主と、深く高い学問の崇尚と調和の眼識をもった君主たちである。我々はここから何をみることができるのかといえば、既存の秩序のなかに縛られ、不自由な束縛から心身の疲労を解消しようとする、本然的人間の安息を渇望する一面をみることができる。

いささか観念的な叙述であり、たとえば世祖（在位1455〜68年）が昌徳宮の後苑にいかなる建造物を設けたのか、そこではどのような行事が催されていたのかなど、具体的な史料の提示はなされていない。これに対して洪順敏氏は、

> 後苑は国王と王室のひそかな専用の休息空間にとどまらず、政治と行政ひいては学問と文化の本山であって、宮闕の本質を延長する空間であった。

と、昌徳宮後苑の本質を喝破する[44]。しかしながら、一般読者を対象とした論考であるため、やはり後苑の個々の建造物が果たした機能に関して具体的に実証したわけではない。そこで、ここでは朝鮮初期の昌徳宮後苑に設置された各種建造物の沿革とその機能について、実録記事を中心に追跡することにしたい。

【表】朝鮮初期における昌徳宮後苑の沿革

年　代	西暦	沿　革　事　項
太宗5年10月	1405	太宗、昌徳宮を創建。
6年4月	1406	昌徳宮の東北隅に解慍亭を造る。池あり。
6年5月	1406	昌徳宮の北に仁昭殿の建造を命ず。
8年8月	1408	仁昭殿を文昭殿と改称。
14年6月	1414	解慍亭を慎独亭と改称。
世宗15年5月	1433	文昭殿の神位を景福宮の新文昭殿に移す。
世祖5年9月	1459	後苑に池を穿つ。

7年11月	1461	この頃までに閲武亭あり。
9年2月	1463	後苑の東墻と北墻を拡張。
14年8月	1468	無逸殿の建造を命ずるも、世祖不豫のため工役を罷む。
成宗8年3月	1477	採桑壇を築造し、中宮が先蠶親祭を行う。
燕山君3年正月	1497	後苑の都摠府から火薬庫までの宮墻を高く改築するよう命ず。
9年11月	1503	後苑墻外の人家の撤去を命ず。
11年5月	1505	瑞葱台の建造を命ず。池あり。
中宗2年閏正月	1507	瑞葱台の撤去を命ず。

＊ソウル特別市史編纂委員会編『ソウル特別市史——古蹟篇』ソウル特別市、1963年、195頁の「秘苑沿革表」、および＊文化財庁編『昌徳宮六百年 1405-2005』文化財庁昌徳宮管理所、ソウル、2005年、11〜31頁を参考に作成

(1) 解慍亭——昌徳宮後苑の誕生

太宗5年（1405）に太宗は昌徳宮を創建すると、在位期間中のほとんどをこの昌徳宮にて起居するようになり、景福宮を法宮とし昌徳宮を離宮とする「両闕体制」の端緒が開かれた[45]。そして翌年4月、昌徳宮の東北隅に解慍亭が建てられることになる。

> 解慍亭を昌徳宮の東北隅に作る。上、知申事黄喜に謂いて曰く、今新亭成り、権近をして之を名づけしむるに、清寧と名づけんことを請う。蓋し、天清地寧の義を取るなり。然れども便ならざるに似たるに、予、改むるに解慍を以てせんと欲す。若何、と。左右曰く、甚だ善しと。上、笑いて曰く、人君言を発せば、臣下必ず声を同じうして之を誉む。当に更めて権近と之を議すべし、と。遂に其の家に即きて之を問わしむるに、近曰く、善しと。是に於いて以て新亭を命(なづ)く。（『太宗実録』巻11、6年4月己巳〔9日〕条）

賛成事（議政府の従一品）権近（1352〜1409年）は、天地がよく治まって安らかであるとの意味から「清寧亭」と名づけるよう考えていたが、太宗の意向により「解慍亭」と決定した。「解慍」とは字義どおり怒りを解く、恨みをやわらげるの意である[46]。太宗4年に漢城還都を決定して以来、太宗と太祖との関係が改善した[47]ことを念頭に置いた命名であったとも考えられる。解慍亭の前には池があり、太宗はしばしばここで宗親とともに宴を楽しんでいる[48]。太宗は解慍亭に出御すると、成均館大司成（最高学府成均館の長官。正三品堂上官）を召して『周易』『春秋伝』を講じさせ、ときには撃毬（ポロ）の観覧に興じた[49]。解慍亭では火車と呼ばれる軍事車両が公開され、仏教信者でもある太宗は釈迦の生誕を祝う観灯など仏教行事もここで行った[50]。旱魃の際には重臣を漢城の北郊に派遣して祈雨祭を実施させる一方、太宗自身はこの解慍亭の前で終夜跪いて祈禱したこともある[51]。その後、太宗13年4月には広延楼[52]と解慍亭前の池魚が慶会楼下の大池に放たれた、との記録が残る[53]。

ところが、太宗14年6月に後苑の解慍亭は慎独亭と改称された。

解愠亭を改めて慎独亭と為す。上、河崙に謂いて曰く、前朝の季、宮中に小亭有りて解愠と曰う。今の亭名と相い似たるに、改むるに慎独を以てせんと欲す。如何、と。崙曰く、此の亭、宮北に在りて、群臣侍従の処に非ず。名づくるに慎独を以てするは甚だ美なり、と。(『太宗実録』巻27、14年6月戊午〔17日〕条)

そもそも権近の提案を却下して「解愠亭」と命名したのは太宗自身であったが、高麗末期の宮中にも解愠亭なる小亭があったことが判明した。『高麗史』によれば、たしかに高麗王朝滅亡直前の恭譲王4年(1392年)2月に「解愠亭を作る」、ついで5月には「王、順妃(=恭譲王妃盧氏)と僧自超(=王師無学)を解愠亭に引見す」など断片的な記録がみえる[54]。領議政府事(議政府の長官。正一品)河崙(1347～1416年)も「此の亭、宮北に在りて、群臣侍従の処に非ず。名づくるに慎独を以てするは甚だ美なり」と賛同したように、群臣が侍従することなく、国王がまさに君子として「独りを慎む」場所であった。

以上みたように、昌徳宮を離宮とした太宗年間に解愠亭(慎独亭)は後苑の唯一の楼亭として存在した。ただし、景福宮に移御した世宗年間以降、この楼亭に関する記録は途絶える[55]。

(2) 文昭殿と広孝殿——太祖と太宗の真殿

朝鮮初期の文昭殿と広孝殿については国王の家廟である原廟制度の整備過程を追跡した池斗煥・韓亨周両氏のほか、その忌晨祭を論じた李賢珍氏の論考に言及があり[56]、文昭殿に関しては筆者もまた正朝・冬至における宮中儀礼との関連から触れたことがある[57]。文昭殿の位置とその機能については、以下に引用する『世宗実録』地理志の記録が簡便であろう。

文昭殿〔初め文昭殿を昌徳宮の西北に建て、太祖康献大王・神懿王后の神御を奉安す。又た広孝殿を昌徳宮の東北に建て、太宗恭定大王・元敬王后の神御を奉安す。後ち宋の景霊宮の制に依り、原廟を景福宮城内の東北に改営す。前廟後寝、一に古礼に遵う。因りて文昭殿と名づけ、両殿の神御を移安す。〕(『世宗実録』巻148、地理志、京都漢城府条)

つまり、文昭殿とは太祖とその王妃神懿王后韓氏(1337～91年)の神御(肖像)を奉安した真殿であって、中国北宋代の原廟である景霊宮をモデルとしたことは一目瞭然である。北宋の景霊宮は第二の宗廟ともいわれ、皇帝・皇后の神御が奉安されていた[58]。当初、朝鮮では太祖7年(1398)11月に韓氏を神懿王后と追尊する際に真殿は仁昭殿と命名され、その翌月に神懿王后の神御が奉安された[59]。広孝殿とは本来、世宗2年7月に死去した太宗妃元敬王后閔氏(1365～1420年)の位版(位牌)を奉安した原廟であって、神御は奉安されていない[60]。その原廟は漢城の「徳盛坊」に建設され、世宗2年9月に広孝殿と命名された[61]。『世宗実録』地理志および『新増東国輿地勝覧』には漢城府東部12坊のなかに「徳成坊」の坊名がみえる[62]ことから、ここがおそらく昌徳宮のかつての東北部を指すのであろう。

実録記事によれば、太宗6年(1406)5月に太宗は昌徳宮の西北に仁昭殿(のち文昭殿)の改営を命じている。さきにみた解愠亭の建設からわずか1ヵ月後のことである。

命じて仁昭殿の基を開かしむ。上、将に仁昭殿を昌徳宮の北に改営せんとし、北門を出で、書雲観に命じて地を卜せしむ。劉旱雨啓す、昌徳宮の主山の気、此の地に蓄う。若し堀りて室を営まば、必ず宮闕に利せず、と。上、李稷を召して之を議せしむ。稷曰く、主山の脈に非ず。乃ち別に穹窿を出し、南面の勢を為すなり。殿下、若し近地を択びて真殿を営まば、則ち此の地を踰ゆるは無し、と。上、悦びて即ち基を開かしめ、解慍亭に還りて置酒す。稷以下諸代言、次いでを以て爵を進む。(後略)(『太宗実録』巻11、6年5月丙辰〔27日〕条)

　風水地理的観点からやや論難はあったものの、吏曹判書李稷（1362〜1431年）の支持によって真殿の仁昭殿は昌徳宮の北部に建設されることとなった。このとき、真殿の工事着工を視察した太宗は解慍亭にて酒宴を催している。『太宗実録』にいう「昌徳宮の北」の正確な位置関係は不明ながら、のちに世宗が両議政に「初め、文昭殿は昌徳宮重墻の外に在り、殿の墻東に一仏堂有りて、七僧之を守る。(中略) 癸丑年（＝世宗15年）移安の時、因りて破壊し、今に至るも未だ復せず」として旧文昭殿西北の空き地に仏堂を構える意向を示したところ、「不可なり。而も宮城の内に在るは、尤も以て不可と為す」と反対され、都承旨李思哲（1405〜56年）以下の承政院官員もまた「禁内に仏堂を設くるは、固より不可なり」と異を唱えたことがある[63]。さらに議政府左参賛（正二品）鄭苯（？〜1454年）もまた仏堂建設の非を訴えつつ、「上の教に重墻の外に在るを以て辞と為すも、然れども昌徳宮の文昭殿は本より闕内重墻の外にあらざるなり。闕に近きの処に在り、外人の通行を禁ぜんと欲し、故に垣墻を築き以て闕に連ぬるのみ」と発言している[64]。こうした論議は、文昭殿が昌徳宮の二重の墻壁の外にありながらも、そこはあくまで「宮城の内」であり「禁内」であったことを示唆する。つまり、「昌徳宮の北」とは昌徳宮の北部に広がる禁苑のなかの北部を指すのであろう[65]。広孝殿の位置に関しては、のち中宗死後に魂殿を定める際に「太宗昇遐の時の魂殿は乃ち広孝殿にして、闕外に在るに似たり」との記録がみえる[66]。広孝殿は建造当初、「闕外」にあったようだが、文昭殿と同様、のちに墻壁を築いて「禁内」に取り込まれたに相違ない。

　さて、太宗8年5月に太上王（太祖）が死去すると、太祖の棺は京畿楊州の健元陵（京畿道九里市）に葬られ、虞主（位牌）は仁昭殿に奉安された[67]。仁昭殿が文昭殿と改称されたのはこの年8月のことである[68]。同じく太宗8年10月に太宗は亡き太祖と太祖妃神懿王后の虞主をここ文昭殿に奉安した[69]。その後、太宗10年7月に太祖と神懿王后の位牌が宗廟へ移されると、文昭殿には仏教式に太祖と神懿王后の肖像を奉安した[70]。文昭殿は世宗15年（1433）5月に広孝殿とともに景福宮の東北に移転となり[71]、その跡地は世宗の実兄である譲寧大君（太宗の長男。1394〜1462年）に譲られることになる[72]。

(3)　閲武亭——習陣・閲武のための楼亭

　本論の冒頭にみたように、『新増東国輿地勝覧』苑囿条によれば昌徳宮後苑には閲武亭が存

在した。世祖5年(1459)9月に世祖は景福宮から昌徳宮に移御し、後苑に池を穿ったという[73]。昌徳宮後苑には解慍亭前の池だけでなく、あらたに人工池が造成されたことは疑いないが、この人工池が閲武亭の附属施設であったか否かは判然としない。ただ、世祖2年3月には景福宮後苑に翠露亭が建設され、その楼亭の前に池が穿たれた[74]ことを想起すれば、世祖が昌徳宮後苑の整備にも意欲を示していたことは十分に読み取れよう。

閲武亭に関しては情報が限られるものの、字義どおり軍事訓練の視察を目的とする施設であろうことは容易に推測できる[75]。閲武亭の初見は以下に示す世祖7年11月の実録記事である。

<u>閲武亭</u>に御す。王世子及び臨瀛大君璆(=世宗の四男)・桂陽君璔(=世宗の庶出。世祖の異腹兄弟)・翼峴君璵(=世宗の庶出)・烏山君澍(=臨瀛大君の長男)・鈴川府院君尹師路・河城尉鄭顕祖・延昌尉安孟聃・領議政鄭昌孫・左議政申叔舟・右議政権擥・南陽府院君洪達孫・楊山君楊汀・戸曹判書曹錫文・行上護軍金漑・戸曹参判李克堪・漢城府尹黄孝源・都承旨金従舜等入侍し、<u>平安道防禦の事を議す</u>。昌孫等、赴防軍官李守義・金有完・柳仁湿・辛鋳・崔命剛・呉衍等を抄啓す。上、之を允す。仍りて酌を設く。(『世祖実録』巻26、7年11月己酉〔13日〕条)

当時、朝鮮東北境では女真族が義州を攻撃し、朝鮮軍と衝突する事件が発生していた[76]。そのため、世祖は王世子以下宗親・高級官僚とともに閲武亭にて平安道の防禦体制をめぐって論議し、酒宴を催している。ついで世祖代には、閲武亭において観射の行事が実施されたとの記録を2件確認することができる[77]。従来は看過されていたが、世祖は晩年に「閲武亭二間の材を撤し、臨瀛大君の亭子を加構せよ」と、土木・営繕を担当する繕工監(正三品衙門)に命じている[78]ことから、閲武亭は大規模な建築であったと察せられる。

その後、睿宗即位年(1468)12月にこの閲武亭にて弓術を競わせ[79]、睿宗元年閏2月にも睿宗が閲武亭に行幸し、後苑にて慶尚道の軍士に陣法を訓練させた[80]。朝鮮初期の景福宮後苑では序賢亭と忠順堂が閲武の場として機能していた[81]から、昌徳宮後苑ではこの閲武亭が同等の楼亭として活用されたのであろう。のち朝鮮後期になると、正祖(在位1776~1800年)は閲武亭の跡地に奉謨堂(寿静堂〔のち寿静殿〕の東北)を建て、歴代国王の御筆のほか『璿源系譜紀略』『春秋左氏伝』などを奉安した[82]。

3　昌徳宮後苑の拡張

(1) 新茅亭と無逸殿

世祖7年(1461)11月に世祖は中宮(貞熹王后尹氏)・王世子(のち睿宗。在位1468~69年)とともに景福宮より昌徳宮に移御すると、宮城の拡張計画に着手した[83]。昌徳宮後苑の拡張事業については、翌年正月末の実録記事にその具体的な計画が記されている。

初め上、昌徳宮後苑の浅狭を以て、広く東墻を築かんと欲す。是に至り、繕工提調に命じ

> て基の址を審定せしむ。周囲凡そ四千二百尺、其の内、人家は凡そ七十三なり。命じて二月に及んで皆な撤去(のぞ)せしむ。其の家主は戸を復くこと三年、漢城府をして願いに従い隙地を折給せしむ。(『世祖実録』巻27、8年正月乙丑〔30日〕条)

当時の昌徳宮後苑は手狭であり、世祖はその東側を拡張したいと考えていたようである。工事を命じられたのはいうまでもなく、繕工監である。その周囲はおよそ4,200尺（営造尺換算で約1.3km）[84]で、民家73戸は翌月の2月を期限として撤去するよう王命が下った。家主は3年間に限って復戸つまり徭役が免除され、漢城府は希望者に対して転居先を補償することになる[85]。後苑の拡張工事はこれより始まったとみえ、1年後の世祖9年2月に世祖は中宮とともに工事の進捗状況を視察している。当初は先にみたとおり東側の民家73棟を撤去する予定であったが、さらに北側の民家58棟も撤去された[86]。その周囲はおよそ4,000尺（約1.2km）であり、東側もさらに400尺ほど広げられたことから、後苑の拡張面積は当初の計画より倍増したことになる。

では、世祖代に拡張された昌徳宮後苑には具体的にいかなる建造物が設けられたのであろうか。史料の制約は否めないが、世祖13年4月頃にはあらたな茅亭がすでに後苑に設置されていた。

> 上、中宮と後苑の<u>新茅亭</u>に御す。詳定所堂上及び諸将・承旨等、入侍す。命じて鄭文炯を大将と為し、兼司僕数十人を率いて苑中の禽獣を駆逐せしめ、崔適等の射を善くする者十一人をして之を射さしむ。(後略)(『世祖実録』巻42、13年4月甲寅〔19日〕条)

世祖は中宮とともに後苑に出御し、苑中の禽獣を放ってこれを射させたという。世祖はこの年世祖13年4月6日に昌徳宮に移御し、同年5月20日に中宮とともに景福宮に還御している[87]から、世祖は4月19日には昌徳宮にいたことになる。つまり、ここにいう後苑とは昌徳宮の後苑である。従来、この実録記事をもとに「世祖朝にはこの亭子（＝閲武亭）の他にも新茅亭があり、その14年8月には無逸殿という建物が営造された」[88]、あるいは「閲武亭の他にも世祖朝には新茅亭という亭子があり、世祖14年8月には無逸殿という建物が造られた」[89]、と叙述されている。茅亭とは字義どおり、茅葺きの楼亭を意味しよう。しかしながら、既往の研究では「新」の意味は説かれていない。

茅亭が遅くとも世宗3年（1421）6月には設けられていたことは、以下の記録から明らかである。

> 上王、上と同に茅亭に御し、視事す。亭甚だ窄く、惟だ趙涓・趙末生・尹淮・金益精・韓恵のみ侍坐して小酌を設く。(『世宗実録』巻12、3年6月戊申〔17日〕条)

上王太宗は世宗とともに茅亭にて視事したという[90]。この年5月上旬に昌徳宮では宮女の多くが罹患したため、世宗は中宮とともに景福宮に移御し、2ヶ月後の7月上旬に昌徳宮に還御した[91]。とすれば、おそらくこの茅亭は景福宮内にあったと思われる。その後、世宗代にこの茅亭に関する記録がないのは、楼亭が狭隘ゆえ使用頻度が低かったのであろう。そして世祖7

年11月になると、実録記事には「上、歩きて後苑に至り、李純之等をして茅亭を構うるの基を相せしむ」とみえる[92]。世祖は当初、景福宮後苑にあらたな茅亭の造成を予定していたが何らかの事情で断念し、結局は昌徳宮後苑に茅亭を新築したものと考えられる。つまり、新茅亭は昌徳宮後苑に新築された茅亭という、素朴な名称であったのである。

一方、無逸殿の場合、世祖は同じく世祖13年4月にその造営を計画していながら、民弊を考慮して中断していた[93]。世祖14年8月の実録記事によると、

> 命じて新殿を昌徳宮後苑に構えしむ。名づけて曰く、<u>無逸殿</u>と。金漑・金国光・盧思慎・李克増をして役を董(ただ)さしむ。上、蓋し伝位して怡養せんと欲すればなり。(『世祖実録』巻47、14年8月辛丑〔14日〕条)

とみえ、無逸殿の建造は世祖14年8月に始まったとするのがより正確であろう。世祖は王位を王世子に禅譲し、この新殿にて隠居生活を送るつもりであったが、これより10日後の実記事には「昌徳宮後苑の新殿の役を罷む」という断片的な記録が残る[94]。従来は看過されてきたが、ここにみえる「新殿」とは無逸殿のことであろう。その後、世祖は翌月の9月に寿康宮(のち昌慶宮)にて死去しており[95]、無逸殿に関する記録も途絶える。つまり、無逸殿の造営事業は完了しなかったとみなければならない。

(2) 採桑壇——中宮の先蚕儀礼

成宗代(1469〜94年)の昌徳宮後苑の様子についても触れておくべきであろう。景福宮勤政殿にて即位した成宗はまもなく昌徳宮に移御し、のち大造殿にて死去するまで昌徳宮を離れることはなかった[96]。当該期の昌徳宮後苑に関しては、『新増東国輿地勝覧』壇廟条に次のような記録がある。

> 先蚕壇〔東郊に在り。制、風雲雷雨と同じ。神座は北に在り、南向す。<u>成宗九年春、又た壇を昌徳宮後苑に築く</u>。王妃、命婦を率いて親祭し、親蚕礼を行う〕。(『新増東国輿地勝覧』巻1、京都上、壇廟条)

朝鮮王朝では当初、東大門外の東郊に先蚕壇を築いていた[97]が、成宗9年(1478)の春に昌徳宮後苑にも祠壇(採桑壇)を築き、王妃は命婦を率いて親蚕儀礼を挙行したという。先蚕儀礼は本来、先農祭とワンセットの祭祀儀礼であって、古代中国の皇帝がみずから農具を手に田を耕し、皇后がみずから桑摘みをする一連の国家儀礼に由来する。唐代では皇后が宮中の禁苑内でみずから先蚕儀礼を行い、宮中の女官や外官の夫人たちが集まって盛んに催された[98]。こうした古代中国の親蚕儀礼に関する情報を収集・検討しつつ、朝鮮政府が後苑における先蚕儀礼を制度化したであろうことは、容易に推測できる。

ただし、昌徳宮後苑に採桑壇が築造されたのは「成宗九年春」ではなく、前年の成宗8年春のことである。礼曹の建議により採桑壇の規模は宋の制度に準じるとする[99]など、成宗代における親蚕儀礼の整備過程に関しては朴慶龍・韓亨周両氏によってほぼ明らかになってい

る(100)。採桑壇の築造時期について補足すれば、成宗8年3月3日の実録記事に「繕工監、採桑壇を後苑に築く」とあり、繕工監の指揮のもと後苑に採桑壇が築造された(101)。

成宗代に中宮が実施した親蚕儀礼の事例は、以下に示す2件である。

> 中宮、内・外命婦を率いて採桑壇に詣み、親蚕すること儀の如くす。百官、箋を進めて陳賀す。(後略)(『成宗実録』巻78、8年3月辛巳〔14日〕条)

> 王妃、後苑の採桑壇に幸し、王世子嬪及び内・外命婦を率いて親蚕すること儀の如くす。〇王世子及び百官、陳賀するに権停礼を用てす。(後略)(同書巻275、24年3月丙戌〔21日〕条)

まず、採桑壇の築造より10日後の成宗8年3月14日、成宗継妃貞顕王后尹氏(1462～1530年)は内・外命婦を率い、後苑の採桑壇にて親蚕の祭祀儀礼を執り行ったのち、文武百官は賀礼を行っている。その2年後に成宗は承政院に「農桑は国の大政なるに、必ず身親しく之を見て、乃ち蚕耕の利を知らん」と養蚕の重要性を語り、後苑に桑の木を植えるよう命じた(102)。その後、成宗24年3月21日にも成宗継妃は王世子嬪以下、内・外命婦を率い、後苑にて親蚕儀礼を実施すると、王世子と百官が権停礼(略式の儀礼)ながら賀礼を行った(103)。王妃による親蚕儀礼に先だち、成宗は3月10日に東郊の先農壇にて親祭し、籍田を親耕していた(104)から、ここに朝鮮国王による先農祭と中宮による先蚕祭という、農本主義に立脚した理想的な王朝儀礼が実現したことになる。事例は少ないものの、採桑壇が築かれた昌徳宮後苑は、王妃と宮中に住まう女性たちによる国家儀礼の場でもあったことは注目してよかろう。

同じく成宗代には昌慶宮後苑に環翠亭が新設された。周知のように、成宗14年春より3人の大妃(世祖妃・徳宗〔追尊。成宗の生父〕妃・睿宗継妃)の居所として寿康宮を拡張し、翌年9月下旬に昌徳宮の東側に周囲約4,300尺(約1,3km)の昌慶宮が竣工した(105)。昌徳宮後苑と昌慶宮後苑が通じていたことも、すでに本論の冒頭に掲げた『新増東国輿地勝覧』苑囿条にみたとおりである。環翠亭の着工とその命名は2ヵ月前の成宗15年7月のことである(106)。『新増東国輿地勝覧』宮闕条には、

> 環翠亭〔通明殿の北に在り。【新増】金宗直記す、昌慶宮の後苑に新亭有り。曰く環翠と。直ちに通明殿の北奥に通ず。(後略)〕。(『新増東国輿地勝覧』巻1、京都上、宮闕条、昌慶宮の項)

とあり、この記録はすでに韓国の学界でも紹介されている(107)が、環翠亭の機能についてはいまだ等閑視されたままである。昌慶宮の竣工から2年を経た成宗17年9月の実録記事によれば、

> 上、宗親を環翠亭に宴す。月山大君婷等入侍し、小的を射るを観る。(『成宗実録』巻195、17年9月己未〔17日〕条)

とみえる。わずかな事例ではあるが、昌慶宮後苑の環翠亭では月山大君(成宗の兄。1454～88年)をはじめとする宗親とともに宴が催され、観射の行事が執り行われたことを指摘しておきたい(108)。

なお、同じく成宗17年9月の実録記事には次のような記録もみえる。

> 上、曲宴を両大妃殿に進む。命じて宗親一品以上・議政府・六曹参判以上・儀賓府・漢城府・承政院・弘文館・藝文館・入直の諸将を後苑に会せしめ、酒楽を賜う。仍りて命じて射侯・投壺せしむ。(『成宗実録』巻195、17年9月甲寅〔12日〕条)

この日、成宗は徳宗妃と睿宗継妃のために曲宴を催し、後苑に召し出された官僚は酒席を賜って射侯に、あるいは投壺に興じたという。投壺とは、短く細い矢を青銅製の壺に投げ入れて命中率を競う競技である[109]。すでに大妃のための居所として昌慶宮が完成していることから、ここにいう後苑とは昌慶宮後苑もしくはそこに通じる昌徳宮後苑であろう。

(3) そして享楽の場へ——燕山君代

昌徳宮にて即位した燕山君(在位1494～1506年)もまた在位中、昌徳宮を離れることはなかった[110]。燕山君代の昌徳宮後苑の拡張に関しては、須川英徳氏がすでに簡潔に整理している。まずはその概要を以下に示す。

> 燕山君は、まず、宮殿に隣接して建てられている民家を撤去させたが、続いて、彼の享楽の場である昌徳宮の北側や東側に位置する民家などを撤去させ、城外に移住させようとした(8年2月己未条)。実はその付近はやや小高い丘陵になっており、そこからは昌徳宮の後苑が覗き見えたからである(9年11月乙丑条)。さらに、宮闕の外壁を高くすることや宗廟と昌徳宮の正門前にあたる鍾路の梨峴に壁と門を作って人の立ち入りを禁止し、どこからも宮殿の様子そのものを窺えないようにすることを計画し、景福宮周辺の民家も撤去することを指示した(9年11月)[111]。

須川氏は燕山君代における「漢城の改造」を燕山君8年(1502)から説き起こすが、燕山君による後苑の拡張は5年前の燕山君3年正月に始まる。実録記事によれば、

> 伝して曰く、宮墻外の人家、多く後苑を圧臨す。都摠府(=中央軍を指揮する五衛都摠府)より火薬庫に至るまで宮墻を改築し、高峻ならしめよ、と。(『燕山君日記』巻21、3年正月丙午〔4日〕条)

とあり、王宮外の民家からは後苑を見下ろすことができるため、燕山君は後苑の西墻を高く改築するよう命じている。その後、すでに指摘されているとおり燕山君8年2月に再度、民家の撤去命令を下したのである[112]。とくに燕山君が気にかけたのは地形がやや小高い昌徳宮の東北、具体的には成均館大成殿の北側であった。燕山君は期限内に立ち退かない住民ばかりでなく、違反者を検挙できない官吏までも処罰の対象とした。さらに住民のなかには垣墻を飛びこえて王宮内に侵入する者まで出没したという[113]。

ところが、燕山君による後苑の拡張事業はスムースに進行したとはいいがたい。燕山君9年11月の実録記事には以下のごとくみえる。

> 承政院に伝して曰く、<u>大内に臨圧する人家、曾て撤去せんと欲すれども、言者に因りて止</u>

む。一度撤去せば、乃ち可なること無からんや。若し人家有りて卿等の家を圧見せば、卿等の意に於いて何如、と。承旨等啓す、家内を臨圧せば、其れ孰か之を肯んぜん、と。

伝して曰く、梨峴の行人、大内を臨視するは甚だ不可たり。其れ門を作り、唯だ行幸の時のみ開くを得さしめよ、と。（いずれも『燕山君日記』巻51、9年11月乙丑〔2日〕条）

燕山君は王宮を見下ろすような民家は撤去したいと考えていたが、言官によりこれを中止した、と承政院に語っていることから、政府内には反対論者が多かったものと推測される。それでも納得できない燕山君は承旨の同意を取りつけ、西は尼寺の浄業院より東は成均館に至るまで、後苑の東墻・西墻外の民家を撤去するよう命じた[114]。ときには鷹匠が王宮の垣根を跳び越えて侵入したこともあったというが、渦中の燕山君が「不肖の輩は、予が藩籬を設けて遊宴していると思っておる」と周囲の噂を気にかけていたのも事実である[115]。こうして11月末を期限とする民家の撤去命令が下り、11月28日には後苑東墻外の民家は撤去された[116]。ただし、宗廟前の鍾路の梨峴（いまの鍾路四街附近）に門を作って通行を禁止するとの計画が、はたして実現したか否か判然としない。兵曹判書姜龜孫（1450〜1506年）は冬の寒さが厳しいことから、しばらくは門ではなく木柵を立てるよう建議しており、梨峴に門が完成したとの記録は『燕山君日記』にみいだすことはできない[117]。

では、燕山君代に拡張された昌徳宮後苑にはあらたな建築群が生まれたのであろうか。『ソウル六百年史』によれば、燕山君10年7月の『燕山君日記』に「伝して曰く、……閲武亭・七徳亭・喜雨亭をあわせて造成するよう命じた」とあると解釈し、燕山君が後苑に七徳亭と喜雨亭を造成させたという[118]。しかし、この解釈にはいささか疑問がある。実際の実録記事をみてみよう。

伝して曰く、黄阜及び慕華館、已に閲武亭・七徳亭を造らしむ。喜雨亭も并わせて造成せしめよ。喜雨亭の若きは則ち中朝使臣、遊観の地なるに、尤も造らざるべからず、と。（後略）（『燕山君日記』巻54、10年7月癸巳〔5日〕条）

そもそも、ここで燕山君が造成事業の対象地としたのは黄阜と慕華館であって、昌徳宮後苑ではない。慕華館は敦義門（俗称、西大門）外の西北にある明使のための迎賓館であり[119]、黄阜とはおそらく弘化門（のち恵化門と改称。俗称、東小門）外の丘陵地を指すのであろう[120]。このうち閲武亭は前節でも検討したように世祖代に後苑に造成されている。それゆえ『ソウル六百年史』ではこの『燕山君日記』の記録は閲武亭の重修を意味すると推測するが[121]、ここにみえる閲武亭とは黄阜および慕華館にあらためて建造を命じた楼亭であろう。また、七徳亭とは漢江下流に近い楼亭であり、かつて世祖はしばしば閲武のためここに行幸している[122]。それゆえ、やはり燕山君は閲武のための楼亭を黄阜と慕華館に建造（もしくは移築）したいと考えていたのであろう。喜雨亭（望遠亭）もまた漢城西部の楊花渡東岸にあった楼亭であって、かつては孝寧大君の別荘であった[123]。燕山君は喜雨亭を「中朝使臣、遊観の地」と評価しており、明使のみならず自身の「遊観の地」としたかったに相違ない[124]。ところが、

燕山君が命じた造営の対象が多すぎることから、この年8月下旬になると昌慶宮明政殿の西側にある仁陽殿の重修を最優先することが決定した[125]。喜雨亭も2年後の燕山君12年8月になってようやく改構が命じられ、秀麗亭と改称されたが、燕山君最晩年の一時的な措置であったと思われる[126]。七徳亭にしろ、明宗18年（1563）に明宗（在位1545～67年）は武才を観るべく景福宮を出発して崇礼門（俗称、南大門）を出たのち、七徳亭に到着したとの記録が残っており、漢江下流にあった七徳亭が昌徳宮後苑に移建された形跡はない[127]。したがって、燕山君が七徳亭と喜雨亭を昌徳宮後苑にあらたに造成させたという『ソウル六百年史』の叙述は、誤解を招きかねない。

　当時は小高い丘陵にあった成均館を閉鎖し、文廟に祀られていた先聖・先師の位牌も崇礼門内の太平館（明使の宿泊施設）に移すことが決定した時期に相当する[128]。奢侈と酒色に溺れた燕山君は、大内氏・少弐氏など西日本の有力大名が派遣した使節に対する接見もままならなかった。「朝貢分子」たる倭人と野人は徒歩で、あるいは馬を奪って漢城まで上京したが、王都では彼らに対する接待儀礼も行き届いていなかったのである[129]。その一方で燕山君は正朝・冬至の対明遥拝儀礼（望闕礼という）と朝賀礼そして会礼宴をほぼ忠実に実施しており[130]、揺らぎつつあった王権を強化していたことも事実である。

　さて、燕山君代における後苑の拡張に関してもっとも注目すべきは瑞葱台の建設であろう。瑞葱台の建設についてすでに『ソウル特別市史』などに紹介された[131]ほか、朝鮮時代の庭園の代表例として昌徳宮後苑を取りあげた尹張燮氏が、

　　燕山君は、この場所で宮女たちと遊楽を事とし、大きい池を掘り高台をつくり、台上に千
　　人が座ることができる大規模な瑞葱台を起工し労働者数万人を動員したが、工事を終える
　　ことができず廃位され、工事が中断撤去された故事もあった。

と叙述した[132]。具体的な史料の提示はないものの、昌徳宮後苑が燕山君の手により享楽の場へと移行しつつあったことを描写している。実録記事に徴すれば、燕山君11年5月に燕山君は景福宮の「慶会楼の如くせよ」と、昌徳宮後苑に瑞葱台の造営を命じた[133]。燕山君はすぐさま瑞葱台の赴役軍を増員し[134]、翌年の燕山君12年正月の記録には次のごとくみえる。

　　伝して曰く、仁陽殿・瑞葱台畢役の後、東西城子を築くに、姑く城基に於いて長木を列ね
　　植え、城内を遮蔽せよ、と。時に命じて仁陽殿を構え、又た石を累ねて台を後苑に為り、
　　龍を雕りし石欄干を作らしむ。坐すべきは千人、高さ十許丈なり。名づけて瑞葱台と曰い、
　　台前に大池を鑿つ。差員一百監督し、役軍は数萬なり。呼邪（＝大勢で力をあわせる際の
　　かけ声）の声、昼夜輟まず、声は天地を震わす。（『燕山君日記』巻61、12年正月辛亥〔21
　　日〕条）

　瑞葱台には龍の彫刻を施した華麗な欄干をめぐらし、台上は1,000人を収容することが可能で、台前には大きな池が穿たれた。のちに燕山君はこの池の深さを成人男性の身長の10倍とし、大船でも運行できるよう命じている[135]。須川氏はこの瑞葱台が築山であったとみなす

が(136)、「石を累ねて台を後苑に為(つく)」るとあるように、盛り土ではなく石造建築であったと思われる。後代の『宮闕志』は「瑞葱台は古の試射の所なり」と記すが(137)、本来は宴享もしくは観劇のための舞台施設であったものと推測される。瑞葱台の工事には数万名が動員され、監督官だけでも100人が臨時に派遣されたという。同時に、天地を震わす労働者の悲鳴も聞こえてくる。

ところが、この年9月に燕山君は玉座から転落し（中宗反正）、瑞葱台の工事も中断した(138)。そして翌年の中宗2年（1507）閏正月に瑞葱台は「廃主（＝燕山君）の建築する所なり」との理由から撤去を命じられることになる(139)。ただし、瑞葱台の撤去命令は貫徹されなかったとみえ、50年後の明宗15年（1560）8月に明宗（在位1545～67年）は後苑の瑞葱台に親臨して儒生に製述試験を実施し、翌9月には宰相・臣下とともに曲宴を催した(140)。明宗15年9月の曲宴を描いた絵画資料として、左賛成洪暹（1504～85年）の序文（1564年4月16日）を記した「瑞葱台親臨賜宴図」（韓国国立中央博物館蔵。絹本彩色。122,0×123,8cm）が現存する(141)。

おわりに

以上、本論では朝鮮初期の基本史料である『朝鮮王朝実録』を中心に、宮中の庭園施設である後苑の管理機構、ならびに離宮昌徳宮の後苑に点在する諸建築物の沿革とその機能について整理・分析した。考察の結果は以下のとおりに要約できよう。

(1) 上林園は高麗末期の東山色を改称して太祖3年（1394）に発足した後苑管理機構であり、広義には空間としての後苑を指すこともある。上林園は薦新・進上と使客の接待のために各種の果物を管掌し、世宗5年（1423）に政府の高官が下級官庁の長官を兼任するいわゆる提調制を導入した。ついで世祖12年（1466）の官制改革の際に掌苑署と改称し、正六品衙門として『経国大典』に定着する。その官衙が設置された漢城の北部鎮長坊は景福宮後苑の東側であって、昌徳宮後苑からもそう遠くない距離にあった。15世紀前半の上林園に関する記録は限定されるが、明帝に献上する処女の「管理」のほか、童男を集めての祈雨祭、王族のための祈禱など祭場としても活用された。近代になって昌慶宮内に動物園と植物園が開かれたように、朝鮮初期の上林園にも対馬島主から献上された動植物をはじめ、平安道・済州島から届いた動物・果物も飼育・栽培されている。

(2) 昌徳宮後苑の建造物としてはまず、太宗6年（1406）創建の解慍亭がある。解慍亭の前には池があり、太宗は酒宴、講論、撃毬の観覧のほか、釈迦の誕生日には観灯の仏教行事を執り行った。のち太宗14年に慎独亭と改称され、文字どおり国王が「独りを慎む」場所となる。昌徳宮を離宮とした太宗代に解慍亭は後苑唯一の楼亭として存在したが、世宗年間以降、この楼亭に関する記録は途絶える。解慍亭が創建された太宗6年には、昌徳宮の西北に仁昭殿の建設が始まった。文昭殿とは太祖とその王妃神懿王后の肖像を奉安した真殿であり、そのモデル

は中国北宋代の原廟景霊宮である。のち文昭殿は、太宗とその王妃元敬王后の肖像を奉安していた広孝殿とともに、世宗15年に景福宮の東北に移転された。昌徳宮後苑の第三の建造物としては閲武亭がある。世祖7年にはこの閲武亭で平安道の防禦体制をめぐって論議がなされ、睿宗代には弓術を競わせ、また陣法を訓練させた。情報不足は否めないが、閲武亭は字義どおり軍事訓練の視察を主たる目的とする施設であったと考えられる。

(3) 世祖8年には昌徳宮後苑の拡張工事が始まり、後苑東側の民家73棟に加え、北側の民家58棟も撤去された。東側は周囲およそ4,600尺(約1,4km)、北側の場合はおよそ4,000尺(約1,2km)におよぶ拡張事業であった。世祖13年には、かつて太宗が視事の場として利用していた景福宮内の茅亭が狭隘であったことから、昌徳宮後苑にあらたな茅亭として新茅亭が設けられ、世祖はここで狩りを楽しんだ。翌年の世祖14年8月中旬になると無逸殿の建造工事が始まり、世祖はここで隠遁生活を送るつもりであった。だが、10日後の8月下旬には「新殿」つまり無逸殿の工事は中止となり、翌9月に世祖は死去した。その後、成宗8年(1477)には昌徳宮後苑に採桑壇を築造して中宮が先蚕親祭を執り行い、成宗15年には昌慶宮後苑に環翠亭が建造された。そして昌徳宮後苑の拡張工事は燕山君代に引き継がれる。とはいえ、外国使節の引見、軍事訓練、政治・学問のサロンといった従来の後苑の機能とは相容れない事業であった。燕山君3年(1497)には王宮外の民家から後苑を見下ろすことができないよう、燕山君は後苑の垣根を高く改築するよう命じている。ところがその後、言官による反対論があったとみえ、燕山君8年に再度民家の撤去命令が下り、翌年には昌徳宮後苑の東墻・西墻外の民家を撤去するよう王命が下る。あらたな後苑の建造物として注目すべきは瑞葱台である。瑞葱台には龍の彫刻を施した欄干があり、台上は1,000人を収容可能、そして台前には池が穿たれていた。まさに景福宮の慶会楼を彷彿させる。燕山君12年に起きた中宗反正により工事は中断し、翌年の中宗2年(1507)に瑞葱台はいわば「負の遺産」として撤去の命が下るが、のち明宗代には製述試験や曲宴の会場として利用されている。

〔附記〕本論は、桑野栄治「朝鮮初期昌徳宮後苑小考」『久留米大学文学部紀要(国際文化学科編)』第29号、2012年に若干の補訂を加えたものである。

註(＊は韓国語文献)

(1) 京城府編『京城府史(第1巻)』京城府、1934年(湘南堂書店、1972年復刻)の「第二編第一章 李朝国初に於ける首府京城の建設」45〜64頁。杉山信三『韓国の中世建築』相模書房、1984年の「第Ⅰ編第3章 朝鮮太祖の漢陽遷都と宗廟・宮殿及び城郭の造営」68頁、同「第Ⅰ編第5章 太宗の造営活動」99頁。＊ソウル特別市史編纂委員会編『ソウル六百年史——文化史蹟篇』ソウル特別市、1987年の「第一章第2節 景福宮」34〜41頁、同「第一章第3節 昌徳宮」(執筆はいずれも金東賢)57〜67頁。＊洪順敏『朝鮮王朝宮闕経営と"両闕体制"の変遷』ソウル大学校大学院

文学博士学位論文、1996 年、21〜23・38〜39 頁。
(2) 高麗王朝（918〜1392 年）の王都開京は宮城（周囲約 2,17km）―皇城（約 4,7km）―外城（羅城。約 23km）の三重構造であった（細野渉「高麗時代の開城――羅城城門の比定を中心とする復元案」『朝鮮学報』第 166 輯、1998 年、24〜25 頁）。しかし、朝鮮王朝の王都漢城の場合、その城郭は景福宮を取り囲む周囲 1,873 歩（約 3,38km）の宮城と、周囲 9,975 歩（約 18km）の京城（都城）の二重構造をなす（『新増東国輿地勝覧』巻 1、京都上、城郭条、京城および宮城の項）。つまり、漢城では前朝高麗や中国明代の北京城のように宮城の外側を囲む「皇城」は存在せず、漢城を取りまく山々の尾根筋に沿って建造された京城が外郭城としての「羅城」であったとみてよい。
(3) 潘谷西主編『中国古代建築史（第 4 巻元明建築）』中国建築工業出版社、2001 年の「第七章第二節 明代園林」388〜390 頁。クレイグ・クルナス（中野美代子・中島健訳）『明代中国の庭園文化――みのりの場所／場所のみのり』青土社、2008 年の「Ⅱ 美学の庭園」72〜76 頁。新宮学「明清北京城の禁苑」橋本義則編『東アジア都城の比較研究』京都大学学術出版会、2011 年。なお、東アジア庭園文化の源流ともいうべき隋唐の皇室庭園については妹尾達彦「隋唐長安城の皇室庭園」橋本義則編、前掲『東アジア都城の比較研究』所収がその構造と機能を総合的に分析している。
(4) たとえば*ソウル特別市史編纂委員会編『ソウル特別市史――古蹟篇』ソウル特別市、1963 年の「第一部第二章第一節Ⅰ 景福宮」、*同委員会編、前掲『ソウル六百年史』「第一章第 2 節 景福宮」では景福宮後苑に関する叙述を欠く。また文化財管理局・国立文化財研究所編『景福宮――寝殿地域発掘調査報告書』文化財管理局・国立文化財研究所、1995 年の「第 2 章 景福宮沿革」28〜29 頁では一次史料の『朝鮮王朝実録』ではなく、第 24 代朝鮮国王の憲宗（在位 1834〜49 年）年間に叙述されたと推定される筆写本『宮闕志』（通行本は『宮闕志（ソウル史料叢書第 3）』ソウル特別市史編纂委員会、2000 年第 2 版）の断片的な記録を利用している。

なお、『宮闕志』の系譜については最近、洪順敏氏が「時乙亥六月上澣也」の「御製序」に始まる国立文化財研究所および韓国学中央研究院蔵書閣架蔵の『宮闕志』を調査し、その結果、「乙亥」年は粛宗 21 年（1695）にあたり、10 余年後の粛宗 33 年直後に「新増」部分を補完した「御製本」であることを導き出した（*洪順敏「朝鮮後期東闕闕内各司配置体制の変動――『御製宮闕志』および『宮闕志』の分析を中心に」『ソウル学研究』第 44 号、2011 年、86〜90 頁）。もっとも、「時乙亥六月上澣也」の「御製序」に始まる『宮闕志』は日本国内でも東京大学総合図書館（請求番号は J30-597）のほか、大阪府立中之島図書館（請求番号は韓 10-51）に架蔵されており、前間恭作編『古鮮冊譜（第 1 冊）』東洋文庫、1944 年、263 頁に「宮闕志 一冊 写本／粛宗二一年乙亥序あり（大阪図書館書目）」とみえる。
(5) たとえば*ソウル特別市史編纂委員会編、前掲『ソウル特別市史』「第一部第二章第一節Ⅲ 秘苑」186〜196 頁、*同委員会編、前掲『ソウル六百年史』「第一章第 3 節 昌徳宮」78〜82 頁。近年では*文化財庁編『昌徳宮六百年 1405-2005』文化財庁昌徳宮管理所、2005 年が昌徳宮の年表を作成した。なお、閲武亭の傍らにあったという世祖代造成の井戸に関しては最近、芙蓉池の北西隅の地表下 1,5m の地点で八角形の花崗岩製井戸（2 号井戸）が確認されている（*国立文化財研究所『昌徳宮――井戸址・賓庁址発掘調査報告書』国立文化財研究所、2011 年、26・70 頁）。
(6) その後、昌徳宮は光海君 8 年（1616）にほぼ再建工事を終え、大院君（第 26 代国王高宗の生父。1820〜98 年）政権のもと高宗 5 年（1868）に景福宮が再建されるまで、昌徳宮は朝鮮王朝の正宮として存続した。そのため、たとえば尹張燮（西垣安比古訳）『韓国の建築』中央公論美術出版、2003 年（原著は*尹張燮『韓国の建築』ソウル大学校出版部、1996 年。のち 2008 年に最新増補版）の「第 27 章第Ⅲ節 1 昌徳宮後苑」は朝鮮後期の自然風景と建築群を叙述するにとどまる。
(7) 朝鮮後期における昌徳宮後苑の絵画資料としては『東闕図』（国宝 249 号、高麗大学校博物館所蔵。製作年代は 1824〜30 年頃）の報告書として刊行された*文化財管理局編『東闕図』文化部文化財管

理局、1991年の「東闕図Ⅱが　昌徳宮後苑」87～94頁、およびその増補版の＊文化財庁編『東闕図を読む』文化財庁昌徳宮管理所、2005年の「東闕図を読む――後苑」108～134頁が出色である。

(8)　たとえば＊キムヒョヌク・キムヨンギ・チェジョンヒ「朝鮮王朝実録の分析を通じた景福宮と昌徳宮後苑の空間利用行為に関する研究」『韓国庭苑学会誌』第18巻第3号、2000年、＊キムヒョヌク「朝鮮王朝実録にあらわれた昌徳宮の空間利用行為に関する研究」『韓国伝統造景学会誌』第25巻第3号、2007年は『国訳 朝鮮王朝実録CD-ROM』ソウルシステム、1997年の検索機能を利用し、太祖代より哲宗代（1849～63年）に至る後苑の場所的役割を政治・儀式・外交・遊戯に区分して計量化した。貴重なデータ処理ではあるが、王代別の整理はなく、具体的な史料の提示もごく限られるところは惜しまれる。昌徳宮後苑に隣接する昌慶宮後苑の景観に関しては、『東闕図』など宮闕記録画のほか韓国古典翻訳院ホームページ（http://www.itkc.or.kr/）の検索機能を利用した＊チョンウジン・シムウギョン「昌慶宮後苑利用の歴史的考察」『韓国伝統造景学会誌』第29巻第1号、2011年もあるが、考察の対象は朝鮮後期に比重を置く。ごく最近では＊チョンウジン・ホソネ・シムウギョン「朝鮮時代宮闕後苑の農耕地造営」『2012春期学術大会論文集』韓国造景学会、2012年が農本主義の統治理念を背景として世宗代より後苑に農耕地が造成された可能性を探る。

(9)　桑野栄治「朝鮮初期の『禁苑』――景福宮後苑小考」橋本義則編、前掲『東アジア都城の比較研究』所収。

(10)　＊全漢玉『朝鮮時代都市造景論』一志社、2003年の「第2章　都市造景の類型」54～55頁、同「第3章　都市造景の行政体系」81～87頁。

(11)　田川孝三『李朝貢納制の研究』東洋文庫、1964年の「第二編第一章　進上の種類と内容」213～214頁。

(12)　田川孝三、前掲書「第二編第一章　進上の種類と内容」217頁。

(13)　『大典続録』巻5、刑典、禁制条、「龍山・漢江等処菓園踏損者、依禁猟例論」。同書巻6、工典、栽植条、「掌苑署果園、江華・南陽・開城府、則以本署奴各十五名差定看守、有闕則充定、其余収貢、果川・南陽・楊州・富平、則附近居民分定看直、官員往来考察時、草料・粥飯題給（＝官庁の判決や指令）」。のち、この2条は英祖20年（1744）に成稿した『続大典』巻6、工典、栽植条に成文化される。

(14)　『太祖実録』巻6、3年7月戊申（11日）条、「改車沙兀（＝高麗時代に国王の護衛を掌った軍師）為司禁、東山色為上林園」。

(15)　『世宗実録』巻19、5年3月乙巳（24日）条、「吏曹啓各司実案提調及提調、（中略）上林園提調二、実案副提調一、（後略）」。

(16)　『世祖実録』巻38、12年正月戊午（15日）条、「（前略）時更定官制、（中略）上林園改称掌苑署、置掌苑一、（中略）並秩従六品、（後略）」。

(17)　金子裕之「平城宮の園林とその源流」奈良文化財研究所編『東アジアの古代都城』奈良文化財研究所、2003年、133頁。

(18)　『燕山君日記』巻61、12年正月丙戌（6日）条。＊全漢玉、前掲書「第3章　都市造景の行政体系」83頁によれば、「掌苑署は燕山君9年（1503年）にしばらく廃止されたが、中宗元年（1506年）にふたたび設置し」たというが、掌苑署が燕山君9年に廃止されたことはない。

(19)　＊ソウル歴史博物館編『都城大地図』同博物館遺物管理課、2004年、第06面。同書所収の＊李相泰「都城大地図に関する研究」72・77頁によれば、『都城大地図』の製作上限年代は英祖29年（1753）、製作下限年代は英祖40年と推定されている。

(20)　李内齋解題『青邱図（乾）』民族文化推進会、1971年、7頁。また＊李相泰「古地図を利用した18-19世紀ソウルの姿の再現」『ソウル学研究』第11号、1998年、148頁の地図1「朝鮮時代官庁位地図」、参照。

(21) 末松保和『高麗朝史と朝鮮朝史』(末松保和朝鮮史著作集5)吉川弘文館、1996年の「麗末鮮初に於ける対明関係」(初出は京城帝国大学文学会編『史学論叢』第2、岩波書店、1941年)277～285頁。
(22) ＊洪順敏、前掲『朝鮮王朝宮闕経営と"両闕体制"の変遷』46～47頁。
(23) 『明宣宗実録』巻26、宣徳2年3月辛卯(3日)条。『世宗実録』巻36、9年4月己卯(21日)条。
(24) 『世宗実録』巻133、五礼、賓礼儀式、宴朝廷使儀条。『国朝五礼儀』巻5、賓礼、宴朝廷使儀条。＊申明鎬「朝鮮時代接賓茶礼の資料と特徴」釜慶大学校歴史文化研究所編『朝鮮時代宮中茶礼の資料解説と訳注』民俗苑、2008年、24～29頁。
(25) 『世宗実録』巻37、9年7月甲辰(18日)条、「中宮御慶会楼、引見処女七人、設餞宴、処女之母及族親亦與宴、饋執饌婢十人・従婢十六人於楼下、成氏・車氏従婢各三人、其余各二人、夜、天気清寂、悲泣之声聞于外、聞者莫不傷悲」。
(26) この明使の滞在中に「伝旨、十四歳以上処女、許婚」(『世宗実録』巻36、9年5月戊子朔条)との王命が下っている。
(27) 『世宗実録』巻43、11年正月丙辰(9日)条、「移御于上林園、以重修思政殿・慶会楼也」。内殿の思政殿は視事の場として太祖4年(1395)9月末に、慶会楼は景福宮で明使を正式に接待する場として太宗12年(1412)4月に竣工した。杉山信三、前掲書の「第Ⅰ編第3章 朝鮮太祖の漢陽遷都と宗廟・宮殿及び城郭の造営」68頁、同「第Ⅰ編第5章 太宗の造営活動」106頁。
(28) 『世宗実録』巻43、11年正月甲子(17日)条、「移御于東宮、東宮移居上林園」。当時の東宮に関しては『世宗実録』巻148、地理志、京都漢城府条に「東宮〔在建春門之内〕」とある。
(29) 蜥蜴祈雨の方法は平木實『朝鮮社会文化史研究Ⅱ』阿吽社、2001年の「二、朝鮮時代中宗・明宗代の旱魃を巡る天譴意識とその社会」(初出は『朝鮮学報』第134輯、1994年)63頁、参照。
(30) 『太宗実録』巻26、13年7月己卯(2日)条。
(31) 『太宗実録』巻26、13年7月辛巳(4日)条。
(32) 『世宗実録』巻82、20年7月甲申(2日)条、「孝寧大君補病劇、命設祈禱精勤于上林園」。
(33) 『世宗実録』巻82、20年9月丙戌(5日)条。
(34) 田川孝三、前掲書「第二編第一章 進上の種類と内容」217頁。
(35) 『太宗実録』巻12、6年8月丁酉(11日)条、「南蕃瓜蛙国使陳彦祥、至全羅道群山島、為倭所掠、船中所載火雞・孔雀・鸚鵡・鸚哥、沈香・龍脳・胡椒・蘇木・香等、諸般薬材・蕃布盡被劫奪、被虜者六十人、戦死者二十一人、唯男婦共四十人脱死上岸、彦祥嘗於甲戌年(＝太祖3年、1394)、奉使来聘国朝、拝朝奉大夫(＝従四品)書雲副正者也」。この略奪事件については田村洋幸『中世日朝貿易の研究』三和書房、1967年の「本論第1章 対馬島の対鮮貿易」179頁、田中健夫『東アジア通交圏と国際認識』吉川弘文館、1997年の「第一 倭寇と東アジア通交圏」(初出は朝尾直弘他編『日本の社会史(1列島内外の交通と国家)』岩波書店、1987年)20頁に指摘があり、対馬宗氏のクジャク献上は國原美佐子「十五世紀の日朝間で授受した禽獣」『史論(京都女子大学史学研究室)』第54集、2001年、130・132頁でも取りあげられた。
(36) ただし、この措置は例外であった。のち宣祖22年(1589)に対馬島主はクジャク1双を献じたが、飼育が困難として京畿南陽の絶島に放っている。『宣祖実録』巻23、22年7月丁巳(12日)・8月朔丙子・12月甲午(21日)条。
(37) 『太宗実録』巻23、12年2月癸酉(18日)条、「遣司鑰(＝掖庭署の雑職で、宮門と闕内諸門の施錠を担当した正・従六品職)姜義于江原道、求好梨枝、以接上林園木也」。同書巻24、12年11月壬寅(21日)条、「遣上林園別監(＝上林園の雑職)金用于済州、移栽柑橘数百株于順天等沿海郡」。
(38) 『世宗実録』巻116、29年5月己酉(19日)条、「対馬島宗貞盛遣也老仇、献木芙蓉三株・楊梅木株、命植于上林園」。
(39) 『世宗実録』巻39、10年3月壬辰(10日)条、「平安道捕黒狐以進、命上林園養之」。

(40) 『世宗実録』巻69、17年9月己丑(21日)条、「済州按撫使崔海山、進石榴六顆同帯者、其辞日、嘉禾之瑞、奚独専美、臣心竊謂聖上賑活人命、仁恩博洽、天地感応之致、上命下上林園」。

(41) 『世宗実録』巻73、18年閏6月庚辰(16日)条、「済州按撫使崔海山進獶子・獐牝牡、命養于上林園、其後、移放仁川龍流島」。

(42) 『文宗実録』巻8、元年7月乙丑(29日)条、「諭咸吉道都観察使曰、上林園啓、今歳本園梨樹専不結実、難以供薦新・進上及大小祭享、道内官家有結実処、随宜備進、勿徴索民間、(後略)」。この記録自体は田川孝三、前掲書「第二編第一章　進上の種類と内容」213頁に引用された。

(43) ＊鄭在鑛「昌徳宮後苑について」『考古美術──樹黙秦弘燮博士華甲紀念論文集』第136・137号、1978年、203頁。

(44) ＊洪順敏「昌徳宮と後苑」『韓国史市民講座』第23集、1998年、89〜90頁。

(45) ＊洪順敏、前掲『朝鮮王朝宮闕経営と"両闕体制"の変遷』39頁。

(46) 諸橋轍次『大漢和辞典(巻10)』大修館書店、1990年修訂第2版、362頁。＊檀国大学校附設東洋学研究所編『漢韓大辞典(巻12)』檀国大学校出版部、2007年、656頁。

(47) ＊張志連「麗末鮮初遷都論議について」『韓国史論』43集、2000年、35〜36頁。

(48) 『太宗実録』巻12、6年7月丁酉(10日)条、「宴宗親于解慍亭」。同書巻13、7年正月丙寅(11日)条、「宴宗親于解慍亭」。

(49) 『太宗実録』巻13、7年5月辛酉(8日)条、「御解慍亭、召成均大司成柳伯淳、講易・春秋」。同書巻14、7年8月己亥(18日)条、「御解慍亭、観撃毬」。

(50) 『太宗実録』巻18、9年10月丙辰(18日)条、「上御解慍亭、観放火車、(中略)火車之制、以鉄翎箭数十納諸銅桶、載於小車、以火薬発之、猛烈可以制敵」。同書巻23、12年4月壬戌(8日)条、「観灯于解慍亭、明日亦如之、分左右立柱張灯、令内資・内贍弁之」。

(51) 『太宗実録』巻34、17年12月乙酉(4日)条、「故於丁亥(=太宗7年)之旱、命昌寧府院君成石璘祭于北郊、予於解慍亭前、終夜跪禱」。また桑野栄治「高麗から李朝初期における円丘壇祭祀の受容と変容──祈雨祭としての機能を中心に」『朝鮮学報』第161輯、1996年、18・41頁、参照。

(52) 広延楼は太宗6年4月に完成した昌徳宮内の楼亭であり(『太宗実録』巻11、6年4月辛酉朔条)、『新増東国輿地勝覧』巻1、京都上、宮闕条、昌徳宮の項に「東宮〔在建陽門(=昌徳宮仁政殿の東門)外、旧求賢堂・広延亭之基、前有蓮池、成化二十二年(=成宗17年、1486)建、改称春宮〕」とみえるとおり、のちここには東宮が建設される。

(53) 『太宗実録』巻25、13年4月庚申(12日)条、「本宮池魚、皆自死浮水、命移広延楼・解慍亭前池之魚、放于慶会楼下大池、恐又以水浅自死也」。

(54) 『高麗史』巻46、世家46、恭譲王4年2月癸亥(12日)条、「作解慍亭」。同書巻46、世家46、恭譲王4年5月壬寅(22日)条、「王與順妃引見僧自超于解慍亭」。

(55) 『宮闕志』昌慶宮、慎独斎条に「慎独斎在蘭香閣北、即東宮書堂」、また同書昌慶宮、解慍楼条に「解慍楼在慎独斎北、初無名、粛宗朝命名」とあり、昌徳宮に隣接する昌慶宮に慎独斎と解慍楼の存在を確認できる。とはいえ、朝鮮初期の解慍亭(慎独亭)との関係は判然としない。

(56) ＊池斗煥『朝鮮前期儀礼研究──性理学正統論を中心に』ソウル大学校出版部、1994年の「第2章第1節　原廟制度の整備」(初出は『韓国文化』4、1983年)87〜95頁。＊韓亨周『朝鮮初期国家祭礼研究』一潮閣、2002年の「第3章　宗廟祭の成立とその性格」(初出は『明知史論』第11・12合輯、2000年)105〜110頁。＊李賢珍「朝鮮王室の忌辰祭設行と変遷」『朝鮮時代史学報』46、2008年、96〜98頁。最近では＊黄晶淵「朝鮮時代真殿の歴史と新璿源殿」国立文化財研究所編『最後の真殿──昌徳宮新璿源殿』国立文化財研究所美術文化財研究室、2010年が原廟と真殿の歴史的変遷を概観した。

(57) 桑野栄治「朝鮮初期の対明遥拝儀礼──その概念の成立過程を中心に」『久留米大学比較文化年報』

(58) 山内弘一「北宋時代の神御殿と景霊宮」『東方学』第 70 輯、1985 年、51〜55 頁。北宋の景霊宮に相当するのが高麗時代の景霊殿であり、その遺構と推定される正面 5 間、側面 3 間の建物址が会慶殿址の西北地域にて確認されている。＊国立文化財研究所編『開城高麗宮城──試掘調査報告書』国立文化財研究所、2008 年、248〜252・275 頁。＊李相俊「高麗宮城 '西辺建築群' 가〜다의 建物址의 性格」国立文化財研究所編『開城高麗宮城』国立文化財研究所、2009 年、156〜157 頁。

(59) 『太祖実録』巻 15、7 年 11 月癸未（11 日）・12 月丁卯（25 日）条。

(60) 『世宗実録』巻 8、2 年 7 月癸未（17 日）条。＊池斗煥、前掲書「第 2 章第 1 節　原廟制度の整備」91 頁。

(61) 『世宗実録』巻 8、2 年 7 月壬辰（26 日）条、「議政府・六曹相視魂殿之基于徳盛坊」。同書巻 9、2 年 9 月甲戌（9 日）条、「号魂殿曰広孝」。

(62) 『世宗実録』巻 148、地理志、京都漢城府条、東部凡十二坊の項。『新増東国輿地勝覧』巻 2、京都下、文職公署条、東部の項。ただし、徳成坊は朝鮮後期の英祖代までには廃止されたとみなされている。漢城府の 5 部 49 坊制については＊元永煥『朝鮮時代漢城府研究』江原大学校出版部、1990 年の「第 2 章　漢城府行政体制と管轄区域」（初出は『郷土ソウル』第 39 号、1981 年）46〜47 頁、参照。

(63) 『世宗実録』巻 121、30 年 7 月辛丑（17 日）条、「下書承政院、其書曰、（中略）初、文昭殿在昌徳宮重墻之外、殿之墻東有一仏堂、七僧守之、與開慶・衍慶・崇孝同一義也、癸丑年移安之時、因而破壊、至今未復、（中略）今欲於文昭殿西北空地、営構一堂、七僧守之、其制度正堂一間、東西廊各三間、門三間、厨三間、止此而已、近日以此意語両議政、皆曰不可、而在宮城之内、尤以為不可、（中略）仍教曰、予意止此、更不他言、亦諭於政府、都承旨李思哲・右承旨李宜洽・左副承旨安完慶・右副承旨李師純・同副承旨李季甸等同辞以啓曰、禁内設仏堂、固不可也、且文昭殿清斎之所、使僧徒処於其傍、尤為不可、（後略）」。＊ソウル特別市史編纂委員会編、前掲『ソウル特別市史』「第一部第二章第一節Ⅲ　秘苑」188 頁では下線部に注目し、宮闕内殿の後方に後苑と境界を分ける墻垣があり、さらにその外方に後苑を囲繞する「重墻」があって、その重墻外に文昭殿と仏堂が存在したと推測する。

(64) 『世宗実録』巻 121、30 年 7 月壬寅（18 日）条、「（前略）議政府左参賛鄭苯将僉議来啓、亦言仏堂之非、且曰、上教以在重墻之外為辞、然昌徳宮之文昭殿、本非闕内重墻之外也、在近闕之処、欲禁外人通行、故築垣墻以連於闕耳、且隔一丘山、不得通望禁中、此則不然、俯視宮禁、不可置寺、上曰、以禁内立仏堂為非、則然矣、何其曲為巧辞以啓乎、思哲等又進月華門（＝勤政殿西門）内、請之再三、不許、（後略）」。

(65) ただし、後代の『増補文献備考』（純宗 2 年、1908）巻 60、礼考 7、補、魂殿、文昭殿条に「文昭殿在城内」とあることから、文昭殿は闕外つまり昌徳宮外にあったと考える論者もいる。たとえば、＊李賢珍「朝鮮王室の魂殿」鄭玉子他『朝鮮時代文化史（上）──文物の整備と王室文化』一志社、2007 年、151〜152 頁、参照。

(66) 『中宗実録』巻 105、39 年 12 月丁亥（23 日）条、「右議政尹仁鏡等議啓曰、（中略）且以魂殿前例書啓曰、太宗昇遐時魂殿、乃広孝殿、似在闕外、而無以思政殿為魂殿前例、（後略）」。

(67) 『太宗実録』巻 15、8 年 5 月壬申（24 日）条。同書巻 16、8 年 9 月甲寅（9 日）条。

(68) 『太宗実録』巻 16、8 年 8 月辛丑（26 日）条。

(69) 『太宗実録』巻 16、8 年 10 月乙亥朔条。

(70) 『太宗実録』巻 20、10 年 7 月辛卯（26 日）・甲午（29 日）条。

(71) 『世宗実録』巻 53、14 年 10 月甲寅（29 日）条、「礼曹啓、文昭殿両位、広孝殿両位、請移安于新建原廟、仍号為文昭殿、従之」。同書巻 60、15 年 5 月乙卯（3 日）条、「移安太祖・太宗神位版于新文

昭殿、上率文武群臣、親行安神祭如儀、還宮、知申事安崇善等行賀礼」。
(72) 『世宗実録』巻88、22年正月辛未（28日）条。
(73) 『世宗実録』巻17、5年9月甲申（5日）条、「移御昌徳宮、議政府・六曹堂上官問安」。同書巻17、5年9月乙酉（6日）条、「御後苑、分左右鑿池、賜酒肉于役夫、観放鴉鶻」。
(74) 桑野栄治、前掲「朝鮮初期の『禁苑』」334頁。
(75) 史料の制約もあり、閲武亭の沿革は＊ソウル特別市史編纂委員会編、前掲『ソウル特別市史』「第一部第二章第一節Ⅲ　秘苑」188～189頁の成果に負うところが大きい。
(76) 河内良弘『明代女真史の研究』同朋舎、1992年の「第Ⅱ部第十三章　趙三波集団」（初出は『朝鮮学報』第73輯、1974年）453～455頁。
(77) 『世祖実録』巻27、8年2月丁丑（12日）条、「御閲武亭、観射、設酌、（後略）」。同書巻44、13年11月丁亥（25日）条、「御閲武亭、観射」。
(78) 『世祖実録』巻46、14年5月辛巳（22日）条、「伝于繕工監曰、撤閲武亭二間材、加構臨瀛大君亭子」。
(79) 『睿宗実録』巻2、即位年12月甲辰（18日）条、「（前略）移御閲武亭、召新宗君孝伯・堤川君蒕及兼司僕・宣伝官等、侍射蹲甲（＝鎧を据えおいてこれを射ること）、独孝伯穿累札、命承政院加階」。
(80) 『睿宗実録』巻4、元年閏2月丁巳（2日）条、「幸閲武亭、仁山君洪允成及承旨・都摠府・兵曹堂上入侍、以武霊君柳子光為中廂大将、辛鋳左廂大将、李鉄堅右廂大将、聚慶尚道徴来軍士、習陣于後苑」。
(81) 桑野栄治、前掲「朝鮮初期の『禁苑』」332～340頁。
(82) 『正祖実録』巻2、即位年9月癸巳（25日）条、「建奎章閣于昌徳宮禁苑之北、（中略）西南曰奉謨堂〔即旧閲武亭、載輿地勝覧・宮闕志、因古制不改、但設龕楼分奉〕、奉列朝御製・御筆・御画・顧命・遺誥・密教及璿譜・世譜・宝鑑・状誌、正南曰閲古観、上下二層、又北折為皆有窩、蔵華本・図籍」。なお、史料中の「閲古観」は後述する瑞葱台の跡地に建設された図書館である。＊文化財庁編、前掲『東闕図を読む』「東闕図を読む――後苑」130頁、同「後苑の造景と特徴」160頁、参照。
(83) 『世祖実録』巻26、7年11月丁酉朔条、「王世子嬪有疾、上與中宮・王世子移御昌徳宮、（後略）」。同書巻26、7年11月庚申（24日）条、「上欲増広昌徳宮城、命桂陽君璔・鈴川府院君尹師路・左議政申叔舟・中枢院使季純之・戸曹判書曹錫文・行上護軍金漑・漢城府尹黄孝源、審基地、賜酒」。以後、世祖はここ昌徳宮で冬を過ごし、翌年2月下旬に景福宮に戻ってからは晩年まで景福宮にて生活した。＊洪順敏、前掲『朝鮮王朝宮闕経営と"両闕体制"の変遷』53～55頁。
(84) 営造尺は山陵の築造、官僚の邸宅の規格、都城の周囲測定など際に使用され、朝鮮前期の営造尺は約30,8cmとされる。＊李宗峯『韓国中世度量衡制研究』慧眼、2001年の「第2章　度制と基準尺の変化」101・110頁。
(85) 家舎業務を担当するのは漢城府戸房である。＊元永煥、前掲書「第3章　漢城府の機能」（初出は『郷土ソウル』第34号、1976年）77～81頁。
(86) 『世祖実録』巻30、9年2月丙寅（7日）条、「上與中宮幸昌徳宮、相宮墻広築基址、先是、将広宮墻、撤宮東北洞人家、至是、又撤北岾底人家五十八区、周囲凡四千尺、（中略）盡発都城坊里人、分統築之、以百十九家為一統、一統所築二十五尺、統凡一百六十、毎統皆以秩高人員主之、自今日始役、伝曰、東岾亦是主山来脈、不宜在城外、更広之、於是又退四百尺」。なお、＊ソウル特別市史編纂委員会編、前掲『ソウル特別市史』「第一部第二章第一節Ⅲ　秘苑」191頁によれば、史料中の「東岾」（「岾」は朝鮮国字で峠の意）は成均館と境界をなす丘陵と推測されている。
(87) 『世祖実録』巻42、13年4月辛丑（6日）・5月甲申（20日）条。
(88) ＊ソウル特別市史編纂委員会編、前掲『ソウル特別市史』「第一部第二章第一節Ⅲ　秘苑」190頁。
(89) ＊ソウル特別市史編纂委員会編、前掲『ソウル六百年史』「第一章第3節　昌徳宮」79～80頁。
(90) 太宗はこれ以前にも茅亭にて2度視事している。『世宗実録』巻12、3年6月丙申（5日）・辛丑（10

日）条。
(91) 『世宗実録』巻12、3年5月戊辰（7日）・7月丁卯（7日）条。
(92) 『世祖実録』巻23、7年正月壬戌（21日）条、「御忠順堂、設酌、(中略)上歩至後苑、使李純之等、相構茅亭之基、遂御翠露亭池辺、命岡・元濬等、講兵書・荘・老子・韓文等書、(後略)」。この記録の冒頭には「忠順堂に御して酌を設く」とあるから、ここにいう後苑とは昌徳宮ではなく景福宮の後苑を指す。
(93) 『世祖実録』巻42、13年4月辛亥（16日）条、「上嘗欲構無逸殿、材已具、重用民力、罷之」。
(94) 『世祖実録』巻47、14年8月壬子（25日）条、「罷昌徳宮後苑新殿役」。
(95) 『世祖実録』巻47、14年9月甲子（8日）条。
(96) ＊洪順敏、前掲『朝鮮王朝宮闕経営と"両闕体制"の変遷』63頁。
(97) 『世宗実録』巻148、地理志、京都漢城府条には「先蚕壇〔在東小門外沙閑伊〕」とあり、先蚕壇は厳密にいえば東小門（恵化門）外の北郊にあった。朝鮮初期の壇廟については桑野栄治「朝鮮初期の圜丘壇と北郊壇」橋本義則編、前掲『東アジア都城の比較研究』所収、386頁の「表4　朝鮮初期漢城の壇廟所在地」に整理した。なお、＊張志連「朝鮮後期都城図を通してみた壇廟認識」『朝鮮時代史学報』45、2008年、286～287頁によれば、国家祭祀体系では中祀に属する先蚕壇は朝鮮後期の古地図に描かれることは少なく、中祀ではもっとも比重が低い祭壇であったという。
(98) 新城理恵「絹と皇后――中国の国家儀礼と養蚕」網野善彦他編『天皇と王権を考える（3 生産と流通）』岩波書店、2002年、150～151頁。
(99) 『成宗実録』巻71、7年9月乙丑（25日）条、「礼曹啓親蚕應行節目、謹稽古制、條録以聞、(中略)一、宋制、採桑壇方三丈、高五尺四陛、今依此制築壇、(中略)一、通典、皇后享先蚕、礼畢詣採桑壇、宋史、皇后親蚕、命有司享先于本壇、今先蚕壇在北郊、採桑壇在後苑、則親祀為難、依宋制遣官祀先蚕、(後略)」。
(100) ＊朴慶龍『漢城府研究』国学資料院、2000年の「第3編第1章　朝鮮前期ソウルの蚕業」（初出は『国史館論叢』第12輯、1990年）201・223～230頁。＊韓亨周、前掲書「第4章　中祀の成立と運営」（初出は『震檀学報』第89号、2000年）158～159頁。このほか、＊ソウル特別市史編纂委員会編、前掲『ソウル六百年史』「第二章第4節　先農壇・先蚕壇」（執筆は李在崑）224～225頁では『増補文献備考』のほか『度支志』（1788年、筆写本）など後代に編纂された史料に基づいて後苑採桑壇の築造を叙述した。もっとも、すでに京城府編『京城府史（第3巻）』京城府、1941年の「第二部第五章　本庁区域内に編入せられた北部諸町の古態」935～938頁では朝鮮時代の親蚕儀礼を概観する。
(101) 『成宗実録』巻78、8年3月庚午（3日）条。
(102) 『成宗実録』巻100、10年正月乙丑（8日）条、「伝于承政院曰、農桑国之大政、必身親見之、乃知蚕耕之利、自今内外後苑皆樹桑、又度土宜作水田、使内官掌治」。この点は＊チョンウジン他、前掲「朝鮮時代宮闕後苑の農耕地造営」156頁に指摘がある。
(103) ＊韓亨周、前掲書「第4章　中祀の成立と運営」159頁に成宗8年3月以後、「成宗代に王妃が親蚕した事例はみえない」というのは誤解である。
(104) 『成宗実録』巻275、24年3月乙亥（10日）条。成宗代における先農親祭は成宗6年正月、同19年閏正月とあわせて計3回実施された。この点は＊韓亨周、前掲書「第4章　中祀の成立と運営」153～155頁、参照。
(105) 京城府編、前掲『京城府史（第1巻）』「第二編第一章　李朝国初に於ける首府京城の建設」64～73頁。＊ソウル特別市史編纂委員会編、前掲『ソウル特別市史』「第一部第二章第一節Ⅳ　昌慶宮」223～226頁。＊同委員会編、前掲『ソウル六百年史』「第一章第4節　昌慶宮」（執筆は金東賢）95～98頁。＊洪順敏、前掲『朝鮮王朝宮闕経営と"両闕体制"の変遷』59～61頁。
(106) 『成宗実録』巻168、15年7月己丑（5日）条、「上於昌慶宮通明殿北構一亭、親命名曰環翠、令左

副承旨金宗直製記以進」。この記録は断片的ながら京城府編、前掲『京城府史（第1巻）』「第二編第一章　李朝国初に於ける首府京城の建設」65頁に引用された。また＊洪順敏、前掲「昌徳宮と後苑」278頁に指摘されたように、金宗直（1431〜92年）の遺稿集『佔畢斎文集』（民族文化推進会編『影印標点　韓国文集叢刊』12、民族文化推進会、1988年影印、所収）巻2に「環翠亭記」を収録する。

(107) ＊ソウル特別市史編纂委員会編、前掲『ソウル六百年史』「第一章第4節　昌慶宮」97頁。

(108) その後は、たとえば明宗12年（1557）2月に明宗は環翠亭に出御して成均館の儒生7人を引見し、講書（経書の試験）を実施したことがある。『明宗実録』巻22、12年2月丙午（22日）条。

(109) 投壺が朝鮮初期、とりわけ成宗代に盛んに催されたことは平木實『韓国・朝鮮社会文化史と東アジア』学術出版会、2011年の「第三章　朝鮮時代初期における王位継承争いと『投壺』儀礼」（初出は『立命館史学』第619号、2010年）に詳しい。

(110) ＊洪順敏、前掲『朝鮮王朝宮闕経営と"両闕体制"の変遷』64頁。

(111) 須川英徳「背徳の王燕山君——儒教への反逆者」『アジア遊学』第50号、2003年、67〜68頁。また＊洪順敏、前掲『朝鮮王朝宮闕経営と"両闕体制"の変遷』64〜66頁、＊金範「朝鮮燕山君代の王権と政局運営」『大東文化研究』第53輯、2006年、277〜278頁も燕山君による恣意的な王権行使の事例として、当時の宮闕補修事業と民家の撤去に注目した。

(112) 『燕山君日記』巻42、8年2月己未（16日）条、「伝曰、宮城底民居、已令撤去、今成均館西泮水及浄業院（＝昌徳宮後苑の西側にあった尼寺）東辺宮城近処、居民頗多、今者日気向和、宜速撤去、且大成殿北、地形稍高、傍岸居民、並令定限撤去、若限内不撤者、不能検挙官吏、並治其罪」。

(113) 『燕山君日記』巻48、9年2月乙巳（8日）条、「伝曰、景福宮・昌徳宮内墻、皆令高築、外間不肖之人、必以為高其垣墻、使不得窺内也、予非為此、前有潜踰者故耳」。

(114) 『燕山君日記』巻51、9年11月丁卯（4日）条、「伝曰、宮墻外附近人家、西自浄業院、東自成均館以下、應撤去家舎、磨練以啓」。同書巻48、9年2月戊辰（5日）条、「伝曰、昌徳宮後苑東墻底金綴文等十四人家及警守所（＝巡邏軍の夜警所）一、西墻底長命等六十二人家及警守所四、含春苑南墻外韓継善等十四人家、今月二十日内撤去」。

(115) 『燕山君日記』巻51、9年11月丁卯（4日）条、「御経筵、（中略）伝曰、宮墻低卑、実為不可、近者鷹師犯罪、踰垣而走、先王朝亦有盗入信敬堂近地、如此等事、夫豈美哉、若地勢卑下、則雖高築、難於障蔽、須厳備蓋板、待春修築、前者不肖之輩以為、設藩籬、遊宴其中、若欲遊宴、豈必藩籬中耶、此言不足数也、若別築内墻、則功多弊鉅、因旧加築、則力少功倍矣、卿（＝左議政李克均）領修理都監事、非但修理景福宮、可兼修昌徳宮」。

(116) 『燕山君日記』巻51、9年11月庚辰（17日）条、「伝曰、闕内臨圧及墻底人家、自明日始撤、限晦日畢撤去」。同書巻51、9年11月辛卯（28日）条、「伝曰、後苑東墻外人家既撤、軍士等尚在墻底何也、即令黜去」。

(117) 『燕山君日記』巻51、9年11月戊辰（5日）条、「伝曰、梨峴與宣仁門（＝仁政殿の東門）下墻隅、皆作正門及左右狭門、其両旁作行廊、姜亀孫啓、冬寒不可作門、姑以山台木植立、囲籬何如、伝曰、雖只植木如柵、人豈敢行乎、不必設籬」。同書巻51、9年11月辛巳（18日）条、「伝曰、景福宮臨圧処及駝駱山底人家、更審後撤、姑於梨峴作門、高築宮墻、且空其家、使不得出入、俄而伝曰、勿更審、急速撤去」。

(118) ＊ソウル特別市史編纂委員会編、前掲『ソウル六百年史』「第一章第3節　昌徳宮」80頁。

(119) 『新増東国輿地勝覧』巻3、漢城府、宮室条、慕華館の項に「在敦義門外西北、本慕華楼、世宗十二年、改為館」とある。

(120) のちに燕山君は東小門を閉鎖して「東小門外禁限図」を作成させ、この黄阜より興仁門（俗称、東大門）外の東籍田まで禁標を立てることにより、丘陵地から後苑を覗かせないよう対処している。『燕山君日記』巻54、10年7月丁未（19日）・辛亥（23日）条。同書巻55、10年8月辛巳（24日）条。

(121) ＊ソウル特別市史編纂委員会編、前掲『ソウル六百年史』「第一章第3節　昌徳宮」80頁。
(122) 『新増東国輿地勝覧』巻3、漢城府、楼亭条に「七徳亭〔即漢江之下白沙汀、世祖屢幸閲武、因名焉〕」とある。また『世祖実録』巻34、10年8月辛丑（20日）条に「上與中宮幸七徳亭」とみえる。朝鮮初期とりわけ太宗・世祖代に、王族は都城との近接性から漢江流域に数多くの楼亭を造営し、王室の遊宴や閲武・使節の接待など国家行事の場としていた。この点は＊林義堤「朝鮮時代ソウル楼亭の造営特性に関する研究」『ソウル学研究』第3号、1994年、254～255頁、参照。
(123) 『新増東国輿地勝覧』巻3、漢城府、楼亭条に「望遠亭〔在楊花渡東岸、亭本孝寧大君喜雨亭、成宗甲辰（＝成宗15年、1484）、月山大君改構建今名、毎歳省農及観水戦時、常御此亭〕」とある。
(124) 後日、燕山君は「遊観の地」たる望遠亭（喜雨亭）までの道路を塞ぎ、通行を禁じた（『燕山君日記』巻55、10年8月丙子〔19日〕条）。なお、明使が望遠亭など漢江流域にて遊観していたことは、＊李相培「朝鮮前期外国使臣接待と明使の遊観研究」曺圭益他編『燕行録研究叢書（7 政治・経済・外交）』学古房、2006年（初出は『国史館論叢』第104輯、2004年）426頁、参照。
(125) 『燕山君日記』巻55、10年8月乙酉（28日）条、「柳洵・姜亀孫啓、命営造処、如遮陽閣・環翠亭及明政殿階下舗石、水刺間・仁政殿・文昭殿温堗、<u>慕華館閲武亭、黄阜閲武亭・望遠亭</u>・延英門・宣政殿至粛章門築御路、開隠溝、（中略）何処先構、伝曰、先作仁陽殿」。
(126) 『燕山君日記』巻63、12年8月己酉（2日）条、「命作望遠亭、亭在楊花渡東、乃月山大君別野、至是撤而改構、蓋以白草、可坐数千人、登亭望見処、無問公私家並撤、自楊花至麻浦、盡為丘墟」。同書巻63、12年8月戊午（11日）条、「伝曰、望遠亭以秀麗亭称号」。同書巻63、12年8月癸亥（16日）条、「命改造秀麗亭」。その後、中宗代以降の実録記事には秀麗亭に関する記録はなく、哲宗12年（1861）に製作された金正浩『大東輿地図』京城帝国大学法文学部、1936年影印（復刻は吉田光男監修、草風館、1994年）所収の「京兆五部」では漢江楊花鎮の北側に「望遠亭」とある。
(127) 『明宗実録』巻29、18年9月辛卯（16日）条、「上以小駕儀仗、発景福宮、出崇礼門到七徳亭、観武才、放火炮〔在都城南五里許、沙場広闊之中、有一丘隴平行、遠臨江水、眼界洞豁、真形勝地也、中廟（＝中宗）常幸于此、以試武才）、（後略）」。
(128) 『燕山君日記』巻54、10年7月戊戌（10日）・己亥（11日）・庚子（12日）条。太平館については『新増東国輿地勝覧』巻3、漢城府、宮室条、太平館の項に「在崇礼門内、待中朝使臣、館後有楼」とある。
(129) 『燕山君日記』巻55、10年8月戊辰（11日）条。燕山君代の駅制の崩壊は村井章介『中世倭人伝』岩波書店、1993年、120～121頁に言及がある。
(130) 桑野栄治「正朝・冬至の宮中儀礼を通してみた15世紀朝鮮の儒教と国家――朝鮮燕山君代の対明遥拝儀礼を中心に」『朝鮮史研究会論文集』第43集、2005年、44～46頁。
(131) ＊ソウル特別市史編纂委員会編、前掲『ソウル特別市史』「第一部第二章第一節Ⅲ　秘苑」192頁。＊同委員会編、前掲『ソウル六百年史』「第一章第3節　昌徳宮」81頁、同「第一章第4節　昌慶宮」97～98頁。ただし、後者の＊『ソウル六百年史』97頁では「瑞葱台は『新増東国輿地勝覧』に、玉流川の南側にある、という」と叙述するが、そうした記録はない。
(132) 尹張燮（尹張燮・柳沢俊彦共訳）『韓国建築史』丸善、1997年の「第四部第二一章　朝鮮庭園計画」218頁。
(133) 『燕山君日記』巻58、11年5月辛卯（7日）条、「伝曰、築後苑新台、如慶会楼」。
(134) 『燕山君日記』巻58、11年6月己卯（26日）条、「伝曰、瑞葱台赴役軍、加数抄定、令刑曹正郎李世薔、繕工監奉事辺成監督」。
(135) 『燕山君日記』巻61、12年2月癸亥（3日）条、「伝曰、鑿瑞葱台前池、深至十身長、令可運大船」。
(136) 須川英徳、前掲「背徳の王燕山君」73頁。
(137) 『宮闕志』昌徳宮、閲古観条、「閲古観、即瑞葱台旧址、瑞葱台古試射之所、至今幸行、前後行内試射、

(138) 『燕山君日記』巻63、12年9月己卯（2日）条、「今上（＝中宗）即位于景福宮、王廃遷于喬桐県、（中略）在昌徳宮後苑曰瑞葱台、高数十丈、広袤称是、鑿大池其下、経年工未訖就」。

(139) 『中宗実録』巻2、2年閏正月己酉（5日）条、「命撤陽華門及瑞葱台、皆廃主所建築也」。

(140) 『明宗実録』巻26、15年8月己未（26日）条、「上御瑞葱台、親試儒生製述」。同書巻26、15年9月壬午（19日）条、「上行曲宴于瑞葱台、（後略）」。その後、宣祖代（1567～1608年）にも瑞葱台は武臣の観射や儒生の庭試の会場として利用されており、瑞葱台は壬辰倭乱まで存続したと思われる。『宣祖実録』巻17、16年9月甲午（16日）条。同書巻18、17年3月庚寅（13日）・壬寅（25日）条。

(141) ＊朴廷蕙『朝鮮時代宮中記録画研究』一志社、2000年の「Ⅳ　18世紀以前の宮中行事図」104～106・129頁。＊国立中央博物館編『朝鮮時代宮中行事図Ⅰ』同博物館、2010年、10～13・154～159頁。また洪暹『忍斎先生文集』（『韓国文集叢刊』32、所収）巻4、雑著、瑞葱台引見図序。

第 3 章

清朝宮廷におけるモンゴル王公

―― 光緒9～10年乾清門行走日記の分析から

中村 篤志

【キーワード】モンゴル王公　光緒帝　宮廷儀礼　乾清門行走

はじめに

　乾隆48年（1783）、漠北ハルハ＝モンゴルの有力者トシェート＝ハンにして、庫倫辦事大臣、トシェート＝ハン部盟長を兼任する親王ツェデンドルジが、もうひとりのハン、セツェン＝ハンの親王ツェブデンジャブとともに弾劾を受け失職した。ハルハに冠たる両ハンの弾劾・失職は、乾隆20～30年代から続く乾隆帝の「ハルハ支配強化」策[1]のいわば集大成とも言える重大事件である[2]が、事の顛末は別に検討するとして[3]、乾隆帝は7月13日の諭旨でこの両名を以下の如く叱責した。

　　（トシェート＝ハン）ツェデンドルジと（セツェン＝ハン）ツェブデンジャブは共に御前に行走する者、朕の子供のような臣僕ではないか。…ツェデンドルジとツェブデンジャブは御前に行走する者、長年朕の厚い恩を受けながら、礼節を知らぬのか[4]。（丸括弧内筆者、以下同）

「子供のような臣僕」という特別な君臣関係の表明は、漢文の『高宗実録』では掲載されておらず[5]、ただ満文上諭にのみ記されている。また、遡る2月29日の上諭において、乾隆帝は、問題の端緒が「内地の法度」を知らないツェデンドルジらの祖父の代にあり、子孫の王公を一律に罰することはできないとしながらも、ツェデンドルジに対しては、

　　幼い頃より御前に行走しており、法を知らないとは言わせない[6]。

と叱責し、結局彼を御前行走から解任する決定を下す。ここでは、御前行走としての扈従が、君臣間の一体性を醸成するにとどまらず、実際に「内地の法」を学ぶ機会として認識されている[7]。

　もとより、ふたりのハンが実際に宮廷で何を学び、皇帝といかなる関係を結んだかは知る所ではない。重要なことは、これらの上諭を通じて、御前に行走する者が、皇帝と特別な紐帯関係を結び、かつ清朝全体の法令規則を熟知し、ハルハにおいて法令規則を厳格に遵守する立場にあることが表明された点にあろう。ここから看取されるのは、宮廷での高い席次・栄誉と引き替えに、皇帝あるいは清朝とのより強い「一体性」を求める清朝の姿勢である[8]。

先行研究が指摘するように、累代婚姻関係を重ねた異姓の王族（モンゴル王公）が、宮廷儀礼において宗室に比肩する高い地位を占めていた点は清朝のひとつの特徴であり[9]、王公に高い地位を与えることで、管下の地域を清朝につなぎとめる効果があったとの評価もある[10]。しかし、儀礼上の高い地位を付与されただけで、王公がそのまま清朝側の狙い通り忠勤に励んだわけはあるまい。モンゴルの王公層が、長きに亘って清朝統治を受け容れるには、さらに複雑な機序が存在したはずである。例えば先行研究では、宮中での対面接触や近侍集団への登用などを通じ、皇帝が臣僚との「近さ」を巧みにコントロールしていたことを、清朝統治構造の特質として重視する見解が示されている[11]。しかし、これら諸研究にはなお検討すべき課題があると考える。

その第一は、皇帝との「近さ」がいかなる枠組みの下で作られるのかという制度史的研究を進める必要性である。上掲例で言えば、皇帝との「一体性」は高い宮廷席次や皇帝との個人的関係ではなく、「御前行走」という役職に付随するものとして説明されている。特別な遭遇を除けば、臣下が皇帝と接触するには制度的に定められた特定のルートに乗る必要があり、当然、ルートごとに接触の度合いや政治的重みも異なれば、生み出される政治的効果にも違いがあろう。例えば、行走という役職が王公にいかなる対面機会を与え、その対面は制度上定められたその他の機会と比べいかに特異だったのだろうか。

第二は、皇帝との関係性、対面接触の制度的・政治的変容を、清一代を通じ、臣僚の視点から検討する必要性である。そもそも先行研究では、清朝前半（おもに乾隆期まで）の強いイニシアティブを持った皇帝像を前提に、皇帝個人に近づくことが直ちに重要な政治的意味を持ったかの如く理解されている[12]。実際モンゴルに限って見ても、乾隆期までは皇帝の強いイニシアティブを伺わせる事例も多い。しかし嘉慶以後、皇帝のイニシアティブが相対的に薄れ、中央官僚による統治へシフトしたとも言われる[13]時代において、皇帝個人との対面接触にはいかなる意味があったのだろうか。形式化・固定化した対面によっても、なお皇帝との「一体性」が確保されたとするならば、そのメカニズムはいかなるものだったのだろうか。いずれにせよ、清朝後半から清末にかけて、皇帝を仰ぎ見る臣下（モンゴル王公）が、皇帝との対面接触や皇帝への近侍をいかに認識し、いかなる関係性を構築していたかは、実証的検討が蓄積されねばならない。

以上、皇帝との接触、対面・行走の具体的様態およびその政治的意味の解明、特に制度全体のなかでの定位、さらには嘉慶以後の変容過程の解明を課題として挙げたが、この設問はもとより一編の論文で回答できるものではない。現時点では、そもそも清朝宮廷内でモンゴル王公が皇帝といかに接触し、いかなる活動をしたか、その実態すら必ずしも明らかではなく、行論の前提となる実証研究が少ないことが大きな問題として挙げられる。そこで本論では、議論の出発点として、第一に、清一代を通じモンゴル王公が皇帝と対面接触する機会であった年班制度、および、皇帝とのより強固な関係構築が期待された行走制度について整理し、その制度設

計の特徴をまとめた上で、第二に、光緒9〜10年乾清門に行走したモンゴル王公が残した記録を取り上げ、その史料的性格を明らかにする。さらに記述内容などの分析から、清末における乾清門行走の具体的職務内容や行走王公の位置付けなどを分析し、今後モンゴル王公と皇帝との関係性を解明する上での問題点を抽出し、次なる議論の足がかりとしたい。

1　モンゴル王公の年班・行走制度

　モンゴル王公が皇帝と関係を構築する機会はいくつかあるが、何より強固な関係は、清朝建国以前から累代構築された皇帝あるいは宗室王公との婚姻関係であろう[14]。満蒙の婚姻関係について、杜家驥氏の専著に依れば、入関前も含め清一代で皇家からモンゴル王公に出嫁した人数が432、逆に王公の子女が皇家に嫁いだ人数が163に及ぶ[15]。しかし、清一代を通じ、累代婚姻関係を結んだのは一部の家系に偏る傾向にあった。例えば、漠南モンゴル諸部ではホルチン部が130回、ハラチン部が114回と、両部だけで全体の三分の一以上を占めるほか、漠北ハルハ四部では、全体で39回に過ぎないが、累代関係を結んだのもわずか三家系に止まる[16]。

　杜氏に依れば、このような少数の選ばれた家系の子弟は、あらかじめ内廷教養というシステムによって幼い頃から清朝宮廷内で教育を施され、長じて姻戚関係を結び、地方のザサグや駐防官として派遣されることで疆域統治の安定化に功績を挙げ、さらには中央にあっても御前大臣や領侍衛内大臣などの要職に就き、皇帝の至近に侍ったと指摘する[17]。

　彼ら内廷教養・姻戚王公が、まさに皇帝と一体となって疆域統治を進める状況は、岡氏が明らかにした乾隆20〜30年代のハルハ王公サンザイドルジの例に顕著である。サンザイドルジは幼少から内廷で教育を受け、長じて郡主を娶りハルハに帰還する。現地の王公からは親清派王公とみなされ警戒と反発を受ける一方、皇帝の絶大な信任とバックアップを受ける[18]。しかし、ハルハ統御は、姻戚関係にある少数の親清派王公を機械的に盛り立てるだけで完遂できたわけではない。本論冒頭に引用した如く、続く乾隆40年代に入っても、トシェート＝ハン＝ツェデンドルジのような王公が隠然たる力を有しており、乾隆帝は引き続きハルハへの政治介入を続けていたのである。すなわち清朝のハルハ統治は、皇帝子飼いの姻戚王公を送り込めばそれで済むという話ではなく、それ以外の王公との幅広い関係構築もまた重要な課題であったと言える。

　では内廷教養や婚姻以外、皇帝がより広範に一般の王公との君臣関係を強化する機会として何があったのだろうか。イレギュラーな遭遇はひとまず措き、制度上ルーティンに組み込まれた機会として、まず年末年始に来京し皇帝に謁見する年班（朝覲）が挙げられよう。皇帝の熱河巡幸時に参集し謁見する囲班も重要な機会であるが、本論では清一代を通じてほぼ途切れることなく営まれた年班に絞って論を進める[19]。

　まず年班の概要を、『理藩院則例』巻16朝覲を中心にまとめると以下のようになる。年班

(sinelekü-yin jisiy-a) または朝覲（baraγalqan mörgür-e irekü）は、内外全てのザサグ（jasaγ 扎薩克旗長）が対象で、来京頻度は地域・時代によって異なるが、例えば内モンゴル諸部のザサグは3年に一回、漠北ハルハ四部のザサグは4～6年に一回の頻度である[20]。年末12月15日から25日の間に北京に参集し[21]、まず皇帝に拝謁（「瞻覲」baraγalqaqu）する[22]。滞在は規定上40日間[23]と定められており、この期間中、元旦朝賀はじめ大小合計9回の儀礼・宴会に出席する機会が設けられ、1月19日の「山高水長跪安」で一連の行事が終わる（後掲【表2】参照）。このほか、滞在期間中には廩餼（künesü）、荷包（qabtaγ-a）、果品（jimis）など様々な下賜がある[24]。

　この年班に対し、行走は、皇帝が一部王公を選抜し乾清門侍衛や御前侍衛として側に近侍させる制度である。年班で来京した王公が、いわば招かれた客として儀礼に参加するのに対し、行走する王公は以下の如く侍衛として分類されている。

　　御前大臣［於王大臣内特簡。無定員］、御前侍衛［於侍衛内特簡。無定員］、御前行走［於蒙古王・貝勒・貝子・公・台吉内特簡。無定員］、乾清門侍衛［於侍衛内特簡。無定員］、乾清門行走［於蒙古王・貝勒・貝子・公・台吉内特簡。無定員］掌翊衛近御、常日直班於内廷［臨幸又皆扈従直班］（角括弧内は本文割り注。以下同）[25]。

　ただし、行走に選ばれた王公は、必ずしも侍衛として年中勤務する必要は無く、基本的には、年末年始の期間に来京し侍衛として行走すれば良かった。来京頻度は、内ザサグの王公で御前行走に任じられた者は毎年、その他地域の御前行走および乾清門行走に任じられた者は2年に一回と定められおり[26]、通常の年班王公と比べ頻度が高かったことがわかる[27]。また、乾隆9年（1744）の規定では、乾清門行走として来京する場合の滞在日数が40日と限られていたのに対し、御前行走には期限を設けないよう定められている[28]。総じて、内ザサグの御前行走はより頻繁・頻回の行走が期待されていたようである。

　では、御前行走・乾清門行走は具体的にいかなる職務を果たしたのか。『理藩院則例』『会典』の類には、行走としての特別な職務内容を記した条文は無く、前掲史料のように御前侍衛、乾清門侍衛と同じカテゴリーであると記すのみである。『理藩院則例』の各種賜宴の規定を見ても、王公の行動や席次が書かれるのみで、行走王公と一般王公の違い、行走と侍衛の違いなどは不明である。

　行走と侍衛が同じだったとして、次に御前・乾清門侍衛の職掌や地位を見ておく。清朝の侍衛制度については先行研究も多く、詳細を論じる紙数はないので、ここでは御前侍衛と乾清門侍衛を中心に簡単に制度的枠組みを述べるに留める[29]。清朝の侍衛は身分や職責によって大きく二分できる。領侍衛内大臣の下で門衛や警護を行う一般の大門侍衛と、御前大臣によって管理され、皇帝に扈従し警護に当たるほか、乾清門における官吏の引見や奏摺の受理などにも関わる御前侍衛と乾清門侍衛である[30]。特に乾清門における奏摺の授受を、股肱の御前大臣や侍衛らに任せた[31]ことを、前王朝と比して高く評価する同時代の史料もある[32]。

御前大臣や御前侍衛、乾清門侍衛に任じられたのは、王公あるいは旗人の勲戚・世臣であり[33]、モンゴル王公も歴代多く任官に与っている[34]。王公や旗人以外の者がこの両侍衛に抜擢されるのは極めて異例のことであり[35]、乾清門侍衛であっても、一般の大門侍衛からは隔絶した高い地位にあったことは、道光年間に侍衛を務めた奕賡が「大門侍衛之仰望乾清門侍衛、有若天上神人」（『侍衛瑣言』）と評する如くである。

無論、時代とともに侍衛の質が変容していったことは注意せねばならない。嘉慶・道光以後、満洲語・満洲文字を知らない侍衛[36]や、真面目に宿直せず怠惰になれた侍衛[37]の存在が散見できる。ただしこれらはいずれも大門侍衛の事例である点、さらに、かかる弛緩した時代にあっても、大門侍衛に選ばれることは「厚幸」であり、選ばれた大門侍衛はこぞって自邸の門榜に「御前侍衛」と書き記していた[38]点は注意すべきであろう。

侍衛の評価を巡っては、今後個別の事例に則した体系的・実証的研究を待つ必要があろうが、本論では、御前侍衛・乾清門侍衛が御前大臣管下にあって侍衛内でも特別なカテゴリーを形成していた事実だけを確認し、これらの侍衛に、行走として加わったモンゴル王公の具体的活動を、以下に検討していく。

2　光緒9年末、モンゴル王公の乾清門行走日記[39]の概要

(1)　史料の概要

本論で取り上げるのは、モンゴル国立図書館「手書き文書」フォンドに所蔵されているモンゴル語史料である。図書館の目録には「セツェン＝ハン部イルデン公baが北京に値班した際の記録　光緒9年」とある[40]。史料は三つ目綴の線装本で、青い布表紙が付けられている。用紙は縦27.6cm×横23cm、四周単辺、有界、郭内縦23cm×横18.2cmで毎半葉12行だが、上下二段に分かれているのが特徴である（一段11.5cm×18.2cmとなる）。また白口上下黒魚尾で上象鼻に「洪吉」と印字されており、下象鼻・版心などに葉数は書かれていない。「洪吉」とは北京の鼓楼前にあった紙店と思われる[41]。史料は全46葉で全て同じ用紙が使われているが、文章が書き込まれるのは27葉表までで残りは白紙である。余白が相当あることなどを考えると、この史料は旗衙門などで編集・紐綴じした檔冊[42]ではなく、洪吉紙店が作った白紙の冊子を購入し、そこに書き込んだものと考えられる。

また、布表紙や見返しなどに書名や序跋、あるいは公文書に見られる摘要や発送人や宛先、授受の日付などは一切書かれておらず[43]、最終的にこの史料がどこに提出され、誰が保管していたかなどは、少なくとも史料中からは見出せない。第1葉冒頭からすぐに以下の如く記述が始まる。

　　光緒9年（1883）10月にイルデン公ba（ildeng güng ba）私は乾清門の値班のため（出立し）
　　11月29日に都に到着し…。

その後、光緒9年12月8日に行走を開始してから、27葉表の翌年1月19日の行走終了で記述は終わる。一日の記述が終わると改行され、一字抬頭（鴻恩（kesig）、安（amuɣulang）、賜与（šangnaqu）など）と二字抬頭（聖主（boɣda）や上（degedü）、諭（ǰarliɣ）など）が見られる。ただし、宮殿・宮門のうち「乾清門（kiyan čing men）」だけが二字抬頭され、太和殿はじめ他の宮殿・宮門は一切抬頭されない。しかも「乾清門侍衛たち（kiyan čing men-üüd）」と集団を示す場合には抬頭も改行もされないほか、日によっては「乾清門」も抬頭・改行されない場合がある[44]。すなわち公文書のような厳密な表記原則は守られておらず、このことからも、この史料が衙門などに提出された公的文書ではなく、メモ書きに類する私的な文書であったと推測できる。

(2) 史料の作者

以上の仮定に立って、史料の書き手、史料を書いた意図についてさらに検討を加える。まず史料の作者であるが、「イルデン」の号を持ち、かつ名前が「ba」で始まり「公（鎮国公・輔国公）」の爵位を有する人物は、当時の内外ザサグ中に存在しない。手がかりとなるのは、図書館の目録が「イルデン公 ba」を「セツェン＝ハン部」の王公であると記している点である。これを手がかりに作者の比定を試みる。

セツェン＝ハン部において「イルデン」の号を冠した旗は中右旗に該当する[45]。この中右旗は、通称「ト＝ワン」と呼ばれたザサグ・郡王トクトフトゥル（Toɣtaqutörü。ザサグ在位：道光元年（1821）から同治7年（1868））を輩出したことで有名な旗である。トクトフトゥルの事績については萩原守氏の専論に詳しいが、セツェン＝ハン部の盟長を勤め、旗民に対していわゆる『ト＝ワンの教え』と呼ばれる教訓書を発布し生活向上のための啓蒙を図る一方、旗民から不当な徴収を訴えられ、盟長時代の公金横領などで皇帝から処罰を受けるなど強権的な「封建領主」との評価も存在する[46]。いずれにせよセツェン＝ハン部の有力王公であったことは間違いない。

該旗のザサグは代々郡王であり、ザサグ以外で「公」すなわち鎮国公ないし輔国公の爵位を持つ者を探すのは難しいことではない[47]。モンゴル国立中央公文書館所蔵の該旗の家系図[48]を確認すると、光緒年間前後の世代で「公」の爵位を有するのは、トクトフトゥルの第四子「輔国公ババードルジ（babudorǰi）」しかいない。家系図の当該箇所を書き起こすと以下のようになる。

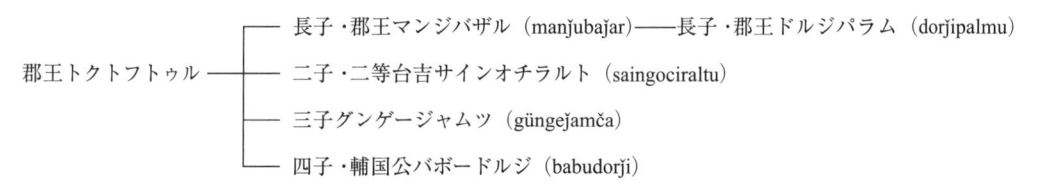

```
                  ┌─ 長子・郡王マンジバザル（manǰubaǰar）──長子・郡王ドルジパラム（dorǰipalmu）
郡王トクトフトゥル ─┼─ 二子・二等台吉サインオチラルト（saingociraltu）
                  ├─ 三子グンゲージャムツ（güngeǰamča）
                  └─ 四子・輔国公ババードルジ（babudorǰi）
```

残るはこの第四子バボードルジが、当該期に乾清門行走であった事実が確認できれば良いわけだが、該旗の重要事項を集め記した檔冊[49]の咸豊11年（1861）4月条に、

> 輔国公品級二等台吉バボードルジを乾清門（行走）に採用し、彼を乾清門（行走）の第一班に入れたことを伝えた。（同62葉裏）

とあり、彼が輔国公品級の二等タイジであったことがわかるほか、父親トクトフトゥルがまだザサグ在任中の咸豊11年に初めて乾清門行走に採用されたことが確認できる。バボードルジ個人の授爵・授職の経緯[50]、事績や人物像についてはなお検討を要するが、本史料中、宮殿や門の名前、役職名などを表記する際に満洲文字を用いる例がある[51]ことから、満文・満語の素養があった人物と思われる[52]。

(3) 史料の特徴と執筆目的

バボードルジが本史料を執筆した目的は史料中には明記されていない。ただし、本文の分析から、この史料が乾清門行走の職務に関わる一種の備忘録として書かれた可能性が浮かび上がる。参考までに、本史料の概要と、当該時期の『徳宗実録』[53]『光緒朝起居注』および当時軍機大臣であった翁同龢の日記[54]の記述内容とを比較対照した（本文末尾【表3】乾清門行走日記概要）。

本史料の一番の特徴は、北京・郷里間の道中や宮廷外での活動や交流、個人の所感などを全く記していない点にある。逆に、宮廷における行走や参加儀礼の詳細については、行走初任日の12月8日から帰任の挨拶を終える1月19日までの42日間、一日も欠けることなく記録されている。

また、後述の如く元旦の太和殿受賀などの儀礼や宮中での賜宴については比較的詳細である一方、別段イベントがない日の乾清門での「通常の値班」（keb-yin jisiy-a saγuγad。末尾【表3】中「主な行動」の列に「行走」と記した）については、以下の如く簡潔である。

> （光緒9年12月）10日、常服、貂褂、朝珠を掛け、卯の初刻に乾清門に到着し、通常の値班をして帰った。この日は朝観無し[55]。

> （光緒9年12月）11日、青袍、黒褂を着て、卯の初刻に乾清門に到着し、通常の値班をして帰った。この日は忌辰のため朝珠は無し[56]。

とはいえ、通常の値班についても参集時刻や着用する服装が明記されており、これらは行走の職務を全うするための最低限必要な情報と言える。総じて本史料が、乾清門行走の職務内容や儀礼・賜宴での立振舞い（いついかなる行事に、いかなる服装で参加し、いかに行動するのか）に焦点を絞って書かれていたことがわかる。

ここで疑問に思うのは、作者バボードルジが咸豊11年（1861）4月に行走に就任して以後、規定通り二年に一度来京行走したとすれば、この光緒9年末の来京は実に12回目の行走となる（後掲【表1】参照）。今さら書き留める必要もないほど、行走や儀礼の詳細は熟知してい

たはずである。事実、通常の行走については、前述の如く服装と時間を簡潔に記すのみであり、この事実からも、彼が通常の行走の職務内容を熟知していたと推測できる。

では、バボードルジはなぜ光緒9年末から10年初の行走を記録したのだろうか。無論、彼が習慣的に毎回の行走を書き留めていた可能性も十分考えられるが、史料の残存状況から帰納的に導かれるもう一つの可能性、すなわち光緒9年末の行走だけを特に記録（あるいは保管）せねばならなかった可能性について一応検証しておこう。

まずバボードルジが来京・値班したと想定される年に、儀礼や賜宴がいかに行われたかを調べたものが次の【表1】バボードルジ値班想定年と受賀・賜宴である。行走は前年末に来京し年をまたぐわけだが、左列には年始の年を記し、『実録』の記事から最も重要な太和殿での受賀およびその前後のモンゴル王公を対象とした賜宴(57)がいかに開催されたかを右列に記した。

【表1】から明らかなように、光緒年間に入ってからは先帝同治帝や皇太后の服喪などが重なり、規定通りの賜宴はなかなか開かれなかった。光緒6年（1880）の場合、前年大晦日および1月15日の保和殿

【表1】バボードルジの値班想定年と受賀・賜宴

回・年		太和殿受賀	蒙古王公賜宴	注記
1	同治1	△	×	行走以外の一般王公の年班停止
2	同治3	○	○	
3	同治5	○	○	
4	同治7	○	○	
5	同治9	○	○	
6	同治11	○	○	
7	同治13	○	○	
8	光緒2	○	×	同治帝の服喪
9	光緒4	○	×	同治帝の服喪
10	光緒6	○	△	12/24、1/10の紫光閣宴無し
11	光緒8	×	×	慈安皇太后服喪。行走以外の一般王公の年班停止
12	光緒10	○	○	日記当年

【表2】バボードルジ参加儀礼・賜宴

	日記中の賜宴			清朝の規定※
1	12月23日	中正殿	大蒙古包。相撲など観賞	中正殿賜宴：12/23。蒙古王公・ラマ。大蒙古包宴。
	12月24日	紫光閣	日記には記述無し	規定無し（『実録』に記事。『起居注』では「撫辰殿」で開催。同治年間も「撫辰殿」で開かれる。）
2	12月28日	中正殿	中正殿でツァムを観賞	中正殿看跳布扎克：日時不明。蒙古王公・ラマ。
3	12月30日	保和殿		保和殿・歳除筵宴：12/30。外藩王公、外国来使、大臣
4	1月1日	太和殿		元旦儀礼
5	1月10日	紫光閣		紫光閣筵宴：元旦後。外藩王公、ラマ、外国来使。
			日記には記述無し	王府筵宴：元旦後、五旗王府が蒙古王公を招く
6	1月15日	保和殿		正大光明殿筵宴：正月15日。外藩王公、ラマ、外国来使、大臣。
				看放烟火（円明園山高水長）：正月14、15日。外藩王公、ラマ、外国来使。大蒙古包。
7	1月19日	中正殿	皇帝に帰還の挨拶。御前・乾清門行走が互いに挨拶。	山高水長跪安：正月19日。年班行走の蒙古王公が帰任の挨拶。大蒙古包。（同治年間は「撫辰殿」で開催。）

※『理藩院則例』巻16朝覲、巻18宴賚上、巻19下、『欽定大清会典図（光緒朝）』巻28、礼28、燕饗1

賜宴は開かれたものの、紫光閣の賜宴は（おそらく中正殿での儀礼も）開かれなかった[58]。それに対し、今回の値班でバボードルジが参加した年末年始の儀礼・賜宴は次の【表2】バボードルジ参加儀礼・賜宴表のとおりである。

表の右列に、対応する『理藩院則例』などの規定を記したが、1月15日頃に開かれる円明園看放烟火と正大光明殿賜宴がまとめて保和殿で開かれた以外は、ほぼ規定通りの宴席が開かれていたことがわかる[59]。なお清朝宮廷空間の特質として取り上げられる大蒙古包宴[60]についても、12月23日の中正殿賜宴の際に「大蒙古包（mongγul ordun）」を張っていたことが確認できる（12葉裏）。以上から、光緒9〜10年の年班は、光緒帝即位後、規定通りの儀礼・賜宴が開かれた最初の機会であり、本史料が、賜宴や儀礼の様子をより詳細に記しているのにもかかる背景があったと思われる。

もうひとつ考慮するべき要因は、バボードルジの兄でザサグ郡王を継承したマンジバザルとの関係である。マンジバザルはバボードルジより早く道光18年（1839）12月に乾清門行走に取り立てられた後、同治7年（1869）11月にザサグ承襲、翌同治8年12月に御前行走となっている[61]。『穆宗実録』を見ると、彼は光緒3年末、5年末に来京・朝覲しており、光緒8年（1882）5月には自身の病気を理由に盟長職を退き、光緒10年（1884）には息子ドルジパラムがザサグを承襲している[62]。

つまり、バボードルジは、少なくとも光緒6年まで、兄のザサグ郡王マンジバザルと同じ年に来京し、それぞれ御前行走・乾清門行走として勤務していた[63]が、日記当年の光緒9〜10年には兄は恐らく病気のため来京できていない。バボードルジは、郷里に残った病気の兄に報告するために、この史料を作成した可能性も考えられる。長年御前行走を勤めた兄への報告であれば、本史料が上述の如く私的な体裁を取り、かつ日々の行走の記述が簡潔であることも説明が付く。

以上、本史料を執筆した本当の意図は不明ながら、客観状況として、光緒帝即位後宮廷での賜宴は停止・縮小しており、光緒9〜10年は儀礼・賜宴が規定通り行われた最初の年（光緒帝との接触機会が増えた年）であったこと、かかる重要な年だったにもかかわらず兄のザサグ郡王マンジバザルは病気でこの年の御前行走を休んだと思われることが挙げられる。これらの状況は、史料の記載内容の特徴（通常の行走の内容が簡潔で、儀礼や賜宴、皇帝の言動などが比較的詳しく記されている）とも整合していると言える。では、次に本史料中に見られる儀礼や賜宴の様子、乾清門行走の具体的職務についてさらに確認していく。

3 宮廷儀礼における乾清門行走の位置付け

前節でみたように本史料ではルーティンの行走については記述が簡略でその詳細はわからない。しかし、第1節で提示した設問——行走の王公と一般の年班王公との違いについては、本

史料からある程度答えを得ることができる。結論を言えば、乾清門に行走したモンゴル王公は、年班で来京した他の王公とは別に、基本的には乾清門侍衛の一員として儀礼や宴会に参加していた。

まず史料中頻見するのが、「乾清門たち (kiyan čing men-üüd)」「御前・乾清門のノヤンたち (sidar kiyan čing men-ü noyad)」という表現である。象徴的なのは、行走初日12月8日と、最終日1月19日のくだりである。まず12月8日の行走初日、バボードルジは以下の如く乾清門に集合し、皇帝との謁見に臨んだ。

（12月）初8日…卯の初刻に乾清門に到着し、満洲・モンゴルのノヤン達に出会い礼をとり、やや待って、御前大臣が到着するや礼をとり、（御前大臣を）通過させ、乾清門の朝房に座ると、御前たち皆を呼び、聖主はモンゴル語で「郷里の気候は良いか、雪はあるか、家畜は良く太っておるか」と仰せられた。この日は観見が無かったので、jize（召見？ 註(69)参照）として請安し、乾清門で通常の値班をして帰着した[64]。

この日『徳宗実録』では内外ザサグ計24人が養心門内で瞻覲したとある[65]が、本史料では、上掲の如く皇帝との謁見を記す一方「この日は観見が無かった」とも記している。この矛盾はいかに理解したら良いのだろうか。そもそも瞻覲については史料毎に日にち・人数・場所に相違があり不明な点が多い。『徳宗実録』では、この12月8日のほか、28日に計18人が午門外で瞻覲したとある[66]のに対し、本史料では12月13日と16日に養心殿で計59人の瞻覲があったとする（6葉裏、7葉裏）。いずれが正しいかはしばらく措き、ここでは、双方共通して初めての謁見が12月8日に行われ、以後複数回行われている点に注目したい。『徳宗実録』の他年次を見ても、12月8日に最初の瞻覲があることだけは共通している[67]。そもそも規定では、年班王公は12月15から25日の間に来京すれば良く、8日の謁見は早すぎるとも言える。だとすれば、8日に皇帝に謁見したのはいかなる者なのか。

この12月8日の謁見については『翁同龢日記』が興味深い記事を残している。同日記では、光緒9年から19年まで、毎年12月8日にモンゴル王公が召見を受けた事を記す[68]が、8日以降の瞻覲については記録していない。特に、光緒13年（1887）12月8日条では「蒙古王公到京、三起、分三日見」とあり、実際に9〜11日の三日間連続でモンゴル王公を召見したと記す。例年と異なる召見について、翁同龢は11日条で

今年蒙古年班多、向例止御前乾清門見起、今年則并札薩克塔布囊倶見也。

と記している。これに依れば、通例では、来京王公のうち御前行走・乾清門行走だけが12月8日に皇帝の召見を受け、一般の年班王公は召見を受けなかったことになる。事実、本史料上掲12月8日条で、「満洲のノヤン」とともに「御前大臣」に先導され謁見している点、この謁見が「amuɣulang ayildqaqu（請安）」として行われ、「この日 jingjiyan（観見）はなかった」と説明している点からも、8日の謁見が通常の瞻覲と異なっていたと考えられよう[69]。

8日の請安（召見）が、それ以外の瞻覲と性質を異にすることは、本史料の記述からも確認

できる。8日の召見では、当時わずか12歳の光緒帝が王公等に対してモンゴル語で語りかける場面が特に印象的である。光緒帝は翌9日に来京のホトクトらを中正殿で謁見した際にも、モンゴル語で「ホトクト、面を上げよ」[70]と語りかけており、6歳から始まると言われる皇子へのモンゴル語教育は、かかる場面で成果を発揮していたようである[71]。

これに対して、本史料の13日条では一般の来京王公の瞻覲を以下のように記す。

> その殿（養心殿）前の階段下の東側に立ち、引見を賜る人々が（陛下に）謁見し退出した後、乾清門に戻り侍立し、そこから解散し帰った。この日42人の観見があった[72]。

ここでは、皇帝との直接のやり取りが見られないほか、バボードルジ自身も「引見を賜る人々」を見守る侍衛の立ち位置にあったことが看取できる。

以上を要するに、来京王公のうち御前・乾清門に行走する王公だけが、毎年12月8日、御前大臣帯同の下で皇帝の召見を受けた。そこでは皇帝によるモンゴル語の挨拶を受けるなど、皇帝の側近として一般の年班王公より厚遇されている事実が確認できた。

さらに、行走王公が御前大臣の管下で行動し、皇帝と間近で対面する事例を見てみる。以下は、本史料の最終日、つまり行走の最終日である1月19日の記述である。この日バボードルジは乾清門で通常の値班を終えた後、以下の如く中正殿に赴き皇帝に行礼している。

> 未の初刻に西廠子に着き、御前大臣が来て、御前・乾清門たちが4班に分かれ跪拝し、聖主を拝謁する儀に加わった後、聖主が臨御するや「奴才某ら、聖主に帰還の挨拶を申し上げる」と上言し、戻り整列し、食事を奉ずる際に跪拝・叩頭し、そこから茶果を授かり叩頭し、起立し整列した。余興が終わると聖主は帰られ、御前・乾清門が互いに行礼し請安し合ってから帰着した[73]。

この賜宴は『理藩院則例』巻19所掲の「山高水長跪安」に対応する（前掲【表2】参照）。規定では、年班のモンゴル王公を対象とし、彼らが最後に参加するいわば別離の宴である。同日の『翁同龢日記』には「是日上于西廠子宴蒙古王公、未正入座。従前此宴在万樹園看煙火[74]、故特晩」とあり、『光緒帝起居注』にも、場所は「撫振殿」と異同はあるが、「未刻、陛撫辰殿大幄、賜蒙古王貝勒貝子公等茶果」とあるように、一般の来京モンゴル王公が参列していたことがわかる。この賜宴において、バボードルジも「茶果」を授かっているが、賜宴に先んじて、御前大臣のもと行走王公らが一団となって整列・跪拝しており、賜宴後も、御前・乾清門行走の王公同士で離別の挨拶を交わしている。

このように「乾清門たち kiyan čing men-üüd」が、年班王公とは別に行動し、皇帝に扈従している事例は、ほかにも12月9日の中正殿での活仏ラマの瞻覲、12月16日の重華門での侍衛らへの賞与、12月23日、28日の中正殿賜宴でも同様に確認できる。また、太廟祭祀（1月9日）や大高殿での雨乞いの祭礼（12月12日、21日、1月15日）など、そもそも一般の来京モンゴル王公が参加しない内地の儀礼であっても、乾清門侍衛として宮城外まで扈従している。

さらに興味深いのが元旦朝賀である。光緒10年元旦、一般の王公・官員らは辰の刻の慈寧門での行礼から参加した[75]のに対し、バボードルジら御前行走・乾清門行走らは、まだ夜も暗いうちから乾清宮に集まり、以下の如く皇帝に新年の挨拶をしている。

> 寅初刻、乾清門に到着し、御前大臣初め多くのノヤンに挨拶し、乾清宮前の甬道に立つ。聖主が到着したので、跪き新年の請安を行った。御前の筆頭（ホルチン部）トシェート王が「奴才バボードルジ[76]らが聖主に新年の万安を申し上げる」と上言した。その他の御前・乾清門のノヤンらは皆黙って跪拝し起き上がった[77]。

『翁同龢日記』の同日条には「寅初三刻召見、面賜八宝荷包二分、福字一張」とあり、同じ寅の刻に皇帝の召見を受けていることから、バボードルジらと共に乾清宮で年始の行礼をおこない、皇帝から賜与を受けたと考えられる。つまり、元旦の公式な行事が始まる前に、皇帝は御前大臣以下、御前・乾清門侍衛や行走の王公および軍機大臣らを集め、特別に召見していたことがわかる。12月8日同様、行走王公はこのように皇帝と接触する機会がより多く与えられていたと言える。

今後、個別の儀礼・賜宴についてさらに詳細に検討する必要があるが、ここでは、乾清門行走に任じられたモンゴル王公が、実際に乾清門侍衛として乾清門に値班するほか、宮廷内外の行事には年班王公とは別に侍衛として皇帝に扈従する事例が見られたことが指摘できる。本論冒頭で挙げた乾隆48年諭旨の如く、御前行走をした者ならば「内地の法」をわかるはずだという清朝側の論理はある程度実態に即していると言え、少なくとも宮廷における規則や身分秩序、儀礼全体の流れや細かい儀注、建築物の空間配置などを知らなくては到底行走は勤まらなかったと言える。

おわりに

以上、本論で得られた知見をまとめてみる。

清朝がザサグ以下モンゴルの王公タイジをいかに統御したかについて、従来は、宗室王公に比肩する高い地位の付与や清初から続く満蒙の婚姻関係に注目が集まり、内廷での教養経験や宗室との婚姻関係を有する特定王公の政治的重要性が指摘されてきた。しかしかかる王公はごく一部の家系に限られる。

本論では、皇帝がそのほかの一般王公と恒常的に接触する機会として、年班・行走制度に注目した。例えば、乾隆帝が、御前行走に任じられた王公に「父子」のような深い紐帯を求め、より高いレベルで「内地の法」を熟知し遵守することを求めたように、行走が、皇帝との信頼関係や一体性を築く契機であるとの認識が存在した。

しかし行走については不明な点が多い。制度上、御前行走・乾清門行走に採用されたモンゴル王公は基本的に隔年、年末年始に来京し職務に当たるが、その具体的職掌については、御前

侍衛・乾清門侍衛と同じとあるのみで、詳細は不明である。御前侍衛・乾清門侍衛は一般の大門侍衛とは区別され、御前大臣管下で重要な政治的機能を担ったとされるが、かかる重要な侍衛にモンゴル王公が任じられる政治的意義も不明である。

そこで本論では、議論の端緒として、光緒9年末から10年初に乾清門に行走したモンゴル王公の日記を取り上げ、概要を整理した。まずこの史料は、漠北ハルハのセツェン=ハン部中右旗の閑散王公で、史上名高い旗長トクトフトゥルの四男バボードルジが執筆したものである。衙門に提出された、あるいは衙門で作成・管理した形跡はなく、彼が購入した白紙の冊子に書き付けたもので、私的性格が強い史料であったと思われる。

史料は日記形式で書かれているが、個人の所感や職務外の行動は書かれず、日々の乾清門行走としての活動、特に儀礼や賜宴での行動を比較的詳細に書いており、総じてこの史料が、乾清門行走としての職務内容や年末年始の儀礼・賜宴での立ち振舞いを記録する目的で作られたと考えられる。

そもそもバボードルジにとって、この光緒9年末の来京は12回目の行走であると思われ、日々の職務内容は十分熟知していたはずである。しかし、今回の行走は、光緒帝即位以後初めて規定通りの儀礼・賜宴が開かれた年であったこと、また、実兄で中右旗ザサグである御前行走郡王マンジバザルが前年病気となり恐らくこの光緒9年に来京できていないことなどから、バボードルジが特に光緒9〜10年の儀礼や賜宴の進行あるいはそこでの光緒帝の様子を記録する必然性・蓋然性は高かったと言える。

本史料の分析から、行走のモンゴル王公は、日常の乾清門での侍立のほか、来京王公・ラマの謁見や各種の賜宴で、年班で来京した一般王公とは別に、御前大臣管下の乾清門侍衛として参加する事例が確認できた。乾清門行走を勤め上げるためには、儀礼の細かな進行や宮廷施設の配置、身分秩序などを熟知する必要があったと言える。

また、勤務初日の12月8日には皇帝の召見を受け、元旦朝賀などでも儀式が始まる前に、軍機大臣らとともに皇帝に拝謁し、言葉をかけられる特別な機会が設けられており、行走の王公は、一般の来京王公よりも近い距離で皇帝と接触する機会を多く持っていたと言える。召見時に、幼い光緒帝が、モンゴル王公やラマにモンゴル語で話しかける姿は象徴的であり、清末にあっても、かかる"近さ"の演出が行われていた意義については、今後より考察を深める必要があろう。

また、元旦朝賀はじめ個々の儀礼・賜宴の制度史的考察、本史料との比較も充分おこなえなかった。皇帝や王公の具体的行動、その政治的意味などを解明する必要があるほか、各時代における年班・行走の政治的位置付けの変化も解明する必要がある。今後の課題としてここで擱筆したい。

【表3】乾清門行走日記概要

日付		主な行動	服装	日記の概要	『翁同龢日記』	『徳宗実録』巻175〜177
12月8日	甲寅	乾清門で皇帝に拝謁→行走	紫袍、白毛包む蒲萄色の矢筒、櫛、朝珠	乾清門に、御前大臣ほか満蒙王公が集まり皇帝に拝謁（召見）。皇帝がモンゴル語で挨拶。その後通常の行走。［この日観見無し］	［蒙古王公十四人、常、二刻］…到書房尚早［巳初三］。僅読熱書。未初三退。	科爾沁札薩克和碩額駙業圖什業圖親王巴寶多爾濟等四人…（計24人）於養心門内瞻覲。
12月9日	乙卯	行走→中正殿	常服、紹褂、朝珠	行走後、中正殿で印信ホトクト・五台山ジャサクラマらが拝謁、読経。［この日観見無し］	辰正散。是日無書房、上午刻詣中正殿、還已答也。	
12月10日	丙辰	行走	常服、紹褂、朝珠	［この日観見無し］		孝和睿皇后忌辰。
12月11日	丁巳	行走	青袍、黒樹、［忌辰のため朝珠無し］			
12月12日	戊午	神武門→大高殿	青袍、黒樹、［黒樹を着たので朝珠無し］	神武門に参集後、大高殿での雨乞いに扈従。	上再祷雪	孝徳顕皇后忌辰。…上復詣大高殿祈祷行礼。
12月13日	己未	乾清門→養心殿	常服、紹褂、朝珠	乾清門に参集後、養心殿に移動し観見に立会う。42人が観見。		
12月14日	庚申	行走	常服、紹褂、朝珠	［この日観見無し］		
12月15日	辛酉	行走	常服、紹褂、朝珠	［この日観見無し］		
12月16日	壬戌	行走→重華門（賞与）→養心殿	常服、紹褂、朝珠	行走後、重華門で福字を賜わり養心殿に移動し観見に立会う。17人が観見。	［賞寿字］	
12月17日	癸亥	行走	常服、紹褂、朝珠	［この日観見無し］		
12月18日	甲子	行走	常服、紹褂、朝珠			
12月19日	乙丑	行走→重華門？（賞与）	常服、紹褂、朝珠	行走後、Juu ho門（重華門？）で絹を賜る。［この日観見無し］。	［賞袖緞両裳、帽緯一匣］	
12月20日	丙寅	行走	常服、紹褂、朝珠	［この日封印したため以後観見は無し］。	巳初封軍機処印。	
12月21日	丁卯	神武門→大高殿	常服、紹褂、朝珠	神武門に参集後、大高殿での雨乞いに扈従。	上祈雪、凡三折矣。	上復詣大高殿祈祷行礼。
12月22日	戊辰	行走	常服、紹褂、朝珠	行走		
12月23日	己巳	行走→中正殿（賜宴）→中正殿（賜実）	紫袍、紹褂、朝珠	行走後、中正殿西廂子の大蒙古包で賜宴、王公へ花瓶など賜与。相撲を観覧、磁器などを賜る。	［賞太后御筆福寿字、又［傍詮広深］四字、枢廷五人同拝賜］…是日西廠子筵宴外藩、無書房、仿到軍機處、午初散。	賞札賚特多羅郡王喇克咱勒齋三眼花翎、賞喀爾喀車臣汗車林多爾濟、輔國公車凌多爾濟、青海頭等台吉沙哈郡爾扎清門行走。
12月24日	庚午	行走	常服、紹褂、朝珠	行走後、23日分の糧食を賜給。	［賞鯉魚一段］	上御紫光閣、賜蒙古王貝勒貝子公合吉呼图克图等燕。
12月25日	辛未	行走	常服、紹褂、［忌辰のため朝珠無し］			孝荘文皇后忌辰。

中村篤志　103

日付		服装		
12月26日	壬申	行走	常服、紹掛、朝珠		上以歳暮祭太廟、自是日始、斎戒三日。
12月27日	癸酉	乾清門→重華門?→賞与	常服、紹掛、朝珠	乾清門に参集後、Ju howang 門 (重華門?) で荷包などを賜る	
12月28日	甲戌	午門→中正殿	蟒袍、紹掛、朝珠、補掛	午門で行走の王公が昨日の賞与に謝恩。中正殿で賜宴。王公ツァムを見る	上詣太廟前期親詣行禮。諸臣站班〔蟒袍、補掛〕、已初散。上前期太廟大祭祭礼。……朝鮮國閔仲墓ч堊等三人、咯爾咯頭等合唐爾宮沁布等五人、祭哈爾頭等合唐爾宮……於午門外瞻覲。
12月29日	乙亥	行走→保和殿	蟒袍、紹掛、朝珠	行走後、保和殿で儀礼の下見	〔賞小荷包一、中荷包六、大荷包三〕
12月30日	丙子	行走→保和殿 (賜宴)	朝服、紹掛	行走後、保和殿で賜宴	給祭太廟。賜蒙古王貝勒貝子公額駙台吉暨朝鮮國使臣等宴。酉刻、上詣長春宮、慈禧端佑康頤昭豫莊誠皇太后前行禮。
1月1日	丁丑	乾清宮→奉先殿→慈寧宮→太和殿→神武門	朝服、朝冠→蟒袍、朝珠→蟒袍、補掛	乾清宮で新年の挨拶。土謝圖王のボードルジが代表して朝賀。慈寧宮に詣で太后殿の朝賀。神武門で儀従	〔賞小荷包二、大荷包両个〔入宝〕、龍字一幅〕。…反初伝進輦、余等先出站班〔紹掛〕。良久始伝叫起、遂入、見畢出迎前、後再赴門外迎班〔反正〕。余等既先叩頭等、荷包起貢、不再叩、諸王公既先叩頭等。尚書等叩頭。回直房検点一切伝諸臣。丑初二刻登車、正正多到直房、〔蟒袍、補掛〕、紹掛、武冠、来紹掛〕。寅初三刻召見、面賜入宝荷包一分、豊毛、福字一張。入時三刻首、賀新春、被賜各一叩首。論以鳳雨調閉、入宮当時去来、諸臣頷領数語即退、更朝衣冠。辰初三刻、長信外行礼畢、仍回直所、到方略館、換蟒袍、補掛、馳赴寿皇殿、辰正三刻、上升殿受賀、行礼畢、即趨方略館、務務官等送到荷包一枚〕。巳正二刻退謝〔諸上任前、巳正二刻。	上詣奉先殿行禮。遣官祭太廟後殿、筆王以下文武大臣、諮慈寧門、慶賀慈禧端佑康頤豫莊誠皇太后。御禮成。詣奉慈寧宮、問慈禧端佑康頤豫莊誠皇太后安。詣長春宮、問慈禧端佑康頤昭豫莊誠皇太后如之。御乾清宮賜近支宗藩等燕。
1月2日	戊寅	行走	蟒袍、紹掛	御前から補掛を着て坤寧宮で吃肉を食べる。乾清門侍衛らは通常の行去。	卯二刻、坤寧宮吃肉……。蒙古公在坐、無外廷大臣、余与蒙古巴巴宝爾済接席、計漢人惟余与李相一人耳。退至直房、少坐即散、巳初二刻囯子監、土地廟。
1月3日	己卯	神武門→寿皇殿	常服、黒袍。〔忌辰のため朝珠無し〕	神武門に参集後、寿皇殿に扈従	是日上詣寿皇殿默行礼、黎明即伝散。
1月4日	庚辰	行走	蟒袍、紹掛、朝珠		高宗純皇帝忌辰、上詣寿皇殿行禮。
1月5日	辛巳	行走	蟒袍、紹掛、朝珠		
1月6日	壬午	行走	常服、紹掛、朝珠		
1月7日	癸未	行走	常服、紹掛。〔忌辰のため朝珠無し〕		世祖章皇帝忌辰。……上以孟春享太廟前期親詣行禮、自是日始、斎戒三日。
1月8日	甲申	乾清門→紫光閣	常服、紹掛	乾清門に参集後、紫光閣で儀礼の下見	
1月9日	乙酉	午門→太廟	朝服、朝冠、朝珠	午門に参集後、太廟に扈従	上孟春時享太廟先期前行礼、站班〔補掛、藍袍、後紛袍〕、後即散。	上以孟春享太廟前期親詣行禮。

104　第3章　清朝宮廷におけるモンゴル王公

日	干支				[是日紫光閣筵宴蒙古]
1月10日	丙戌	紫光閣（賜宴）	蟒袍、補褂、朝珠	紫光閣で賜宴。6人の王公の王子が謁見。3人に乾清門行走、3人に花翎を賜う。	卓大斯…。上詣時應宮祜香。御紫光閣賜蒙古王貝勒貝子公額駙台吉等、暨朝鮮國使臣、呼圖克圖喇嘛等燕。諭內閣、御前行走科爾沁親王清克登旺庫爾…。均著加恩挑挑在乾清門行走。阿巴噶郡王剛噶倫倫布、豫保長子頭台吉博烏勒濟…。均著賞戴花翎。孝全成皇后忌辰。
1月11日	丁亥	行走	青袍、黒褂。忌辰のため朝珠無し	行走後、16日分の糧食支給。	上以次辛折穀於上帝。自是日始、齋戒三日。
1月12日	戊子	行走	常服、朝珠		
1月13日	己丑	行走→保和殿	蟒袍、朝珠	行走後、保和殿で儀礼の下見。	
1月14日	庚寅	行走	青袍、貂褂。忌辰のため朝珠無し。		忌辰、因齋戒期内、貂不挂珠。宣宗成皇帝忌辰
1月15日	辛卯	神武門→大高殿→保和殿	蟒袍、補褂、朝珠	神武門に参集後、大高殿での雨ごいに扈従。保和殿で賜宴。	上詣大高殿壽皇殿行禮。辰正、御保和殿筵宴朝正藩部［樞臣］。卯刻初二、上詣大高殿、壽皇殿行礼。辰正、御保和殿本格恭代行禮。御保和殿、向例紹褂・蟒袍、站乾清門班。恭邸云前十年無此例…。蒙古貝勒貝子公額駙台吉等暨朝鮮國使臣宗藩文武大臣等燕。
1月16日	壬辰	行走	蟒袍、紹褂、朝珠		已初散［恭郎留待宗親宴入生］。上御乾清宮賜近支宗藩等燕。
1月17日	癸巳	行走	常服、紹褂、朝珠		午正、上自西暖閣御寶座。廷臣宴礼節、廷臣宴礼節、補褂、染紹帽…。上御乾清宮賜廷臣等燕。
1月18日	甲午	行走	常服、紹褂、朝珠		
1月19日	乙未	中正殿賜宴、帰還の挨拶	常服、紫袍、朝珠	中正殿西敞子で賜宴。皇帝に帰還の挨拶。茶果を賞与、乾清門行走が互いに挨拶。	上御紫光閣賜蒙古王貝勒貝子公台吉等茶果［内記］。是日上幸西敞子宴蒙古王公、末正入座、從前此宴在万樹園看連火、在乾清宮、故特晚。

註

(1) 乾隆20〜30年代の政治史研究として、岡洋樹「定辺左副将軍の権限回収問題と「将軍・参賛大臣・盟長・副将軍弁理事務章程」」『史観』119冊、1988年、16〜29頁。同「乾隆期中葉における清朝のハルハ支配強化とサンザイドルジ」『東洋学報』69巻3・4号、1988年、173〜194頁。同「乾隆帝の対ハルハ政策とハルハの対応」『東洋学報』73巻1・2号、1992年、31〜61頁。同「乾隆三〇年のサンザイドルジ等による対ロシア密貿易事件について」石橋秀雄編『清代中国の諸問題』山川出版社、1995年、365〜382頁。

(2) 岡前掲「乾隆期中葉における清朝のハルハ支配強化とサンザイドルジ」190〜192頁では、このツェデンドルジ失脚により、庫倫辦事大臣の実権がモンゴル大臣から満洲大臣に移行した可能性を指摘する。村上信明氏は、ツェデンドルジ失脚以後の満洲大臣に蒙古旗人が任用されると指摘し(同「乾隆40年代後半以降の藩部統治を担当した蒙古旗人官僚」『史峯』10号、2004年、10頁)、清朝の対藩部政策が「占領」から蒙古旗人官僚らによる「統治」へシフトした画期として捉える(同「乾隆朝中葉以降の藩部統治における蒙古旗人官僚の任用」『史境』47号、2003年、31〜50頁)。

(3) 事件の概要と政争の構図は、中村篤志「Тэнгэрийн Тэтгэсэн 48-р оны зарлиг ба монголын "нийгмийн өөрчлөлт"(乾隆48年諭旨とモンゴルの"社会変容")」、Northeast Asian Study Series、vol.8、2006年、31-39頁で展望した。

(4) 中国第一歴史檔案館、満文『上諭檔』3-47(1)、乾隆48年7月13日条。「čedendorji,čebdenjab gemu gočika de yabure niyalma, mini jusei adali aha kai…čedendorji,čebdenjab gočika de yabure niyalma utala aniya mini ujen kesi be alaha bime. elemangga doro yoso be sarak mujanggū」諭旨は、乾隆帝がツェデンドルジ、ツェブデンジャブの罪を特別に減じる上諭を出したにもかかわらず、両名が直接謝恩に来なかったことを叱責するものである。

(5) 『高宗実録』巻1184、同年7月壬寅条。以下の下線部が満文の引用部分に対応する。「<u>朕如此曲爲施恩、而伊等俱係御前行走之人</u>、僅呈駐箚庫倫大臣、轉奏謝恩、即屬了事。車登多爾濟雖未出痘、不當來熱河乎。車布登扎布係已出痘之人、遇年班常來京及熱河朝覲、即不來京、豈不當赴熱河乎。昨烏珠穆沁親王瑪哈索哈、因被伊旗台吉伊瑪控告得罪。經理藩院議奏、罰王俸五年、朕加恩寬免二年。瑪哈索哈、因感激深恩、趕赴盛京途次謝恩、殊屬可憫。故格外加恩、挑在乾淸門行走。車登多爾濟・車布登扎布所犯之罪瑪哈索哈較重。瑪哈索哈係散走之人、尚知禮儀、<u>車登多爾濟・車布登扎布在御前行走、受朕重恩多年、豈反不知禮儀</u>。伊等罪重、而朕格外加恩、並未從重治罪、伊等亦不知感激。由此觀之、二人甚屬糊塗。車布登扎布亦著革去御前行走及其盟長、撤去花翎黃馬褂。車登多爾濟花翎黃馬褂亦著撤去、并嚴行申飭。」

(6) 同満文『上諭檔』3-46(3)、乾隆48年2月29日条「ei gali se asigan či gočika de yabumbi, kooli giyan be sarakū seči ojorakū」。同日の漢文『高宗実録』巻1175、2月庚寅条には「惟此事並非自車登多爾濟始開其端。皆由伊等祖父不知內地法度、任蒙古性情妄行耳。今若按律治罪、既非伊等所能承當、而從前妄行之汗王扎薩克等、俱已物故、今將其子孫治罪、朕亦不忍。但車登多爾濟雖係蒙古糊塗、然受朕恩爲一部落之汗、又爲庫倫總統辦事之人、實負朕恩。車登多爾濟著退出御前。」とあり、訳出部分は採録されていない。

(7) 行走が「内地の法」の学習機会であったとの認識は他の事例でも確認できる。例えば、乾隆7年(1742)、ハルハのタイジ・チバグジャブに対し、乾隆帝が「朕は彼に内地の法を学ばせようと乾清門で学習行走させた(bi tegüni dotuɣadu qauli yosun-i suratuɣai kemen songɣuju kiyan čing men-dür surču yabuɣulbai)。」(モンゴル国立中央図書館手書き文書 2963/96「tngri-yin tedkügesen on-du sin-e toɣtaɣaɣsan qaɣudasu qauli-yin debter(乾隆年間に新たに制定された法令の檔冊)」5葉表)と述べる。

該当する漢文『実録』では、「據奏喀爾喀協辦台吉齊巴格扎卜出痘病故。伊在軍前効力行走、人尚去得、又於京城來往甚久。朕因令其在乾清門行走、學習禮儀。今伊患痘溘逝、深為惻然。」(『高宗実録』巻159、乾隆7年正月壬午条)とあり「内地の法」は、「礼儀」と訳されている。

(8) 杉山清彦氏は、ヌルハチが自身と侍衛との関係を父子の関係になぞらえていた事例を挙げ、かかる君臣の一体性は、モンゴルのネケルや満洲のグチュに由来すると述べる(「ヌルハチ時代のヒヤ制——清初侍衛考序説——」『東洋史研究』62巻1号、2003年、118〜121頁)。他方、谷井俊仁氏は、清朝官僚制における皇帝との対面接触の重要性を論じ、対面接触により君臣間の人格的結合・一体感が構築され(構築されると期待され)、順治以後、漢人官僚もこの対面接触を通じて集権的統治体制のコマとして取り込んでいったとする(同「清朝官僚制における合理性」『比較法史研究10 歴史のなかの普遍法』2002年、393〜417頁)。同「清朝皇帝における対面接触の問題」笠谷和比古編『公家と武家Ⅲ 王権と儀礼の比較文明史的考察』思文閣出版、2006年、351〜378頁)。

(9) 岡洋樹「清朝国家の性格とモンゴル王公」『史滴』16号、1994年、54〜58頁。片岡一忠「朝賀規定からみた清朝と外藩・朝貢国の関係」『駒澤史学』52号、1998年、240〜263頁(同『中国官印制度研究』汲古書院、2008年に再録)。

(10) 杉山清彦「大清帝国の政治空間と支配秩序——八旗制下の政治社会・序論——」『大阪市立大学東洋史論叢 別冊特集号 文献資料学の新たな可能性』2007年、263頁。

(11) 杉山氏は、谷井氏の議論をふまえながら、対面接触の重要性は漢人以外にも敷衍されるべきとし、皇帝が臣僚との"近さ"の序列を巧みにコントロールしたことを、清朝全体の支配構造の特質のひとつに挙げている(杉山前掲「大清帝国の政治空間と支配秩序」264頁)。

(12) 前掲註(8)(10)の諸論文。実際の政治史における分析では、谷井氏は順治期を、杉山氏はヌルハチ、ホンタイジ期を中心に康熙・乾隆期の事例を中心に立論している。

(13) 村上前掲「乾隆朝中葉以降の藩部統治における蒙古旗人官僚の任用」31〜50頁。村上氏はまた乾隆までの対チベット仏教政策が嘉慶帝以後継承されなかった可能性を指摘する(「嘉慶朝の清朝・チベット関係に関する一考察——駐蔵大臣とダライラマの関係についての認識を中心に——」『史境』64号、2012年、55〜77頁)。

(14) 清初の婚姻関係についての専著として楠木賢道『清初対モンゴル政策史の研究』汲古書院、2009年がある。

(15) 杜家驥『清朝満蒙連姻研究』人民出版社、2003年、258〜259頁。

(16) 杜上書13頁、87頁および133頁、238頁、276頁。ハルハの三家系とは、サイン＝ノヤン部中左翼末旗、トシェート＝ハン部の中右旗と中旗の家系である。

(17) 杜上書第21章390〜470頁。

(18) サンザイドルジと乾隆帝、現地王公の関係は、註(1)所掲の岡諸論文に詳しい。

(19) 囲班の制度の枠組みは『理藩院則例』巻21、扈従事例上、同巻22、扈従事例下。皇帝が長城を越え、モンゴル王公らと狩猟や宴会を共にする巡幸は、最も重要な接触機会であったと思われるが、乾隆以後その頻度は落ち、道光以後は基本的に停止する。詳細は別稿に譲る。また、年班制度を詳細に追った専著に張双智『清代朝覲制度研究』学苑出版社、2010年がある。

(20) 『理藩院則例』巻16、朝覲・修改・内扎薩克王公等班次「内扎薩克王・貝勒・貝子・公・扎薩克・台吉・塔布嚢等年班朝覲、定爲三班、輪班来京。」同・喀爾喀王等班次「喀爾喀四部落汗・王・貝勒・貝子・公・扎薩克・台吉等年班、定爲六班。」内ザサグが3班となったのは雍正4年(1726)から、ハルハ四部は康熙39年(1700)から道光19年(1839)までは4班、道光19年以後6班となる(『大清会典事例(光緒朝)』巻984、理藩院・朝覲)。

(21) 『理藩院則例』巻16、朝覲・修改・年班来京定限。

(22) 『理藩院則例』巻16、朝覲・増纂・年班王公台吉等跪安站班。

(23) 「年班王・貝勒・貝子・公・札薩克・台吉・塔布嚢・閑散額駙・公主子孫台吉・姻戚台吉・該班之協理台吉及在乾清門行走者、均定限留京四十日。」(『大清会典（光緒朝）』巻65、王会清吏司)。

(24) 『理藩院則例』巻14、廩餼上、巻15、廩餼下、巻18、宴賚上、巻19、宴賚下ほか。廩餼は滞在期間中の食費や旅費に該当し、銀と米が渡される規定となっている。

(25) 『大清会典（光緒朝）』巻82、侍衛処。このような認識は以下の雑記からも確認できる。「御前行走与御前侍衛同官而有別。外藩蒙古王公及貝勒・貝子・八分公則称行走、満洲則称侍衛。侍衛有缺、行走無額缺也。」(『竹葉亭雑記』巻1)

(26) 『理藩院則例』巻16、朝覲・増纂・御前行走内扎薩克王公等每年来京「一、御前行走内扎薩克王公等不必輪班、每年年終均行來京…。其御前行走之外扎薩克王公等路途遙遠、仍照舊例輪班來京。」その他、内外ザサグ王公らの規定は、同増纂・乾清門行走内扎薩克不管旗之王公台吉等班次「一、内扎薩克不管旗之王・貝勒・貝子・公・台吉等、在乾清門行走者、定爲二班、輪班來京当差。」この規定は乾隆5年に定まる(『大清会典（乾隆朝）』巻141、理藩院・王会清吏司)。外ザサグについては同増纂・御前乾清門行走喀爾喀汗王台吉等班次に「一、喀爾喀汗王・貝勒・貝子・公・台吉等、在御前・乾清門行走者、定爲二班、輪班來京当差」とある。この規定は乾隆5年（1740）に定められた(『大清会典則例（乾隆朝）』巻143、理藩院・柔遠清吏司)。

(27) 乾隆10年（1745）の規定では、盟長やザサグで行走に任じられた者は、ザサグとして註（20）所掲の頻度で来京すれば良かった。『大清会典事例（光緒朝）』巻984、理藩院・朝覲・内札薩克年班「（乾隆）十年奏准、蒙古王公札薩克等皆辦理一旗事務之人、盟長又係總理一盟事務、遠離游牧、來京久住、不免諸事貽誤。現在御前・乾清門行走之人、其中盟長札薩克等甚多、分為二班、每年來京久住、游牧事務恐有貽誤。嗣後、除閑散王公・額駙・台吉等照常兩班來朝外、其盟長札薩克、不必入於兩班、或遇年班、或有事來京、仍令在御前・乾清門行走。」ただしハルハの御前・乾清門行走は嘉慶2年（1797）に2年一回の来京に戻される（同巻、外札薩克年班）。

(28) 前掲註（23）所引史料のほか、『大清会典則例（乾隆朝）』巻141、理藩院・王会清吏司に「一限期、…乾隆九年議准、蒙古額駙・台吉等擢於御前行走與擢於乾清門行走既有分別、則其住京之例亦應酌量、除擢於御前行走者毋庸定限外、其擢於乾清門行走之額駙・台吉等、仍定限四十令其起行。」とある。この規定は、乾隆会典則例のみに収録されている。

(29) 侍衛に関する研究は多いが、制度的枠組みを述べた専著として常江・李理『清宮侍衛』遼寧大学出版社、1993年がある。そこでは、清朝の侍衛制度は勲戚世臣を登用するルートとして運用されており、侍衛出身で政治の中枢に入り込んだ官僚の数は歴代王朝と比べても多く、侍衛に高い位を与えることで清朝一代を通じて満洲諸臣の忠誠心を喚起し続けたと評価する（同書139頁）。杉山清彦氏も、昇進ステップとして侍衛の経験を経ることの重要性を指摘する（杉山前掲「大清帝国の政治空間と支配秩序」262～263頁）。一方、谷井俊仁氏は、侍衛が直接政権を担ったわけではないとして、その評価は低い（谷井前掲「清朝皇帝における対面接触の問題」375頁）。

(30) 『大清会典（光緒朝）』巻82、侍衛処。内田直文氏は、御前大臣管下の御前侍衛や乾清門侍衛を「内廷侍衛」と分類し、康熙初期における内廷侍衛の成立過程および康熙帝の政権確立に果たした内廷侍衛の重要性を指摘する（同「清朝康熙年間における内廷侍衛の形成——康熙帝親政前後の政局をめぐって——」『歴史学研究』774号、2003年、29～45頁。同「清朝入関後における内廷と侍従集団——順治・康熙年間を中心に——」『九州大学東洋史論集』37号、2009年、115～146頁）。

(31) 『大清会典（光緒朝）』巻82、侍衛処「奏事處、以御前大臣兼管。侍衛一人、於御前侍衛・乾清門侍衛内特簡。章京六人、以内務府司員兼充者四人、各部院司員兼充者二人…掌接清字漢字之奏摺」ただし、実際の授受は章京が司ったようである。同書には続けて「凡接摺於宮門皆以昧爽［乾清門啟以寅正、奏事直班章京豫俟於門外、門啟乃接摺。…接摺後、彙交奏事太監呈覽］。」とある。

(32) 昭槤は「本朝鑒明弊政、不許寺人干預政事、命内務府大臣監之。然内廷事務每乏統領之人、仁皇習

知其弊、特設御前大臣、皆以内廷勲戚諸臣充之。無定員。凡乾清門内之侍衛司員諸務、皆命其統轄。毎上出宮巡幸、皆命其櫜鞬扈從、代宣王言、名位優重、仿兩漢大將軍之制而親誼過之。」（『嘯亭續録』巻1、御前大臣）と記す。また咸豊年間に奉職した福格も、御前大臣について「以王公勲戚大臣爲之、位極尊崇、如漢魏前後將軍之秩、職綦重焉」とする（『聽雨叢談』巻1、侍衛）。

(33) 『聽雨叢談』巻1、侍衛「…侍衛品級既有等倫、而職司尤有區別。若御前侍衛、多以王公・冑子・勳戚・世臣充之、御殿則在帝左右、從扈則紀事起居、滿洲將相多由此出。若乾清門侍衛、則侍從立於檐霤、扈蹕則弧矢前驅、均出入承明、以示親近。」

(34) たとえば内田前掲「清朝康熙年間における内廷侍衛の形成」40～41頁の表を参照。また嘉慶2年（1797）段階でハルハの御前・乾清門行走は13人であった（『大清会典事例（嘉慶朝）』巻747、理藩院・朝覲・外札薩克年班）。

(35) 『郎潛紀聞初筆』巻4、侍衛「故事、凡宿衛之臣、滿洲輒除乾清門侍衛、其重以貴戚或異材、乃擢御前侍衛。漢籍輒除大門上侍衛、領侍衛内大臣轄之。其有材勇擢侍乾清門、而班之崇秩矣。惟嘉慶間、果勇侯楊芳特授國什哈轄。漢國什哈、内臣驚爲未有。」文中の「國什哈」はgocikaすなわち御前（侍衛）を指す。

(36) 『侍衛瑣言』「侍衛讀書甚少、至有滿蒙字倶不識者、即見面起居數語、有不能應對、又有假謅歪文、不但反失本來面目。且毎毎丟醜如你們令家兄我的舍令弟你的家大人我的敵令正等語、不可枚舉、間有一二能讀鼓詞小説及滿洲傳片、能直數念下者、必群哄而嘩曰某也者滿漢皆通。」

(37) 『嘯亭雜録』巻4、佟裹毅伯「佟裹毅伯伊勤愼爲忠毅公巴篤理嗣。乾隆中任領侍衛内大臣、典宿禁者數十年。先恭王與之交最契、嘗言公雖無赫赫名、然馭下最嚴肅。每早朝、黎明、公獨正襟坐中左門、將入直侍衛按簿呼唱、朝服佩刀、率之以入、有遲至者、令其次日自負撲被出以辱之。景運・隆宗二禁門内、非奏事入待旨及上所宣召者、雖王公大臣不許私入。故當時禁籞嚴警、有終身列部曹而不識乾清門者。自公故後、日漸廢弛、至有侍衛曠班、累日不至。毎夏日當直宿者、長衫羽扇、喧嘩嬉笑。至圓明園諸宮門、乃竟日裸體酣臥宮門之前。余任散秩大臣時、曾告當事者、當事者笑曰「使其裸背者具全、已爲厚幸、君尚何苛責哉？」其玩愒也若此。故追思曩昔、老成之人實有益於國也。」

(38) 『嘯亭續録』巻3、侍衛結銜之誤「国朝定制、凡御前朝夕侍側者、名御前侍衛、其次曰乾清門侍衛、無論王・公・武大臣・侍衛等皆充之。其六班值宿者、統名領侍衛府侍衛、以分等級。近日武進士改充侍衛者、其門榜皆書御前侍衛、相沿成習、實爲僭妄。余爲散秩大臣時、曾屢向侍衛處主事等言之、令其回堂飭禁、彼皆以爲不急之務、未即更正、不知實爲紊乱官階也。近讀錢辛楣詹事所作『許提督成麟神道碑』、亦誤書爲御前侍衛。公爲當代考據名家、乃誤未譜本朝典故、何也。」

(39) 本史料は、以下で検討する如く、行走期間中の行動が毎日書かれ、かつ公文書の形式をとっていないことからひとまず日記史料と断じておく。

(40) 保管番号2249／96。なお本史料についての簡単な紹介は中村篤志「北京値班モンゴル王公の日記について」（原文モンゴル語）CNEAS Report, vol.2、2011年、84～89頁において行った。

(41) 1920～30年代に書かれた『考槃室詩草』は魚尾に「洪吉紙庄」と刻印された用紙を用いており、呉暁鈴氏はこの店舗が「鼓楼前」にあったとする（呉暁鈴「試掲所謂曹雪芹佚詩《自題画石》之謎——并以"回向"故呉恩裕先生——」『上海師範大学学報（哲学社会科学版）』1983年1期、50～52頁）。この「洪吉」は山西商人が北京に設けた紙店のようである（李華編『明清以来北京工商會館碑刻選編』文物出版社、1980年、88頁。なおこの史料の存在は東北大学の水盛涼一氏から御教示を頂いた。ここに謝意を表する）。

(42) 例えばトシェート＝ハン部左翼後旗では、旗衙門に提出された個々の財産関係文書を、時代順に通し番号を振って清書しひとつづりにした檔冊を作っていた（中村篤志「モンゴル国立歴史中央文書館所蔵の財産関係文書——清代ハルハ・トシェート＝ハン部左翼後旗の文書について——」『歴史』98輯、2002年、123～142頁）。

(43) 清代モンゴルの公文書の書式は、基本的に漢地の行政文書の書式を踏襲したものであり、実際モンゴル国立中央公文書館所蔵史料の多くは、これら公文書の類である。詳細は萩原守『清代モンゴルの裁判と裁判文書』創文社、2006年。

(44) 例えば12月16日条（8葉表）。

(45) Ц.Шархүү "Дөрвөн аймгийн засаг хошуудын засаг ноёдын товч шастир"『モンゴル研究』№7、1984年、176頁。Ц.Сономдагва Монгол улсын засаг, захиргааны зохион байгуулалтын өөрчлөлт, шинэчлэлт(1691～1997), МХАУтанхимын хэвлэх үйлдвэр, 1998, p. 94～97。

(46) 萩原守「『ト・ワンの教え』について――一九世紀ハルハ・モンゴルにおける遊牧生活の教訓書――」『国立民族学博物館研究報告別冊』20号、1999年、225～265頁。小貫雅男「近代への胎動――モンゴル東部の一地方、ト・ワン・ホショーの場合――」『歴史科学』90号、1982年、1～28頁。

(47) 例えば、郡王・貝勒の子で継嗣として登録した者には頭等台吉、その他の子は二等台吉を授ける規定であり（『理藩院則例』巻3、襲職上・修改・王公台吉之子給予職銜および修并・預保襲爵之子給予職銜）、二等台吉以上の爵位を持つ者はザサグの近親者などに限られることになる。ハルハの他旗の家系図を見ても、旗の大多数のタイジたちはほぼ最下位の四等台吉である（中村篤志「清代モンゴルの比丁冊に見るタイジの血統分枝集団」『集刊東洋学』第90号、2003年、1～21頁）。

(48) МУУТА（モンゴル国立中央公文書館）М168-Д2-ХН230「sečen qan šoloi-yin ür, jasaγ törü-yin giyün wang dorǰipalmu-yin qosiγun-u noyad tayiǰi narun ger-ün üy-e-yin bičimel, badaraγultu törü-yin arban nigedüger on ǰun-u segül sarayin arban yisün.」

(49) МУУТА：М37-Д1-ХН25「nayiraltu töb-ün arbaduγar on-ača tör gereltü-yin qorin doloduγar ong kürtel-e ǰarliγ ǰerge erkim čiqula kereg-üüd bičig-i ilγan tomilaǰu qoriyaγsan dangsa.」

(50) 『文宗実録』巻271、咸豊8年12月丙午条に「喀爾喀扎薩克郡王托克托呼圖魯・輔國公銜二等台吉巴寶多爾濟於養心門内瞻覲」とあり、この段階ですでに輔国公を得ていることがわかる。

(51) 例えば神武門「šen u men」は全て満洲文字（傍点付き）で記される（5葉裏12月12日条ほか）。他にも「daγalta（従者）」の da には右に点が付されている（1葉表12月3日条）。その他「御前」は全てモンゴル語の「sidar」ではなく満洲語の「gocika」を満洲文字で記している（2葉裏12月8日条）。

(52) 文字だけでなく簡単な満語の挨拶程度はこなせた可能性はある（後掲の本史料12月8日条「満洲・モンゴルのノヤン達に出会い挨拶し」とある）。侍衛は満洲語を話せなかったとする説もある（常江・李理前掲『清宮侍衛』251頁）が、前掲註（36）所引『侍衛瑣言』に「見面起居数語、有不能應対」とあるように最低限の挨拶程度は交わしていたようである。

(53) 『徳宗実録』巻175～177。

(54) 翁同龢は前年の光緒8年11月より軍機大臣に任じられ、フランスのベトナム侵出への対応などに当たっていた（『自訂年譜』『翁同龢日記』8冊、中西書局、2012年、3836～3838頁）。

(55) 「Arban-du yerü debel bulγan küremü erihe molčuγtai taulai čaγ-un ehin-du kiyan čing men-dür kürčü keb-yin ǰisiy-a saγuγad bučaǰu irebei. Ene udur ǰingǰiyan ugei.」（5葉表）。

(56) 「Arban nigen-du küke debel qara küremü emüsčü taulai čaγ-un ehin-du kiyan čing men-dür kürčü keb-yin ǰisiy-a saγuγad bučaǰu irebei. Ene gulu edür tula erike molčuγ ugei.」（同日記5葉表）。青袍「köke debel」と黒褂「qara küremü」は対応規定が見いだせなかった。忌辰時の服装は素服とあるので恐らく素服のことと思われる（『大清会典事例（光緒朝）』巻415、礼部・祭統・祭服）。「gulu edür」は『実録』の記載などから忌辰と訳したが、「gulu」の原義は不明である。

(57) 『実録』に記載される賜宴は、年末12月24日の紫光閣（同治年間は撫辰殿）、30日の保和殿、1月10日の紫光閣、15日の保和殿（同治年間は1月19日撫辰殿の宴も記されている）である。全て開催された場合に「〇」を付けた。なお後掲【表2】に見る中正殿での各儀礼・賜宴は『実録』に記載されない。ここでは検討から外した。

(58) 『徳宗実録』巻47、光緒3年（1877）2月庚子条に、同治帝の喪が明けた後も中正殿や正月紫光閣での賜宴を見合わせる記事がある（「除朝賀大典均仍照常舉行外、所有年終勤政殿賞、蒙古王公茶飯、中正殿看跳布札克賞喇嘛茶、正月間、紫光閣筵燕蒙古王公・外國使臣均著暫緩舉行」）。

(59) なお『理藩院則例』巻19にある「王府筵宴」は開かれていないが、この宴は奕賡『管見所及』にある如く、形骸化し開かれていなかったようである。また1月2日の坤寧宮吃肉の儀礼については、乾清門侍衛も参加したとする見解もある（常江・李理前掲『清宮侍衛』45頁）が、本史料では御前行走が参加し乾清門行走は参加できなかったと記している（1月2日条、19葉裏）。

(60) 大蒙古包宴については岩井茂樹「乾隆期の「大蒙古包宴」――アジア政治文化の一齣――」河内良弘編『清朝治下の民族問題と国際関係』平成2年度科研費総合研究(A)成果報告書、1991年、22〜28頁。モンゴルの円形住居ゲルを設営しそこで宴会を行う。熱河万樹園での宴が有名だが、北京でも円明園や中正殿、紫光閣などで開かれる（杉山前掲「大清帝国の政治空間と支配秩序」）。

(61) 順に『宣宗実録』巻317、同年12月庚寅条、『穆宗実録』巻247、同年11月庚子条、巻273、同年12月甲子条。『実録』では主に莽珠巴扎爾と書かれる。

(62) 『徳宗実録』巻63、光緒3年12月戊子条、巻105、光緒5年12月丁未条。盟長職の辞退は巻146、光緒8年5月己酉条。ドルジパラム承襲は『清史稿』巻210、表50、藩部世表2。

(63) 光緒7年末〜8年初は服喪のため一般王公の年班は停止し、御前行走・乾清門行走のみ値班させた（『徳宗実録』巻129、光緒7年4月丙午条）。バボードルジは値班したと思われるが、マンジバザルについては不明である。なおモンゴル国立中央公文書館の同旗フォンドの目録には、「翌年正月一日の新年の宴に必要な物を供出するためバグ、随丁、ソムらに布告した摺子（исэргэн жил цагаан сарын шинийн нэгний шинэлэхийн найрын хэрэглэлийг гаргуулахаар баг хамжилга сумуудад зарласан нугалбар бичиг）」というタイトルの文書が、光緒元年1月、3年1月、5年1月と隔年で存在する（МУҮТА：М37-Д1-ХН49, 52, 56）。「翌年」すなわち光緒2, 4, 6年は【表2】のバボードルジの来京と符合する。少なくとも光緒2, 4, 6年は二人揃って来京値班したと考えられる。

(64) 「sine-yin nayiman-du···taulai čaɣ-un ekin-dü kiyan čing men-dür kürčü mangǰu mongɣul noyad-tu učaračú yosulaɣad tür küliyeǰü gočika amban iremegče mön yosulan önggereǰülǰü kiyan čing men-ü ger-tü saɣumaɣča sidar-uud-yi čar-a daɣudaǰu boɣda eǰen mongɣul-yier nutuɣ-un ɣaǰar-a čaɣ sayin, času bayinuu, mal sayin tarɣalabuu kemen ǰarliɣ baɣuba. ene üdür ǰingǰiyan-ügei tula ǰiǰe-ber amuɣulang ayiltɣaǰu kiyan čing men-dü keb-yin ǰisiy-a saɣuɣad qoyisi bučaǰu irebei.」（2葉表・裏）

(65) 『徳宗実録』巻175、12月甲寅条。

(66) 『徳宗実録』巻175、12月甲戌条。

(67) 2回目以降の瞻覲日・回数は年によって異なる。たとえば光緒5年12月の場合、8日（丁未）、13日（壬子）、27日（丙寅）と3回の瞻覲を記す年もある（『徳宗実録』巻105、106）。ただし、本史料12月20日条には「この日封印したため以後の觀見は無い」（9葉表）とあり、20日の封印後は瞻覲がなかったとする。他方、実録では27日や28日に瞻覲の記事を載せる。封印後、しかも除夕間近になっての瞻覲は確かに不自然ではある。今後の課題とする。

(68) たとえば光緒9年12月8日条は「軍機、禎裕、蒙古王公14人帯、二刻」とある。

(69) 恐らく「ǰiǰeとして請安し」の「ǰiǰe」は召見（zhaojian）に対応すると思われる。またバボードルジは、後述する13日や16日の瞻覲を「ǰingǰiyan（觀見）」「bey-e üǰegülkü（引見）」と書しており、「請安」と書き分けている。

(70) 「mongɣul ǰarliɣ-yiar qutuɣtu bos kemen ǰarliɣ baɣulǰaǰu」（4葉表）。

(71) 『翁同龢日記』光緒18年12月8日条には「是日蒙古王公［十二人］、見起、上于蒙古語外以漢語喀喇沁王、慰問去歳熱河事」とあり、その後もモンゴル王公召見時にモンゴル語で挨拶していたことが伺える。清末宮廷における満洲語については村田雄二郎「ラスト・エンペラーズは何語で話して

いたか――清末の「国語」問題と単一言語制――」『ことばと社会』3号、2000年、6〜31頁。モンゴル語教育については春花『清代満蒙文詞典研究』遼寧民族出版社、2008年が詳しい。

(72) 「mön qarsi-yin emün-e ingder-yin ǰegün dour-a ǰoγsoǰu bey-e üǰegülkü ulus-yi baralqaǰu γarmaγča kiyan čing men-ü ger-dü ireǰü saγuγad, tendeče taraqaǰu irebei. Ene edür döčin qoyar ǰingǰiyan tai…」（6葉裏）

(73) 「qonin čaγ-un ekin-dü sei-čing-zi-du kürčü, gočika ambačud ireǰü, sidar kiyan čing men-üüd-i dörben anggi sögüdgeǰü boγda eǰen-ni gegen-e baralqaqu yosu-i üǰeǰü önggeregsen-ni daraγ-a-bar boγda eǰen ǰalarču iremegče boγul tere nar boγda eǰen-ü bučaqu-yin amuγulang ayiltγay-a kemen ayiltγayad bučaǰu ǰiγasumaγča ǰoγuγ ergükü-dü sögüdeču mörgüged, tendeče čai ǰimis kürteǰü mörgüged bosaǰu ǰiγsubai, naγadum tegüsemegče boγda eǰen ǰalarču bučamaγča sidar kiyan čing men-ni qarilčan yosulaǰu amur erelčeged bučaǰu irebei」（26葉裏〜27葉表）

(74) 「看放烟火」は『理藩院則例』巻19では正月14,15日に円明園山高水長で行われる。万樹園（熱河）とあるのは山高水長の誤りか。また、この内廷西廠子の宴でも「看烟火」は実施していたようである。光緒10年1月18日「宮門抄」に「皇上明日未正至西廠子看烟火」とある（『申報』24冊、上海書店、1884年、334頁）。本史料中「余興」とあるのがそれか。なお検討を要する。

(75) 「辰初三刻、詣慈寧門外、率王公・大臣・蒙古王・貝勒・貝子・公・文武大小官員等、行慶賀礼」（『光緒帝起居注』光緒10年元日条）。なお翁同龢も軍機大臣になる以前はこの慈寧門外での行礼から参加している。

(76) 日記の作者と同名であるが、このバボードルジはホルチン右翼中旗のトシェート親王である。親王バボードルジがいつ御前行走に任じられたかは不明である。ホルチンのトシェート王家が「筆頭」に置かれた背景・政治的意味については別に検討を要するが、その淵源は清初まで遡る（岡洋樹「清初、「外藩王公」成立過程におけるホルチン王家の地位について」モンゴル研究所編『近現代内モンゴル東部の変容』雄山閣、2007年、47〜70頁）。

(77) 「bars čaγ-un ehin-du kiyan čing men-dü kürčü gočika amban bolun olan noyad-tai ǰolγuγad, kiyan čing güng-ni emöneki qayisun-ni dotur ǰiγsuǰu boγda eǰen ǰalarču iremegče sögüdeču sin-e <u>ǰilün amuγulang eribe. sidar-un</u> terigün " tüsiyetü wang, boγul baboudorǰi-nar boγda eǰen-ni sin-e ǰilün tümen amuγulang-ni ayiltγamui kemen ayiltγaba. busud sidar kiyan čing men-ü noyad-ud čöm duγaraqu-ügei sögüdged bosaba.」（16葉裏、17葉表）

〔補記〕本論脱稿後、水盛涼一「召見の風景――清朝後期における謁見儀礼の基礎的研究――」『文化』77巻1・2号、2013年、1〜24頁を得た。漢文史料を用いた氏の精緻な研究によって、清朝宮廷における謁見制度の様態が明らかになった。本論で扱ったモンゴル王公の召見・賜宴の政治的意味もより明確になると思われる。さらなる研究の進展に期待したい。

第二部　都城空間をめぐる諸問題

第4章
開封廃都と臨安定都をめぐって

久保田和男

【キーワード】靖康の変　南郊　都人　東京夢華録

はじめに

　遷都とは、ある都市から別の都市への首都機能の移動であるなどと、定義づけられよう。ただし、本論がテーマとする北宋開封から南宋臨安への中央政府の移動は、普通の遷都とはいえない状況があった。まず指摘できるのが、金の侵攻に対応しての移動であるため、出発に際して目的地を決めている通常の遷都とは違っていた。明白な「遷都」を宣言する詔勅も出されていない。

　靖康の変において、金は開封を陥落させた後、徽宗・欽宗や皇族一同を、北方に連れ去ったことは、よく知られている。金軍はそれと共に撤退したため、30日余りの楚を経て、開封は再び宋朝の管理下となる。この過程で、まず金の占領軍によって、つぎに南京応天府にひらかれた高宗政権によって、開封に蓄積されていた行政や儀礼などの首都機能を担う物資が運び去られ、実質的に首都機能を失ってゆく。この過程は「廃都」という言葉で表現することが許されよう。

　高宗政権は、南渡後すぐに臨安に「定都」[(1)]したわけではない。金軍の南下に対応して、江南の諸都市を移動（巡幸）していた。転々と移動する政権の所在地は、短期間の駐蹕地・行在であり、都城とは言えない。臨安もやはり「行在」と称されるが、紹興8年（1138）以降は、ここからの行幸はなくなる。やがて南宋の都城にふさわしい規模を誇り、開封に匹敵する繁栄が記録される。当該時代の、高宗政権の移動や臨安定都の理由などについては、高橋弘臣氏の論考[(2)]が詳しい。高橋氏によると、臨安が南宋の首都となった政治的な理由は、和平派と主戦派の政権争いに高宗の支持によって和平派が勝ったためだったという。

　ところで、開封から臨安に首都が移動するなかでの連続性と不連続性については、余り注目されていない。この問題は、両宋関係を分析する過程において重要な問題と考えられる。むろん本論ですべての局面について検討することは不可能である。本論では、「宋都」が、開封で失われ、そして臨安で復興される歴史的な過程を考えるにあたり、皇帝祭祀（南郊）の問題を取り上げる[(3)]。

　北宋の南郊祭祀は唐代以前のそれのような天地への皇帝の祭りというのにとどまらない、首都住民（「都人」）と宋朝政府との一体感を演出するための祝祭として機能した。国家儀礼の舞

台としての都城において、「都人」の役割が非常に高まったのが宋代であった。都城空間そのものが、皇帝が「都人」との関係の中で「徳治」を演出する場であったのである(4)。したがって、祭祀制度の側面だけではなく、「都人」の再生も考える必要があるのである。

1　靖康の変で奪われる首都機能——開封の廃都

　北宋は、徽宗時代末年、金が興起するなかで、宿願である燕雲十六州を奪回するために遼を攻撃する金と同盟を結ぶ（海上の盟）。ところが、遼が滅亡し、燕雲十六州の奪回が果たされたが、今度は金と境界を接することとなり、領土紛争のなかで、軍事的な劣勢が明らかとなった。金は度重なる北宋の背信行為を理由として、北宋領への侵入する。そして、首都開封に金軍が侵攻してきた。徽宗は、退位したうえで、南方に逃亡し開封では、新帝（欽宗）が金との交渉と戦闘という困難な局面に対応する。第一次の攻囲戦では、金の戦力不足もあり、撤退させることに成功するが、約束した三鎮（中山・太原・河間府）の割譲を実行しなかったため、翌年、靖康元年（1126）11月25日、金軍は、再び、開封城下に現れた。

　この時、開封に残る兵は7万で、内5万7千人を、東西南北の外城壁に分けて守備に当たらせた。この歳は、ことさらに寒く、護城河は凍結してしまい防衛の役に立たなかった。交戦中も和議の交渉が断続的に行われたが、金側は皇帝の金営への行幸を求めて譲らず、外城壁をめぐる攻城戦が激しく行われることになった。戦いの中心となったのは、東南角であった。その周辺の城壕が狭くて浅い状態だったことがその理由であった(5)。陳州門に、「火梯」が殺到し、金兵が外城壁にとりついた。宋兵は一旦これを退けるも、陳州門東の敵楼は炎上。消火用の水は、凍り付いて使えない。吹雪の中、金兵が、外城壁に登ることに成功し、宋兵は兵器を捨てて逃亡した。その後、通津門の南側の城壁も占領され、城内に侵入した金兵は、付近の居民を劫殺していった。住民と敗残兵は、南から北に向かいパニックをおこして潰走し、旧城に逃げ込もうとした。旧城の門は閉鎖されていたが、東水門より汴河を渡って旧城に遁走できたものもいた(6)。旧城は、防衛機能を持ってはいなかったのである。四壁のすべてで戦線は崩壊し、外城の西・北壁の門から逃亡を図る一群もあった。この夜、欽宗は、東華門の上から、皇宮内に保管されていた武器を地面に投げおろし、戦いを促すが、戦意を持つ者は皆無だった。夜になると、宦官の多くも逃げだし、宮廷内は秦檜等数名だけとなる。閏11月丙辰（25日）、丁度1カ月間の攻防の末、開封は陥落したのである。翌日、和を求めて、欽宗は金営におもむく(7)。

(1)　金が北方へ持ち去ったもの

　金の指示により、和議の代償として、供出されることになった物資は、膨大であった。莫大な額の金帛が(8)、政府の倉庫や開封の住民から集められ、金の本営である青城や劉家寺に運ばれた。集めるのは宋の官僚である。予定数が集められないということで、杖殺されるものもい

た。これらを運ぶための馬やラバが、7千頭も開封市内より集められた[9]。

ところで、金の徴発したものは、単なる財宝だけではなかった[10]。

・丁巳、金人索郊天儀制、及圖籍。
　戊午、金索大成樂器、太常禮制器用、以至戲玩圖畫等物、盡置金營。凡四日乃止。[11]

・虜須南郊法駕、大駕之屬、五輅、副輅、鹵簿、儀仗、皇后以下車輅、鹵簿、儀仗、皇太子諸王以下至百官車輅、儀仗、禮器、法物、禮經、禮圖、大樂、軒架、樂舞、樂圖、舜文二琴、教坊樂器、樂書、樂章、祭器、明堂布政、閏月體式、八寶、九鼎、元圭、鎮圭、大器、合臺渾天儀、銅人、刻漏、古器、祕閣三館書籍、監本印板、古聖賢圖像、明堂辟雍圖、皇城宮闕圖、四京圖、大宋百司并天下州府職貢令、應宋人文集、陰陽醫卜之書[12]。

・金人索九鼎八寶、天下圖籍、本朝開國登位赦書、西夏進貢書本。於是、皇帝殿玉寶十四、金寶九、皇后・皇太子妃金寶印各一、盡予之。惟上皇所作定命寶在。[13]

このように、宋朝の蓄積していた「礼楽」に関連する図や祭器を求めたのである。また、渾天儀[14]をはじめとする天文観測装置、水時計、三館秘閣の書籍、監本の版木、様々な画像、宋人の文集、占いの書、医書なども見える。「府庫蓄積、爲之一空」[15]となったという。

あたかも金は、中華文明そのものを体系的に収集していたかのようだ。この計画を主導したのが、主将粘罕の弟、阿懶（宗憲）であった。「契丹・漢」字に兼通していたという彼は、兄と共に開封攻城戦に参加していた。陥落後、他のものが、財宝を争奪したのに際し、一人もっぱら、図書・礼器を持ち帰り、金の国制の整備に役立てようとしたという[16]。

それだけではない。開封で活動していた様々な技術者・芸人も連れて行かれた。

　　金人来索御前祗候方脉醫人、教坊樂人、内侍官四十五人、露臺祗候妓女千人、蔡京・童貫・王黼・梁師成等家歌舞宮女數百人。先是權貴家舞伎、内人、自上即位後、皆散出民間。令開封府勒牙婆媒人追尋之。
　　又要御前後苑作文思院上下界、明堂所修内司、軍器監工匠、廣固搭材兵三千餘人、做腰帶帽子、打造金銀、係筆、和墨、雕刻、圖畫工匠三百餘人、雜劇說話、弄影戲、小說、嘌唱、弄傀儡、打筋斗(トンボガエリ)、彈箏・琵琶、吹笙等藝人一百五十餘家[17]。

以上のように、人的資源の確保も積極的に行われた。内容は、ハイカルチャーからサブカルチャーに及ぶものであり、根こそぎという言葉がふさわしい。徽宗欽宗ら皇族をはじめとして、金に連れて行かれる人々の数は、併せて、10万人を数えたという[18]。（上元観灯の飾りは、その年の上元節に、金の陣営を飾るために使用された[19]。）

開封から持ち去られたものは、金によって国家体制確立や中国文化の研究のために利用されることになろう。逆に、宋朝にとっては、首都にあるべきもの、国家運営に必要なものであり、中華文明の担い手であることを証明するものでもあった。

宋代開封の特色は、国家儀礼に伴う祝祭や、庶民文化の勃興である。唐宋変革後、都城の繁華は、道徳政治の表象として、政治的にも重要な役割を持っていた[20]。したがって、庶民文化の各種芸人も、首都機能を担う装置ということが可能であろう。儀礼・祝祭が失われ、芸人達のさんざめきが聞こえない開封は、すでに宋都とはいえない。

すなわち、以上のような、文化財や広い意味での文化人の北方への移動は、宋都開封の首都としての機能を停止させる事業といえよう。あたかも、金朝の指導者は、首都開封の歴史的な特質を、理解していたかのようである。

ただし、3月になってからの、金軍の撤退は慌ただしく、遺棄していった物資も多かったらしい[21]。この時、各地の勤王の軍が、開封を目指して進撃中であり、河北での大元帥康王（徽宗の皇子、後の高宗）の軍の行動も活発で、金は南京応天府を目指して、開封府界の寧陵県を攻撃するが、逆に撃退されてしまう。当時の金には、開封を、長期間占領下においておくだけの軍事力・政治力が無かったのである。

(2) 高宗政権の成立と開封廃都

金は、宰相張邦昌を皇帝に擁立する。張邦昌が受諾する際に掲げた条件は、以下の七つであったが、金はすべて認める。

> 趙氏の陵廟を毀たざる。金銀を括するをやむ。樓櫓を存留す。東都を三年借る。班師を乞う。號を降して帝を稱す。金銀を借りて犒賞す[22]。

張邦昌は、はじめは即位を強く拒否し自殺を試みたりしている[23]。金としても、かれの要求を受け入れることで、傀儡政権を早く建てたかったのである。結果として、宋朝の官僚機構そのものは温存された。東都開封府は、金から借用するという前代未聞の約束によって、張邦昌の統治下に置かれ、金軍は撤退する。張邦昌の即位の受冊では、「楚」は金陵に都することになっている。『資治通鑑長編紀事本末』では、「借東都三年」に対応する部分は、「乞俟江寧府修繕畢、三年内遷都」と記されている[24]。

もとより帝位につくことを忌避していた張邦昌は、金軍が撤退すると、廃后されていて拉致リストから漏れていた元祐皇后を延福宮に奉じ、垂簾聴政の形式をとる。康王と連絡をとり、金に奪われないで保管されていた唯一の玉璽を、康王のもとにおくり、帝位に即くように促したのである。玉璽を手にした康王は、一旦は受けるのを拒んだものの、跪きながら受け取った[25]。また、元祐皇后の名で、手書が「天下」に発せられ、康王即位の正統性が宣言され[26]、即位の環境は急速に整っていった。

宋朝の玉璽は、9種あったが、そのうち、「大宋受命之宝」と、徽宗と蔡京が作った「定命宝」を除き、金が持ち去った。太祖時代から使用されていた最重要の玉璽である「大宋受命之宝」は、ある官僚が、いつわって陪葬し保全された[27]。張邦昌はこれを、康王に渡すことができたのである。

5月1日、開封から張邦昌もふくめて百官の一半が、金が遺棄していった礼器とともに、南京応天府（宋州）に赴き、即位の儀礼に参加した[28]。応天府の城門の左に郊壇が設けられ、そこで高宗は告天・即位し、大赦が発令された。赦文の伝達が成功することで、高宗の即位、すなわち宋朝の復興が、各地に伝達される。それはうまくいったのであろうか。即位の赦書は、各地で受信された形跡がある[29]。李綱も、太平州で赦書を見ている[30]。金に抑留されていた徽宗の許にも、6月になって、赦文がもたらされた。徽宗たちは感激したという[31]。赦文の伝達によって、宋朝の健在が「天下」にアピールされた。おそらく宋朝の存続に大きな役割を果たしたと考えられる。

　同建炎元年（1127）7月には、汴河の漕運を復活させ、開封に漕運米を送っているが、その返しの船によって、「六曹案牘」「甲器」（武器）が行在に運ばれた[32]。案牘が行在に移されたことは、行政機能が開封から削られたことを示している。このことを、李綱は、以下のように詳述している。

　　進奏院の邸吏に命じて、両番に分かち、行在に赴かしめ、食銭を増給す。朝廷差除もて鏤板し、外路に伝報せしむ。馬逓舗を増置し、銭糧を添給す。命令始めて州郡に通ず。綱運して入京する者に命じ、還るのとき諸部の公案図籍を載せ、行在官府に赴かしめ始めて稽考あり。蓋し行在草創たり。凡百みな逐一の施行措置、悉くこれに類するなり[33]。

　進奏院を部分的に、行在に移動させ、朝廷の人事を、印刷し、各路に伝達することにしたという。馬逓舗とは、馬を利用した高速の情報伝達をおこなう郵逓の駅のことであるが、それを増置したのである。進奏院による人事の広報とは、「邸報」を指している。「邸報」が各路州県に定期的に馬逓を通じて伝達されることが復活したわけである。これにより地方は、中央政府の復活健在を実感し、国家的な社会結合が復活することになるであろう。そもそも南宋は印刷技術が発明されてより、初めて成立した政権である。大量印刷される赦書や邸報という文字媒体が、新政権の健在を領土にアピールしつづける。このとき、従来とは異なった、国家結合のあり方が実現したと考えられる[34]。

　振り返ると、進奏院はこの時点で、開封から南京に移動したわけである。とすると、即位の赦文は、南京で発布されたのであるが、おそらくは張邦昌の「手書」と同じように、開封で印刷され、開封から地方への逓送に委ねられたのであろう。この進奏院という中央集権的な文書情報伝達システムが、南京の行在に移動し、邸報もそこで発行され、馬逓舗も、行在からの文書伝達に便利なように新設された。中央政府に長年保管されてきた、文書ファイルも、行在に移動し、前例に基づく文書行政が回復してゆく。一方、開封の首都機能は、失われていった。これを「廃都」の一つのプロセスと考えることができよう。

　建炎元年7月、予想される金の冬季攻勢にそなえて、開封には行くべきではないという判断が下され、東南への巡幸が決定される[35]。ひとまず金の鋭鋒を避け来春には、開封に戻るとい

う計画である。それに先だって、太廟の神主[36]と、この政権のもう一つの政治資源である元祐皇后（以下、隆祐皇太后と称する）を開封から行在（南京）に移している。

当時の開封の様子をつたえる史料を挙げておこう。開封への帰還を主張する開封尹宋澤は、開封が平常に戻ったことを主張する。

・開封府の事を知むること、いまに到るまで二十餘日なり。物價と市肆、漸く平時と同じ。天意を觀るごとに、清明を眷顧す。人心を察するごとに、和平逸樂たり。且つ商賈・農民・士大夫の忠義を懷く者、咸な曰く、もし陛下、九重に歸正すれば、是れ王室の再造、大宋の中興なり、と[37]。

・いま東京の市井舊のごとし。上下は安帖す[38]。

宋澤がこの上奏のなかで、開封の安定を形容するために用いている「清明」は、徽宗時代に描かれた『清明上河図』の画題を想起させる。私見では、画題の「清明」は、「太平豊昌」の平和な世の中を形容したものと考えている[39]。

ただし、実際に往事の開封が回復しているはずはない。開封における大量消費は、南方からの漕運によって支えられていたが、戦乱の中で汴河の運河機能は破壊されていた。

初め汴河の上流、盗のために決せし者數處、決口は百歩に至る者あり。閉塞も久しく合わず、乾涸すること月餘。綱運通ぜず。兩京の糧乏しく、米價は騰湧せり。朝廷都水使者の陳求道・榮嶷を責降して、皆な散官と為すも、舊に依りて事を領監せしむ。又た提擧京城所陳良弼に命じて、同共に措置せしむ。二十餘日にして水は舊に復し、綱運は沓き來たる。乃ち三分せしめ、一を行在に留めん。綱が到るごとに、即ち間撥して京師に入る。糧は始めて足り、米價始めて平ぐ。…商賈始めて通じ、人情始めて漸く舊に復す。[40]

李綱のこの上奏は、汴河漕運の復活を高宗に示そうとするものである。しかし、建炎元年には、東南漕運を南京で三分し、開封の穀物価格をコントロールするために、その先への漕運量を調整したという。決して、北宋盛時の体制が復活したわけではない。李綱の上奏は、漕運米の三分の一を行在（南京応天府・商州）で消費した事実を伝えており、首都機能が開封から移動している現実を反映したものとなってしまっている。10万もの人口が北方に連行されていることも反映しよう。

2 南郊祭祀と臨安首都体制の確立

南郊（郊祀）は、3年に一度、冬至に首都で行われる天を皇帝自らが祀る祭典である。宋朝皇帝は、まず、祖先にその実施を報告するために、景霊宮の神御（祖宗の塑像[41]）と太廟の神主に親饗する。最後の日に南郊あるいは明堂で皇帝が親祭するのが通例であった。その間の数日間、数万におよぶ皇帝とその扈従の行列が御街を練り歩く。終了後、宮城の正門楼より赦文を発信する[42]。赦文は、印刷されて版図に伝達され、皇帝の徳が「天下」に行き渡るという仕

組みであった。

　靖康の変において、太廟の神主は、地中に埋められ、金により破棄されることを免れていた[43]。九廟の神主を埋めた本人より聞かされた高宗は、大変喜んでいる[44]。また、張邦昌は、「祖宗神御」は、保全されていたと、証言している[45]。高宗政権は、開封から神御・神主を持ち出す。これらは、高宗や皇太后の身体とともに、宋朝の復興のための重要な政治資源となった。これらの祖宗のシンボルの移動は、開封からの首都機能の移転の一例である。臨安が宋朝の首都として確定する過程を考えるに当たり、その行方は非常に注目される。

(1) 揚州での南郊

　建炎元年（1127）10月1日、高宗は運河船に乗船し揚州に向かって出発した。それに先だって、隆祐皇太后と太廟の神主は揚州に出発し、10月1日に到着している。高宗が、揚州についたのは、10月半ばのことである[46]。

　翌2年8月には、揚州の南門内に南郊壇が築かれ、郊祀の準備が始められた。3年に一度の大礼の年次なのである。その際、開封から祭器・大楽・朝祭服・儀仗・法物を揚州に舟運することが命じられている。「従行に器仗なし、故にこれを<u>舊都に取る</u>。[47]」ということで、南郊儀礼を、行在で行うために、祭器が開封から運び出された。この史料で開封が「旧都」と表現されていることは、開封を都城とみなすことが難しくなった段階に入った証拠として注目される。

　11月庚子、寿寧寺に安置されていた太廟の神主に、高宗自ら饗す[48]。直前に祖先に対し郊祀挙行の報告をするのは必須である。したがって、太廟や神御と円丘の3点セットが首都機能として必要なのだが、この場合は、太廟自体はないので、寺院に安置された太廟の神主で済ませている。壬寅、元豊の礼を用いて、南郊祭祀が行われた[49]。終了後、赦が発令された。

　その後、西京河南府（洛陽）の会聖宮の御容（肖像画）が、寿寧寺に運び込まれていた[50]。先には、西京から啓運宮の神御（塑像）が行在に奉安されている[51]。揚州には、このように寿寧寺を中心に儀礼的な首都機能が移植されていった。また、仮設された集賢殿で殿試が復活している[52]。

(2) 分散する首都機能

　ところが、郊祀や殿試などを実施した直後に、金軍が揚州郊外にその姿をあらわす。その数はそれほどでもなかったようであるが[53]、城内はパニック状態となった。建炎3年2月、高宗は甲冑をまとって騎馬で脱出するが、「乗輿・服御・官府案牘」は金軍に奪われてしまう。開封からはるばる運ばれた儀式の用具もすべて遺棄された。九廟の神主だけは親事官が背負って運んだが、金兵に追いすがられ、ついに太祖の神主を失ってしまった[54]。ただし、隆祐皇太后をはじめとする後宮の者たちは、前年中に杭州に避難させてあった[55]。高宗も、2月壬戌には

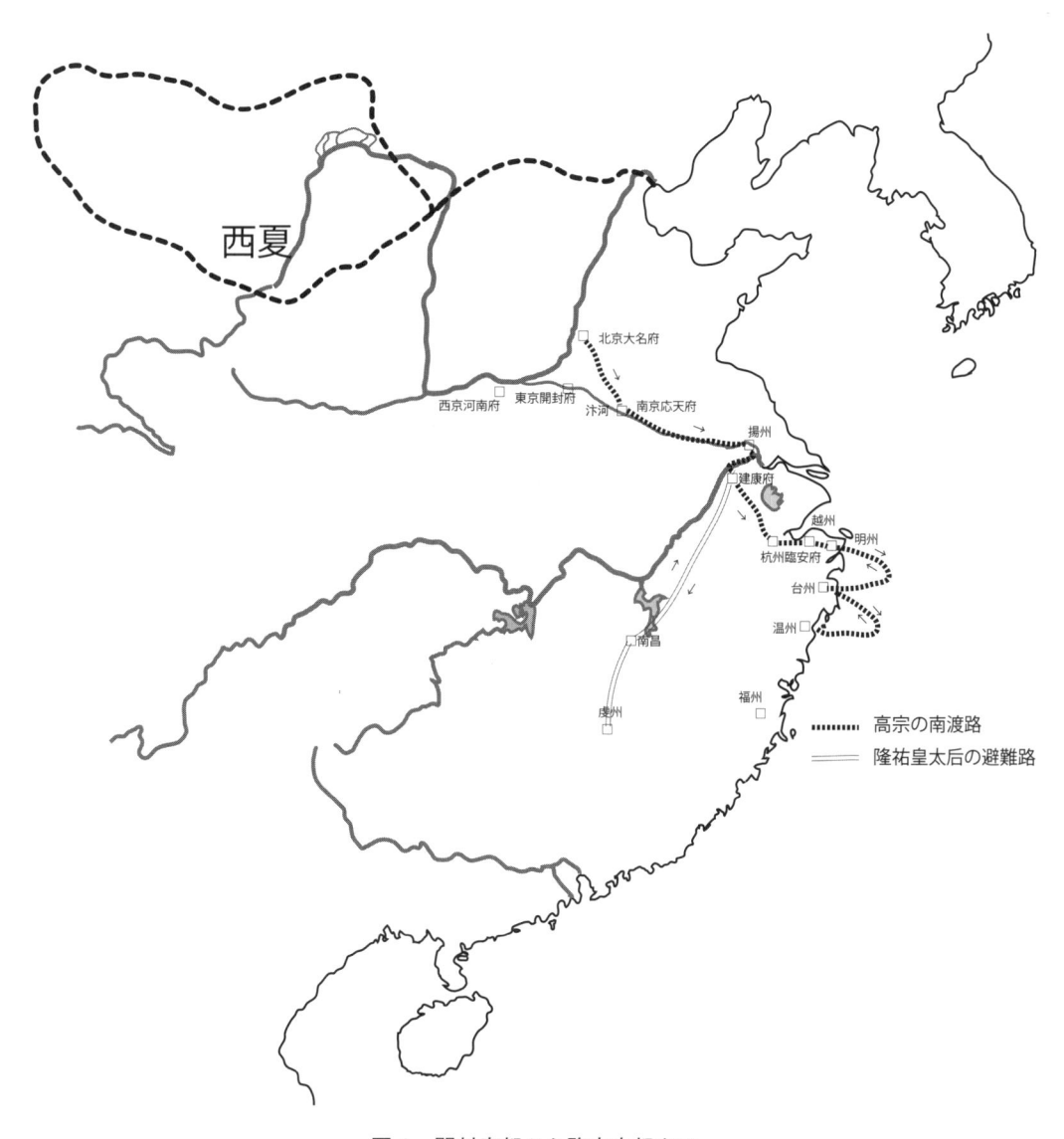

図1　開封廃都から臨安定都まで

杭州に到着し、州治を行宮とした[56]。

　明受の乱の後、対金強硬派が政権につき、復辟した高宗は、杭州から北上し長江に隣接する建康府（江寧府から改名）に巡幸する。次いで、隆祐皇太后も、建康に至るが、まもなく、皇太后が「太廟神主・景霊宮祖宗神御[57]・百司非預軍之者」とともに、高宗とは別行動をとり、豫章（洪州・現南昌）へ赴くことが計画される[58]。

　金の侵入が想定されたための避難であるが、ここで注目すべきは、政府機構の半を太后とともに分離したことである。そこには、南郊儀礼に必要な、「太廟神主」・「景霊宮神御」[59]があり、また、同知三省枢密院事という二府を総合した長官を仮設している。「凡常程有格法事、

及四方奏讞、吏部差注、舉辟功賞之屬、皆隷焉」とあることから、重大な判断を必要としない通常の政府機能はこちらの朝廷が持っていたことがわかる。この計画は実施され、太后の宮廷は、金軍による攻撃にさらされて崩壊寸前になりながら、贛水を遡り吉州から虔州まで避難する[60]。

　高宗とそれを守る軍事部門は、別の方向に巡幸する。杭州から越州、そして金が越州を侵略すると、明州に移動する。明州も占領されたため、12月己丑、海上へ避難し[61]、建炎4年（1130）の正月は台州の海上でむかえた。2月、温州の州治に駐蹕する[62]。祖宗神御は、開封にも数カ所に祀られていた。それらは、南渡とともに移動してきていた。それらを守るために、「景霊宮神御」が温州の開元寺[63]に、「啓聖宮神御」が福州[64]へと、分散して保管されている。先の詔勅には、「景霊宮神御」は、太后一行ととも江西に避難することが命じられていたが、実際には、太后一行が金軍に捕捉された際に喪失したのは「欽先孝思殿神御」であった[65]。景霊宮神御は、「海道」より温州に至っている[66]。高宗の船団中にあったのである。温州開元寺に、「九廟神主」も安置され、そこで、百官を率いて、高宗は神主に朝辞している。これは、南渡してより初めての儀礼であったという[67]。

　この冬の金の攻勢によって、開封は再び陥落した。金は華北を手に入れる。そこに、劉豫を皇帝とする斉が建てられた。臨安などの江南より金は撤退したため、高宗は、北上し、4月越州に「駐蹕」する[68]（紹興2年（1132）正月まで）。

　この時期、天変に対して、ある官僚がこのように発言している。

> 陛下に願うらくは、随宜に措置し、略ぼ宗廟陵寝の祀を修せ。…また天子の在るところをこれ朝廷という。今號令の四方より出る者多し。盡く便宜を假りて、即ち聖旨と同じうす。然るにその大なるものは、虔州一朝廷、秦州一朝廷なり。號令の極もて詔となすに至る。…[69]

　宗廟陵寝の祭祀を略式にても復活することが要請される。また、詔令を発出するという首都機能が分散していることが問題とされている。その中の一つの虔州は隆祐皇太后の宮廷である。秦州も「朝廷」とよばれている。張浚等が守っている西北に残された宋の防衛ポイントである。また権貨務は二分され、両浙の経済的要地である臨安府に出張所が置かれた[70]が、まもなく、臨安府にしか商人が集まらなくなり、行在越州の権貨務は廃止された[71]。このように、草創期、南宋朝廷は、首都機能を分散させていた。高宗の宮廷と太后の宮廷がそれぞれ金軍の攻撃を受けている。つまり、金の集中的な攻撃を分散することになり、結果として南宋政権の存続に寄与したようだ。また、金側にも、夏期の軍事行動が出来ないという致命的な軍事上の欠陥があった[72]。結果的には、建炎3－4年の侵攻を、南宋がしのぐことが出来たのである。

(3) 臨安首都体制の確立——明堂祭祀から南郊祭祀へ

　建炎4年（1130）春、華北に戻った金は、漢人政権斉を建て、南宋との間に緩衝地帯を設け

る戦略に転じる(73)。相対的に高宗政権が安定を見せた8月、隆祐皇太后の宮廷は、越州にて合流している(74)。紹興元年（1131）3月には、饒州から「六宮」（後宮）も越州に至っている(75)。一方、「太廟神主」(76)は、「景霊宮神御」(77)とともに温州に奉安されていた。

　金の冬季攻勢が無かった建炎4年の12月、改元と郊祀の実施が検討された(78)。翌年が3年に一度の大礼の年に当たっていたからである。とくに正月、紹興と改元され(79)、改元の徳音が地方に発せられた(80)。帰国したばかり(81)ではあるが、礼部尚書の地位に昇っていた秦檜は、「大礼」について次のように主張している。

　　頃歳（サキゴロ）、江を渡るとき、冬祀の儀物、散失して殆ど盡く。宗廟の行事、登樓の肆赦、悉くは行うべからず。祫饗にいたりては、又た天地におよばず。おもうに宗廟・明堂は、簡易に似たり。しばし先儒の説を採りて、その父を厳（たっと）ぶの文は略さん。志は帝（テンテイ）を饗（まつ）るに在り。しかして制度の末に拘らざれ。なおあるいは擧ぐるべし、と。議遂に定まる(82)。

　郊祀の儀式に使う祭器は、揚州から長江を渡ったときにほとんど失われてしまった、正式な祭祀はできない、「宗廟・明堂」だけであれば、簡易なので可能であろう、と述べる。仁宗中頃から、郊祀に代わって9月の明堂祀にあわせて天を祀る行事が、一回おきに行われていた。明堂祀は、南郊に比べてパレードが少なく財政的負担が少ないので略式ではあるが多用された(83)。ここでも、明堂祀で行うことになった。翌年9月、前日の温州での太廟神主の朝饗に引き続いて、天地合祭を明堂で執り行い、天下に赦した(84)。無論、明堂を新築したわけではなく、「常御殿」を用いて仮装したものである。高宗は、自ら「明堂」の殿額を親書した。これは仁宗の故事に倣ったものだという(85)。

　この年、越州には、分離していた朝廷が一つにまとまり、明堂における天地の祭祀をはじめてとして制度のいくつかが復興している。また、開封にいた「都人」の最後の避難がつぎのように記録されている。

　　（東京）副留守郭仲荀もまた餘兵を引きて、行在に歸る。…仲荀すでに行き、都人のこれに從いて來るもの、萬を以て數う。京師を離れること數日にして、始めて穀食を得る。これより京師の人の來るもの、遂に絶てり(86)。

　「都人」の行在への避難は数万に上ったようである。この記事は建炎3年8月のものである。江南に到着したのは、行在が越州に戻った翌年の初め頃だろうか。かれらは「都人」とよばれる。非農業人口＝消費階層であったと考えられる。この時期、越州の消費人口は急増したもようである。紹興元年11月に出された詔勅では、「紹興府、餽運にすこぶる艱しむ。以て久しく駐し難し。臨安府に移蹕すべし。(87)」とあり、紹興府（越州）では漕運が必要量を満たせなくなったため、臨安府への移動が宣言されている。ここで臨安府の漕運の便が指摘されていることは注目される。大運河の要衝に当たる臨安は、北宋でも東南地域の集散地であった。早速、翌年紹興2年正月に紹興から臨安に、移蹕している。臨安に移ってから(88)最初の大礼の年、紹興4年（1134）9月には、やはり、臣下が、温州の太廟神主・景霊宮神御を朝享し、次いで

臨安の明堂で天地を親祭している[89]。

それに前後して臨安では、明堂[90]や、太廟[91]が建設されている。ただし、「詔、臨安府、修蓋瓦屋十間、權充太廟。」ということで、太廟に相当する施設を仮設して、そこに温州から運んできた神主を並べた程度であった。その際の反対者（御史張致遠）の発言（紹興5年2月）は、興味深い内容を含んでいる。

 陛下、このごろ平江より、進發するの間より、先に指揮をくだし、暫く臨安にかえるも、江東帥漕に委ね、建康路・遂省部百司の倉庫等を繕治せんとし、圖を具して來上せしむ。駕の臨安にいたるにあたり、又たさきに官を差わし太廟神主を奉迎するを議し、梁汝嘉をして、同文館を雅飾して權に太廟に充てんとす。中外これを聞き、忭踏（ヨロコビオドリ）せざるなし。咸な謂う「陛下の進都の意決せり」と。竊かに聞くならく、建言するものおもえらく、「同文館、隘陋にして勝わず、當に別に營造すべし。…國（みやこ）を偏方にえらぶを顧みて、正に九筵複棟にして、嚴潔をきわめよ」と。萬一、四方に傳播し以為らく「朝廷、叛めて太廟を建てる。茲（いまここに）焉に定都せんか」と。人人は解體し、以て家至戸曉（シユウチデンタツ）し難く、興復の大計を失うに至らん。臣恐らくは、祖宗は在天の靈なり。未だ必ずしもこれを樂しまず。外議を採るに、謂らく、同文館若し就ち葺飾を加えれば、亦た崇奉に足る。必ず已むをえざれば、惟だ明慶寺あるのみ。伏して睿斷を望むらくは、臣二說を以て一を擇びてこれを用いんことを、あるところの別に太廟を建てるの指揮は、改めて建康にて先次營造を計置するに付さんことを乞う。以て祖宗在天の靈を慰め、以て將士軍民の望を繫ぎ、以て敵人が窺伺するの謀を絶てば、天下、幸甚たらん、と[92]。

まず、建康に百司の倉庫をつくる命令が出され、その直後に、太廟の神主を温州より臨安に迎えることが発表された。太廟は同文館を「雅飾」して仮にそれにあてるという。人々は、高宗が建康に「進都」し、中原回復を目指す意志を固めたとして喜んだという。ただし、一方では、同文館では狭隘であるため、別に太廟を建設することが企てられているらしい。地方に太廟を作るのであるからかえって、壮麗を極めるべきだという意見も聞こえてくる。これが人々に伝達されれば、臨安に「定都」することが国家意志と認識され、中原を回復することが不可能になってしまうから、神主は同文館か、明慶寺を仮の太廟として奉崇すべきだ。

以上が、この上奏の大意である。この上奏には、「進都」と「定都」という「都」の移動に関わる熟語が使用されている。この場合の「進都」とは、臨安にとどまらず建康に巡幸し中原回復を目差すことのようである。当時の政治状況の中では、臨安における太廟の建設を、本格的に行うのか、それとも仮設のものにとどめるかは、対金関係の積極策と消極策のどちらを採用したかを表象する重要な問題だったのである[93]。

このような主戦派士大夫の世論を反映して、結局のところ、「後二日有詔、（梁）汝嘉隨宜修蓋、不得過興工役、俟移蹕日、復充本府使用。」という命令がだされる。つまり、仮設の太廟を建設し、中原を回復してのち、臨安府が使用できるようなものにすることが決められた。紹

興5年4月、温州を離れた太廟神主は、宰相以下の貴顕の出迎えを受け、臨安の太廟に奉安される(94)。

その2年後、高宗は建康にあった。中原回復を主張する張浚が政権を担ったからである。紹興7年（1137）9月、常朝殿で聖祖に朝献、ついで、建康に仮設された太廟に朝饗、明堂で、天地を祀った。景霊宮の神御は、依然として温州にあり、臣下が派遣されて祭礼が行われた(95)。聖祖へ酌献は、その代わりである(96)。ただし、8月に発生した「淮西の兵変」により、張浚は明堂祭祀の直後に、引責辞任したため、高宗は、臨安に戻った(97)。

翌紹興8年（1138）12月、秦檜が中心となり第一次宋金和議が成立し、開封を含む河南地方が返還されたが、開封に還都することは無かった。それどころか『宋史』巻29、高宗本紀、紹興8年の条の末尾（538頁）には、「是歳、始定都于杭」と記されている。これは、『宋史』の地の文である。『宋史』の材料となった宋朝の『正史』に書かれていたものと推測される。すなわち、宋朝の政治的見解ともいえる。

なお、紹興8年3月、建康から臨安府に戻ったときの詔勅には、

> 昔、光武の興に在りては、洛に定都すると雖も、車駕は往返せり。前史に見ゆる者、一に非ず。用って能く英威を奮揚し、遞（しだい）いに天討を行い、上は隆漢を繼ぐ。朕、甚だこれを慕う。朕、祖宗の休（サイワイ）を荷い、克く大統を紹ぐに、夙夜危懼して、その居を常にせず。このごろ建康に巡幸し、淮甸を撫綏し、既已（すで）に申ねて邊圉を固め、六軍を獎率（かさ）す。是れ故に復た臨安に還り、内に政事を修し、甲兵を繕治し、以て基業を定めんとす。霜露の苦を厭いて、宮室の安を圖るにあらざるなり。故にここに詔諭し、宜しく知悉せんと想う(98)。

とあり、これまでは、巡幸を重ねてきたが、十分にその目的を果たしたので、臨安で、内政を固めると同時に、武器を整備し王業の基礎を確立しようという。移動することを常としていた宮廷を臨安に留める宣言である。明確さに欠ける憾みはあるが、事実上の「定都」を発令したといえよう。実際にこれ以降臨安からの巡幸はなくなる。臨安が都城である法制的根拠はこの詔勅といえよう。先に引用した『宋史』高宗本紀、紹興8年の「是歳、始定都于杭」という記事はこの詔勅を反映していると考えて間違いあるまい。

和議は紹興10年5月に破れ、開封は再度金に占領される。この短い回復期間に、開封に還都することはなかった。むしろ、開封の啓聖宮に奉安されていた欽先孝思殿の「御容（肖像画）」50軸が、臨安に運ばれる(99)。また、紹興9年（1139）8月、「郊廟禮器」が捜索されている(100)。史料には「これを舊都に訪ねり。」とある。当時の開封は、過去に首都であった廃都であり、新都で使用する遺物を求める場となっていた。

ここで注意したいのは、開封で捜索されたのは、「郊廟禮器」であったことである。すなわち、明堂祭祀ではなく、都城としての南郊祭祀に本格的に臨安で取り組もうという意志の表れであった。その証拠に、同年9月、温州から景霊宮神御を移動する命令も出されている。ただし、この時は、沿路の住民を苦しめるという理由で、中断される(101)。これは、宋金和議が破綻し

たことが直接の原因であろう(102)。したがって、翌年10年9月には明堂で天地をまつる(103)。

　紹興12年（1142）、第二次宋金和議が結ばれた。その翌年、紹興13年9月、温州にあった景霊宮神御が、海路、臨安に運ばれ、高宗、秦檜らをはじめとする貴顕は総出で迎拝した(104)。それに先だって、劉光世の賜第を景霊宮に改修していた。そこに神御が奉安されたのである。10月に、南郊壇が、南の郊外に完成している。これまでの暫定的な明堂祀による祭天ではなく、本格的な南郊儀礼を行うところが画期的である。11月、かつての開封で行われたように、景霊宮の神御、太廟の神主、そして郊壇での天地合祭という一連の行事が復活する。

　①戊午、上服袍履、乘輦。詣景靈宮、行朝獻之禮。遂赴太廟、宿齋。
　②己未、朝饗太廟禮畢。上服通天冠絳紗袍、乘玉輅。齋于青城。
　③庚申、日南至、合祀天地于圜丘(105)。

この南渡後初めての正式な郊祀の実施をもって、臨安に、開封にかつて存在していた祭祀面での首都機能が、移動集中したことになる。すなわち臨安は、ここにおいて「第二の開封＝宋都」となったのである。臨安を首都とし、淮河以南を領域とする「南宋」という国家の成立を宣言する画期的な大礼であったといえるのである。これにより、臨安首都体制、すなわち、建康を行在所にすることで中原回復を目指さず、金との和議を国是とする体制(106)が確立したことを示したといえよう(107)。

　なお、北宋時代には、京師の南北で天地を分祭するか、南郊にて天地を合祭するかの議論が行われた。おおむね合祭で行われたが、新法時代には、分祭されることもあった。この南宋最初の郊祀では、元祐の礼を用いることが宣言され(108)、新法時代の議論は退けられている(109)。これは新法政治を否定する南宋政府の政治姿勢に対応している。

　これ以降、高宗・孝宗朝（前半）では、南郊祭祀が3年おきに行われている(110)。明堂祭祀は、宮中が祭祀の中心となるため、皇帝の身体の露出はすくない。皇帝の身体を住民に見せることで、首都住民との一体性を確保する機能は、南郊が優れるのである。高宗そして孝宗前半の南宋草創期に、南郊が連続して行われたことには、「中興」時期の政策的な意図が感じられる。それに対し、南宋後半は、ほとんどが明堂になってしまう。梅原郁氏も指摘するように、南宋の衰退と関係がありそうである(111)が、今後、検討する余地があろう。

3　「都人」の再生と『東京夢華録』の成立

　さきに触れたように、靖康の変に際し、金によって、開封から、宋朝の皇族から大衆文化の担い手に至るまでの人的資源と、礼楽の器具や図書など多くの文化資源が持ち去られた。それらは北宋の歴史過程の中で蓄積されたり生成された物的人的資産であった。一方で、高宗政権は、金が持ち去らなかった太廟の神主や、景霊宮の神御などを、南方に携行した。このような

首都機能の喪失とともに、首都住民（史料では「都人」と称されている）の行在への脱出も記録されている（先述）。ただし、残留した住民もあり、都市としての実態を完全に失われたというわけではない。金においては、都市の規模は宋代の旧城の領域に縮小している。外城域は、荒廃して往時を見る影もなく、農地となっているところもあったという[112]。宋都開封は、かつて「都人」だった故老が語る記憶の中の「京師」となった。その故老の一人が書いた書物が『東京夢華録』である。

一方、南宋の都城となった臨安の人口は、北宋時代の開封に匹敵するものになる[113]。北宋時代の杭州住民は約40～50万人といわれている[114]。それを凌駕する新住民がわずかの間に移住した。食料は、かつては開封に運ばれていた穀物によって賄われたのである。そして、新しい都城空間の中で、両者は共生するようになった。南宋の史料にも散見されるのが「都人」という言葉である。かつて、開封住民に対しても用いられていた言葉であるが、首都住民という意識を共有する集団ということになろう。最後に臨安における「都人」の出現を考察して、臨安定都をめぐる分析を一段落することにする。

本論でしばしば言及してきた、宋朝における郊祀儀礼は、以下のような、メディアとしての機能をもつ[115]。

第一。景霊宮から、太廟、円丘と三日間にわたり、皇帝が象を先頭とする数万の隊列を率いて御街をパレードする。それを熱狂的に迎える首都住民は皇帝一行と空間を共有することを通じ、皇帝政府との一体感、すなわち「都人」であることを意識するのである。

第二。儀礼の最後に大赦令が出される。北宋では、宣徳門（楼）から、まさに「徳」を宣するという意味で皇帝自らが大赦を下した。都人はその場に立ち会うことで、皇帝の徳を直接実感する。都城外の「天下」には、印刷された赦文が、馬遞によって配達された。郊祀が行われたのが開封である、というメッセージとして「赦文」が各州県城で宣読されたのである[116]。

前節では、臨安で初めて行われた画期的な南郊儀礼として紹介した紹興13年の南郊儀礼ではあるが、実のところ、開封での儀礼を完全に再現できていない。たとえば、『要録』によると、宮城の正門（麗正門）での皇帝自らの大赦の発令（「端門肆赦」）が行われておらず、赦文を宮城内で発令したという[117]。また、金によって持ち去られたり、揚州などで失われていた「銅玉」の祭器は、「権」に「陶木」によって作られ、「文綉」を用いるべきところも、「纈」で代用されていた[118]。それが紹興16年には、景鐘をはじめとして、復元されている[119]。御街でのパレードで、車駕の行列を先導する象が不在だった[120]が、紹興16年6月、安南が「馴象十」を献上してきた[121]。この11月に行われた二度目の南郊で住民を驚かせたことだろう。宮殿正門（麗正門）での、「端門肆赦」も、この時、始めて行われたようだ。

このように、紹興16年の大礼は、ほぼ開封での儀典を再現したものであったといえる。住民は、この二度の円丘祭祀という祝祭に参加し皇帝の身体を直接視認し、徳を実感した。「都

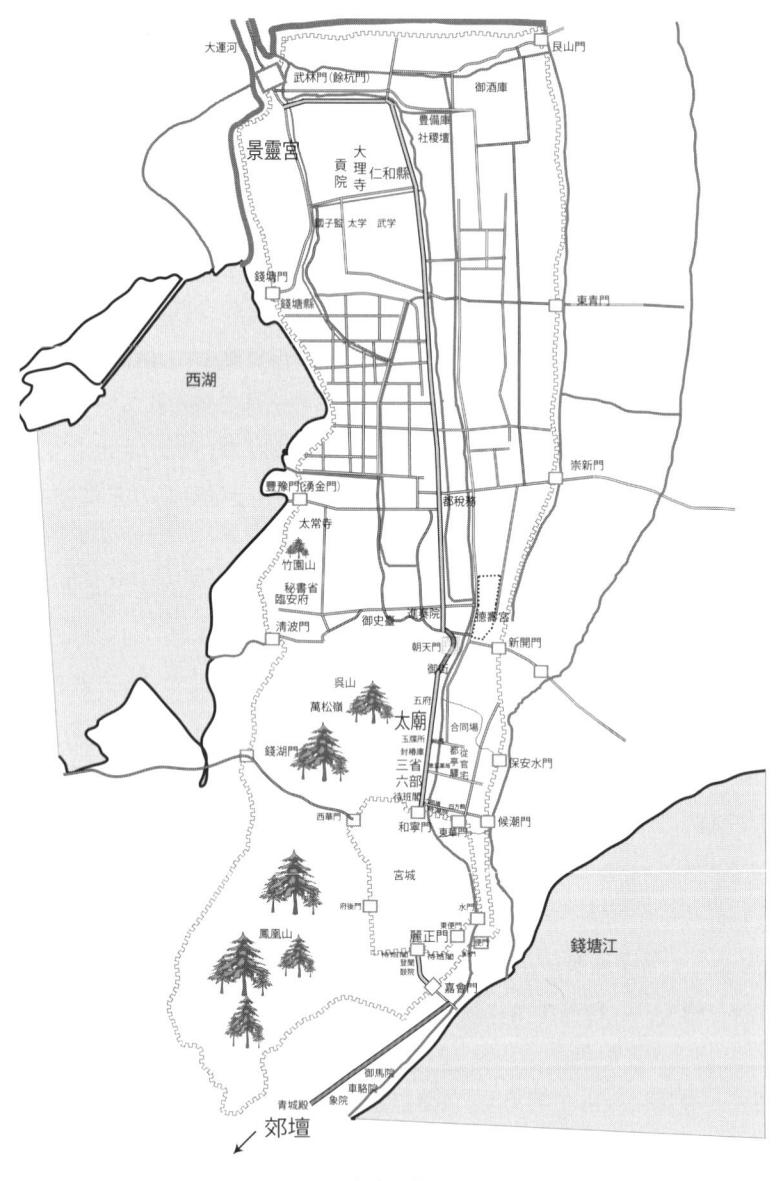

図２　臨安南郊関係図

人瞻仰天表、御街遠望如錦」（『夢粱録』巻6、浙江人民出版社、1984、48頁）。これは、御街のパレードの時に、沿道の「都人」が「天表」（皇帝の尊顔）を見上げている様子を表した史料である。臨安では景霊宮が北辺にあるため、そのパレードの移動する御街は臨安の南北に及んでいた。紹興13年の南郊について、「禮官以行在御街狹故、自宮徂廟不乘輅、權以輦代之。」(122)とあるように、臨安御街は、開封のそれよりもよりも格段に狭い。逆に、より近いところから皇帝の尊顔を拝することが可能であった。視覚的メディア性は開封に比べても大きいものとなろう。臨安の新旧住民の間の矛盾を止揚し、首都住民（「都人」）であることを意識させる役割を果たしたのではないかと考えられる。

さて、生活習慣の面でも、新旧住民は一つの集団となってゆく。南宋中期の著作である周煇、『清波雑志・別志』巻2には、「今臨安にて貨る所の節物、皆な東都の遺風を用う。(123)」という一節がある。すなわち、臨安住民が「皆」、開封の風習に従った「節物」を用いていたことが示されている。『武林旧事』にも、同様に「東都遺風」が臨安の庶民社会に広がっていることを指摘する箇所がいくつか見られる(124)。臨安定都の時点からその「遺風」の定着は始まった

ことだろう。臨安に定住した様々な地域からの避難民と従来の杭州市民が、皇帝の「お膝元」で共生することになった。そこでは、「都人」としての生活スタイルが模索されことであろう。結局それは、旧都開封の習わしの模倣であった。たとえば、『夢粱録』には、「村落野夫」が「開封」に出てきたことに題材とした演劇が行われたことが記されている。登場人物が山東・河北の老農に扮装して現れ、笑いを取ったという[125]。臨安の人々が、自分たちがかつての開封人と同等の「先進的」な都人と考えるようになっていたことの一つの証左といえよう。

　孟元老が『東京夢華録』を完成させたのは、丁度、紹興16年（1146）のつぎの年のことである[126]。徽宗時代開封の繁華と歳時を詳細に記した『夢華録』は、再建途上の「都人」社会のニーズに応える格好の書といえる。孟元老のこの書は、俗人むけの文体で書かれているという[127]が、読者の対象が臨安の都人を中心とする民衆だったからなのではないか。孟元老も自序で、「この録の語言、鄙俚なり。以て文飾せざるは、蓋し上下通暁せんと欲せしのみならん。観るものこれを詳かにすれば幸なり。[128]」と述べている。

　以上のように、この書は臨安に於ける「都人の再生」を背景として誕生したものといえよう。ただし、印刷出版されたのは、脱稿した紹興年間ではなく、40年後の淳熙14年（1187）のことだった[129]。臨安定都直後、直接に大きな影響を及ぼしたとは考えがたい。しかし、『武林旧事』歳除には、大晦日の習わしについて、「おおむね夢華の載するところの如し。[130]」とあり、影響があったことは確実である。この問題についてに、つぎにように考えたい。「紹興の始め、故老が間座するのとき、必ず京師の風物を談ず[131]。」とあるように、著者のような旧都繁華を語る故老は、数多く存在していたのである。彼らの口コミによって、旧都の遺風は普及していった。跋文にも、

　　今甲子一周し、故老、淪没して舊聞遠かりき。後餘に生れる者は、尤も而りて知るを得ず。すなわち西北の寓客は談を絶てり。因りて木に鋟み以ってこれを廣め、觀る者をして古都の樂を追念せしむ[132]。

と記されているように、彼らが鬼籍に入って初めて、『夢華録』は出版されるに至ったのである。

　いずれにしても、孟元老ら故老は南渡してきた「都人」である。かれらの個別であるが共通の行動によって、開封の遺風は臨安に伝達された。それが都人社会の再建に深く関わったといえる。郊祀などによる上からの働きかけとは別のレベルからの運動である。「東都遺風」は、臨安都人の社会結合における一つの紐帯となった考えられる。

おわりに

　臨安に定都してより、中興南宋政権や、新旧の都人たちは、臨安において開封での儀礼や歳時の習慣などを再現しようとした。しかし、完全なコピーにはならなかった。まず、物理的空

間の制約、気候風土の違いがある。さらに、中興政権独特の政治文化は、再現の仕方を限定的なものとしたと考えられる。たとえば、定都後も、対金積極派は、完全なる首都機能の整備に反対しつづける。たとえば、円丘と併せて、開封には、青城があり、皇帝の潔斎の場として使われていた。臨安では、それをあえて略式にしている。これは、「中原回復」を主張する一派への配慮であった[133]。和議の現実の一方で華夷観[134]が発展し、北宋の版図を理想とする主戦論がくすぶり続けたことは、臨安が「京師」となることを拒んだといえよう。いつかは廃棄する仮の都という思想を満足させる部分が残されたのである。それが、「行在」と称され続けた臨安独特の都城空間を生み出したといえよう。

　開封都人の生活を臨安都人へ伝達する役割を果たしたと考えられる『東京夢華録』ではあるが、著者があえて記述していないとおもわれる徽宗時代の開封の建造物があり、注目される。よく言われているのは、道教主義の象徴である艮嶽について言及がないことである。あるいは、大相国寺は、徽宗後半、大相国宮と称せられていたことも触れられていない。廃仏により道観にされていたのである[135]。このような「曲筆」が孟元老自身が書いたときにすでに施されていたのか、それとも上梓する際に削られたのかは定かではないが、南宋草創期の徽宗時代・蔡京政権にたいする負の評価が関係していると思われる。それは、開封を臨安で再現することに一定の枠をかけることになったのではないか。

　上元観灯の盛事についての『夢粱録』元宵の記事[136]には奇妙な感覚を誰もが抱くであろう。臨安の記事の前に、大内の前に盛大な装飾が施された徽宗時代の開封の盛事が示される。ただし肝腎の臨安の記事はそれとは別である。開封ほど規模は大きくなく、皇帝が出御して、都人と一体化して祝祭を楽しむという演出もなかったことが示される。都城における「与民同楽」という理念にたいする差異が両宋間には存在するようだ。都人を対象とした「与民同楽」の都城空間形成を推進したのが蔡京とその周辺であった[137]ことは注目すべきであろう。ここに、開封と臨安の都城空間の比較検討すべき異質性が潜んでいるのではないだろうか。この問題については、別稿にて論じることにしたい。

註

(1)　元、脱脱『宋史』中華書局、1975年、高宗本紀、紹興8年、538頁には「是歲、始定都于杭」とある。
(2)　高橋弘臣「南宋初期の巡幸論」『愛媛大学法文学部論集　人文学科編』15号、2003年。
(3)　この問題に関して専論として高橋弘臣「南宋の皇帝祭祀について」『文化伝統の継承に関する総合的研究』愛媛大学法文学部、2010年および高橋弘臣「南宋の皇帝祭祀と臨安」『東洋史研究』69-4、2011年が発表されている。本論第二節と論点が重なるが、多少付け加える点もある。なお本論自体は、開封の廃都問題を視野に入れたものである。両宋都城の移行過程を論じ、少しく視点を引いたところにおいている。斯界に裨益することが多少ともあるのではないかと考え公表する。
(4)　久保田和男「メディアとしての都城空間と張擇端『清明上河図』──五代北宋における政治文化の変

遷の中で」伊原弘編『「清明上河図」と徽宗の時代』勉誠出版、2012年。

(5) 宋、李綱『梁谿集』巻171、靖康傳信録上、文淵閣四庫全書には、「既有內侍領京城所陳良弼、自內殿出奏、曰、京城樓櫓創修百未及一二、又城東樊家岡一帶、壕河淺狹。決難保守。」とある。

(6) 攻城戦の詳細は、清、黄以周等『續資治通鑑長編拾補』中華書局、2004年、第4冊1827・1828頁等を参照。

(7) 『續資治通鑑長編拾補』第4冊、1830頁。

(8) 宋、楊仲良『資治通鑑長編紀事本末』巻149、二聖北狩、文海出版、1967年、第8冊4479頁によると、「金一千萬鋌、銀二千萬鋌、縑帛如銀之數」を金は軍への「犒」として求められたという。それに対し、金13万8千両、銀600万両、衣緞100万匹が集められ（4483頁）、数日後、さらに金7万5800両、銀114万5000両、衣緞4万8400匹（4489頁。原文では84匹であるが、『續資治通鑑長編拾補』巻59によって改める）が追加された。

(9) 明、陳邦瞻『宋史紀事本末』巻57、二帝北狩、中華書局、1977年、596頁。

(10) 財宝については、宋、李心伝『建炎以來繫年要録』（以下『要録』）巻2、建炎元年2月丙子の条、中華書局、1988年、54頁。

(11) 『宋史紀事本末』巻57、二帝北狩、599頁。

(12) 宋人、『靖康要録』巻15、『叢書集成新編』新文豊出版公司、1986年、靖康2年正月26日、116冊780頁。

(13) 『要録』巻1、建炎元年1月庚申、35頁。

(14) 渾天儀は、燕京で設置され直されたが、緯度の違いがあるため調節が必要だったという。山田慶兒・土屋榮夫『復元 水運儀象台 十一世紀中国の天文観測時計塔』新曜社、1997年、32頁。

(15) 『宋史紀事本末』巻57、二帝北狩、601頁。

(16) 元、脱脱『金史』巻70、宗憲伝、中華書局1975年、1615頁には、「本名阿懶。頒行女直字書、年十六。選入學。太宗幸學、宗憲與諸生俱謁。宗憲進止恂雅。太宗召至前、令誦所習、語音清亮、善應對。侍臣奏曰、此左副元帥宗翰弟也。上嗟賞久之。兼通契丹・漢字。未冠、從宗翰伐宋。汴京破、衆人爭趣府庫取財物。宗憲獨載圖書以歸。朝廷議制度禮樂、往往因仍遼舊。宗憲曰、方今奄有遼宋。當遠引前古、因時制宜、成一代之法。何乃取遼人制度哉。希尹曰、而意甚與我合。由是器重之。」とあり、この時に阿懶が持ち帰った、礼器や図書が、金の制度改革に影響したことがわかる。

(17) 宋、徐夢莘『三朝北盟會編』巻77、靖康2年正月25日、上海古籍出版社、1987年、583頁。

(18) 『要録』巻4、建炎元年4月辛酉、92頁。

(19) 「是日、上元節。二帥、即劉家寺張燈、宴設甚盛。凡景龍門所用、金燈、瑠璃珠、瓔翠、羽飛仙之屬。皆取去。」（『要録』巻1、建炎元年1月乙巳、30頁。）

(20) 久保田和男「メディアとしての都城空間と『清明上河図』――五代北宋における政治文化の変遷の中で」（前掲）を参照。

(21) 『資治通鑑長編紀事本末』巻149、二聖北狩、4493頁によると、「辛酉、虜營始空、其行甚遽、以四方勤王兵大集故也。營中遺物甚多、令戸部拘收。象牙一色至二百擔。他不急之物稱是。秘閣圖書、狼籍泥土中。金帛尤多、踐之如糞壤。」とある。

(22) 『要録』巻3、建炎元年3月乙巳、74頁。「邦昌請不毀趙氏陵廟、罷括金銀、存留樓櫓、借東都三年、乞班師、降號稱帝、借金銀犒賞。凡七事、敵皆許之。」

(23) 『續資治通鑑長編拾補』巻60、1890頁。

(24) 『資治通鑑長編紀事本末』巻149、二聖北狩、4491頁。

(25) 『要録』巻4、建炎元年4月丁卯、101頁。

(26) 『要録』巻4、建炎元年4月庚戌、107頁。

(27) 宋、李心伝『建炎以来朝野雜記』甲集巻4、八寶、中華書局、2000年、103頁には、「京城破、自定

命寶外、悉為敵所得。而大宋受命之寶、邵澤民侍郎、紿以隨葬、乃得全。張邦昌、將復辟、遣謝任伯参政、奉寶、歸於高宗。」とある。

(28) 『三朝北盟會編』卷101、建炎元年5月1日、741頁に引く汪伯彦『中興日曆』には「先是四月二十七日、元祐皇后詔、令遣王時雍・徐秉哲、備車馬法駕儀杖等。百官庶務各分一半、發船載。宮嬪及張邦昌等、前赴南京迎請。又命內侍邵成章・王兗、管押乘輿服御輦儀仗、至南京勸進。」とある。

(29) 『三朝北盟會編』卷104、建炎元年5月17日、763頁には、「金人陷落河中府、知軍府事郝仲連被殺。十七日丙午、天章閣待制知同州唐重、上書。臣於今月十七日、恭擥。初一日皇帝登寶位敕書、望闕宣讀、人人感慨流涕。當国步多艱之際、忽聞詔音。以定神器、宗廟社稷不缺祭祀、四海生靈不忘舊戴、誠千萬世之幸、累日祇誦紬繹詞旨。」とあり、河中府に件の敕書が到着したのが、5月17日であったことが分る。

(30) 『梁谿集』卷174、建炎進退志總叙上。

(31) 『三朝北盟會編』卷98、靖康2年（1127）6月2日の条、724頁には「是時、康王登寶位赦文、傳至燕山。二太子（完顔宗望＝斡離不のこと）、得之、封呈道君。道君、即召貴妃相賀、喜動龍顔。」とある。

(32) 『要録』卷7、建炎元年7月丙申、177頁。

(33) 『梁谿集』卷175、建炎進退志總叙下。「命進奏院邸吏、分兩番、赴行在。增給食錢。朝廷差除、鏤板傳報外路。增置馬遞舗、添給錢糧。命令始通州郡。命綱運入京者、還載諸部公案圖籍、赴行在官府、始有稽考。蓋行在草創、凡百皆逐一施行措置、悉類此也。」（この史料は邸報が印刷されたことを示す貴重な資料である。）

(34) 久保田和男「宋朝における地方への敕書の伝達について」『史滴』33号、2011年参照。

(35) 『要録』卷7、建炎元年7月乙巳、184頁。

(36) 『要録』卷7、建炎元年7月丁未、186頁。

(37) 『要録』卷7、建炎元年7月丁未、187頁。「知開封府事、到二十餘日。物價市肆、漸同平時。每觀天意、眷顧清明。每察人心、和平逸樂。且商賈・農民・士大夫之懷忠義者咸曰、若陛下歸正九重、是王室再造、大宋中興也。」

(38) 『要録』卷9、建炎元年9月乙巳、220頁。「今東京市井如舊。上下安貼。但嗷嗷之人、思望翠華之歸、謁款宗廟、垂衣九重。不啻飢渴之望飲食、大旱之望雲霓也。臣竊謂、陛下一歸、則王室再造矣。中興之業復成矣。」

(39) 久保田和男「メディアとしての都城空間と『清明上河図』——五代北宋における政治文化の変遷の中で」（前掲）69頁を参照。

(40) 『梁谿集』卷175、建炎進退志總叙下。「初汴河上流、為盜所決者數處、決口有至百步者。閉塞久不合、乾涸月餘、綱運不通。兩京乏糧、米價騰湧。朝廷責降都水使者陳求道・榮嶷、皆為散官、依舊領監事。又命提舉京城所陳良弼、同共措置。二十餘日、而水復舊、綱運沓來。乃令三分、留一於行在。每綱到、即間撥入京師。糧始足、米價始平。…商賈始通、人情始漸復舊。」

(41) 山内弘一「北宋時代の神御殿と景霊宮」『東方学』70、1985年によると、神御殿は「肖像画乃至塑像」をおさめたという。ただし、『宋史』卷109、礼志・景霊宮、2624頁には「景霊宮以奉塑像」とある。『宋史』卷109、礼志・神御殿、2627～2628頁には「神御於温州開元寺、暫行奉安。章聖皇帝與后像、皆以金鑄。置外方弗便。」とあり、真宗と劉太后の神御は、金像であったことが分る。

(42) 梅原郁「皇帝・祭祀・国都」中村賢二郎編『歴史の中の都市』ミネルヴァ書房、1986年、291～292頁を参照。

(43) 『要録』卷3、建炎元年3月壬子、79頁には、「初太常少卿劉觀、在圍城中、與少卿兼權起居舍人汪藻謀、夜以栗木、更刻祖宗諸后神主二十四。而取九廟神主、累朝冊寶、金鐘、玉磬、悉埋之太廟中。觀眉山人也。（注）此事、不得其日。據觀行狀、在今春。而藻正月十日已從駕出城。恐是觀因敵入景

靈宮、取神御物、而有此謀。故附藻入城之後。或可移附正月己亥淵聖臨出城時。」とある。

(44) 『要録』巻5、建炎元年5月乙未、121頁には、「恭謝鴻慶宮。上大慟、羣臣皆哭。太常少卿劉觀、因導駕、面陳藏九廟神主事。上嘉嘆久之。」とある。

(45) 『靖康要録』巻16、靖康2年3月5日、116冊789頁には、「今則社稷不毀、廟主如故。祖宗神御皆幸獲全。」とある。

(46) 『要録』巻10、建炎元年10月癸未、236頁。

(47) 『要録』巻17、建炎2年8月庚辰、349頁「庚辰、詔、東京所屬官司、般發祭器・大樂・朝祭服・儀仗・法物、赴行在。時上將祀天南郊、命有司築壇於揚州南門內江都縣之東南。而從行無器仗、故取之舊都焉。」

(48) 『要録』巻18、建炎2年11月庚子、369頁。

(49) 『要録』巻18、建炎2年11月壬寅、369頁。

(50) 『要録』巻19、建炎3年正月己丑、380頁。御容については、石田肇「御容の交換から見た宋遼関係」『東洋史論』4号、1982年を参照。

(51) 『要録』巻17、建炎2年是秋、355頁。

(52) 『要録』巻17、建炎2年9月庚寅、351頁。路で臨時に行われた省試の合格者を集めたものだが、交通途絶によって参加できなかったものも多かったという。

(53) 李心伝『建炎以来朝野雑記』甲集巻5、中興定都本末、中華書局、2000年、119頁によると、粘罕が派遣したのは5千騎だったという。

(54) 『要録』巻20、建炎3年2月癸丑、392頁。

(55) 『要録』巻18、建炎2年10月甲子、360頁。

(56) 『要録』巻20、建炎3年2月壬戌、400頁。

(57) 開封の景霊宮の神御を、金は持ち去ろうとしたようであるが(『要録』巻3、建炎2年3月壬寅、71頁。「金遣使入景靈宮取神御等物。」)、実行できなかったのであろう。

(58) 『要録』巻25、建炎3年7月壬寅、515頁には、「詔、迎奉皇太后率六宮往豫章。且奉太廟神主・景靈宮祖宗神御、以行。百司非預軍旅之事者、悉從。以參知政事李邴、端明殿學士簽書樞密院事滕康、並為資政殿學士。邴權知三省樞密院事、康權同知三省樞密院事。凡常程有格法事、又四方奏讞、吏部差注、舉辟功賞之屬、皆隸焉。」とある。

(59) ここでは、「景靈宮神御」と記載されているが、のちに、太后一行が失ったものは、「欽先孝思殿神御」であるという記事もあり(『要録』巻29、577頁)、疑問がのこる。さらに、温州に保管されたのも「景靈宮神御」とされており、紹興13年、臨安首都体制確立の総仕上げとして、温州から臨安に華々しく迎えられている(『要録』巻150、2413頁)。したがって、後者が景靈宮神御であった可能性が高いだろう。『建炎以來朝野雜記』甲集巻2、76頁、景靈東西宮の項も参照。

(60) 『要録』巻29、建炎3年11月丁卯、577頁。

(61) 『要録』巻30、建炎3年12月己丑、586頁。

(62) 『要録』巻31、建炎4年2月庚寅、611頁。

(63) 『要録』巻31、建炎4年2月己丑、611頁。

(64) 『要録』巻31、建炎4年2月乙亥、607頁。啓聖宮は開封の旧城西部にあった。太宗が生まれた屋敷を道観にしたものである。

(65) 『要録』巻29、建炎3年11月丁卯、577頁。また、清、徐松輯『宋會要輯稿』中華書局、1987年、礼13-9によると、江西へ向かった一行は、神主と欽先孝思殿神御を奉安していた。この宮殿は宮城中の一殿であり(『宋史』礼志、巻109神御殿の項、2627頁)、そこには神御と御容があった。御容は、紹興9年、一時的に南宋が開封を取り戻した際に、臨安に運ばれている(『要録』巻128、建炎9年5月庚寅、2075頁)。御容とは、絵画による肖像。

(66) 『要録』巻36、建炎4年8月庚寅、695頁。
(67) 『要録』巻32、建炎4年3月己未、623頁。
(68) 『要録』巻32、建炎4年4月癸未、630頁。
(69) 『要録』巻33、建炎4年5月壬子、644～645頁。「願陛下、随宜措置、略修宗廟陵寝之祀。…又天子所在謂之朝廷。今號令出於四方者多矣。盡假便宜、即同聖旨。然其大者、虔州一朝廷、秦州一朝廷、號令之極至為詔矣。願條約便宜事件、度其緩急。特罷行之。申節張浚等、止降指揮、勿為詔令。防守者國家之大計也。」
(70) 『要録』巻32、建炎4年3月乙未、634頁。
(71) 『要録』巻36、建炎4年8月甲寅、695頁。
(72) 『要録』巻37、建炎4年9月辛丑、702頁。
(73) 高橋弘臣「南宋初期の巡幸論」(前掲)57頁を参照。
(74) 『要録』巻36、建炎4年8月庚辰、688頁。
(75) 『要録』巻43、紹興元年3月戊申、780頁。
(76) 『要録』巻38、建炎4年10月癸酉、721頁。
(77) 『要録』巻36、建炎4年8月甲寅、695頁。
(78) 『要録』巻40、建炎4年12月庚寅、748頁。
(79) 『要録』巻41、紹興元年正月己亥、753頁。
(80) 『要録』巻41、紹興元年正月癸亥、759～760頁には、湖南に出張中の官僚が、徳音を読んで、「不覚感泣」したと報告している。紹興元年正月は、己亥朔であり、25日後に湖南に赦書が届いていたことになる。馬遞など情報伝達機能が機能していたことが、これによって判明する。
(81) 『要録』巻39、建炎4年11月丙午、733頁。
(82) 『要録』巻42、紹興元年2月戊寅、766頁。「頃歳渡江、冬祀儀物、散失殆盡。宗廟行事、登樓肆赦、不可悉行。至於祫饗、又不及天地。惟宗廟明堂、似乎簡易、苟採先儒之説、而略其嚴父之文。志在饗帝。而不拘於制度之末。尚或可舉。議遂定。」
(83) 北宋においては、仁宗皇祐2年(1050)以降、南郊と明堂がほぼ交互に行われるようになった。明堂は、南郊よりも安上がりであり、財政危機に対応した物であったようだ。梅原郁「皇帝・祭祀・国都」(前掲)291頁並びに289頁の「宋代大礼一覧表」を参照。なお、この表には、建炎2年、高宗が、揚州でおこなった郊祀が落ちている。
(84) 『要録』巻47、紹興元年9月庚戌・辛亥の各条、846頁。
(85) 宋、熊克『中興小記』巻11、紹興元年7月壬寅、『叢書集成新編』新文豊出版公司、1986年、115冊469頁。
(86) 『要録』巻26、建炎3年8月乙丑、523頁。「(東京)副留守郭仲荀、亦引餘兵、歸行在。…仲荀既行、都人從之來者、以萬數。離京師數日、始得穀食。自此京師人來者、遂絶矣。」
(87) 『中興小記』巻11、紹興元年11月戊戌、115冊470頁。
(88) 以下の祭祀に関する問題は高橋弘臣「南宋の皇帝祭祀について」(前掲)も併せて参照されたい。
(89) 『要録』巻80、紹興4年9月庚申、1308頁。
(90) 『要録』巻77、紹興4年6月壬寅、1269頁。
(91) 『要録』巻85、紹興5年2月己丑、1400～1401頁。
(92) 『要録』巻85、紹興5年2月己丑、1400～1401頁。「陛下頃自平江、自進發問、先降指揮、暫回臨安、委江東帥漕、繕治建康路逐省部百司倉庫等、具圖來上。駕方至臨安。又首議差官奉迎太廟神主、令梁汝嘉、雅飾同文館權充太廟。中外聞之、靡不忭蹈。咸謂、陛下進都之意決矣。竊聞、建言者、以同文館隘陋不勝、別則有營造。…顧擇國偏方、正使九筵複棟、極其嚴潔。萬一四方傳播、以為朝廷剏建太廟。茲焉定都。人人解體、難以家至戶曉。至失興復大計。臣恐、祖宗在天之靈、未必樂此。

採於外議、謂、同文館若就加葺飾、亦足崇奉。必不獲已、惟有明慶寺耳。伏望睿斷以臣二說擇一而用之。所有別建太廟指揮、乞改付建康先次計置營造。以慰祖宗在天之靈、以繫將士軍民之望、以絕敵人窺伺之謀、天下幸甚。」

(93) 高橋弘臣「南宋の皇帝祭祀と臨安」(前掲) 113 頁を参照。
(94) 『要録』巻 88、紹興 5 年 4 月戊申、1466 頁には、「尚書祠部員外郎兼權太常少卿張銖、奉太廟神主、自温州至行在。宰相趙鼎、率文武百僚宗室、迎拜於候潮門外。」とあり、太廟神主が臨安に至る。
(95) 『要録』巻 114、紹興 7 年 9 月、1848 頁。
　　己卯、上酌獻聖祖於常朝殿。…
　　庚辰、朝饗太廟、上顯恭皇后改諡冊寶。
　　辛巳、合祀天地于明堂。太祖太宗並配、受胙用樂赦天下。故事當喪無享廟之禮、而近歲景靈宮神御、在温州。率遣官分詣。至是禮官吳表臣奏行之。
(96) 景靈宮は、聖祖 (趙玄朗) の御靈を祀るために、真宗時代に建てられた宮観である。唐朝は老子 (李耳) を遠祖とするが、真宗は、神仙の始祖として聖祖を創作した。その後諸帝の神御を安置し、皇帝が行幸し参拝するところとなった。山内弘一「北宋時代の神御殿と景靈宮」(前掲) を参照。
(97) この時の建康巡幸をめぐる政治状況については、高橋弘臣「南宋初期の巡幸論」64 頁を参照。
(98) 宋、周淙『乾道臨安志』巻 1、『乾道臨安志等五種』世界書局、1977 年、1 頁。「昔在光武之興、雖定都於洛、而車駕往返。見於前史者非一。用能奮揚英威、遹行天討、上繼隆漢。朕甚慕之。朕荷祖宗之休、克紹大統、夙夜危懼、不常厥居。比者巡幸建康、撫綏淮甸、既已申固邊圉、獎率六軍。是故復還臨安、內修政事、繕緝甲兵、以定基業。非厭霜露之苦、而圖宮室之安也。故茲詔諭、想宜知悉。」
(99) 『要録』巻 128、紹興 9 年 5 月庚寅、2075 頁。『要録』巻 132、紹興 9 年 9 月壬午、2116 頁には、「左朝奉郎鄭億年言、有收到祖宗諸后御容五十餘軸。今被召入觀。見在舟次。乞令臨安府、差人奉迎、入內。從之。」とあり、數ヶ月かかり、50 枚もの御容が、臨安に至ったことを示している。
(100) 『要録』巻 131、紹興 9 年 8 月壬戌、2108 頁には、「詔東京留守司、搜訪郊廟禮器來上、時當行大禮。上以渡江後、所作禮器、多不合古。故命訪之舊都焉。」とある。
(101) 『要録』巻 132、紹興 9 年 9 月甲寅、2126 頁に、「詔、温・福州、奉迎景靈宮神御、別聽指揮。先是有詔奉迎神御至吳興。而浙東諸州、鑿山拆屋、刱造次舍。言者以為擾。故暫罷之。」とある。
(102) 高橋弘臣「南宋の皇帝祭祀について」(前掲) 73 頁。
(103) 『要録』巻 137、紹興 10 年 9 月庚戌、2212 頁。
(104) 『要録』巻 150、紹興 13 年 9 月乙未、2413〜2414 頁には「奉安祖宗帝后及徽宗皇帝・顯肅皇后神御於景靈宮。太師秦檜為禮儀使。先是遣官自海道奉迎至行在。上曰「此事至重。朕甚慮之。及聞出陸。朕心始安。」前一日。上乃詣承元・承順殿、告遷。至是步道出行宮北門。執政、使相、南班宗室、迎拜訖。前導至景靈宮。參知政事万俟卨・吏部尚書羅汝檝・戶部尚書張澄、分詣三殿行禮。時庶事草創。乃建萬壽觀於櫺星門內。」とある。
(105) 『要録』巻 150、紹興 13 年 11 月戊午・己未・庚申、2415 頁。
(106) 寺地遵『南宋初期政治史研究』溪水社、1988 年、278 頁以下にその体制の基本的性格が詳述されている。同書第二部の副題では「紹興 12 年体制」とも称している。
(107) 高橋弘臣「南宋の皇帝祭祀と臨安」(前掲) を参照。
(108) 『要録』巻 150、紹興 13 年 11 月庚申、2415 頁には、「蓋元祐禮也。」とある。
(109) なおこの郊祀が、元祐時代に宣仁太后によって決定された、天地合祭に基づいているところも注目される。神宗・徽宗の新法時代には、天地を分祭することも行われている。このような中興政権の政治文化にはこれから注目してゆきたい。なお天地分祭などについての議論については、小島毅「郊祀制度の変遷」(『東洋文化研究所紀要』108 冊、1989 年) 176 頁以降を参照。
(110) 梅原郁「皇帝・祭祀・国都」(前掲) 289 頁「宋代大礼一覧表」を参照。

(111) 梅原郁「皇帝・祭祀・国都」(前掲) 292 頁。
(112) 劉春迎『考古開封』河南大学出版社、2006 年、188 頁を参照。
(113) 臨安の人口についての諸説は、久保田和男『宋代開封の研究』汲古書院、2007 年、113 頁を参照。ほぼ、北宋開封と南宋臨安の人口は拮抗するというのが定説である。
(114) 近藤一成『宋代中国科挙社会の研究』汲古書院、2009 年、416 頁を参照。
(115) 梅原郁「皇帝・祭祀・国都」(前掲) 305 頁を参照。
(116) 宋、呉自牧『夢粱録』巻5、浙江人民出版社 1980 年、42 頁には、「敕頒郡邑急翻行、迎拜宣傳廣聖仁、四海一家沾大霈、盡令黎庶慶維新。」という絶句が、掲載されている。首都から発せられる敕文による国家結合の確認という媒介機能（メディア性）を端的に表したものとして興味深い。敕文の伝達、並びに地方に於ける宣読などについては、拙稿「宋朝における地方への敕書の伝達について」(前掲) を参照。
(117) 『要録』巻150、紹興 13 年 11 月庚申、2415 頁。一方、宋、王應麟『玉海』巻 67、紹興肆敕儀注、江蘇古籍出版社・上海書店 1988 年、1267 頁によると、この郊祀に於いて、皇帝による大赦儀礼が麗正門で行われたという。矛盾するが、よく分からない。『玉海』が予定を示し、『要録』が実際の状況を記録したと考えるしかない。『要録』155、紹興 16 年 11 月丙午、2519 頁には、臨安での二度目の郊祀を記述するが「上御行宮南門、赦天下」とある。
(118) 『要録』巻150、紹興 13 年 11 月庚申、2415 頁。「祭器應用銅玉者、權以陶木。鹵簿、應有用文綉者、皆以絁代之。初備五輅、惟玉輅並建旗常。餘各建所載之旗。青城用蘆蓆絞屋爲之。飾以青布、不設齋宮、以黑繒爲大裘。蓋元祐禮也。」
(119) 『要録』巻155、紹興 16 年 10 月戊戌、2517 頁には「新禮器成、上觀於射殿…撞景鐘、奏新楽。用皇祐故事也。」とある。
(120) 梅原郁「皇帝・祭祀・国都」(前掲) 301 頁を参照。北宋では、6 頭の象が行列を先導した。ただし、開封の象は、やはり金によって持ち去られている。『三朝北盟會編』巻 77、585 頁上段を参照。
(121) 『要録』巻155、紹興 16 年 6 月是月の条、2509 頁。なお、「象院」なる官衙が南郊円丘付近にあった。（図 2 地図を参照）
(122) 『要録』巻150、紹興 13 年 11 月庚申、2415 頁。
(123) 『清波別志』巻中、『叢書集成新編』84 冊 370 頁。著者は、靖康元年（1127）12 月生まれである。
(124) 宋、周密『武林旧事』浙江人民出版社、1984 年、巻 2、元夕、32 頁には、上元の習わしが「東都之遺風」として紹介されている。
(125) 『夢粱録』巻 20、妓樂　192 頁。
(126) 宋、孟元老『東京夢華録』世界書局、1973 年、16 頁「夢華録序」
(127) 入矢義高・梅原郁訳注『東京夢華録——宋代の都市と生活』岩波書店、1983 年、解題Ⅴ頁を参照。『夢華録』は、南宋読書人の記録にはあまり出てこない。『清波別志』巻中 370 頁には、「呂榮陽公原明、嘗著歳時雜紀。汴都自正旦、至除夜、節序、市肆所貨之物、人家所尚之事、登載無遺。後又得浚儀孟元老夢華録、其敍郊祀朝會、上元、教池、為詳。可互稽考未備。但夢華語、圖曉俗、無文采。不能起其事。觀二書、可想承平風俗之繁富。」とあり、『夢華録』は、俗人にも理解できることを意図した書き方をしている、としている。
(128) 『東京夢華録』16 頁、「夢華録序」
(129) 『東京夢華録』264 頁、趙師侠「跋」
(130) 『武林旧事』巻 3、歳除、46 頁。
(131) 『清波別志』巻中、370 頁。
(132) 『東京夢華録』趙師侠「跋」、264 頁、「今甲子一周、故老淪没、舊聞日遠。後餘生者、尤不得而知。則西北寓客絶談矣。因鋟木以廣之、使觀者追念故都之樂。」

(133) 『建炎以来朝野雑記』甲集巻2、今円丘、74-5頁。

(134) 南宋時代の華夷観については近藤一成「宋代永嘉学派葉適の華夷観」『史学雑誌』88編6号、1979年の整理を参照。

(135) 久保田和男『宋代開封の研究』(前掲)308頁注(78)を参照。また、宋、唐慎微『証類本草』文淵閣四庫全書、巻4-74aの注釈には「此石花也、多生海中石上。世方難得。家中自有一本。後又於<u>大相國宮</u>中見一本。」とある。四庫本は、政和6年の刻本を金人が再版したものにもとづいているため、このような記述になっているとおもわれる。

(136) 『夢粱録』巻1、3頁、元宵。

(137) 蔡京『延福宮曲宴記』には、「…晩召赴景龍門觀燈。玉華閣飛陛、金碧絢耀、疑在雲霄間。設衢樽鈞樂於下。<u>都人</u>熙熙、且醉且戲、繼以歌誦。<u>示天下與民同樂之恩、侈太平之盛事</u>。…(王明清、『揮麈錄餘話』巻1、宋元筆記小説大觀4冊、上海古籍書店、2001年、3807頁)」とある。これは、蔡京がメディアとしての都城空間の政治利用について述べた一節として注目される。つまり、上元観灯の行事により、「都人」が和らぎ楽しむ、それによって「天下」に「与民同楽の恩」が示され「太平の盛事」を「侈(おお)」きくする、という。

第5章
元の大都の形成過程

渡辺 健哉

【キーワード】元の大都　金の中都　南城　大都城　金口運河

はじめに

　西暦13・14世紀は、モンゴルが広大なユーラシア大陸の過半を支配した、世界史上でも画期となる時代であった。中華世界も元朝（1260〜1368）によって支配されるようになり、その元朝が国都として選んだ場所こそ、のちに大都と名づけられた現在の北京である。

　北京は元朝の次の明清王朝を経て、現在に至るまで長期にわたって中華世界の国都としての地位を保ち続けている。明代の一時期や中華民国期に、北京以外の地が国都に選ばれたこともあったが、最終的には常に北京が国都に選ばれた。元代以降の近世中国社会において、北京が国都として必要とされる条件を兼ね備える都市であったことを意味しているといえよう。

　北京地区に都市が置かれたのは約三千年前にまで遡ることができる。そののち金朝の貞元元年（1153）、海陵王の燕京遷都によって、中都と名づけられて歴史上初めて王朝の国都に定められた。しかしながら、中都の場所は現在の北京の西南地区にあたるため、現今北京の直接の雛型こそ、元朝の世祖クビライ（1215〜1294）によって建設された大都である。加えて、金朝の支配領域が華北に限られたことを鑑みれば、中華世界全域の国都となったのも大都が嚆矢といえよう。つまり元の大都こそ、現在の北京の淵源といえるのである。

　ところで日本における中国の都城に関する研究史を振り返ってみると、唐の長安や、明清の諸都市に注目が集まり、中国近世を代表する都城の一つである金の中都や元の大都は看過されてきたといっても過言ではない。

　加えて、都城研究の問題点として、たとえば北京史研究においては、「金の中都」「元の大都」「明清の北京」というように、それぞれの王朝ごとに時代を画して検討する傾向が強かった。各王朝の国都として北京を捉えるだけならばそれで充分かもしれない。しかしながら前述したように、北京が金代より清代を経て現在に至るまで、中国の歴史上、稀にみる長期間にわたって首都であった事実はもっと強調されてよい。妹尾達彦氏は7世紀から8世紀までのユーラシア大陸東部には国家と都城が次々に築かれ、「都城の時代」とも呼ぶべき同時代現象が生じたと述べる[1]。妹尾氏のユーラシア大陸東部＝東アジア全体に目配りをした、その巨視的な視野は大いに参考とせねばなるまいが、また一方で、古くからの手法ではあるものの、水平軸で考

えるのではなく、時間軸を貫いた分析も必要であろう[2]。本論はこうした視点に立って、どのようにして前王朝の国都を包摂して、新王朝の国都が形成されていくのかという観点から「金の中都」と「元の大都」について考えてみたい。

本論では、はじめに金代の中都の概略を述べ、それが元の大都にどのような形で包摂されていき、さらにはその存在が元の大都にどのような影響を与えたのかについて検討する。なお本論においてもこれまでの拙稿に従って、金代からの中都城を「南城」とし、また「南城」「大都城」と表記した場合、それぞれ城壁に囲まれた当該の空間を指すことを予めお断わりしておく（次頁【図1】参照）。

1　金の中都

まずは研究史を簡単に振り返っておく。元の大都については、すでに劉暁氏と筆者の手によってまとめられたものが公表されているので[3]、そちらを参照されたい。

金の中都については、歴史地理学的な研究が主流を占めてきた。そのために、宮殿の比定や中都の外城の示す範囲に注目した分析が進められてきた[4]。

研究の大きな転回点となるのは、于傑・于光度『金中都』の出版である[5]。『金中都』はそれまでの研究を踏まえ、金の中都に関して、政治・経済・社会等の多方面の分野から全面的に検討が加えられた。なお、『金中都』の分析手法には、その直前に出版された陳高華『元大都』の影響もあったとみられる[6]。『金中都』出版以後、中都に関する研究はこの枠組みを踏襲しながら、より細かな部分を解明する方向に進んでいった[7]。今後は既存の研究をベースに、金朝の展開に即した形で中都を位置づけた歴史学的研究や、中都内部の社会史的研究が求められていくことになるであろう[8]。以下では、行論の都合上、その大枠を理解するために、都城（大城）と皇城（内城）の状況に絞って考察していく。

金の中都の都城の示す範囲をめぐっては、後引する明初に実測した記録である『明太祖実録』の記事にもとづく三十五里説と、『大金国志』にはじまる後代の史料に記されている七十五里説とが対立していた。だが、閻文儒「金中都」によって示された考古学的調査によって[9]、三十五里説が定着し、以後の研究では、七十五里の「七」は三十五里の「三」の誤記と認識されてきた[10]。

しかしながら于傑・于光度『金中都』では、三十五里の外側に七十五里の城壁の存在が想定されると指摘した[11]。その論拠として、乾道五年（1169）の南宋からの使者の記録、楼鑰『攻媿集』巻111「北行日録上」が紹介されている。改めて以下に引用してみよう。

　（十二月）二十七日戊申、晴。……四更の初め、車で六十里を進み、盧溝河を過ぎて燕山城外に至った。（そこは）燕賓館から百余歩の距離であった。（迎えに来た）使副は騎乗し、三節は衣冠で着飾って、そのまま随って燕賓館に入った。……酒果をふるまわれ、酒を九

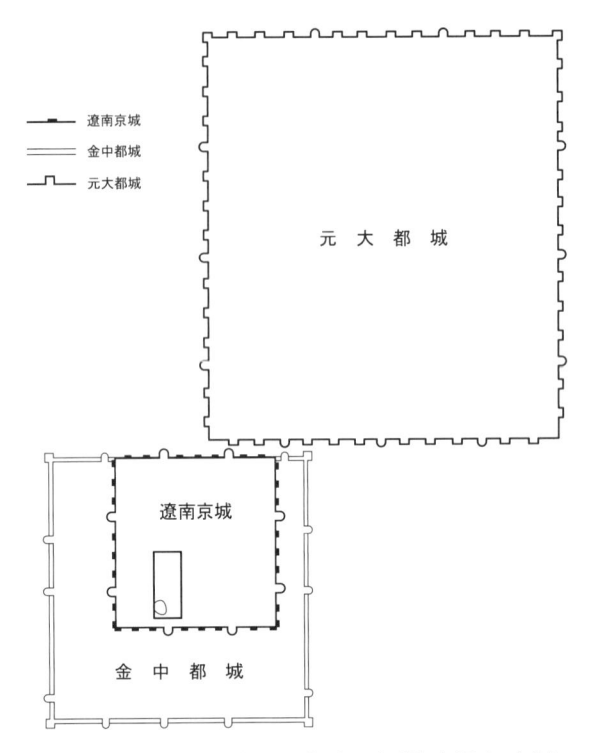

図1 遼・金・元の北京の沿革（王玲『北京通史（3）』中国書店、1995年）をもとに作図

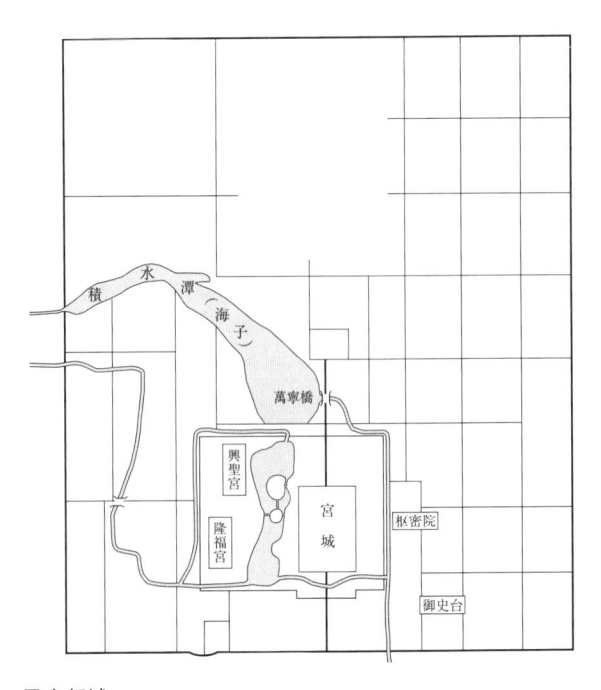

図2 元大都城
（陳高華・史衛民『元代大都上都研究』2010年）をもとに作図

杯飲み終えた。城に入った。沿道には住居がなく、城濠の外の土壁は高く幅もあり、沿道の柳の木は整然と並んでいた。五里ばかり進み、端礼門外を出てようやく南門に至った。城濠を過ぎ、大石橋を渡り、第一楼に入った。七間で楼の名称はない。傍に二亭が有り、両側は青粉の高い屛が延々と続いていた。反対側には六門が開かれ出入にあてられていた。ある人がその中は軍隊が駐屯する場所だと言った。ついで豊宜門に入った。門楼は九間、壮麗な門で、三門に分かれ、東門から入った(12)。

「燕山城外」にあった燕賓館で酒食のもてなしをうけた後に「入城」し、そこからさらに約「五里」進んで端礼門外に到達している。つまり、都城のさらに外側に何らかの障壁があり、そこを通過することが「城に入る」ことで、その後も「道旁に居民無し」「夾道の植柳甚だ整ふ」という風景が続いていたという。もしもこの記事が事実とすれば、後述するように、外城―大城―内城―宮城という四重構造になっていたといえ、この時代の特徴となるかもしれない(13)。それでは、金の中都の一番外側の城壁とはどのようなものであったと考えればよいのであろうか。二つの事象を紹介してその点について考えてみたい。

まず、乾道六年（1170）に南宋から中都に向かった范成大の記録である『攬轡録』では、「豊宜門に入れば、即ち外城門なり」と記す。つまり、一番外側の城壁を意識した形での記録を残していない。さらに元代に至って、大都城を建設するにあたっては、既存の建造物を破壊することなく建設された。『元一統志』巻1「大都路、古蹟」には、

　　慶寿寺　寺碑によると、金の大定二十六年に建設された。……翰林学士承旨徐琰の譔じた
　　碑には「海雲・可菴は皆寺の西南隅に葬むった。至元四年に大都城を造営した際に、二師
　　の塔はたまたま城壁の底部に当たるため、塔を破壊して城壁を直線にしようとした。そこ
　　で世祖から、塔を動かすな、城壁を曲げて塔を避けよと命令がくだった。……(14)。」

とあって、既存の二師の塔を破壊することなく、それを避けるように湾曲した形で元の大都の外城壁が築かれたという。既存の建造物は避けた形で大都城の外城を築くという方針が貫かれたとするならば、都城のさらに外側に堅固な城壁を想定することは難しいのではなかろうか。しかし、全く何も存在しなかったというわけではなく、意識しない程度の物理的な障壁（1～3mほどの城壁）の存在を想定できるかもしれない(15)。この問題は元の大都の展開を考えるうえでも重要な問題となり得るため、今後より深く考えていきたい。

次に宮城の沿革について述べていく。金の天徳三年（1151）三月、第四代の海陵王は遼の燕京城の拡充と宮城の建設を命じ、翌月には遷都の命令を発する(16)。この建設にあたっては北宋の都である開封の宮城が参考にされたという。『元一統志』巻1「大都路、建置沿革」によると、

　　天徳元年（三年？）、海陵王は燕に遷都しようと決意した。そこで人々は、上京臨潢府は
　　金領の辺境に位置しているために、官は物資輸送に苦しみ、民衆が訴訟等の訴えに赴くに
　　も難渋している。燕を都にし、それで「天地の中」に位置づけたほうがよい、と上書した。
　　人々の意見と海陵王の意図とが合致し、そこで左右丞相の張浩・張通、左丞の蔡松年に命

じて、諸路の民夫を徴発して燕京を築かせた。制度は開封のようにさせた[17]。

とあり、建設にあたっては北宋開封の宮城を参考に作られたという。同じく『三朝北盟会編』巻244、紹興三十一年（1161）十一月二十八日丙申の條所引『金虜図経』には、

> 完顔亮は燕に遷都しようとして、画工を派遣して開封の宮室制度を描かせた。その寸法については細かく数値を記録させ、これを左丞の張浩らに与え、図面にもとづいて燕京を造営させた[18]。

とあって、画工を派遣して開封の宮城制度を参考にしたとある。そもそも、靖康元年（1126）十一月に開封を陥落させたあとに、城内の様々な物品を押収したが、その中には儀礼用の道具や「秘閣三館書籍」「監本印板」と並んで、「皇城宮闕図」「四京図」と記される、おそらくは開封の宮城図に相当するものもあった[19]。中都宮城の建設にあたって、何らかの参考にした可能性が高い。

そして貞元元年（1153）三月、遷都が実行された[20]。同年、中都建設において功績のあった張浩が「請ふらくは凡ゆる四方の民の中都に居せんと欲する者、復十年を給し、以て京師を実たされんことを（傍点筆者）」と上奏をして[21]、これが裁可されている。人口の増加を促すために徭役の免除措置が行われたのである。

2　金の中都から元の南城へ

それでは、この金の中都は、元朝治下においてどのような状態であったのか[22]。結論から述べてしまうと、南城は元末明初まで大都の西南に位置したまま存在していた。それは明初になって実測を行った際の数値が『明太祖実録』巻34、洪武元年（1368）八月戊子の條に残されていることから理解される。

> 大将軍徐達は右丞薛顕・参政傅友徳・陸聚等を遣わし兵を将いて大同を攻略させ、指揮葉国珍に北平の南城を計測させた。周囲は約五千三百二十八丈、南城は金代の中都である[23]。

大都攻略の総司令官徐達が南城の測量を行わせている。ここからは測量を可能にさせた何らかの目印となるものの存在が想定でき、南城の城壁は完全に破壊されたわけではなかったことが分かる。「五千三百二十八丈」は約16kmに換算され、金の中都の考古学的調査によって得られた約18.7kmとほぼ同じ数値になる[24]。金が滅亡したからといって、中都が完全に消滅したわけではない。人々はそこに元末まで居住し続けたのである。以下では、元初の南城の状況から見ていくこととしたい。

元初の段階で荒廃した華北の復旧に伴い、南城に各種の物品を製造する職能集団の移住が確認される。時系列にそって確認をしていくと以下の通りである。まず、『経世大典』の序文である、蘇天爵『国朝文類』巻42「経世大典序録、工典総序、玉工」によると、中統二年（1261）モンゴル人のアクセサリーを製作する、カラコルム（和林）やバイバリック（白八里）の宝石

細工職人が南城に集められた[25]。翌三年には、「弘州の錦工繡女を京師に徙す」とあるように、弘州（現、河北省陽原）の織物業の職人を南城に移住させている[26]。

至元二年（1265）になると、チンカイ＝バルガスン（鎮海）・バイバリク（百八里）・ケムケムジュート（謙謙州）の工芸職人、ヌハイ（奴懐）とテムデル（忒木帯兒）が管理していた砲手の移住があった[27]。さらに、元末の『山居新話』によれば、このケムケムジュートの住人の移住してきた場所が南城にあり、「謙州営」と呼ばれていたという[28]。注目すべきは、武器製造職人の移住である。武器製造を担当する職人の集住の意図は、武器の管理に眼目が置かれていたのであろう。ここからは、世祖が南城を軍事上の重要拠点の一つと見做していたことが窺える。以上のように、元朝政府は強制的に官営工業の職人たちを移住させ、都市住民を充足させていった。

この南城では、都市生活が営まれていた。『大元聖政国朝典章』（以下『元典章』と略記す）巻42、刑部4、過失殺、走馬撞死人は、実質的な大都建設工事の開始年である、至元四年の正月に中都城内で発生した交通事故を伝える。

> 中都路の上申によれば、「李三丑の馬が田快活を跳ね飛ばして殺してしまったこと。取り得た李三丑の供述書には『至元四年正月二日、正月休みだったので、三丑は旧知の喬令史を招待して、宴席を設けて、酒楼で酒四瓶を買って、共に飲んだ。燈を灯す時（夕暮れ）になって散会することになった。三丑は喬令史と一緒に、それぞれ騎乗して、家に帰ることになった。喬令史が先に行き、三丑が追走した。（すでに）日も暮れていたので、街上には人の歩くことがなった。喬令史は前方で馬を急がせていた。三丑が追走していたところ、憫忠寺の後ろに到って、突然一人の男の子が西に飛び出してきた。三丑の馬は急いでいたためと、闇夜だったために、（男の子に）気が付かなかった。（それで）男子田快活を跳ね飛ばして殺してしまった。』と（供述書に）あり」と（中都路の上申に）あった。法司が擬したところ「三丑の犯罪は、城内の街上で理由もなく馬を走らせ、（そのうえ）殺人を犯したという罪にあたる。旧例（金の泰和律）によると『城内の街巷で理由もなく馬を走らせた者は笞五十にあたり、殺人を犯した者は闘殺・闘傷の罪より一等を減じたものにあたる』という。（そこで）李三丑は徒五年にすべきである」という。（刑）部が擬したところ、「杖刑七十七にして、法司の擬定を准けて追徴金を課せ」という。中書省はこの刑部の判断をうけて、銭二百貫を追徴して、被害者の家族に与えた[29]。

これによると、酒を飲んだ李三丑の操る騎馬が田快活という少年を憫忠寺の裏で跳ねとばしたということである[30]。まず、事故現場である憫忠寺（現在の法源寺）は南城にあり、唐代からの名刹として知られていた。しかも、李三丑は友人の喬令史と共に「酒を売る燕家の内にて」酒四瓶を買って一緒に飲んでいた、という。このことは、『析津志輯佚』「古蹟」（107頁）の、「崇義楼・県角楼・攬霧楼・遇仙楼、以上は俱に南城に在り、酒楼なり。今多く廃す」という史料と併せて[31]、南城内には酒楼が存在し、賑やかな都市生活が営まれていたことを裏づける[32]。

加えて彼らがことさら帰路を急いでいたことは、所謂「夜行の禁」が厳格に施行されていたことも示唆している。さらに『通制條格』によると、豪民等によって、屋敷の拡張や垣根の設置が勝手に行われ、街路の不法占拠、いわゆる「侵街」現象の痕跡までも確認できる[33]。「侵街」現象の発生という事実から、通りに沿った商店街が形成され、活発な商業活動も営まれていたとみなせよう。

　至元二十二年（1285）には、官吏及び一般住民の移住規定が公布された。有名な移住規定の条文であるが、『元史』巻13、至元二十二年二月壬戌の條をあらためて掲げておく。

　　詔して旧城の居民で京城に遷る人間について、資産が多くありかつ官僚身分の者を優先的に移住させる。そこで制を定めて地八畝を一区画とし、八畝以上の土地を占めたり、家屋を造ることができないものについては、勝手に住むことはできず、（その場合は）一般住民が居室を作るのを許可する[34]。

注目すべきは、自由な移住を許したのではなく、財産を持っている者と官吏であることが優先された点と、住宅を造る資力を持たない者の入城も許されなかった点である。逆にいうと、ある程度の財産を持っていない者、官職に就いていない者はひとまず南城にとり残されたのである。この移住規定がいつ頃まで効力を発揮していたのか定かではないが、一般庶民の自由な移住も移住規定の公布からある程度の時間を待たねばならなかったのではないだろうか。

　大都城と南城とが截然と区別されていたことは、公文書にも明記されている。『元典章』巻35、兵部2、軍器拘収、禁治弓箭弾弓に、至大元年（1308）の中書省箚付に引かれた聖旨には以下のようにある。

　　……又大徳四年（?月）初四日、受け取った聖旨に以下のようにある。「大都の中と旧城の中にいる人民は、いかなる人も、弾弓を造ってはいけない。また弾弓を所持してもいけない。このように宣諭したので、弾弓を造る者と弾弓を所持した者については、杖七十七として、家財の半分を没収せよ」と聖旨があった。欽此[35]。

大都城と南城の住民に対して、武器の製造と携帯を禁止している内容であるが、大徳四年（1300）になると、大都城と旧城（南城）とを明確に区別している。さらに、ペルシア語史料でもこの区別がなされていた。ラシードの『集史』においてカンバリクは中都（＝南城）を指し、大都はそのまま Daidu と表記されていたという[36]。この区別が明らかになるには、当然の前提として、二つの都市が並存しなければならない。

　大都城と南城との区別によって、大都城には官僚層が、一方で南城には庶民階層がそれぞれ居住することになる。こうしたもとでの南城の状況を端的に物語る史料が、虞集『道園学古録』巻5「游長春宮詩序」である。

　　国朝の初めに大都城を燕京の北東に造営し、民衆を移住させて大都城を充実させた。（そのために）もとの燕城は廃れてしまい、ただ仏寺・道観だけが破壊されずに残っていた。ただその大きく麗しいこと、人が自然と集まるのに充分である。従って現在に至るまでの

約二十年、京師の民や物資が日々豊かになりつつも、しかし年中行事としての遊覧は南城のほうが盛んである(37)。

引用した文章の前言によると、これは大徳八年（1304）に南城にあった長春宮に赴いた際の記録である。財産制限による移住によって、燕城＝南城に残ったのは仏寺と道観だけであるといい、商業的にも繁栄し始めた大都城に対して南城が行楽地に変貌していく様子を述べている。前述の移住規定からも分かるように、移住したのは主に官僚層で、彼らが居なくなったことをもって「廃れた」と表現しているのであり、大多数の人々は南城に居住し続けていたと推測される。

一方で大都城に居住していた人々にとって、南城が遊行の地という側面を有していたことは見逃せない。こうした南城の様子は詩歌より理解できる。迺賢『金台集』巻3「南城咏古十六首序」に以下のようにある。

至正十一年の八月既望、太史の宇文公・太常の危公と一緒に燕人の梁士九思・臨川の黄君殷士・四明の道士王虚齋・新進士の朱夢炎と私の七人で、馬に乗って南城に出かけ、金代の故宮の遺蹟を見に行った。城中の塔廟・楼観・台榭・園亭等を全て見て回り、その残された碑石や柱を触って、一読し、その興廃についてみなで論じあった(38)。

元末の至正十一年（1351）、カルルクの人である迺賢が友人と誘い合わせて、南城へ出掛けている。元末になると、「其の残碑・断柱を拭ふ」とあるように、すでに金の宮城の建物も荒廃が目立ってきたのであろう。この序文の後、「黄金台」から始まる十六ヵ所の下で五言律詩を詠んでいるように、文人達が南城の様子を詩に詠み込む例がしばしば見られる。

以上のように、金の中都が南城として元末まで存在することが確認された。それでは、大都城はどのように建設されたのか。節を改めて検討していこう。

3　大都城の建設

本節では大都城の建設過程について時間軸に沿って整理していく(39)。

大都城は一番外側の城壁、皇城を囲む城壁、大内を囲む城壁の三重構造になっていたと指摘されている(40)。この点は上都が外城・皇城・宮城の三重構造をなしていたのと同様である(41)。

金の中都南城の修繕計画を放棄した世祖クビライが大都城の建設工事を開始するのは一体いつのことであったのか。『元史』巻6、至元四年正月戊午の條に「城大都」とあることにもとづいて、大都城建設の開始は、一般に至元四年（1267）とされてきた(42)。しかしながら、これらの史料は建設工事の着工を公式に述べているに過ぎず、実際は宮殿建設のための資材運搬用の運河開鑿の時期、つまり至元三年十二月から工事は開始された。というのも、『元史』巻6、至元三年十二月丁亥の條に「金口を鑿ちて、盧溝の水を導き以て西山の木・石を漕す」という一文が存在するからである。西山は北京西北部の山地の総称で、主な山に万寿山、玉泉山、香

山などがある。そこでは木材や漢白石などの建築資材が調達でき、さらには住民生活に必要な石炭も得られた[43]。こうした資材を円滑に輸送するために開削されたのが金口運河である[44]。

　金口運河は金代から利用されていたものの、モンゴルとの戦乱期に土砂が堆積したため、河道が塞がれてしまった。この金口運河に再び注目したのが郭守敬である。『国朝文類』巻50、斉履謙「知太史院事郭公行状」には以下のようにある。

　　（至元）二年、都水少監を授かった。……さらに以下のように言った。「金代、燕京の西の麻谷村から、濾溝を導引して一支流が東流して西山から出てくるが、これを金口運河といった。その水は金口より東、燕京より北にかけて、畑に注がれ、それによって生じる利益は計り知れない。（ところが）金とモンゴルとの戦争が発生してから、河川を守備する人間が水を奪われることを恐れ、大石で河道を塞いでしまった。今もしも以前の河道を調査し、水を流れるようにさせたならば、西山に生じた産物を運ぶこととなり、さらには京畿の漕運を拡充させることになるであろう」と。世祖はこの上奏を裁可した[45]。

至元二年に郭守敬は、金口運河を再び開削すれば「上は以て西山の利を致すべく、下は以て京畿の漕を広ぐべし」と世祖に説き、その策が採用されて、前記の至元三年十二月より工事が開始された。

　金口運河を利用して運搬された「西山の木・石」は大都造営の建築資材にあてられた。大都城で木材を受領する官署が木場である。木場は、『元史』巻90、百官志6「大都留守司」に、その職掌が「宮殿を造営せる材木を受給す」と記される官庁で、大都城の南側と東側に至元四年になってそれぞれ置かれた。木場の設置が至元四年であるのも、金口運河開削と連動していたとみて間違いない。以上のように、資材搬入用運河である金口運河の開削をもって、大都城の実質的な工事が開始されたのである。

　そして至元四年より、宮城を含めた大都城の建設工事が始まっていく。まず、営繕のための官署がこの時期に集中的に設立された。『元史』巻90、百官志6「大都留守司」に所属する部局の設立年代を確認していくと、中統四年、至元四年と後述する十一年に設立されたものが目立つ。至元四年に設立されたものとしては、器物局の採石局と山場、大都四窯場の一つである西窯場、そして前述の木場である。これらは皆城壁や宮殿の建築資材を調達する部局である。明らかに、大都城建設工事のために設立されたと考えられる。特に建物の建設のために必要とされた、大量の磚瓦が製造された窯場の役割は重要であったに違いない。すでに中統四年の段階で、南窯場と瑠璃局が設立されていた。これらは中都城改造工事のために設置されたと考えられるが、このまま磚瓦を製造して大都城の工事に備えたのであろう。これらに加えて、さらに西窯場が設立されたのである。これら大都四窯場については、『元史』巻90、百官志6「大都留守司」に「匠夫三百余戸を領し、素白・琉璃の磚瓦を営造し、少府監に隷す」とあって、素焼き乃至は琉璃の磚瓦を製造していた。こうして建築資材を集める部局が設立され、宮城の営建工事と並行して、大都城全体を囲む城壁が建設されていったと考えられる。

次いで、皇城の建設について概観していく。一般的に元朝における皇城とは太液池とよばれた湖をはさんで、東側の大内（＝宮城）と、西側に配置された隆福宮と興聖宮を含んで囲まれた空間を指す。隆福宮と興聖宮は後世になって建設されたため、ここでは、皇城を囲む城壁と宮城の建築物の建設について考察を加えていく。

前述した至元三年十二月の金口運河の開鑿工事と、翌年正月の提点宮城所の設立をもって、工事は実質的に開始された。ただしその前に世祖クビライが起居していた空間が存在する。それが瓊華島の宮殿である。

これまでの研究に拠れば、金代の離宮が置かれた瓊華島周辺に世祖が居住し、そこを囲む形で城壁が造られ、次いで瓊華島宮殿を改造することで、宮城を造営していったと考えられている。杉山正明氏がすでに指摘しているように[46]、世祖は至元元年二月に、瓊華島宮殿の修繕を也黒迭兒に命じており、その周辺に居を定めていたようである[47]。杉山氏は、一般に遊牧民の越冬キャンプが水辺に設営されることをもって、この地に居を定めた理由を説明しているが、史料の提示には至っていない。この点を史料面から補強しておく。

まず『高麗史』巻26、元宗二年（1261）十月己未の條に、「十月王万寿山殿に辞し、帝駱駝馳十頭を賜ふ」とあって、至元元年に中都に訪れた高麗王王賰（のちの元宗）は世祖クビライと瓊華島にある万歳山（万寿山）で会見を行った。つまり大都城工事着工前のクビライの居住空間は、中都の「内」ではなく「外」だったのである。

さらに、瓊華島宮殿が夏の国都である上都の宮殿と同列にみなされていたことを、『永楽大典』巻19781所引『経世大典』が言及している。

　　縄局　中統五年始めて置く。提領二員。祇応司、国初に開平府の宮闕・燕京瓊華島の上下殿宇を建設した[48]。

上都の宮闕と並記した形で瓊華島宮殿の建設について記されている。このことから、すでに都として機能していた上都と同等の重要性を有する空間として、瓊華島宮殿が扱われていたことを理解し得る。そしてはこの瓊華島を囲む空間が皇城となっていく。

当初皇城を囲む空間には城壁が存在しなかった。『元史』巻99、兵志2「囲宿軍」によれば、成宗の元貞二年十月、枢密院の臣は以下のように言った。「以前大朝会の時、皇城の外には牆垣が無かったため、軍隊が周りを取り囲み、囲宿に備えた。今は牆垣が完成し、南・北・西の三面については軍を置くべき状態であるが、御酒庫のある西面のみ、土地が狭いために置くことができない。我々は丞相完沢と協議して、各城門に蒙古軍を配置し、周橋の南に戍樓を置いて、朝晩の警備に備えさせて頂きたい」と。これに従った[49]。

とある。ここでの「皇城」は宮城を指す[50]。かつて皇城空間を囲む城壁は存在せず、そこを「囲宿軍」と呼称された軍隊が取り囲んでいた。しかしこのままでは警備上の不安も感じられたのであろう。そのために「牆垣」が建設されたと考えられる。この史料によれば、元貞二年（1296）の段階では城壁は存在していたということになる。

それでは、ここの城壁はいつの時点で建設されたのであろうか。これが遅くとも至元八年までに完成していたと推測させる史料が存在する。それが、『元典章』巻41、刑部3、大不敬、闌入禁苑である。

　　都堂の鈞旨に「（刑部に？）送下された監修宮である也黒迷兒丁の呈文に『太液池の囲子の禁墻を飛び越えた楚添兒を捕まえたこと。本人の供述書に「六月二十四日、酒に酔っていたところ、崩れていた土墻を見た。（そこから）潭内を望いたところ、船があった。蓮の実を採ろうと思い、墻を飛び越えたところで捕まってしまい、役所に連行された」と（供述書に）あった』と（呈文に）あった。法司の判断によると『闌入禁苑については、徒一年、杖六十にせよ』とあった。刑部の判断によると『杖五十七にせよ』とあった。中書省はこの刑部の擬定を認めた」と（都堂の鈞旨に）あった[51]。

この判例について宮崎市定氏の研究に依拠すると、至元八年以前の出来事と比定できる[52]。さらに、陳垣もこの史料を引用して指摘するように、「也黒迷兒丁」は職掌から考えて、中統四年（1264）三月に金の離宮であった瓊華島宮殿の修繕を提言した「也黒迭兒」と同一人物であろう[53]。「監修宮」という官職は判然としないが、「也黒迭兒」は至元三年八月に、「茶迭兒局諸色人匠総管府達魯花赤」と「監宮殿」の職を領している[54]。「監宮殿」についても、陳垣が土木工程の局長と指摘するように、宮殿建設や管理に関わる官職であるから、「監修宮」も同様の職掌を担うのであろう。ここから、史料にもあるように、至元八年までには瓊華島を含めた太液池を囲む空間を城壁が囲んでいて、そこに侵入することは「大不敬」に相当する「闌入禁苑」とみなされた。土墻が傷んでいたというから、すでにある程度の時間が経過したとみられる。

　最後に宮城内部の状況について見ていく。まず、宮城の建設工事自体は前述した至元四年以降に開始されたのであろう。その後の経過は明瞭には分からないが、至元七年二月に「歳飢を以て宮城を修築せる役夫を罷めしむ」とあり、飢饉を理由に宮城建設の労働者を解職した記事が『元史』本紀に見出せる[55]。至元七年段階でも宮殿の建設工事が行われていたと推察される。

　さらに、至元八年二月になると、「中都・真定・順天・河間・平灤の民二万八千余人」を動員して宮城建設にあたらせた[56]。この頃に宮城を囲む城壁の建設も行われたようで、陶宗儀『南村輟耕録』巻21「宮闕制度」には、

　　宮城の周廻は九（六）里三十歩。東西は四百八十歩、南北は六百十五歩、高さは三十五尺、（城壁は）甓で覆った。至元八年八月十七日の申の時に工事を開始し、明年三月十五日に工事を終えた[57]。

とある。六里三十歩が約3.4kmに換算されることから、この史料は宮城城壁の建設を示している。甓で覆われた高さ約11mの牆が至元八年八月から翌年の三月にかけて建設された。

　至元九年五月には、「宮城初めて東西華・左右掖門を建つ」とあり[58]、宮城を囲む城壁の東華門・西華門とその両側に配された掖門が完成した。皇城と宮城とを囲む城壁が完成していっ

たのである。

　宮城内の建築物の具体的な建設状況を伝えてくれる重要な史料は、森平雅彦氏が紹介した『動安居士集』巻4「賓王録」である[59]。この史料は、高麗の使節が元朝の立皇后・皇太子を祝うために大都を訪問した際の記録だが、この中に至元十年（1273）の大都の状況を描写する箇所がある。ここから、氏の論考に沿って「長朝殿」の建設についてみておく。

　閏六月九日に開京を出発した使節は八月四日に燕京に到着する。

　　八月初四日、燕京中都城の五里の地点に到着すると、壺漿を持って迎えに来る者がいた。
　　それは中書省が派遣した宣使・総管等であった[60]。

とあって、中都城郊外五里の地点で中書省からの迎えを受ける。当時、クビライは上都にあって不在であったため、十日に「大都城万寿山東便殿」において皇后チャブイと対面する。ここは瓊華島宮殿にあたる。八月二十四日になってクビライが大都に帰還すると、翌日「万寿山広寒宮玉殿に御し賀を受く」とあり、やはり瓊華島宮殿において面会をするのである。瓊華島の正殿は広寒殿とよばれていたため、そこで正式に面会を果たした。

　大都城の宮殿建築においてより重要な史料は二十七日に行われた「長朝殿」の落成式である。□は文字が欠けて不明な箇所を指す。

　　万寿山の東に、新たに大殿を造営し、これを長朝殿と言った。その様式は極巧・窮□の致、
　　これについて言葉では言い表せない。陛下は広く諸侯を集めて、この月の二十七日に完成
　　を宣言した[61]。

この「長朝殿」が一体どこを指すのか。陳高華氏は論拠を挙げずに長朝殿を大明殿とみなしている[62]。たとえば、同じ高麗の史料である『高麗史』には、高麗王の大都における賜宴の宮殿として「長朝殿」と記される[63]。筆者も以下の点から鑑みて、長朝殿を大明殿とみなす。

　大明殿の機能として、大規模な宴会を行っていたことが知られる。『元史』巻162、高興伝には、「（至元）十六年秋、召されて入朝し、大明殿に侍燕し、悉く江南に得る所の珍宝を献ず」とあって、南宋攻略に功績のあった高興のための賜宴を至元十六年（1279）に大明殿で行っている。さらには、『元史』巻27、至治元年三月丁丑の條には、「大明殿に御し緬国の使者の朝貢を受く」とあり、至治元年（1321）に緬国（ミャンマー）からの使節の朝賀を大明殿で受けている。つまり、大明殿は外国使節との会見場でもあった。

　加えて長朝殿の収容人員は、「此殿一万人を容るべし。今此に侍宴すること、僅かに七千人のみ」と表現されており、これは次に引用するマルコポーロの『東方見聞録』の記録とも符合する。

　　まずお断りしておくが、これこそこの世に存在する最大の宮殿である。宮殿には二階はな
　　く、平屋で、床面は周囲委の地面より一〇ポーム（約1m：引用者注）以上高い。屋根も
　　非常に高い。……大広間は非常に大きく広いので、ゆうに六〇〇〇人が食事をとるであ
　　ろうし、さらに驚くべきほどの数の部屋がある[64]。

ここでは、大明殿が六千人収容可能な建築物であったことが記されている。以上の諸点から勘案して、長朝殿は宮城の中心的な建造物である大明殿を指すと考えられる。

ただし、建物が完成してもただちに利用されていなかったことは、『秘書監志』から推測することができる。広く知られるように、元朝の命令文では、皇帝の聖旨に当該の問題発生の経緯や対策を記す上奏が付載されることがある。そこには上奏した年月日は勿論のこと、どのケシクの当番の何日目であるか、皇帝や皇太子・皇后の居場所、上奏した場にいた全ての人名を記録することがある。『秘書監志』巻1、位序では、至元十年九月十八日の上奏が、「万寿山下の浴堂」で行われたと記されている。また同様に、同巻2、禄秩では十月七日の上奏が「皇城の西殿内」で行われたとする。「皇城の西殿内」についても、皇城内部の西側の宮殿と解せば、万寿山の宮殿の一つを指すとみられる。つまりクビライに対しての上奏が、九月十八日と十月七日の時点では、まだ万寿山でなされていることから、建物が完成しても運用のされていなかったことがわかる。至元十年十月になると「初めて正殿・寝殿・香閣・周廡の両翼室を建つ」とあるように[65]、大明殿、寝殿と香閣をめぐる周廡が建設された。

そして、至元十一年正月に、まだ建設途中であろう他の建物を残しつつも、世祖は大明殿で、モンゴル人貴族や官僚、そして高麗等の外国使節達による正月の朝賀を受け、ここに大都城の完成を内外に宣言したのである[66]。大明殿は宮城の中心をなす建築物で、東西二〇〇尺（約63m）、南北一二〇尺（約37m）、高さ九〇尺（約23m）で、国都の偉容を示す、象徴的な建築物であった[67]。

このように、大都城の工事着工から七年を経過して宮城は完成した。この後も建築は続き、四月からは、皇太子宮である隆福宮の建設も開始された[68]。そして、『元史』巻85、百官志1、工部の諸色人匠総管府に属する部局の設立年代を確認していくと、梵像局（「董絵画佛像及土木刻削之工」）、出蠟局（「掌出蠟鋳造之工」）、銀局（「掌金銀之工」）、鏤鐵局（「掌鏤鉄之工」）、瑪瑙玉局（「掌琢磨之工」）、石局（「董攻石之工」）、木局（「董攻木之工」）、油漆局（「董髹漆之工」）が至元十二年に設置されている。これらは皆一様に、建物内部の精緻な装飾をするための部局である。すなわち、建築工事は一段落を迎え、以後は建物内の内装作業が始まっていくのである。

4　南城に規制される大都城

以上のように、大都城の宮城が完成し、こののち大都城内の整備が進みつつも、一方で、南城が元末まで存在し続けたことを確認した。こうした状況のため、予想外の混乱も発生したようである。『秘書監志』巻3「廨宇」に収録される『大元一統志』編纂に関わる上奏によると、秘書監の官庁が南城にあるため、居住している大都城から南城に通勤する官員が不便を訴えている。至元二十三年二月十一日の上奏の一節である。

一奏「今、皇帝の聖旨に『秘書監に「地裏（里）文書」を編修させよ』とありました。（と
ころが）秘書監で仕事に携わっている人は皆大都の中に住んでいますが、秘書監は旧城の
中にあります。往復するのに大変で、仕事にも遅滞が生じます。大都城の中には織物を製
造する官庁があり、この中にも人が住んでいます。（そこで）その人達を旧城の中に移し、
製品を作らせ、その局を秘書監としたならばいかがでしょう」と奏した[69]。

ここから、住民の移住規定が有効に機能して、秘書監の官僚も大都城に移住していたにも拘わ
らず、オフィスが南城にあるため、通勤に際して不便を強いられていた様子が分かる。ちなみ
に、秘書監が移転するのは、皇慶元年（1312）になってからのことである。

以上、本論においては、南城の存在が大都城を考察するうえで無視できぬ要素であることを
繰り返し述べてきた。最後にこの南城の存在が大都城の開発の方向までも規定したということ
を指摘したい。結論を先取りしてしまうと、大都城の開発は南城の存在によって、南側から始
まり、それが徐々に北に向かっていったと考えられるのである。

まず、宗教施設の大都城における建設状況から、この点を考えてみる[70]。南城と大都城内に
は数多くの仏寺・道観が建設された。仏寺は百四十三、道観は九十を数えることができる。そ
のうち、南城には九十六の仏寺、六十五の道観が確認できた。これらの寺観のうち確実に元代
に建設されたと分かるもののほとんどが南城に建設されていた。

その建設場所と建設年代の関係に注目しつつ、宮城を中心として東部・西部・南部・北部そ
れぞれの傾向を探ってみた。その結果、南城に近い西南部に寺観が多く建設された。皇城の西
側については、とくに咸宜坊、集慶坊、金城坊、福田坊などに多くの寺観が集まっていること
に気がつく。南城に一般住民が多数居住していることが考慮されて、寺観が建設されたと想定
できよう。居住民がいるからこそ、そうした人々の参詣や訪問を見込んで多くの寺観が建設さ
れたのである。さらに述べれば、北側にはあまり建設されていなかった。中心部ともいうべき、
金台坊には千仏寺（元貞年間建立）と法通寺（至正年間建立）の建設が確認できる。金台坊に
ついて、明初の北京の状況を伝える『永楽大典』所引『順天府志』は、

　　万寧寺は金台坊にある。元代は城の中心部に相当し、そのためにその閣は「中心」と名づ
　　けられた。今（明代）は城の正北に相当する[71]。

と伝え、明代北京城の正北に相当する街区が、大都城にとっての空間的な中央区画に相当する
と理解されていた。金台坊に寺観が建設された理由はまさにこの点にあったのであろう。官員
をはじめとする人々はその南側に広がる皇城を中心とする空間に集まったとしても、空間的な
中心部に寺観が建設されたことに意味があったと考えられる。そしてとりわけ重視すべきは、
金台坊の北側に建設された寺観が確認できない点である。つまりこのことは、大都城の開発が
中央より北側にまで及ばなかったことを示唆している。

また、中央官庁——中書省・尚書省・御史台・枢密院——についても、その場所は、官庁街
とも称されるような集中的な配置がなされたわけではなく、概ね宮城を囲むように建設されて

いた⁽⁷²⁾。これは利便性が考慮されたのであろう。例えば、当初は皇城から遠く離れた場所に建設された御史台が皇城東側の澄清坊に移転し、また、皇城を挟んだ南北で幾度か移動を行ないながらも、最終的には皇城前の五雲坊に中書省が置かれたように、官庁は皇城の近く、それも皇城を挟んだ南北と、皇城の東側とに収斂されていった。命令の伝達や政策の相談に与するといった点が優先され、政治空間である皇城と行政執行機関とは近接が求められたと考えられる。詰まるところ、官庁も大都城の北半に建設されることはなかったのである。

さらに、元代中期の仁宗時代に再開された科挙に関連する一連の行事の場所——孔子廟・国子監・翰林院等——を確認していけば、大都城の中心から東西に広がった場所で行われていた⁽⁷³⁾。やはり、中期に至っても、大都の開発は北半部にまで進展することがなかったと考えられる。

以上の点を考えると、杉山正明氏の「大都北半市街区は、いわば石灰をひいたまま、結局は人が入居しなかったと見ていいのではないか。大都は都市機能が南半に集中していて、北半はすこぶる市民生活に不便である」という指摘は正鵠を射ていると筆者は考えている⁽⁷⁴⁾。なぜなら、この大都の北半に人が居住しなかったのではないかという推測は、明初の北京改造工事と併せて考えるとより説得力が増すからである。

北京改造工事の過程を概述すれば、以下のようになる。まず、洪武帝期の将軍徐達によって城の北側が放棄され、城壁は南に約二・五キロメートル移動する。大都が南北に長い長方形であったのに対して、この時点で大都城の北側約三分の一が切り捨てられ、ほぼ正方形となった。次いで永楽十七年（1419）になると、城壁を南に一キロメートル拡張する。これによりほぼ正方形でかつ皇城が中心に据えられた国都が現出した形になる⁽⁷⁵⁾。つまり、明初の北京改造工事において、大都城の北半が放棄されたことは、この空間には元末明初に至るまで開発の手が加えられなかったことを暗示している。以上述べてきたように、大都城の開発にあたって、南城の存在は無視できないのである。

おわりに

本論で述べたことを以下にまとめる。まず、金の宮城の建設について確認した。ついで、金の中都が元代になると南城・旧城として元末明初まで存在し続けていたことを述べた。そのうえで大都城の建設当初の状況を時間軸に沿って概述した。最後に、南城の存在が大都城の開発の方向性を規定し、大都城はその南側から北に向かって開発が進み、結果的には北半にまで開発の手が及ばなかったのではないか、という見通しを述べた。

本論において確認してきたように、元代を通じ、一貫して大都城の西南には金代以来の中都城が明初まで存在し、両城は一体となり、「大都」の都市空間を形成していた。さらに、この都市空間が明代における北京城の内城・外城に受け継がれ、現今北京の祖型となっていく。こ

れまでの研究では、「狭義の大都」ともいうべき、新城である大都城にのみスポットが当てられてきた。しかしこれからは、南城と大都城とを一体とみなして、そこを広義の「大都」と考えるべきであろう。

　北京は唐の長安や北宋の開封とは異なり、支配者層を交替しながら、世界史上でも類を見ないほど長きにわたって国都であり続けた。そして現在に至るまで首都であり続けるということは、中国都城の一つの到達点といえるであろう。しかしながら、これまでの研究では「金の中都」「元の大都」「明の北京」「清の北京」といったように、王朝ごとに区切って研究が深められてきた。それゆえ、「何が」「どのように」継承され、「何が」「どのように」放棄されたのか、といった視点は捨象されてきた。従ってこうした点に配慮しながら検討することは、北京形成史を検証する上で重要なだけではなく、それぞれの王朝の特質を探る上でも重要な材料を提供してくれるに相違ない。王朝ごとの検討から脱し、北京を通観する視点が今後より一層重要になってくると筆者は考えている[76]。

　〔附記〕本論は、渡辺健哉「金の中都から元の大都へ」『中国——社会と文化』27号、2012年に、論旨を変更することなく、若干の史料を増補したものである。

註

(1) 妹尾達彦「東アジア比較都城史研究の現在——都城の時代の誕生」『中国——社会と文化』26号、2011年を参照。妹尾氏はこの他にも、中国の都城史に関して、最近の研究動向を紹介しつつ、今後の方向性までを射程に入れた形で幾編かの論考を公表している。同「前近代中国王都論」中央大学人文科学研究所〔編〕『アジア史における社会と国家』中央大学出版部、2005年所収、同「中国の都城と東アジア世界」鈴木博之・石山修武・伊藤毅・山岸常人〔編〕『都市・建築・歴史 (1) 記念的建造物の成立』東京大学出版会、2006年所収、同「都市の千年紀をむかえて——中国近代都市史研究の現在」中央大学人文科学研究所〔編〕『アフロ・ユーラシア大陸の都市と宗教』中央大学出版部、2010年所収等を参照。

(2) 田村実造「歴史上からみた北京の国都性」『史林』28巻3号、1943年、のち『中国征服王朝の研究（中）』東洋史研究会、1971年所収は、北京の通史を地政学的に考察した早期の試みである。

(3) 劉暁「元代都城史研究概述——以上都・大都・中都為中心」中村圭爾・辛徳勇〔編〕『中日古代城市研究』中国社会科学出版社、2004年所収、渡辺健哉「大都研究の現状と課題」『中国——社会と文化』20号、2005年を参照。

(4) 古典的研究として、奉寛「燕京故城考」『燕京学報』第5期、1929年や那波利貞「遼金南京燕京故城疆域攷」『高瀬博士還暦記念　支那学論叢』弘文堂書房、1928年所収等が知られている。なお、金の中都を含め、遼・金・元代に建設された都について紹介すべく、「遼・金・元代の複都制」と題する論考を準備している。

(5) 于傑・于光度『金中都』北京出版社、1989年を参照。

(6) 陳高華『元大都』北京出版社、1982年を参照。本論では近年になって再刊された、陳高華・史衛民『元代大都上都研究』中国人民大学出版社、2010年の頁数を示すこととする。

(7) 前掲註（5）于傑・于光度『金中都』に続く概括的な研究として、于光度・常潤華『北京通史（4）』

中国書店、1995 年、于徳源・富麗『北京城市発展史（先秦―遼金巻）』北京燕山出版社、2008 年等がある。

(8) これからは、北京市文物局〔編〕『北京遼金史跡図志（上）（下）』北京燕山出版社、2004 年、孫勐・羅飛〔編〕『北京道教石刻』宗教文化出版社、2011 年、孫勐〔編〕『北京佛教石刻』宗教文化出版社、2012 年に収録されているような石刻資料を利用した研究が進んでいくと予想される。
(9) 閻文儒「金中都」『文物』1959 年 9 期を参照。
(10) 前掲註（6）陳高華・史衛民『元代大都上都研究』15 頁、楊寛『中国古代都城制度史研究』上海古籍出版社、1993 年 446 頁を参照。
(11) 前掲註（5）于傑・于光度『金中都』61 頁を参照。
(12) 「（十二月）二十七日戊申、晴。……四更初、車行六十里、過盧溝河至燕山城外。去燕賓館百余歩。使副上馬、三節具衣冠、随入館中亭子。……賜酒果、酒九行罷。入城。道旁無居民、城濠外土岸高厚、夾道植柳甚整。行約五里、経端礼門外方至南門。過城壕、上大石橋、入第一楼。七間無名。旁有二亭、両旁青粉高屏牆甚長。相対開六門、以通出入。或言其中細軍所屯也。次入豊宜門。門楼九間、尤偉麗。分三門、由東門以入。」
(13) なお、遼の南京の外郭の範囲については、高橋学而「遼南京（燕京）析津府の平面プラン」『古文化談叢』37 集、1997 年を参照。
(14) 「慶寿寺　按寺碑、金大定二十六年所建。……翰林学士承旨徐琰譔碑。有曰、海雲・可菴皆葬寺之西南隅。至元四年新作大都、二師之塔適当城基、勢必遷徙以遂其直。有旨勿遷、俾曲其城以避之。…。」
(15) 我々は城壁というと強固で高層なものをイメージしがちであるが、ユーラシア東部に点在した都城の城壁はそれが一般的であるとは限らない。たとえば、モンゴルのヘルレン河流域に残る三つの遼代都城遺蹟の城壁はすべて 3m におさまる。白石典之「ヘルレン河流域における遼（契丹）時代の城郭遺跡」荒川慎太郎・高井康典行・渡辺健哉〔編〕『遼金西夏研究の現在（1）』東京外国語大学アジア・アフリカ言語文化研究所、2008 年を参照。
(16) 『金史』巻 5、天徳三年三月壬辰の條、及び同巻、四月丙午の條。
(17) 「天徳元年（三年？）、海陵意欲徙都於燕。上書者咸言、上京臨潢府僻在一隅、官艱於転漕、民艱於赴愬。不如都燕以応天地之中。言与意合、廼命左右丞相張浩・張通・左丞蔡松年、調諸路民夫、築燕京。制度如汴。」
(18) 「亮欲都燕、遣画工、写京師宮室制度。至於闊狭修短、曲尽其数、授之左相張浩輩、按図以修之。」
(19) 『三朝北盟会編』巻 77、靖康二年正月二十六日丙辰の條所引『宣和録』。
(20) 『金史』巻 5、貞元元年三月乙卯の條。
(21) 『金史』巻 83、張浩伝。
(22) 以下、渡辺健哉「元代の大都南城について」『集刊東洋学』82 号、1999 年にもとづきつつ、改変を加えた。
(23) 「大将軍徐達遣右丞薛顕・参政傅友徳・陸聚等将兵略大同、令指揮葉国珍計度北平南城。周囲凡五千三百二十八丈、南城故金時旧基也。」
(24) 中都の周回数は前掲註（9）閻文儒「金中都」に拠った。
(25) 「中統二年、敕徙和林・白八里及諸路金玉碼磁諸工三千余戸於大都、立金玉局。至元十一年、陞諸路金玉人匠総管府。」
(26) 『元史』巻 5、中統三年三月辛酉の條。弘州はこれ以前、太宗即位（1234）後に、鎮海によって織物業の職人がサマルカンドや開封から強制移住させられた地である。『元史』巻 120、鎮海伝。
(27) 『元史』巻 6、至元二年正月癸酉の條には、「敕徙鎮海・百八里・謙謙州諸色匠戸於中都、給銀万五千両為行費。又徙奴懐・弌木帶兒礠手人匠八百名赴中都、造船運糧。」とある。
(28) 楊禹『山居新語』巻 1 に「繐繐州、即今南城繐州営、是其子孫也。」とある。

(29)「中都路申。「為李三丑馬撞死田快活。取得李三丑状招『至元四年正月初二日、為是節仮、三丑請相識喬令史、於開座子売酒燕家内、買了酒四瓶、一処喫罷、至上燈已後罷散。三丑与喬令史相逐、各騎坐馬迍還家。有喬令史前行、三丑後行。為是天晚、街上無人行往、有喬令史前面緊行。三丑随行、根趕到憫忠寺後、不防有一男子迎西来。三丑為馬行得緊、又為月黒、委是不見。将前項男子田快活、撞倒身死。』」法司擬、三丑所犯、即係於城内街上無故走馬、以故殺人情犯。旧例、於城内街巷無故走馬者、笞五十、以故殺傷人者、減闘殺傷一等。其李三丑、合徒五年。部擬、量決七十七下、准法（司）擬追銭。省断准擬、徴銭二百貫、与被死之家。」

(30) この判例の供述書の部分は吉川幸次郎氏が元代における口語の例として紹介している。また岡本敬司氏はこの判例を手掛かりに交通事故の罰則について考察している。吉川幸次郎「『元典章』に見えた漢文吏牘の文体」『東方学報（京都）』24冊、1954年、のち『吉川幸次郎全集（15）』筑摩書房、1969年所収346頁、岡本敬二「元代の交通事故」『山崎先生退官記念　東洋史学論集』大安、1967年所収を参照。

(31)『析津志』は、北京図書館善本組〔輯〕『析津志輯佚』北京古籍出版社、1983年を利用し、頁数もそれによった。

(32) 酒楼について。酒賢『金台集』巻3「南城咏古　寿安殿」の自注に「殿基今為酒家寿安樓」とあり、元末の南城にも酒楼があったことを伝える。

(33)『通制條格』巻27、雑令、侵占官街。

(34)「詔旧城居民之遷京城者、以貲高及居職者為先。仍定制以地八畝為一分、其或地過八畝及力不能作室者、皆不得冒拠、聴民作室。」

(35)「……又於大德四年初四日、伝奉聖旨「大都裏・旧城裏有的百姓毎、不揀是誰、休造弾弓者。也休拿弾弓者。這般宣諭了、造弾弓的拿弾弓的打七十七。断没一半家私者」聖旨了也。欽此。」

(36) 宇野伸浩・村岡倫・松田孝一「元朝後期カラコルム城市ハーンカー建設記念ペルシア語碑文の研究」『内陸アジア言語の研究』14号、1999年20頁を参照。なお、この区別は『ワッサーフ史』でもなされていたという。

(37)「国朝初作大都於燕京北東、大遷民実之。燕城廃、惟浮屠老子之宮得不毀。亦其侈麗瑰偉、有足以憑依而自久。是故迨今二十余年、京師民物日以阜繁、而歳時游観尤以故城為盛。」

(38)「至正十一年八月既望、太史宇文公・太常危公偕燕人梁士九思・臨川黄君殿士・四明道士王虚齋・新進士朱夢炎与余凡七人、聯轡出遊燕城、覧故宮之遺蹟。凡其城中塔廟・楼観・台樹・園亭、莫不徘徊瞻眺。拭其残碑断柱、為之一読、指廃興而論之。」

(39) 以下は、渡辺健哉「元大都的宮殿建設」『元史論叢』13輯、2010年の内容を増補・改訂したものである。また、陳高華「元大都的皇城和宮城」（同上）も参照。

(40) 福田美穂「元大都の皇城に見る『モンゴル』的要素の発見」『仏教藝術』272号、2004年を参照。ただし、新宮学氏は元代では「皇城」が宮城を指すとして、「蕭牆」という語を用い、外城―蕭牆―宮城の三重構造であった説明している。新宮学「近世中国における皇城の成立」王維坤・宇野隆夫〔編〕『古代東アジア交流の総合的研究』国際日本文化研究センター、2008年を参照。本論では一般的な呼称ということから「皇城」にした。ただ、新宮氏が再三強調して述べているように、史料上で「皇城」と表記された場合、「宮城」を指す場合が多いという点は注意を払わなければならない。

(41) 元の上都の構造については、東亜考古学会『上都――蒙古ドロンノールに於ける元代都址の調査』東亜考古学会、1941年、賈洲傑「元上都調査報告」『文物』1977年5期、魏堅『元上都』中国百科全書出版社、2008年を参照。

(42)『道園学古録』巻23「大都城隍廟碑」、『南村輟耕録』巻21「宮闕制度」も至元四年からの建設とする。

(43) 羅哲文「元代『運筏図考』」『文物』1962年第10期、のち『羅哲文文集』華中科技大学出版社、2010年所収によると、西山での森林伐採は元代にピークを迎えたという。石炭の使用については、宮崎

市定「宋代における石炭と鉄」『東方学』13輯、1957年、のち『宮崎市定全集（9）』岩波書店、1992年所収、陳高華「大都的燃料問題」『燕京春秋』北京出版社、1982年、のち『元史研究論考』中華書局、1991年所収を参照。

(44) 金口運河の開削において郭守敬の果たした役割については、長瀬守「元朝における郭守敬の水利事業」『中国水利史研究』第1号、1965年、のち『宋元水利史研究』国書刊行会、1983年所収638〜640頁を参照。また金口運河については、蔡蕃『北京古運河与城市供水研究』北京出版社、1988年19〜31頁も参照。

(45) 「（至元）二年、授都水少監。……又言「金時、自燕京之西麻谷村、分引濾溝、一支東流穿西山而出、是謂金口。其水自金口以東、燕京以北、漑田若干頃、其利不可勝計。兵興以来、典守者懼有所失、因以大石塞之。今若按視故迹、使水得通流、上可以致西山之利、下可以広京畿之漕。」上納其議。」

(46) 杉山正明「クビライと大都——モンゴル型『首都圏』と世界帝都」梅原郁〔編〕『中国近世の都市と文化』京都大学人文科学研究所、1984年、のち『モンゴル帝国と大元ウルス』京都大学学術出版会、2004年所収145〜146頁を参照。

(47) 『元史』巻5、中統四年三月庚子の條、及び至元元年二月壬子の條。

(48) 「縄局　中統五年始置。提領二員。祇応司、国初建開平府宮闕・燕京瓊華島上下殿宇。」ただし、この部分、『元史』巻90、百官志6には、大都留守司以下の部局として、修内司と祇応司があり、修内司所属の部局として縄局があるという。

(49) 「成宗元貞二年十月、枢密院臣言「昔大朝会時、皇城外皆無牆垣、故用軍環繞、以備宿囲。今牆垣已成、南北西三畔皆可置軍、独御酒庫西、地窄不能容。臣等与丞相完沢議、各城門以蒙古軍列衛、及於周橋南置戍楼、以警昏旦。」従之。」

(50) この史料の「皇城」が「宮城」を指すことは、前掲註（40）新宮学「近世中国における皇城の成立」153頁を参照。

(51) 「都堂鈎旨。送下監修宮也黒迭児丁呈、『捉獲跳過太液池囲子禁墻人楚添兒。本人狀招「於六月二十四日、帯酒、見倒訖土墻。望潭內、有船。採打蓮蓬、跳過墻去。被捉到官。」罪犯』法司擬、闌入禁苑、徒一年、杖六十。部擬、五十七下。省准擬。」

(52) 宮崎市定「宋元時代の法制と裁判機構——元典章成立の時代的・社会的背景」『東方学報（京都）』第24冊、1954年、のち『宮崎市定全集（11）』岩波書店、1992年所収によると、至元八年（1271）までの裁判は法司→刑部→都省（中書省）の連続審理であったという。この判例は、その手続きを正確に踏まえている。

(53) 陳垣『元西域人華化考』勵耘書屋、1934年、のち『勵耘書屋叢刻（上）』北京師範大学出版社、1982年所収の巻5「三　西域人之中国建築　也黒迭兒燕京宮闕」を参照。他に「也黒迭兒」に関しては、田坂興道『中国における回教の伝来とその弘通』東洋文庫、1964年1467〜1468頁、白寿彝〔編〕『回族人物志　元代』寧夏人民出版社、1985年92〜100頁を参照。

(54) 欧陽玄『圭齋文集』巻9「馬合馬沙碑」。

(55) 『元史』巻7、至元七年二月丁丑の條。

(56) 同、至元八年二月丁酉の條。

(57) 「宮城周回九（六）里三十歩。東西四百八十歩、南北六百十五歩、高三十五尺、甎甃。至元八年八月十七日申時動土、明年三月十五日即工。」

(58) 『元史』巻7、至元九年五月乙酉の條。

(59) 森平雅彦「『賓王録』にみる至元十年の遣元高麗使」『東洋史研究』63巻2号、2004年を参照。

(60) 「八月初四日、将入燕京中都城五里所、有以壺漿来迎者。乃中書省所遣宣使・総管等也。」

(61) 「万寿山東、新起大殿、斯曰長朝殿。□□□壮制極巧窮□之致、不可得而言之也。皇帝陛下普会諸侯、以是月二十有七日落之。」

(62) 前掲註（6）陳高華・史衛民『元代大都上都研究』44頁、陳学霖「張昱『輦下曲』与元大都史料」『蒙元的歴史与文化　蒙元史学術研究会論文集』学生書局、2001年81頁を参照。
(63) 『高麗史』巻29、忠烈王五年（至元十六年）正月丁卯の條に「王侍宴長朝殿。」とあり、また同巻31、忠烈王二十二年（元貞二年）十一月條にも「王与公主侍宴于長朝殿。翌日亦如之。」とある。
(64) 月村辰雄・久保田勝一〔訳〕『全訳　マルコポーロ東方見聞録』岩波書店、2012年105頁の訳文に依った。
(65) 『元史』巻8、至元十年十月庚申條。
(66) 『元史』巻8、至元十一年正月己卯朔の條。また、孫承沢『春明夢余録』巻7、正殿　朝政も参照。ちなみに、この時の高麗からの使者は前年の十一月に高麗を出発している『高麗史』巻27、元宗十四年十一月己亥の條。
(67) 数値は、傅熹年「元大都大内宮殿的復原研究」『考古学報』1993年1期、のち『傅熹年建築史論文集』文物出版社、1998年所収にもとづく。
(68) 『元史』巻8、至元十一年四月癸丑の條。
(69) 「至元二十三年三月初七日……（中略）……一奏「如今、皇帝聖旨裏『教秘書監編修「地裏文書」者』麼道。秘書監裏勾当裏行的人都在大都裏住有、秘書監在旧城裏頭有。来往生受有、勾当也悞了有。大都裏頭一個織可単絲紬的局有、那裏頭個人住有。那的交移的旧城裏入去、做生活者。那局根底做秘書監呵、怎生。」」
(70) 渡辺健哉「元の大都における仏寺・道観の建設――大都形成史の視点から」『集刊東洋学』第105号、2011年の考察にもとづく。
(71) 『順天府志』北京大学出版社、1983年巻7、寺。万寧寺在金台坊。旧当城之中、故其閣名中心。今在城之正北。
(72) 渡辺健哉「元の大都における中央官庁の建設について」『九州大学東洋史論集』37号、2010年を参照。
(73) この点は、拙稿「科挙制よりみた元の大都」『宋代史研究会研究報告9集「宋代中国」の相対化』汲古書院、2009年所収の「おわりに――科挙制の整備よりみた元の大都の開発」で述べた。
(74) 前掲註（46）杉山正明「クビライと大都」157頁を参照。
(75) 以上の北京改造工事については、新宮学「明代の首都北京の都市人口について」『山形大学史学論集』11号、1991年26頁、同「近世中国における首都北京の成立」鈴木博之・石山修武・伊藤毅・山岸常人〔編〕『都市・建築・歴史（5）近世都市の成立』東京大学出版会、2005年所収396〜398頁等を参照。
(76) この点で注目すべきものとして妹尾達彦「北京の小さな橋――街角のグローバル・ヒストリー」関根康正〔編〕『ストリートの人類学（下）』国立民族学博物館調査報告81、2009年がある。この論考は、北京市内の前海と後海の間にある銀錠橋を起点として、橋の歴史から始まり、北京そしてユーラシアの都市を概観する壮大な試みである。

第6章
北京外城の出現——明嘉靖「重城」建設始末

新 宮　学

【キーワード】北京外城　四面重城　嘉靖帝　庚戌の変　聶豹重城プラン

はじめに

　明清時代の北京城は、よく知られているように内城と外城に分かれ、それぞれ城壁によって囲まれていた。中華人民共和国成立以後、この二つの城壁の大半が撤去され、現在では遺憾ながら内城東南角と西南角の一部と幾つかの城門が保存されているのみである[1]。しかし、少なく見積っても500年以上にわたって存在した北京の内城と外城の城壁は、現代中国の首都で直轄市に規定されている北京の都市空間にも大きな影響を及ぼしている。

　北京市の行政区画は、時期によって変遷はあるものの、東城・西城・崇文・宣武の城区（4区）、朝陽・豊台・海淀の近郊区（3区）、石景山・門頭溝・房山・通州・順義・昌平・大興・懐柔・平谷の郊外区（9区）の16区および密雲・延慶2県からなっていた[2]。このうち、4城区（約92km²）は明清の北京城に由来し、北側の東城区と西城区はかつて存在した内城壁で囲まれた都市空間を、南側の崇文区と宣武区はかつての外城壁で囲まれた都市空間をほぼそのまま受け継いでいた（図1　北京市の行政区画図（2010年7月以前））。

　2010年7月、これらの4城区は東城区と西城区の2大行政区域に合併・再編され、崇文区と宣武区が廃止された[3]。行政区域再編の目的は、首都機能の強化と行政コストの削減をねらったものである。また経済や社会発展のうえで、北側の東城区・西城区に比べて遅れをとっていた南側の崇文区・宣武区との南北格差の解消を目指しているという。

　廃止された崇文区と宣武区の名称は、内城と外城をつないでいた崇文門と宣武門の門名に由来する[4]。問題となっている4城区内の南北格差も、明清の北京城がかつて内城と外城に区分され、それぞれ異なった歴史的特徴を有する都市空間として形成されてきたことに起因する[5]。今回の崇文区と宣武区を廃止して東城区と西城区に合併する措置は、ある意味では近現代を迎えて進められた、城壁撤去に象徴される都城北京の改造が、現在最終段階を迎えていることを示している。

　さて北京の内城と外城は、同一時期に建設されたものではない。内城は、元の大都城の土城を継承しながら明初の洪武・永楽年間に整備された。これに対し外城は明代後期の嘉靖年間に新たに築城された。これによって、北京城は南側の一部分のみであるが、内城と外城と

図1 北京市の行政区画図（2010年7月以前）

いう二つの城壁によって囲まれることになり、北を上にすれば凸型の形状を呈するようになった（図2 北京内城・外城図）。

そもそも、城壁の存在は中国の都城を構成する要素として不可欠の存在であった[6]。『明太宗実録』以降に残されている実録の編纂方針を示す「修纂凡例」にも、「一、〔各〕處の城池・屯堡を修繕し、及び新たに建革する者は、皆な書す」という一項目があり、都の北京に限らず各地の城濠や屯堡を修築したり、新たに建設または撤去した場合は、すべて記載するという原則が定められていた。

とはいえ、明初の洪武・永楽年間の実録には、内城の整備過程に関する史料がそれほど残されているわけではない[7]。これに対し外城建設の過程については、『世宗実録』に比較的詳細な史料が残されている。これは、外城の完成から日の浅い嘉靖四十五年（1566）十二月（漢数字の年月は中国暦、アラビア数字は西暦年月を表記、以下同じ）に嘉靖帝が亡くなり、その直後に実録の編纂に取りかかったことが関係するであろう。『世宗実録』の編纂は、隆慶元年（1567）三月に始まり万暦五年（1577）八月までに完成し、進呈された[8]。その編纂事業の中心的な役割を果たしていたのが、完成当時総裁の筆頭に名を連ねる中極殿大学士の張居正であった[9]。張はその時首輔の地位にあった。ただし、編纂の開始当初から隆慶二年七月までは徐階が首輔の地位にあり[10]、実録編纂にあたっても大きな影響力を有していたと推定される。徐階は、後に触れるように外城建設に関心を寄せ、完成後の恩賞にも預かっていたから、おそらく編纂方針に対する彼の影響も指摘できるであろう。

周知のように、明末清初以降の中国社会は人口急増期を迎えるとともに、満洲王朝のもとでその版図を大きく拡大した。しかし京師北京に加えて副都盛京や熱河の行宮などを新たに設定することはあっても、版図の拡大や人口増加に見合った形で京師の都市空間を新たな拡張することは行われなかった。従って、明代嘉靖年間における外城建設は、中国都城史上、城外に拡

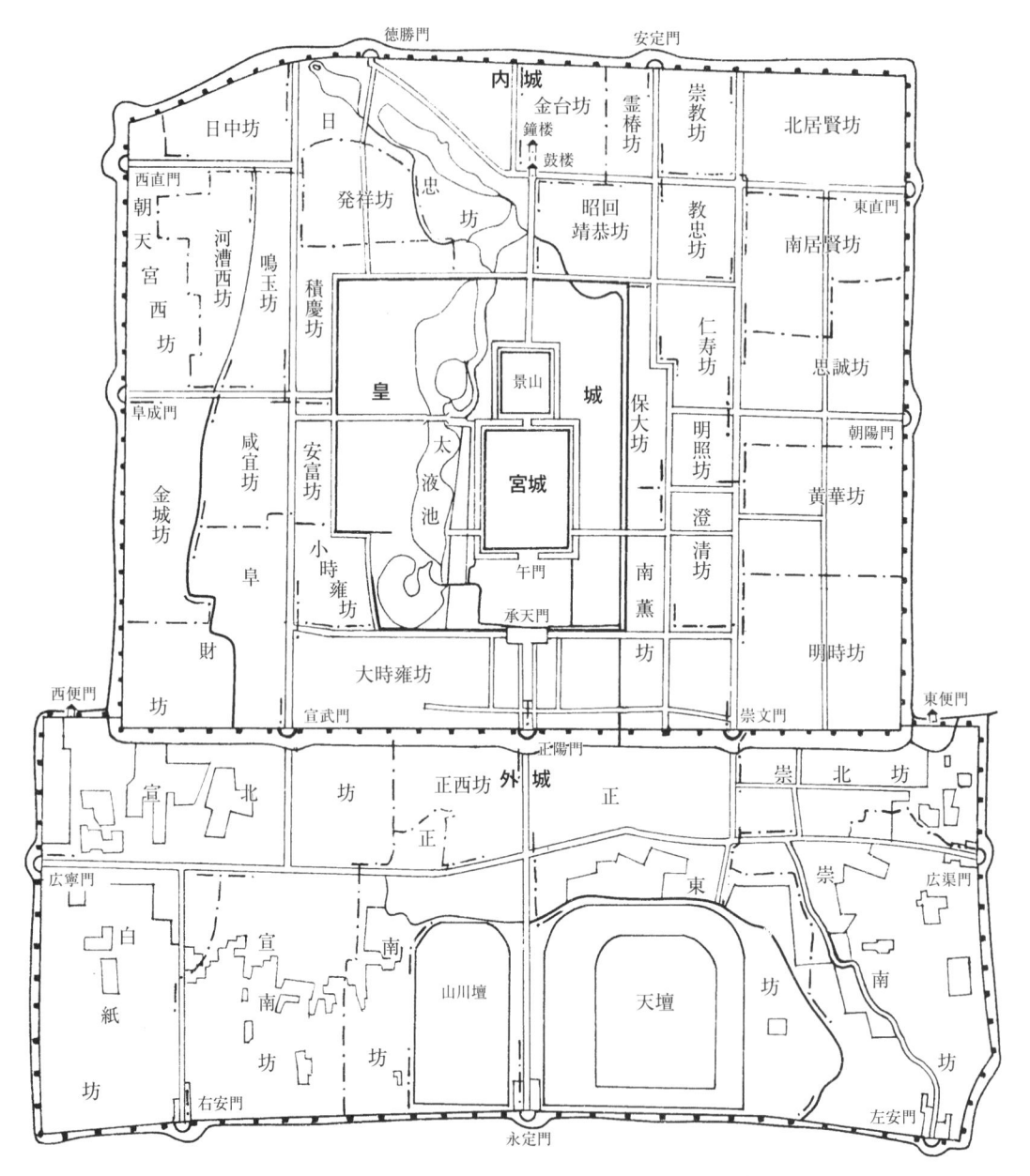

図2　明代北京の内城と外城（万暦―崇禎年間）
（曹子西主編『北京通史』第6巻、中国書店、1994年）

がった都市空間とその人口を外城の建設や拡張によって城壁内に新たに取り込んだ最後の事例とも言え、その点でも検討に値するものがある。

　本論では、主に実録などの史料をもとに、以下の3点について考察を加えることにしたい。
① 北京外城の建設にいたる背景と経緯を明朝前半期にさかのぼって明らかにすること。
② 嘉靖年間に実現する外城建設の過程を詳細に解明すること。

③ 未完に終わった四面築城（重城(ちょうじょう)）プランの全容を復原すること。

1　明初の北京城整備

(1)　華雲龍の北城壁増築工事

　明初の北京城は、洪武年間以来の北平城を一部拡張したものである。そもそも北平城は、前述したように元の大都城を継承したものであった。ただ北城壁部分のみは、『明太祖実録』に見えるように洪武元年（1368）に大将軍徐達が大都を占領するや、指揮華雲龍に命じて旧北城壁の南側約2.5kmのところに新たに全長1890丈（1丈＝約3.1m　約6km）の北城壁を築かせた。

　　　大將軍徐達は華雲龍に命じて故元の都を經理し、城垣の北陲を新築せしむ。徑直は東西の
　　　長さ一千八百九十丈[11]。

この北城壁に新たに設けられたのが、安定門と徳勝門の2門である[12]。これに大都城以来の南城壁の麗正門、文明門、順承門、東城壁の斉化門と崇仁門。西城壁の平則門と和義門を合わせて9門からなる[13]。北平城の周囲は約40里、元の大都城は周囲60里とされることから明初にかなり縮小されたことになる。

　華雲龍が行った北城壁の増築工事[14]は、大都城を手に入れたばかりの明朝がモンゴルに対する軍事的防衛を強化するために行ったものであった。これにより、北平城の北側部分は旧城壁（土城）と新城壁とによって二重に守られることになった。北側の新城壁の高さは4丈で、元代以来の東・西・南側の旧城壁の高さ3丈より1丈ほど高く造られていたのは、北方からの攻撃に備えるためであった。また徐達に督工を命じて整備された西北部分の城壁は、防御を重視して城内の積水潭に注ぐ引水渠の南岸に城壁を築いたために、北京城の西北角のみ直角ではなく斜角となった[15]。

　洪武年間以降、それまで版築で築かれていた土城の外側をレンガ（磚(せん)）で包む磚城化の工事も始まった[16]。

(2)　永楽年間の南城壁拡張工事

　永楽帝は、即位後の永楽元年（1403）正月に北平を北京に昇格させたものの、ただちに北京城の建設に取りかかったわけではない。永楽四年八月、折からの長雨により北京城の城壁あわせて5320丈（約17km）に及ぶ被害が発生している[17]のは、華雲龍が増築工事を行った北城壁以外は元の大都以来の土城のままであったためであろう。風雨や日光を避ける天棚や門楼・鋪臺11か所も損壊したというから、かなりの大規模な被害が生じた。被害を受けて、軍民を動員した修築工事が命じられているが、この時はおそらく応急措置の域を出るものではなかったであろう。

北京遷都に向けて北京城の拡張工事が行われるのは、遷都プロジェクトが進められた永楽十三年（1415）以後のことである[18]。南側の拡張工事 2700 丈余（約 8.6km）が行われ、南城壁を南に 1kmほど移した。

> 　北京の南城を拓く、計るに二千七百餘丈[19]。

ここにいう「南城」とは、北京城（内城）の南城壁のことである。永楽十七年までに、明清時代の北京城内城の規格が出来上がった（図 3　明北京城図（1421〜1449）。ただし、新たに設けられた南城壁の 3 門には、元の大都以来の麗正門、文明門、順承門の門名がそのまま用いられていた。東城壁の崇仁門と西城壁の和義門は、永楽十三年までに東直門と西直門とにそれぞれ門名を改めた[20]。

(3)　正統年間の改修工事

　正統初年には、太監阮安・都督同知沈清・少保工部尚書呉中に命じて北京城 9 門の甕城（月城）や城楼の設置など大規模な城壁改修工事に着手した。

> 　太監阮安・都督同知沈清・少保工部尚書呉中に命じて軍夫数萬人を率い、京師九門の城樓を修建せしむ。初め京城は元の舊に因る。永樂中略ぼ加葺すると雖も、然れども月城・樓鋪の制多く未だ備わらず。是に至り、始めてこれを修するを命ず[21]。

当時の北京城は、前述したように元の大都城の土城を一部改修しただけで、甕城や楼鋪の施設がまだ多くは備わっていなかったからである。

　またこの時期、北京城の内城壁部分の磚城化工事が行われた[22]。さらに、南城壁の城門は正陽門、崇文門、宣武門と新たに命名されて、正統六年十一月の北京定都にむけての準備も動き出した[23]。東城壁の斉化門は朝陽門、西城壁の平則門は阜成門と改められた。かくして、正統年間までに北京城 9 門の門名はすべて一新された。正陽門には正楼のほかに甕城にも中楼と左楼・右楼の 3 楼が設置された。他の 8 門には正楼と甕城楼が設置された。各門外に牌楼も立てられた。また北京城の四隅には、角箭楼を建立した。濠を深く堀り直し、両岸を磚で積み、9 門の門前に架かる城門橋が木橋から石橋にすべて架けかえられたのも、同じく正統年間のことであった[24]。

(4)　内城の規模と設備

　永楽遷都後の北京城（内城）の形状は、東西にやや長い方形となっていた[25]。城壁の周囲の長さは約 23.3km[26] で、元の大都城の約 28.6km[27] に比べると縮小したが、より正方形に近づいている。城内の面積も、51.4 km²から 36.6 km²とかなり狭まった[28]。

　南・北・東・西の城壁については、『日下旧聞考』巻 38 に引用する『工部志』により詳細な当時のデータが得られる[29]。これによれば、南城壁は 2295 丈 9 尺 3 寸（実測 6690 m）、北城壁は 2232 丈 4 尺 5 寸（6790 m）、東城壁は 1786 丈 9 尺 3 寸（5330 m）、西城壁は 1564 丈 5 尺

164 第6章 北京外城の出現

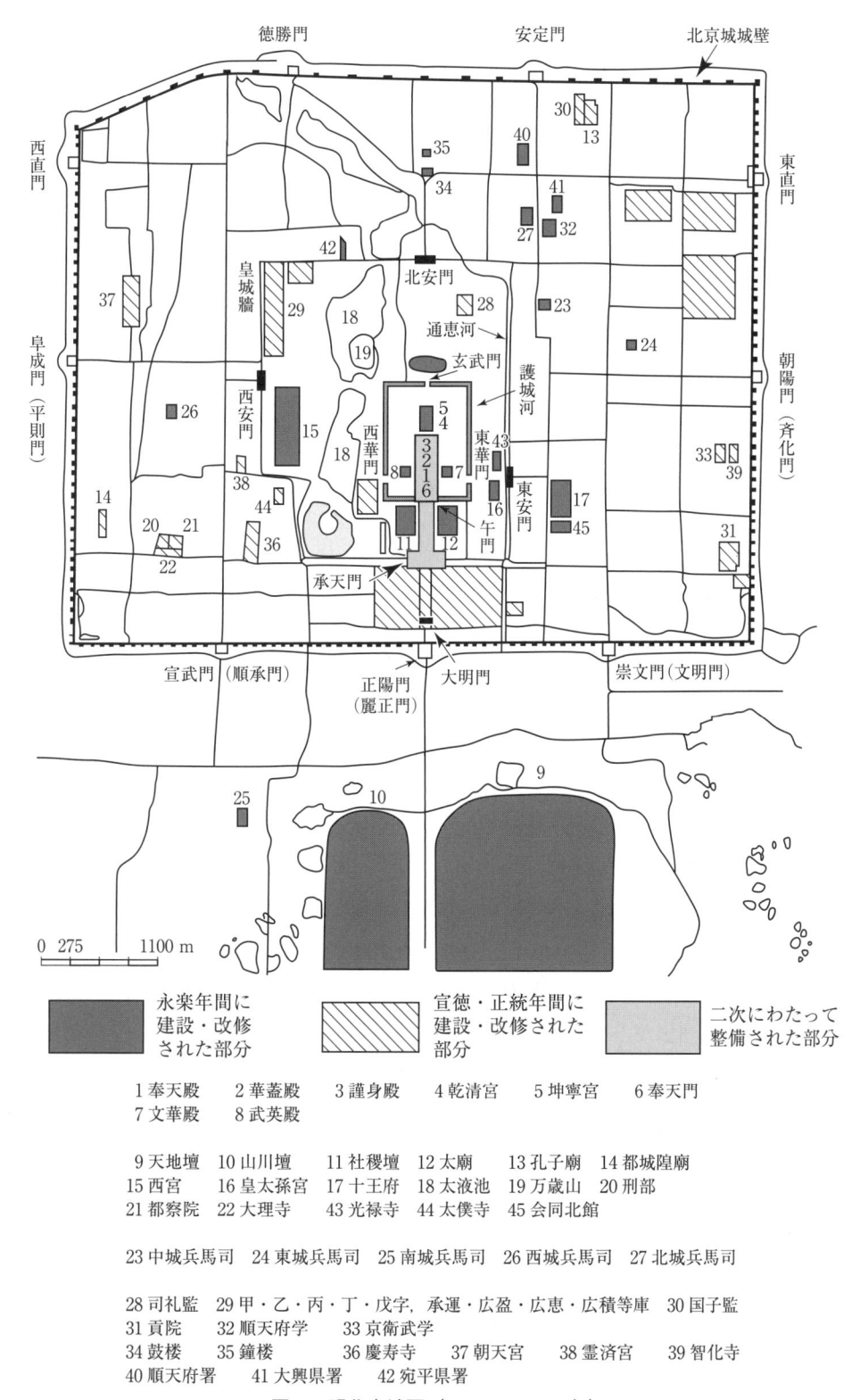

凡例:
- ■ 永楽年間に建設・改修された部分
- ▨ 宣徳・正統年間に建設・改修された部分
- ▢ 二次にわたって整備された部分

1 奉天殿　2 華蓋殿　3 謹身殿　4 乾清宮　5 坤寧宮　6 奉天門
7 文華殿　8 武英殿

9 天地壇　10 山川壇　11 社稷壇　12 太廟　13 孔子廟　14 都城隍廟
15 西宮　16 皇太孫宮　17 十王府　18 太液池　19 万歳山　20 刑部
21 都察院　22 大理寺　43 光禄寺　44 太僕寺　45 会同北館

23 中城兵馬司　24 東城兵馬司　25 南城兵馬司　26 西城兵馬司　27 北城兵馬司

28 司礼監　29 甲・乙・丙・丁・戊字, 承運・広盈・広恵・広積等庫　30 国子監
31 貢院　32 順天府学　33 京衛武学
34 鼓楼　35 鐘楼　36 慶寿寺　37 朝天宮　38 霊済宮　39 智化寺
40 順天府署　41 大興県署　42 宛平県署

図3　明北京城図（1421～1449年）

2寸（4910 m）である[30]。合計7879丈8尺3寸、1里＝180丈で換算すると、約43.8里となり、「四十里」というのは概数であることが知られる。

城壁の内部は土を版築で固め、その外側は下部に条石を置き、表面を磚で包んだ。城壁の基底部の幅は、約19.8 m、頂上部の幅は約16 mであった。

城壁の高さは約11.4 m（3丈5尺5寸）で、その頂上部外側に設置された雉堞（ちちょう）（垛口）の高さ約1.8 m（5尺8寸）をあわせると、約13.2 mであった。その数は四周合わせて1万1038垛を数えた。頂上部内側には女墻（ひめがき）も設けた。城壁の外側には、防御力を強化するため設備である馬面（敵臺、墩臺）が172か所に設けられていた[31]。

外城が建設されると「内城」と呼ばれることになる北京城には、前述したように9つの城門が存在していた。南城壁には正陽門を中央にして東西に崇文門と宣武門を配置した。東城壁には東直門と朝陽門、西城壁には西直門と阜成門を設けた。北城壁には安定門と徳勝門を設けた。

2　外城建設にいたる経緯

(1)　外城建設の発端

実録の記載によれば、北京の外城建設に初めて言及したのは欽天監春官正の王巽であった。正統八年（1443）四月のことである[32]。その発端は、盗賊が多発し始めた北京の治安維持が第一の目的であった。

> 欽天監春官正王巽言うに、「京師は盗多し、宜しく南京の如く外城を築き、官軍を置き門を守るべし」と。事は工部に下り、禁盗の令を厳しくせんことを請うも、必ずしも築城せざるは、勞費に過ぐるを恐るればなり。上、其の言を是とす[33]。

北京の外城建設のモデルとされていたのは南京の外郭城であり、各門に武官と軍士を配置して警備を強化することが提案された。検討を委ねられた工部は、工事費用が莫大であることを理由に反対し、英宗もこれに賛同した。なお、この時期の盗賊多発という事態は、六年十一月の北京定都にむけて首都の整備が進む中で、畿内周辺衛所の旗軍の余丁や力士、或いは辺衛から逃亡した軍士たちが都を目指して集まるようになったことにより引き起こされたものであった[34]。

成化十二年（1476）八月にも、定西侯蔣琬が外城建設を提案したことがある。この時も洪武年間に南京で築城された土城壁である外郭城がモデルとされた（図4　明南京の外郭城図）。

> 定西侯蔣琬言うに、「太祖皇帝は南京を肇建す。京城の外に復た土城を築き、以て居民を護るは、誠に萬世不抜の基（もとい）なり。今北京止だ内城有るのみにして外城無し。正統己巳の變、胡虜長驅し、直ちに城下に至る、衆庶奔竄し、内に容るる所無し。前事は鑑みるべきなり。且つ承平日久しくし、聚處益ます繁し。思うに、憂患の防を爲すは須らく豊亨の日に及ぶべし。況んや西北一帯、前代の舊址猶お存す。若し勸募の令を行い、加うるに工罰の徒を

166　第 6 章　北京外城の出現

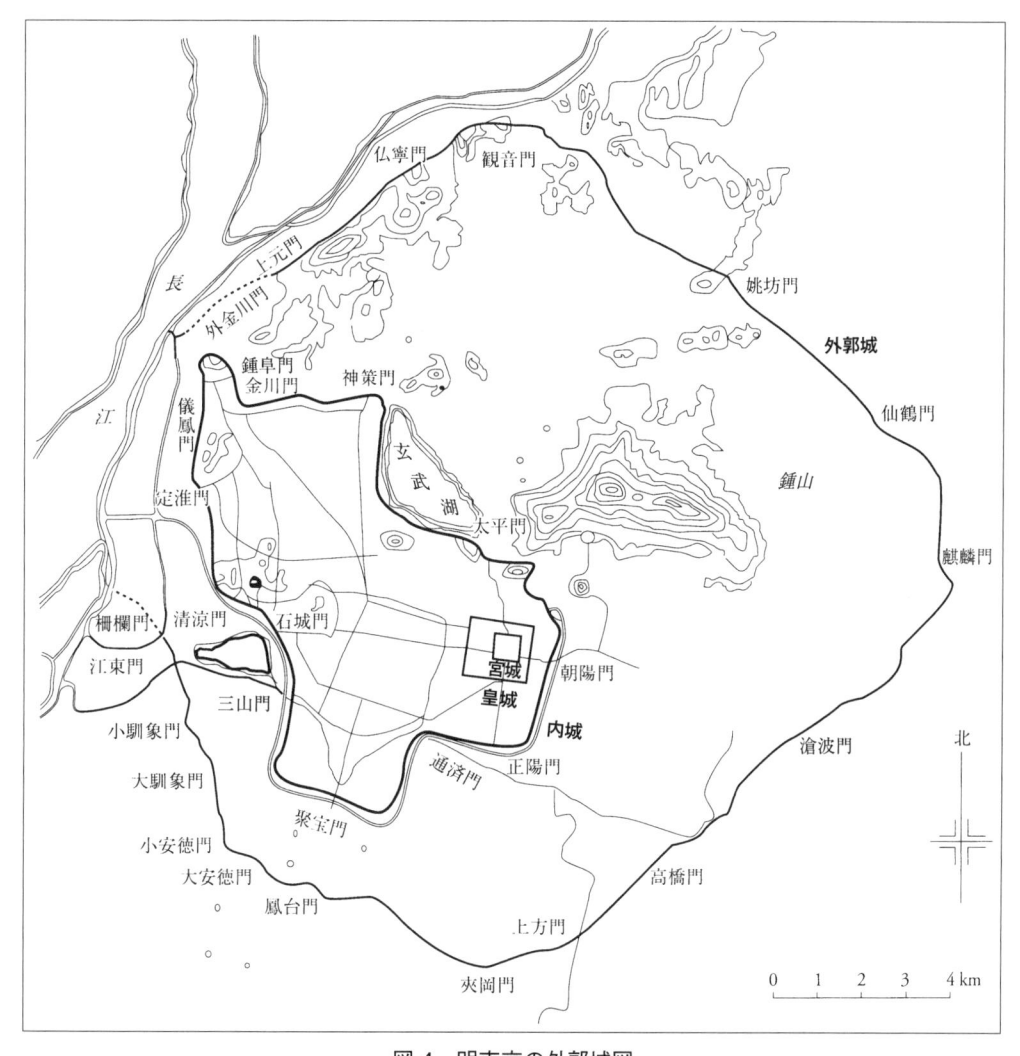

図 4　明南京の外郭城図
(潘谷西主編『中国古代建築史』第四巻、中国建築工業出版社、2001 年)

　　　以て其の成功を計らば、日ならずして待つべし」と[35]。
ここでは、北京が内城のみで南京のような外郭城が建設されていないことが問題視されている。蔣琬が提案した理由は、土木の変に示されたようにモンゴルが北京城を急襲することに対する脅威であった。西北一帯には元朝以来の旧址、すなわち土城が現存しており、それを利用し、民丁の募集と罰工 (輸作贖罪) の徒[36]を用いれば、長い工事期間をかけなくとも完成できるとしている。蔣の提案内容は、元朝の土城の利用に言及するなど、一歩ふみ込んだ内容となっている。
　蔣琬は、燕王朱棣の挙兵に従い燕山衛の兵卒から定西伯にまで封じられた功臣蔣貴の義子である。正統十四年一月に病弱な長子の義に代わって定西侯を嗣ぎ、天順末年に甘粛総兵官と

なった。その時、荘浪西大通城堡の築城工事に従事している。成化八年には南京協同守備の任にあったこともある。十年に十二団営を提督し、ついで神機営兵士の統轄を兼務していた[37]。

蔣琬の提案は、兵部に下された。廷臣の会議の結果、各地で水旱の害が頻発し北京の米価高騰しているうえ、運河浚渫や城壁修理の工事もまだ終了していないなどの理由で、工事を延期することが決まった。なお、実録に見える廷臣会議についての簡略な記載から、成化年間には蔣琬が外城建設を提案するに先立ち、河南の陝州判官葉培も同様な築城提案をしていたことが判明するが、その詳細は不詳である。

さらに弘治十六年（1503）九月には、吏科給事中呉世忠も外城の築城を提案している[38]。同じくモンゴルの襲来に備えるべく都城の周囲に外城を増築するというもので、工部に下して検討に回された。工部もその増築を覆奏したものの、弘治帝はしばらく中止するように命じた。

> 吏科給事中呉世忠は三事を言う。「（中略）一つ謂うに、京師は北のかた居庸・古北口等關を去るに、遠き者も二三百里に過ぎず、預め設備を爲さざる可からず。乞うらくは大いに官軍及び近畿の民を起し、都城の四外に於いて城の舊跡に隨い外城を増築し、以て京師の外寇を固めん」と。（中略）事、工部に下し覆奏するに、命じて姑くこれを置かしむ[39]。

ここで注意を促したいのは、外城の増築案が「都城の四外に於いて」とあることから明らかなように、嘉靖年間に建設された外城とは異なって都城の四周全体を囲む「羅城」[40]として提案されていたことである。ただし、この点は前述したようにモデルとしたのが南京の外郭城であったことからすれば当然であったろう。

正徳九年（1514）七月年には、モンゴル勢力の小王子が宣府・大同一帯に侵入して殺掠を行う[41]と、兵科給事中毛憲が城の防衛を固めるべく京城の関廂外に土城を築造して住民を包囲することを提案したこともあった[42]。関廂とは、城門外に拡がった商業地や住宅地を指している。毛憲は南直隷武進の人。正徳六年の進士で、同年八月に刑科給事中となった。翌年病のため帰省し療養ののち復帰して兵科に転じるのは、九年四月のことである[43]。

(2) 毛伯温の築城提案

嘉靖年間に入ると、「北虜南倭」でよく知られるようにモンゴル勢力による北方の長城地帯への侵攻が、ますます激しさを増してきた。二十一年（1542）に湖広道監察御史焦璉等は、京師北京の防衛を固めるべく墻壁・塹濠の設置と鋪長を編成することを建議した。これを承けた兵部の議覆も、各関廂の境界や沿辺の地に柵門や墩門を建立することを提案した。

> 時に邊報日び至る。湖廣道御史焦璉等建議し、墻塹を設け鋪長を編じ、以て防守を固めんことを請う。兵部議覆し、各關廂盡きる處、各沿邊において柵門・墩門を建立せんことを請う。掌都察院事毛伯温等復た言うに、「古者は城有らば、必ず郭有り。城は以て君を衞り、郭は以て民を衞る。太祖高皇帝、鼎を南京に定む。既に内城を建て復た羅城を外に設ける。成祖文皇帝は金臺に遷都す。當時内城は居するに足る、所以に外城未だ立てず。今城外の

民、殆ど城中に倍にす。患を思い預防するに、豈に或緩するを容さんや。臣等以爲らく、宜しく外城を築くが便なり」と。疏入り、上、これに從う。勅して、未だ盡さざる事宜は戸・工二部に會同して、速議以聞せしむ⁽⁴⁴⁾。

　その年正月に安南討伐から北京に戻っていた掌都察院事毛伯温は、五月に監察御史焦璉の原奏と工部の覆議を承けて、さらにふみ込んで外城の築城を提案していた⁽⁴⁵⁾。『毛襄懋先生奏議』巻12に収める「一広時議防虜患疏」がその上奏の全文である⁽⁴⁶⁾。

　これによれば、毛伯温の提案は、モンゴルの侵攻に対する京師の備えとして外羅城の設置がとりわけ有効だとするものであった。外羅城は、京城四周の関廂外に土城を築いて全体を囲むものである。城外には土砂を掘り出して濠を造成し、四面にはそれぞれ城門を築き、必要となる銭糧と人夫については、今後十分に検討のうえに行うとしている。もし工程が大規模で労働力が揃わないというのであれば、人口が稠密な南関廂一面を包む工事に先ず着手し、残りの三面については順次着工することまで、毛伯温は当初から提案していたのである。

　この提案に対し、嘉靖帝は外羅城については毛の提案に依拠して修築することとし、まだ十分に検討していない点は、毛伯温らがさらに兵部や工部と合同で急ぎ検討のうえ報告するようにという聖旨を下した⁽⁴⁷⁾。

　この聖旨を承けて兵部と工部との会議が本月(おそらく六月)十六日に開かれた。参集したのは、掌都察院事毛伯温のほか、兵部では尚書張瓚、左侍郎費寀、工部では尚書甘爲霖⁽⁴⁸⁾、左侍郎楊麒らであった。会議をもとに、毛があらためて題本で提出した上奏が『毛襄懋先生奏議』巻12に「一陳愚見防虜患疏」として載せられている⁽⁴⁹⁾。これによれば、外城建設は重大な工事であり、必ず最初にその規模と制度について十分に検討すべきことを強調したしたうえで、正北面と西南角は後述する旧基に依拠して城壁を増補し、其の他の三面についても新たに城壁を建設するプランを提案した。

　工事費用の算出にあたっては、工部に勅を下し内官監に指示して工事を管理する太監一員を選任し木石土作などの官匠を帯同すること、兵・工二部の堂上官と合同で欽天監を督率して城外の各関廂の諸処并びに南北の旧城基を調査し、①城基を築くべき場所、②城基の四面の寛広、③京城からの距離、④周囲の長さ、⑤城基と城面の高闊、⑥設置すべき城門数などについて詳しく検討するように求めている。

　この題奏に対して、帝は「(毛の)擬に依れ、ただちに内外各衙門の官員を会同し、京城外の各関廂地区に前往し、上奏内の費用算出を査照して、明白に報告せよ」という聖旨を出した⁽⁵⁰⁾。その後に出された議覆に対し、帝は(外羅城の)築城が人々に利益をもたらす大事業であり、費用を惜しむことはできないとし、即ちに期日を選んで着工するように指示した。この時点では、嘉靖帝は築城工事をかなり急いでいたようであり、工事で城壁内に取り囲まれる住民の墓地は、別に土地を支給して移転させることまで早々と指示を出していた⁽⁵¹⁾。

　ところが、七月に刑科給事中劉養直が上奏してこの動きにストップをかけた。劉の郷貫は四

川内江の人で、嘉靖十七年の進士である[52]。上奏した当時は、行人司行人から給事中に昇進したばかりであった[53]。その後は、右通政・太僕寺卿・順天府尹・戸部左右侍郎などを歴任した[54]。

劉は、外羅城の建設工事は多事多難の際ではなく平穏無事の時に行うべきであると主張した。その上、いまは前年の火災で焼失した太廟[55]の再建工事に着手したばかりで、その木材調達のメドすら立っていないこと、畿内の地では凶作に困窮し中央財源の多くは北辺防衛に投入されているなどの理由を挙げて工事の延期を提案した。

結局、嘉靖帝は劉の提案に従って暫時停止を命ぜざるを得なかった[56]。この時期の帝は、礼制改革を最も重視[57]しており、太廟の再建を最優先に考えていたからである。しかし、それから数年のちの二十四年六月に太廟が完成[58]しても、外羅城の工事はすぐには再開されることはなかった。工事停止の決定から3か月後の十月には、宮女楊金英らが睡眠中の嘉靖帝の首を絞めるという前代未聞の事件が発生した[59]。危うく一命を取り留めた帝は大内を嫌って西苑に居を移すようになった[60]。この事件による混乱も、工事が再開されなかった一因と推定される。

さてこの時提案された外羅城工事は実現を見なかったとはいえ、毛伯温が提案した建設のプランはより具体的なものであった。その内容は、毛の後者の奏疏に見える。

> 今査し得たるに、京城の外の正北一面、其の舊土城基を見るに、約そ一十餘里を計る。西南角も亦た約そ城基八里有り。據る所の事宜を相度し、合に正北・西南の舊基を以て則と爲す。其の正南・東・西の三面は、相應に通く踏勘するを行い、界限を定畫し、以て經始を爲すべし[61]。

京城の正北面には、元朝に築かれた大都城の土城が約10里ほど存在していた。また西南角には金中都城の城壁が約8里ほど残っているとし、これらの城壁を再利用した上で残りの南側・東側・西側の三面を新たに築き、四方を囲むプランを建てていた。のちに毛伯温の墓誌銘を書いた徐階も、10年後に毛の指摘のように南側に外郭城を築くことが実現したと記しているほどである[62]。

モンゴル侵攻の脅威が高まる中で、毛伯温がこうした大規模な北京の外羅城工事を提案したのは、永楽帝による遷都から百数十年が経過して北京には各地から人々や商品が集まるようになり、京城外の住民人口が城内の人口に匹敵するほどになっている現実があった[63]。

(3) 王邦瑞の重城建設提案

毛伯温の外羅城建設の提案から8年後に、彼の心配が的中する事態が発生した。嘉靖二十九年（1550）八月、アルタン（俺答）を首領とするタタール軍が長城を越えて北京に迫ってきたのである。

モンゴルによる北京城包囲という軍事的脅威が現実のものとなって、それまでしばしば提案

されてきた外羅城建設が実現に向けて一気に進むことになる。都察院右僉都御史王忬は、いちはやく京師外郭の築城や通州新城の改修を提案して、裁可された[64]。通州を鎮守してた右僉都御史王儀[65]に代わって抜擢された王忬は、帝の信頼も厚く彼の提言で従わないものは無いほどであった。因みに、王忬は「后七子」の一人としても知られる王世貞の父で、のちに厳嵩に陥れられ獄死した。

通州新城の改修は、嘉靖二十九年十月に始まり、翌年六月に完成した[66]。十一月には、張家湾の大小 2 堡の建設および河川に沿いの敵臺設置の工事費用として通州に貯えられていた修辺銀 7000 余両が支給され[67]、翌々年の三十一年五月に工事が完了した[68]。同年六月には、順義県の土城壁を磚城化する工事も命じられた。その工事費用には、工部と戸部からの銀 1 万 6000 両および同県の贓罰銀が充てられた[69]。

九月十二日、工部は吏部左侍郎王邦瑞が提案した 3 点からなる京師の防衛強化策を覆奏した[70]。その内容は、① 京城を囲む重城を築くこと、② 京城 9 門の濠塹を浚渫すること、③ 水門（閘）を東側の大通橋に設けて濠に蓄水するというものであった。提案した王邦瑞は、河南宜陽の人で、正徳九年の進士。アルタンが北京を攻撃した際に京城 9 門を総督して、その職責を果たしたことで帝の信頼を得て八月下旬より兵部尚書の職務を代行していた[71]。

嘉靖帝は、後二者について裁可したが、重城の築城については直ちには着手せず、しばらく兵士や人民を休息させたうえで翌年の秋に着工するように指示した。しかしその数カ月後になって即座に重城工事を着工するように変更された経緯については、次節で詳しく見ていきたい。

なお、前節ですでに見てきたように、正統年間以来しばしば建設が提案されていた京城を囲む城壁は、外城（または外羅城）と呼ばれることが多かった。しかし明実録では、この時点以降、「重城」という名称がしばしば使われるようになり、明末には、北京城は皇城―都城（京城）―重城の三重構造として把握されるようになる[72]。後世、一般に用いられる内城と外城は、その当時はそれぞれ「都城」と「重城」のセットで呼ばれることが多かった[73]。北京で内城と外城という呼び方が定着するのは、むしろ清朝の順治遷都以後、都城（内城）に旗人が、重城（外城）には漢人が移り住むという棲み分けがなされてからのことであろう[74]。本論では、当初計画された四周築城の外羅城をとくに「四面重城」と表現し、実際に建設された南関廂部分のみの城壁を外城と区別して用いることにする[75]。

3 南関廂外城の建設工事

(1) 工事の開始と中断

嘉靖二十九年十二月五日には、兵部が聖旨を奉じて検討を加えた京師防衛策を提案してきた[76]。あわせて 12 項目からなる兵部の防衛策は、周府奉国将軍朱安㵒と吏部尚書夏邦謨らが

上陳した「備辺事宜」をもとに提案された。その第2項目が、京城周辺の関廂部分の築城工事に関するものである。京城南城壁3門の関廂地区に外壁約18km（5780丈[77]）と門楼5座を新たに建設するという大工事ではあるが、多くの住民を抱える関廂地区の各戸に対して1人の労役を割り当て、合計して1万人を動員することができれば、100日で完成できると試算している[78]。兵部はその着工時期を来春と定めて提案したところ、裁可された。当初、翌年秋の着工と指示されていた工事が、この時点で半年ほど前倒しされたことになる。

この聖旨を承けて、その月の二十五日には外城を築く工事が南関廂部分で始まったことが実録に見える[79]。

> 正陽・崇文・宣武の三関廂に外城を築く。侍郎張時徹・梁尚徳に命じて、都御史商大節・都督陸炳と同（とも）に督工せしむ。

南関廂は、あらためて言うまでもなく京城の正陽門・崇文門・宣武門外周辺の地域にあたる。帝は、兵部左侍郎張時徹と工部右侍郎梁尚徳に命じて左副都御史商大節、都督陸炳とともに工事を監督させた。張時徹は浙江寧波の人、嘉靖二年の進士で、十二月に南京刑部右侍郎から転任したばかりであった[80]。商大節は湖広安陸の人、同じく嘉靖二年の進士である。庚戌の変では左副都御史に抜擢され、民兵を募集訓練して京師の防衛にあたった[81]。

南関廂に外城を築くことについては、内閣大学士厳嵩も票擬でこれを求めていたことが、厳嵩『歴官表奏』巻11、「請乞修築南関囲墻」より知られる[82]。都では庚戌の変が起こる以前から、タタールは大運河沿いで貨物が集積する張家湾や臨清、さらには住民繁多な南関廂地区の掠奪を窺っているという噂がまことしやかに囁かれていた。幸いこの度は撃退したとはいえ、果たして薊州方面から入寇して来たのは天子の膝下の南関廂と張家湾を狙っていることが明らかになったとして、輿論に従い南関廂を囲む外城の建設を求めたのである。

翌年秋の農閑期に着工するという帝の最初の指示とは異なって十二月中に早くも工事が始まったのは、南関廂の住民宗良輔たちが築城費用の負担を申し出たからであった[83]。実録では、宗良輔なる人物について「居民」と述べるのみである。しかし前述の『歴官表奏』「請乞修築南関囲墻」には「本廂監生宗良輔」とあり[84]、南関廂に住む監生であったことが判明する。監生宗良輔の名は、万暦『順天府志』巻5、人物志・選挙にも順天府の貢生としてその名が見える[85]。ここでは、宛平県に戸籍をもつ住民の監生宗良輔が自ら築城費用を負担する申し出があった事実に注目しておきたい。

しかし、工事が始まって間もなく翌三十年二月二十二日には、南関廂の築城工事を停止する詔が出された。『世宗実録』には珍しく、その間の経緯についてやや詳しく触れている[86]。工事が始まるや、嘉靖帝は工事の監督を命じていた都督陸炳を召して築城工事の利便性について尋ねたことがあった。

陸炳は、人口が稠密で財貨の集まる南関廂に城壁を築いて防衛するのは妥当な措置とした。ただ、その費用を民間に負担させるには限度があり、工役の負担も大きく一時（いちどき）に工事を終える

のは容易ではないとし、最初の聖旨に従って秋まで工事を延期するように進言したため、中止が決まった。しかしその後、秋を迎えても工事が再開した形跡がない。

陸炳の父松は錦衣衛総旗となり、嘉靖帝の父興献王の就藩に伴い湖広安陸の王府に赴任した。嘉靖帝が生まれるや、母がその乳母を務めたことから母につき従って王府の宮中に出入りするようなり、帝の恩寵を得た[87]。嘉靖帝が陸に築城のことを直々に尋ねたのは、寵愛を受けていたことに加え、彼が掌握していた錦衣衛が軍匠を統轄していたためであろう。

(2) 工事再開と四面重城工事の決定

それから2年をへた三十二年三月二十五日に、兵科給事中朱伯辰は南京の外郭城を例にあげて、京城の四面に外城（重城）を築城する提案を行った[88]。朱は江西南昌の人で、嘉靖二十六年に進士に及第している。彼は、全国各地から商旅や財貨が集中する北京では城外の住民が数十万戸に膨れあがっているとし、防衛上、城壁で囲んで住民を保護することの必要性を強調した。2年前の工事では、担当者が措置を誤り家屋を毀損したり資金を集めたりして民衆の怨みを買ったこと、その上わずかに南側一面だけを築くプランでは、狭隘すぎて完成もしないうちに中止されてしまったと指摘している。また事前に北京城の郊外を踏査したところ、金の中都や元の大都の土城遺址が120里ほど残っているのを確認したうえで、これらを再利用して築城できるとしている。いったん中止されていた外城工事を再開させる契機となった提案として重要であり、外城建設が実現すると、後述するように朱はそれを提唱した功績により陞賞に預かっている。

通政使趙文華もまた築城を提案した。趙は浙江慈谿の人、嘉靖八年の進士である。この築城を建議した功績により、趙ものちに工部右侍郎に昇進した[89]。

趙の奏疏の内容は、実録では省略されているものの、幸い彼の文集『趙氏家蔵集』の中に「請築外羅城疏」として収められており、その詳細を知ることができる[90]。因みに、『趙氏家蔵集』は徐階の撰に係るものである。

これによれば、趙は天文界を例にして上帝の帝座が紫微垣・太微垣・天市垣の三垣で護られているように、人君たる天子も三城で護られるべきであるという点から説き起こしている。太祖洪武帝が南京を都と定め、三城の宸極を造った深意もそこにあるとする。ここにいう「三城」とは、南京の皇城・京城（内城）・外郭城を指して述べたのであろう[91]。先年始まった外羅城の築城は、民の財力を損なうことを慮って暫時停止の決定が出された。京師は北方のモンゴルと隣あわせているため、「北人」のモンゴルは元朝にかこつけて志を逞しくしている。重城（羅城）が築かれれば、民はそこに避難できるうえ、モンゴル勢力の掠奪行為を断つことができるとし、戸・兵・工三部に勅命を下して、民間の財力を借りずともこの春から工事を再開するように主張した。

朱伯辰と趙文華の二つの上奏は、兵部に下されて戸部と工部とともに審議されることになっ

た[92]。兵部の審議結果が提出されるのに先立ち、帝は二人の上奏を大学士厳嵩に示して工事のことを直接相談している。厳嵩は、重城の建設は多くの人々の期待するところであり、完成すれば「一労永逸の計」となること、工事に伴う墓地や家屋の移転もやむを得ないとした。また南関廂部分の築城だけであれば以前に工事が半ばまで進んでおり、工事の完成はとても容易であると指摘した。これに対して、嘉靖帝は四面に築城する方が完全で美しいと述べ、そうでなければ王制（帝王の定める制度）とは言えないと付け加えた。この時点では、厳嵩も誠に聖諭のとおりであり兵部の議覆が届くのを待って遵行したい、と応じるしかなかったようだ。

兵部が戸部と工部と合同で検討した議覆では、朱や趙の上奏のように工事の着工を求めており、総督京営戎政平江伯陳圭、協理侍郎許論、掌錦衣衛事陸炳に命じて欽天監の官員とともに日を選んで着工することを提案してきた。嘉靖帝は、外城は必ず四面築城の重城にして王制を全くすべきと強調した上で、必要となる一切の事項については、兵部らで十分に検討を加え詳しく報告するように指示を出した。

『世宗実録』の記事を見る限り、この四面重城工事の決定は王制の理想にこだわった嘉靖帝の強いイニシアチブによるところの大きかったことが窺える[93]。

(3) 四面重城工事の着工

嘉靖三十二年（1553）閏三月十九日、いよいよ重城工事に着工した[94]。この日、成国公朱希忠を太廟に派遣して、国家万世の事業と位置づけられた四面を囲む重城工事の開始を報告させている。実際には、二年前の三十年二月にいったん中断していた築城工事の再開を意味していた。総督京営戎政平江伯陳圭・掌錦衣衛事左都督陸炳・協理京営戎政兵部右侍郎許論・工部左侍郎陶尚徳と内官監右少監郭撢らに命じて工程を提督させた。錦衣衛都指揮使朱希孝・指揮僉事劉鯨には、現場で工事を監督させた。さらに吏科左給事中秦梁と浙江道御史董威には、その工程の進捗状況を巡視させた。

これに先立ち閏三月十日に、兵部尚書聶豹（じょうひょう）は四面重城工事についての最終的な提案を行っている[95]。その月の六日には、聶は陸炳、陳圭、許論、欽天監監正楊緯らとともに、城壁を築くべき場所について踏査していた。

聶の提案によれば、四面に外城を築くべき基址の場所については、逐一その形勢を勘案し、さらに「堪輿の説」を参照して、城壁は高低をそろえて「前方後円」の形にする。築城すべき城壁を全長70余里と算出している。その上で、城壁の制度、所用の軍夫や匠役、銭糧や器具、着工の期日、工程を提督・巡視する各官の分担など、一切の施工すべき事宜について検討した結果を奏疏にまとめ、羅城の規模と制度について図示した設計図と併せて提出したところ、皇帝の裁可を得た。聶は江西吉安府永豊の人、正徳十二年の進士である。正月に協理京営戎政兵部左侍郎から兵部尚書に昇任したばかりであった[96]。

聶豹の提案は、前述したように陸炳・陳圭・許論らとともに作成したものであるが、以下で

は兵部尚書聶豹に代表させて「聶豹重城プラン」と呼ぶ。興味深いのは、外城の形が聶豹プランでは一般的な方形ではなく、風水を考慮して前方後円の形に設計されていた点である。その形は、おそらく北京天壇の外壁（天地壁[97]）と同様な形であったろう（図5 聶豹重城プラン推定図）。

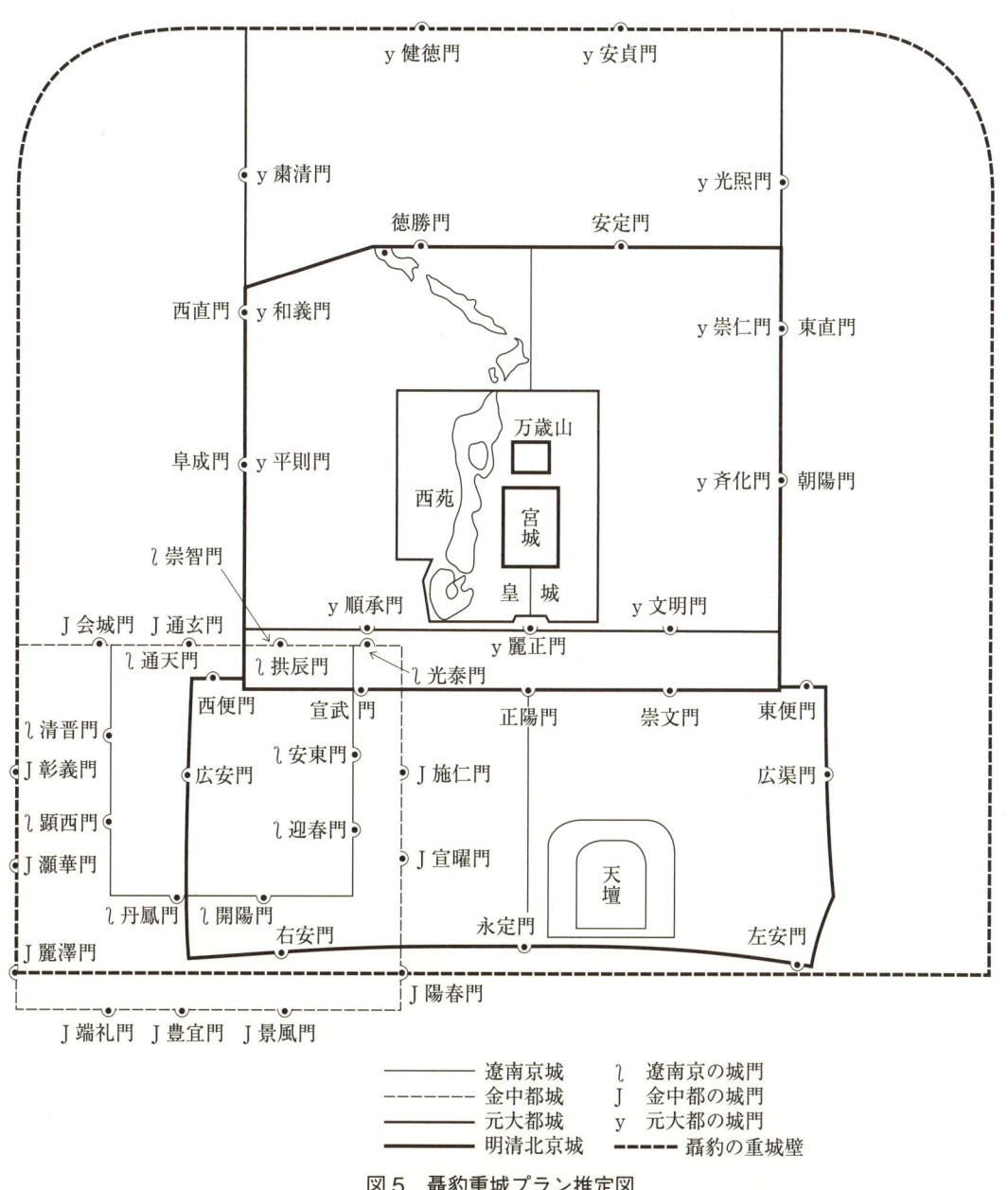

図5 聶豹重城プラン推定図

凡例:
- 遼南京城
- ------- 金中都城
- 元大都城
- 明清北京城
- ɭ 遼南京の城門
- Ｊ 金中都の城門
- ｙ 元大都の城門
- ------- 聶豹の重城壁

(4) 南面外城工事への変更

　重城工事に着工してから20日ほどたった四月十一日、嘉靖帝は内閣大学士厳嵩らと城壁建設工事について議論している[98]。帝自身も、四面築城の工事の中でも地勢が低く流砂が厚く堆積している西面部分の工事の困難さについて心配していた。工事を指揮する平江伯陳圭らは、原案どおり土城を堅固に築いて、垜口や腰牆および各城門部分のみ磚砌を用いる工法を採用すること、工事は南面から開始して東面、北面、西面と順次進めていくことを提案して裁可された。

　帝はまた費用が膨大となって容易に工事が完了しないことをも懸念していた。このため、厳嵩らも自ら南面の工事現場に赴いて視察を行っている。その視察の報告が手箚で帝に届けられた。

　これによれば、工事担当者に直接訊ねたところでは、これまでの工事で困難な点は城壁基壇の造成で、基壇は地山まで達する必要があり、深さは5、6尺（約1.6〜1.9m）から7、8尺（2.2〜2.7m）にいたるものもあった。現在造成された基壇は地表面まで達しており、その版築の高さは、わずか1、2板から4、5板、最高は11板を積み上げた所もあった。1板の高さは記されていないが、実際の版築層の厚さは約20cm前後とある[99]ことから、それと同様であったあろう。地山に高低があるため盛り土（培墊）にも深浅があり、また土砂を取り出す場所にも遠近があり、工事の難易度にちがいが生じる。大抵、版築が済めば工事は次第に進捗するとあった。

　これに対する帝の諭答では、土質が堅固でないと完成しても長持ちしないことを心配していた。暫く様子を見るという意見を退けて、先ず南面の工事から着手し、財力の充実を待って四周の工事を実施すべきかどうかについて陳圭らともに詳細に協議するように命じた。

　これを承けて、厳嵩は陳圭らとの協議をもとに、京城の南面は、住民が多く物資も豊富で防衛する必要があることを改めて強調したうえで、現在は人夫も集まり版築工事も始まっており、良質の土壌を用いれば、堅固に造成できるとした。まず現在進めている南関廂の工事をひとまず終えさせ費用を支出すれば、他の東・西・北三面の関廂部分の工事費用の多少も推算可能となる。以前の図面は、四面築城プランのもので、南面の横幅は20里（約11.2km）であった。今は一面を築城するだけなので、12〜3里（約6.7〜7.3km）に止めれば、経費を節約できるとした。このように変更すれば、工期どおりに完成が期待できること、東・西・北三面の築城については、再度検討を待って報告したいと議覆して、裁可された。

　すなわち、正南面の城基の東端から北に向かって進み京城の東南角に接し、西端も北に向かって進み、京城の西南角に接するもので、この時点で初めて所謂内城と外城とをあわせて凸型[100]となる北京城の形状が決定したのである。弘治年間、吏科給事中呉世忠以来、京城全体を囲む築城プランが一貫して提案されてきた。嘉靖年間の毛憲、毛伯温、王邦瑞、朱伯辰らも同様であった。嘉靖帝自身も当初から強くこだわっていた四面重城プランは、首輔厳嵩らが現

176 第6章 北京外城の出現

地視察したうえで提出した議覆により、南面のみに縮小された外城建設に変更されたのである。

(5) 工事の完成と陞賞・恩廕

翌五月、嘉靖帝は兵部に南関廂部分の城壁が現在建設中であるとはいえ、前回のタタール侵攻からすでに3年が経過しており今年の秋も慎重に警戒するように諭した。これに対し、兵部尚書聶豹は築城工事が予定どおり完成見込みであると答えている[101]。六月には、正陽門・崇文門・宣武門外の楼門の建設工事が始まった[102]。

南関廂工事への変更決定から約半年をへた十月二十八日、外城の建設工事が完成した。正陽門外の門は永定門、崇文門外の門は左安門、宣武門外の門は右安門、大通橋の門は広渠門、彰義街の門は広寧門とそれぞれ命名された[103]。

『日下旧聞考』巻38、京城総記には、完成した外城の概要について『工部志』から引用し、以下のように記している。

> 嘉靖二十三(三十二の誤り)年、重城を築く。京城南一面を包み、轉じて東西角樓を抱くまで長さ二十八里。七門を爲る。南は永定・左安・右安と曰う。東は廣渠・東便と曰う。西は廣寧・西便と曰う。城南一面の長さ二千四百五十四丈四尺七寸、東一千八十五丈一尺、西一千九十三丈二尺、各おの高さ二丈、垛口四尺、基厚二丈、頂收一丈四尺。四十二年、各門の甕城を増修す[104]。

外城の南辺は2454丈4尺7寸（実測7854.20m）、東辺は1085丈1尺（2800m）、西辺は1093丈2尺（2750m）で、あわせて全長4632丈7寸1寸である。里に換算すると、25.7里で、ここでも史料に見える「二十八里」は概数であった。

外城には、永定門・左安門・右安門・広渠門・東便門・広寧門・西便門の7門を開いた。城壁の高さは約6.4m（2丈）、雉堞（垛口）の高さ約1.3m（4尺）を加えても約7.7m（2丈4尺）しかない。城基の厚さも約6.4m（2丈）、頂收約4.5m（1丈4尺）にすぎない。因みに、前述したように内城壁の高さは約11.4mで、雉堞の高さ約1.8mを加えれば約13mを越える。城基の厚さは約19.8m（6丈2尺）、頂收は約16m（5丈）もあった[105]。

外城壁と内城壁が接合する東便門と西便門付近で見ると、外城壁の高さと城基の厚さは内城壁に比べてかなり見劣りするものであったろう。これは、当初外城壁が内城壁と接合することを想定せず、内城をすっぽり囲む「重城」として設計されたこともその一因であろう。なお、外城各門に甕城が設置されるのは、後述するように10年後のことである。

外城の完成から半年をへた三十三年四月二十七日、成国公朱希忠を太廟に派遣して、その完成を正式に報告した。太廟への報告が半年近くも遅れた理由は、さだかではない。この時、工事を監督した官員たちの功績が記録され、陞賞と恩廕による子弟の任官が行われた。陞賞と恩廕に預かった官員として、実録には内官監右少監郭揮を筆頭にして29人の名が挙げられてい

【表】外城建設工事により陞賞と恩廕に預かった官員

	氏名	官職名	陞賞の内容（昇進・俸給）	恩廕の内容
1	郭揮	内官監右少監		弟姪一人を廕して、錦衣衛百戸と為す
2	陳圭	提督京営平江伯	太子太傅	一子を廕して、百戸と為す
3	陸炳	掌錦衣衛事左都督	太保	一子を廕して、百戸と為す
4	聶豹	兵部尚書	太子少傅	一子を廕して、国子生と為す
5	歐陽必進	工部尚書	太子少保	一子を廕して、国子生と為す
6	許論	兵部右侍郎	左侍郎、正二品の服俸を加える	
7	陶尚德	原任工部右侍郎	増俸一級	
8	郭鏊	同（原任）左侍郎	増俸一級	
9	朱希孝	都指揮使	都督同知	
10	劉鯨	指揮僉事	指揮使	
11	秦梁	吏科給事中	通政使司右參議、仍りて原官を兼ねて管工すること故の如し	
12	董威	浙江道御史	大理寺右寺丞、仍りて原官を兼ねて管工すること故の如し	
13	方鈍	戸部尚書	賞銀二十兩・紵絲一表裏	
14	翁溥	兵部左侍郎	賞銀二十兩・紵絲一表裏	
15	嚴嵩	大学士		子世蕃を工部左侍郎に陞し、旧に照して帯俸侍親とする
16	徐階	大学士		一子を廕して中書舎人と為す
17	李本	大学士		一子を廕して中書舎人と為す
18	朱希忠	成国公	歳に禄米五十石を加える	
19	趙文華	通政使	工部右侍郎に陞し、仍りて司事を掌る	
20	謝孟金	兵部職方司郎中	陞二級	
21	王一夔	工部営繕司郎中	陞二級	
22	汪道昆	員外郎	陞賞	
23	劉景韶	員外郎	陞賞	
24	李僑	員外郎	陞賞	
25	宋國華	員外郎	陞賞	
26	高光等	戸部主事	陞賞	
27	郭文英	工部帶俸左侍郎	陞賞	
28	徐杲	順天府府丞	陞賞	
29	氏名不詳	中書・欽天監等官	陞賞	
30	朱伯辰	已革任兵科給事中	倡議の功を以て冠帯閒住するを准す	

る⁽¹⁰⁶⁾（表　外城建設工事により陞賞と恩廕に預かった官員）。

　なかでも恩廕に預かったのは、内官監右少監郭揮・平江伯陳圭・左都督陸炳・兵部尚書聶豹・工部尚書歐陽必進である。郭は弟姪一人を錦衣衛百戸に、陳と陸はそれぞれ一子を百戸に、聶と歐陽はそれぞれ一子に国子監生のポストが与えられた。大学士厳嵩・徐階・李本は工事を監督したわけではなかったが、恩廕に預かっている。厳の子の世蕃は工部左侍郎に昇進し、従来どおり帯俸侍親とした。徐と李もそれぞれ一子に中書舎人のポストが与えられた。

　またすでに兵科給事中の官職を奪われていた朱伯辰は、外城建設を提唱した功績により冠帯閒住（官位を復し蟄居）を許された。同じ時期に提案した通政使趙文華も工部右侍郎に昇進した。

　ほかに陞賞に預かった官員のうち、工部帯俸左侍郎郭文英と順天府府丞徐杲はもともと匠役出身であった。嘉靖十九年七月、皇穹宇工事の完成によりそれぞれ太僕寺卿、光禄寺署正の官位を授けられた。とくに徐杲は、その後も嘉靖帝の命で行われたさまざまな建設工事に携わり、順天府府丞から太僕寺卿をへて、ついには工部尚書帯俸にまで昇進している⁽¹⁰⁷⁾。

(6)　その後の外城整備

　嘉靖四十三年（1564）に至って、外城の各門に甕城の増築が決定した。その発端は、前年十二月朔日に工部尚書雷禮が外城の修繕と増強を提案したことによる⁽¹⁰⁸⁾。嘉靖帝は、兵部と共同で検討して報告するように命じた。年が明けて三日、偶々大風による被害が発生した⁽¹⁰⁹⁾。これを上天の「恩示」と解した帝は、「辺防にまさに慎むべし」と兵部に指示したので、にわかに内外の防衛を巡る議論が高まった。これが修築工事にとっても追い風になったらしい。重城の建設は、果たして頼りになるかどうかという帝の下問に対し、内閣大学士の徐階は庚戌の変に際して城外の民が城内に避難しようと殺到したが、この度はそのような混乱した事態にはならなかったことを挙げて、建設に賛同の意を示した⁽¹¹⁰⁾。

　翌年正月二十八日、外城7門に甕城を増築する工事が始まり、半年後の六月二十七日、外城の甕城が完成した⁽¹¹¹⁾。九月には、内官監太監王鼎・工部左侍郎李登雲・錦衣衛指揮使張大用・管工給事中鄧楚望・御史劉思問・太監黄錦・工部右侍郎李遷らが、工事完成による恩賞に預かっている⁽¹¹²⁾。

　甕城増築など外城の整備とあわせてこの時期には、外城内に家屋を建築する者を募集する施策が進められるようになった。官有地を払い下げ、永代不起租とする優遇措置や各城門での額外課税を禁止する措置を取るなど、積極的に外城の充実と商品の流通を図っている⁽¹¹³⁾。

　その後、隆慶や万暦年間にかけて外城の修築工事が繰り返し行われた⁽¹¹⁴⁾が、結局南面以外の築城工事が行われることはなかった。

4　未完に終わった四面重城プランの全容

　北京城全体を囲む聶豹の四面重城プランについては、これが実現しなかったこともあり、従来詳しい検討がなされてこなかった。しかし、前節の考察で明らかにしたように嘉靖年間の外城工事は、実は聶豹の四面重城プランに基づいて着手され、途中から南関廂部分のみの築城工事に変更された。従って、外城工事には、聶豹のプランがかなりの程度反映していたと見るべきであり、その点からも、このプランは検討に値すると言わざるを得ない。以下では、5項目からなる聶豹のプランについて、その詳細を明らかにしておきたい。

（1）　工事区間──「外城基址」[115]

　四面を囲む城壁に必要な工事区間は、南・東・北・西の四面を合計すると70余里に及んだ。その内訳は、大約南一面18里、東一面17里、北一面18里、西一面17里である。北一面については、とくにその形状を「椅屛」のようにすると注記している。「椅屛」の意味が明瞭ではないが、おそらく椅子の背もたれのことであろう。

　このプランを立案するにあたり、兵部尚書聶豹らは新築工事が必要な部分について現地を踏査している。その結果をもとに、城壁を設けるべき地点の地名と工事区間の長さを詳しく挙げている。南面の東側部分については、正陽門外の東馬道口から天壇南墻外をへて李興[116]・王金箔らの園地に及び、蔭水菴[117]墻の東に至るまでの約9里と、その西側部分については、西南の旧土城[118]より東に転じ新堡より正南坊にある黒窰廠[119]に及び、神祇壇[120]（山川壇）の南墻外をへて正陽門外の西馬道口に至るまでの約9里である。

　東面については、蔭水菴墻の東から北に転じて崇北坊にある神木廠[121]・獐鹿房[122]・小窰口[123]等処をへて、土城の旧広禧門[124]（光熙門）基址に斜めに接するまでの約18里である。

　西面については、小西門[125]（粛清門）より三虎橋村[126]の東の馬家廟[127]等処をへて土城旧遺址に接し、彰義門[128]を包み込んで西南に至り新堡[129]の北墻に直面するまでの約17里である。

　城壁の旧址があり再利用できるのは約22里ほどで、残りの約48里は新たに城壁を築く大工事となる。家屋移転などの必要がある場合は、これまで題准した事例に照らして代替地や代価を支給し、努めて住民が路頭に迷うことのないようにさせるとしている。

（2）　規模と設備──「外城規制」[130]

　検討の結果、立案された四面重城の規模と設備は、以下のとおりである。

　外城墻基の厚さは2丈、頂收の厚さは1丈2尺。高さは1丈8尺、5尺の垛口を加えると2丈3尺となる。上部には磚を用いて腰墻とする。土を取って築いた城壁外側の跡地は濠にする。

　城門は、内城の正陽等9門の外側に新たに設ける9門のほかに、旧彰義門と大通橋の2門を

加えてあわせて11門を開く。各門には5間の門楼を設け、四隅には角箭楼（角楼）4座を設置する。通恵河の西岸には、便門を設けるものの門楼は設けない。

城壁外側の各面には、それぞれ敵臺（馬面）44座を築く。その長さ2丈5尺、幅2丈、頂収1丈2尺とする。その上には、鋪房一間を起蓋して官軍を常駐させる。四面をあわせると、敵臺の数は176座、鋪房も同数で176所となる。城壁内側には城壁に上る馬道5本を設置し、四面で合わせて20本とする。各城門内の両側には、門房2所を蓋造し、合計22所、門を守衛する人員の詰め所とする。

西直門外と通恵河の2所は西湖（昆明湖）と玉河の水の出入するところであるので、大水関2座を設ける。通県に接する八里河や黒窨廠等処は地勢が低く水が溜まり易いので、小水関6座を設ける。

(3) 必要となる労働力――「軍民夫匠役」[131]

続いて、工事に要する労働力の調達方法について検討している。以前の築城事例によれば、前述したように城壁1丈を築くためには300余工[132]、すなわち一日300人余りの動員が必要である。外城の周囲は70余里。1里＝180丈であるから、築城工事だけで378万余工（70×180×300）が必要と見積もることができる。仮に一日に1万人を動員したとしても、少なく見積もっても1年を越える工事期間が必要となる。これに、門座・外水関・馬面・馬道の工事や物料の運送などその他の工役が加わり、必要な人員はさらに増加する。

物料運搬の車輛や人夫・匠作については、工部に命じて雇用させる。土砂の運搬と築城作業については、兵部が備兵（備禦）と班軍（輪班）の軍士を徴発し2班に分けて用い、工部が雇募した民夫や匠役とともに作業を行わせる。

民夫や匠役の工食銀は、毎年算定した額に照らして支給することとする。班軍には行糧のほかに日当として塩菜銀2分を支給する。備兵には本来行糧は支給されないが、工事期間中は班軍と一体にこれを支給して優遇措置を取ることを提案している。城壁の長さや必要な工人数は、馬面・門座の長短や厚薄が均一ではないので、それぞれ適宜区分した上で人数と日数を算出し工程を定めるとしている。

(4) 費用と支出手続――「銭糧・器具」[133]

建設に必要な甎瓦・木材や版築の地固めに用いる夯杵（砟杵）や梯板などの項目については、工部が現在用意しているものを除き、門座や外関などの建設に必要な石材および添造するための甎瓦、増置すべき工具、雇用する夫匠の工食銀、各軍士の塩菜銀などの費用として、今後銀60万両が見込まれる。そのため戸部は24万両、兵部と工部はそれぞれ18万両を工面して、順天府の府庫に貯えて、戸部の司官一員を派遣して管理し、府の佐貳官一員とともに収支を行う。それでも不足する場合には、そのつど朝廷に奏請する。工事が完了したら、支出した銀両

の項目と金額についての詳細な書類を作成して報告させる。

　費用の銀60万両は、当時の太倉銀庫における税糧・賦役や税課を合わせた総収入約200万両の3分の1に相当する巨額なものであった[134]。

(5) 監督方法—「督理官員」[135]

　以上の建設工程は膨大であるため、内外の官員の監督責任を明確化してはじめて達成できるとして、監督方法を詳細に定めている。具体的には、内監官1員、兵部と工部の堂上官各1員、掌錦衣衛事左都督陸炳、総督京営戎政平江伯陳圭を派遣し、本務に支障がない程度に工事を提督させる。都察院と六科の工科では、御史と給事中を工事現場に派遣して巡視し弊害を摘発させる。前項に挙げた諸臣には、勅書を与えて職務を遵守させる。

　兵部と工部の掌印する堂上官は、3日ごとに輪番で工事現場に赴き監視する。毎日の軍士や民夫の点呼、工務の管理、糧銀支給等の項目については、戸部が司官2員、兵・工二部各4員、錦衣衛千百戸2員、京営参遊官2員に委ねて、それぞれ職掌に照らして管理する。その分担と督促等については、監督にあたる大官が五城兵馬司および各衛の経歴等の官員を選んで当該の官匠とともに協力して処理するのに任せる。

　聶豹らは従来どおり手段を設けて点検し、努めて長期にわたって城壁が堅固なようにする。もし規定どおり工事を行わず3年以内に倒壊した場合は、監督した人員や工匠の責任を追及し、分担部分に照らして修理させる。各官が取得すべき廩給については、戸部が点検して一括支給する。

　以上の5項目からなる詳細な四面重城プランが上奏されると、嘉靖帝は計画立案した内容が妥当であるとしたうえで、即ちに期日を選んで着工するようにと指示を出した[136]。かくして着手された工事が、その後南面のみの外城建設に変更された経緯については、すでに考察を加えたとおりである。

おわりに

以上の考察を要約すれば、以下のとおりである。
① 北京の外城建設を初めて提案したのは欽天監春官正王巽であり、北京定都後の正統八年四月のことであった。外城の建設は、盗賊が多発し始めた京師の治安維持を第一の目的としていた。北京の外城は、洪武年間に南京で太祖洪武帝の命により築城された土城壁の外郭城がモデルとされていた。
② その後も外羅城建設の提案が、定西侯蒋琬・吏科給事中呉世忠・兵科給事中毛憲・掌都察院事毛伯温らによってしばじば繰り返された。嘉靖二十九年の庚戌の変を契機にモンゴル

による北京侵攻が現実の脅威となると、事態はようやく実現にむけて動き出した。
③ 庚戌の変による北京城包囲後に王邦瑞・朱伯辰・趙文華らによって提案された外羅城は、当初南京と同様に京城全体を囲む四面重城として提案された。嘉靖帝自身も、都城プランの理念から四面重城の建設を強く求めていた。
④ 嘉靖三十二年閏三月に再開された兵部尚書聶豹の四面重城プランは、全長70里、風水を考慮して前方後円の形に設計されていた。工事の着工から20日あまりで、内閣大学士厳嵩らによる現地の見分と工事担当官陳圭らとの協議をへて、南関廂のみの工事に変更された。外城が新たに建設されたのは、住民人口が最も稠密な南関廂部分のみに止まり、当初の四面重城プランは結局実現しなかった。

　嘉靖帝の時代の終焉とともに、四面重城建設は中断されたままとなった。その結果、北京城は南京城と同じ二重の羅城をもつ都城ではなく、独特の凸字形からなる都城となった。以来、清朝が滅ぶまでの約350年間、都城空間を大きく改変する城壁の建設工事は行われていない。

　従来、南関廂のみの外城建設に終わった理由として、工事費用や建設資材など財政上の理由が挙げられてきた[137]。これに加えて、嘉靖三十六年四月の大内三大殿の火災により、三大殿の再建が新たな課題として浮上したことも重要である[138]。しかし、単なる財政上の問題に起因するだけではなかったことは、その後、明末はもちろん清朝乾隆年間の盛時を迎えても、外城の拡張工事が再開されなかったことからも明らかであろう。

　外城を加えた北京城の都城空間が新たに成立するうえで、嘉靖帝のイニシアチブによるところが大きかったのは確かである。同時に、内閣大学士厳嵩を筆頭とする諸官僚らによって工事費用と効果を計量した上で、より現実的な対応が絶えず模索されていた[139]。そこには、都城の理念よりも経済や社会的諸要因が重視される、近世段階における都城空間のもつ意味の変容が示されている。

註

(1) 傅公鉞「明代北京的城垣」『北京文物与考古』総1輯、1983年。張先得「明・清北京城垣和城門」『北京文博』2000年2・3期。王軍『城記』生活・読書・新知三聯書店、2003年。その日本語訳が、王軍、多田麻美訳『北京再造──古都の命運と建築家梁思成』集広舎、2008年である。また奥斯伍爾徳・喜仁龍、許永全訳『北京的城墻和城門』北京燕山出版社、1985年は、Osvald Siren, The Walls and Gates of Peking. London ,1924. の中国語訳である。宋大川主編『北京考古発現与研究（1949-2009）』第十章　北京明代考古、第二節　長城与北京城垣、科学出版社、2009年。

(2) 中華人民共和国民政部編『中華人民共和国行政区劃簡冊2010』中国社会出版社、2010年。北京市民政局・北京市測絵設計研究院編制『北京市行政区劃地図集』湖南地図出版社、2005年の「北京市概況」。

(3) 『人民網日本語版』2010年7月2日、http://www.1.pepole.com.cn/94475/7050705.html 。

(4) 崇文門と宣武門の門名が成立するのは、後述するように明正統元年（1436）の北京城の城楼改修に伴って、元朝以来の大都城の名称が用いられていた文明門と順承門をそれぞれ崇文門と宣武門と改称したことによる。新宮学『北京遷都の研究』汲古書院、2004 年、417 頁。
(5) さらに遡れば、北京の都市空間の原型を造った大都の都市空間においても、北城（大都城）と南城（旧中都城）に区分されていた。捕盗の任務を担当した兵馬都指揮司（秩四品）の場合、至元十六年（1279）に南城と北城にそれぞれ兵馬司と弓手を配置していた。『元史』巻 101、兵志四、弓手。大都の南城に注目した研究として、渡辺健哉「元代の大都南城について」『集刊東洋学』82 号、1999 年がある。
(6) 新宮学「中国近世における羅城――明代南京の京城と外郭城の場合――」橋本義則編『東アジア都城の比較研究』京都大学学術出版会、2011 年。
(7) 『康煕起居注』康煕五十六年八月初四日乙酉の条で、『明史』編纂に多大の関心を寄せていた康煕帝は、「朕遍覧明朝實録、但將科抄寫入、並未録實事。即如成祖修京城之處、尚未記一字。」と述べている。『明太宗実録』が京城建設について一字も残していないというのは必ずしも正確とは言えないものの、康煕帝は実録の記述が極めて簡略であることを正しく認識していた。
(8) 『明穆宗実録』巻 6、隆慶元年三月甲申、及び『明神宗実録』巻 65、万暦五年八月丙子の条。本論では、明実録は台湾の中央研究院歴史語言研究所影印本を用いた。
(9) 『明世宗実録』巻頭の「修纂官」リスト、及び謝貴安『明実録研究』文津出版社、1995 年、166 頁参照。
(10) 『明穆宗実録』巻 22、隆慶二年七月丙寅の条。
(11) 『明太祖実録』巻 34、洪武元年八月丁丑、「大將軍徐達命指揮華雲龍、經理故元都、新築城垣北取（陬）。徑直東西長一千八百九十丈。」（　）内の文字は、黄彰健『明太祖実録校勘記』巻 34 に引く嘉業堂旧蔵本に基づく。
(12) 『明太祖実録』巻 35、洪武元年九月戊戌朔、「大將軍徐達改故元都安貞門爲安定門、建德門爲德勝門。」
(13) 清、于敏中等編『日下旧聞考』巻 38、京城総紀、「舊土城一座、周圍六十里。克復後、以城圍太廣、乃減其東西迤北之半、創包甎甃、周圍四十里。其東南西三面各高三丈有餘、上闊二丈、北面高四丈有奇、闊五丈。濠池各深不等、深至一丈有奇、闊至十八丈有奇。城爲門九、南三門、正南曰麗正、左曰文明、右曰順承。北二門、左曰安定、右曰德勝。東二門、東南曰齊化、東北曰崇仁。西二門、西南曰平則、西北曰和義。各門仍建月城外門十座。（洪武北平圖經志書）。」
(14) 『明太祖実録』巻 90、洪武七年六月癸亥、「雲龍鎮北平、威名甚著、建造王府、増築北平城、其力爲多。」
(15) 『明太祖実録』巻 34、洪武元年八月己卯、「〔命兼〕督工、修故元都西北城〔諸〕垣〔牆〕。」〔　〕内の文字は、『明太祖実録校勘記』巻 34、校勘記に引く広方言館本により文字を補った。
(16) 侯仁之「元大都城与明清北京城」『歴史地理学的理論与実践』上海人民出版社、1979 年、189 頁、及び註（1）所掲の張論文 68 頁参照。
(17) 『明太宗実録』巻 58、永樂四年八月、「是月霖雨、壞北京城五千三百二十丈、天棚・門樓・鋪臺十一所。通州等衞城及白馬等三十三關垣墻七百六十四丈。事聞、命發軍民修築。」
(18) 『明太宗実録』巻 162、永樂十三年三月丁巳、「修北京城垣。」
(19) 『明太宗実録』巻 218、永樂十七年十一月甲子、「拓北京南城、計二千七百餘丈。」
(20) 『明太宗実録』巻 161、永樂十三年二月癸未、「置南北二京城門郎。北京麗正・文明・順承・齊化・平則・東直・西直・安定・德勝九門。南京正陽・通濟・聚寶・三山・石城・清江・定淮・儀鳳・鍾阜・金川・神策・太平・朝陽十三門。每門六員、秩正六品。其石城・清江・定淮・儀鳳・金川五門増注二員、專巡江。」
(21) 『明英宗実録』巻 23、正統元年十月辛卯、「命太監阮安・都督同知沈清・少保工部尚書吳中率軍夫數萬人、修建京師九門城樓。初京城因元舊、永樂中雖略加改葺、然月城・樓鋪之制多未備。至是始命

(22) 註（16）所掲の侯論文18頁、及び註（1）所掲の傅論文108頁参照。
(23) 『明英宗実録』巻35、正統二年十月丁卯、「行在戸部奏、麗正等門已改作正陽等門、其各門宣課司等衙門仍冒舊名、宜改從今名、仍移行在禮部、更鑄印信、行在吏部改書官制。從之。」
(24) 『明英宗実録』巻54、正統四年四月丙午、「修造京師門樓・城濠・橋閘完。正陽門正樓一、月城中・左・右樓各一。崇文・宣武・朝陽・阜〔成〕・東直・西直・安定・德勝八門、各正樓一、月城樓一、各門外立牌樓、城四隅立角樓。又深其濠、兩涯悉甃以磚石。九門舊有木橋、今悉撤之、易以石。兩橋之間各有水閘。濠水自城西北隅環城而東、歷九橋九閘從城東南隅流出大通橋而去。自正統二年正月興工、至是始畢。煥然金湯鞏固、足以聳萬國之瞻矣。」
(25) 註（1）所掲の傅論文104頁。
(26) 註（1）所掲の張論文、68、69頁。後述の南北東西の城壁の長さもこれによる。
(27) 楊寬『中国古代都城制度史研究』上海古籍出版社、1998年、471頁。元大都考古隊「元大都的勘査和発掘」『考古』1972年第1期。
(28) 王偉傑等編『北京環境史話』地質出版社、1989年、35頁。
(29) 清・于敏中等編『日下舊聞考』巻38、京城総紀、「永樂中定都北京、建築京城、周圍四十里、爲九門。南曰麗正・文明・順承。東曰齊化・東直、西曰平則・西直。北曰安定・德勝。正統初、更名麗正爲正陽、文明爲崇文、順承爲宣武、齊化爲朝陽、平則爲阜成、餘四門仍舊。城南一面長一〔二？〕千二百九十五丈九尺三寸。北二千二百三十二丈四尺五寸、東一千七百八十六丈九尺三寸。西一千五百六十四丈五尺二寸。高三丈五尺五寸、垛口五尺八寸、基厚六丈二尺、頂收五丈。（中略）（工部志、原在世紀門、今移改。）」万暦『大明会典』巻187、工部7、営造5・城垣、京城の記事も全く同文で、同じく『工部志』からの引用と推定される。なお、『工部志』は、『明史』巻97、芸文志2の史類・職官類に、「劉振工部志一百三十九巻」と著録するが、現在は佚書となっている。
(30) 楊寬がつとに指摘するように、『工部志』には明らかな誤記があると判断されるので、その訂正に従った。註（27）所掲の楊著書527〜8頁。なお参考までに、傅公鉞は、1嘉靖牙尺＝0.32 mを用いて、南城垣7346.976 m、北城垣7143.84 m、東城垣5718.176 m、西城垣5006.464 mと換算している。註（1）所掲の傅論文104頁参照。
(31) 註（1）所掲の傅論文104頁。ただし、註（1）所掲の張論文68頁では、大小あわせて173個としている。
(32) 註（6）所掲の新宮論文17頁。
(33) 『明英宗実録』巻103、正統八年四月戊子、「欽天監春官正王巽言、「京師多盜、宜如南京築外城、置官軍守閑。」事下工部、請嚴禁盜之令、不必築城、恐過勞費。上是其言。」
(34) 『明英宗実録』巻76、正統六年二月甲戌、「初京師多盜、法司集議奏請、腹裏衛所旗軍餘丁力士犯搶奪偷盜掏摸盜官畜產律、該徒流絞罪者、俱杖一百、南人發廣西、北人發遼東邊衛充軍。原係邊衛逃來爲盜者、俱照年限守墩哨瞭。三犯竊盜免死充軍逃回者、照前地方發極邊衛所、常川守瞭。從之、出榜曉諭（下略）。」
(35) 『明憲宗実録』巻156、成化十二年八月庚辰、「定西侯蔣琬言、太祖皇帝肇建南京。京城之外復築土城、以護居民、誠萬世不拔之基也。今北京止有內城、而無外城。正統己巳之變、胡虜長驅、直至城下、衆庶奔竄、內無所容。前事可鑒也。且承平日久、聚處益繁。思爲憂患之防、須及豐亨之日。況西北一帶、前代舊址猶存。若行勸募之令、加以工罰（罰工？）之徒、計其成功、不日可待。（中略）。事下兵部。會廷臣議謂、築城之役頃因陝州判官葉培之言、議令俟年豐之日區處。今琬復計及此。但諸路水旱頻仍、京師米價翔貴。且潞河修城工役未止。稍俟軍民息肩之日、即如初議擧行。（中略）報可。」
(36) 宮澤知之「明代贖法の変遷」『前近代中国の刑罰』京都大学人文科学研究所、1996年、364頁。
(37) 『明史』巻155、蔣琬伝。『明憲宗実録』巻32、成化二年秋七月丙戌、「甘肅總兵等官定西侯蔣琬等奏、

築完莊浪西大通城堡、周四百三十六丈、高三丈二尺、下廣二丈二尺、上廣一丈一尺、壕廣二丈、深一丈五尺、爲城門三・月城一・敵臺一十三。」

(38) 『明史』卷185、呉世忠伝、「字、懋貞。金谿人。弘治三年進士。授兵科給事中。(中略)帝以言多訐毁、切責之。尋乞大同増置臺堡、以閒田給軍耕墾、不徴其稅。(中略)又請築京師外城。所司多從其議。」

(39) 『明孝宗実録』卷203、弘治十六年九月己巳、「吏科給事中呉世忠言三事、(中略)一謂、京師北去居庸・古北口等關、遠者不過二三百里、不可不預爲設備。乞大起官軍及近畿之民、於都城四外隨城舊跡、増築外城、以固京師外寇。(中略)事下工部覆議。命姑置之。」

(40) 羅城とは、字義に照らせば、都城全体を周羅する外郭城のことである。東アジア比較都城史研究会編『「東アジア都城比較の試み」発表論文報告集』(2013年)収録の新宮報告では、中国・朝鮮・日本における羅城の比較を試みている。

(41) 『明武宗実録』卷114、正徳九年七月乙丑、「北虜小王子連營數十近宣大邊、欲寇天城陽和、又分遣萬騎入懷安。總制都御史叢蘭以聞。」

(42) 『皇明経世文編』卷190、毛憲「陳言辺患疏」、「八葺衛京城。(中略)我國家都燕、去邊境甚近。其可不預防乎。己巳之變、虜騎直犯京師、居民驚動、已然之驗也。雖金城湯池屹然如山、而九門之外、略無捍蔽、少有變故、民必驚疑。我太祖都南京、外築土城以衛內城爲是故耳。請如南京故事、關廂之外、漸築土城、包圍居民、庶人心有倚。更乘此時、各門人烟叢頭、命將各立一營、操練士卒、多張旗幟、以揚威武、聲勢連絡、護守百姓、以破敵謀、則先聲遠振、而虜不敢窺伺矣。」

(43) 『明武宗実録』卷111、正徳九年四月癸卯の条。『掖垣人鑑』卷12、正徳六科之籍、毛憲伝。

(44) 『明世宗実録』卷264、嘉靖二十一年七月戊午、「時邊報日至。湖廣道御史焦璉等建議、請設牆塹、編鋪長、以固防守。兵部議覆、請於各關廂盡處各沿邊、建立柵門・墩門。掌都察院毛伯温等復言、「古者有城、必有郭。城以衛君、郭以衛民。太祖高皇帝、定鼎南京、既建內城、復設羅城於外。成祖文皇帝遷都金臺。當時內城足居、所以外城未立。今城外之民、殆倍城中。思患預防、豈容或緩。臣等以爲宜築外城便。」疏入、上從之、勅未盡事宜、令會同戶・工二部、速議以聞。該部定議覆請、上曰、築城係利國益民大事、難以惜費、即擇日興工。居民葬地、給別地處之、毋令失所。已刑科給事中劉養直言、諸臣議築外羅城、慮非不遠。但宜築於無事之時、不可築於多事之際。且廟工方興、材木未備、畿輔民困於荒歉、府庫財竭於輸邊。若併力築城、恐官民俱匱。上從其言。詔候廟工完日舉行。」

(45) 『明史』卷198、毛伯温伝。毛伯温『毛襄懋先生文集』附「先公年譜」、「壬寅(嘉靖二十一年)。是年公六十一歲。(中略)五月、公復議北虜嘗逼三關、畿輔震驚、都城無外郭、恐一旦倉卒寡備。欲效南京爲輔城、以衛軍民。疏上、不果行。」

(46) 『毛襄懋先生奏議』(四庫全書存目叢書本)卷12、「一広時議防虜患疏」、「臣等看得、御史焦璉等原題專爲京城四外關廂、欲各建大門、定立壕塹、以便防守、及查工部覆題、微有不同、合行申明。(中略)但今重熙累洽百數十年、長養休煦、生齒日繁、以四方庶姓雜居鱗次、百物商賈所聚輻輳。城外之民、殆倍於城中矣。於此不設外城、則平居之際、四漫墅渙、既無所藉以爲郛羅。一遇有警、倉卒惶駭、又無所恃以爲捍蔽。旁諏熟思、均爲未便。(中略)況茲外城之設、尤爲思患預防之資、一勞永逸之計、聖鑒昭然、必不計費惜力而靳此一舉也。伏乞俯採愚議、勅下工部、仍爲先今題奉欽依事理、於各關廂外、隨宜相度、通行修築外羅土城一圍、城外取土、即可成濠、四面各立城門、合用錢糧・人夫從長議處。若工程浩大、人力不齊、一時難以遽辦、將南關一面、居民稠密去處、先行修築。其餘三面以次漸成。如此、不惟增壯屛翰、亦可潛消奸宄。重門拱衛、崇城登嚴、内謐外寧、萬萬年無疆之休也。」この奏疏は、『皇明経世文編』卷159にも、毛伯温「広時議以防虜患疏」として収められているが、いくつかの文字の異同がある。

(47) 『毛襄懋先生奏議』卷12、「一広時議防虜患疏」には、毛伯温の上奏に対する以下のような嘉靖帝の聖旨が引用されている。「奉聖旨、這外羅城依擬修築。未盡事宜、你每再會同兵・工二部、上緊詳議來說。」『皇明経世文編』卷159、毛伯温、「廣時議以防虜患疏」にも、同一の聖旨を載せている。

(48) 甘爲霖は、四川富順の人で嘉靖二年の進士。嘉靖十五年から二十五年まで工部尚書の任にあった。
(49) 『毛襄懋先生奏議』巻12、「一陳愚見防虜患疏」、「建築外城、事體重大、必先相度規制、方可料理擧行。今查得、京城之外、正北一面、見其舊土城基、約計一十餘里、西南角亦約有城基八里。所據相度事宜、合以正北・西南舊基爲則。其正南・東・西三面、相應通行踏勘、定畫界限、以爲經始。伏乞勅下工部、通行内官監、選委管理大（太）監一員、帶領木石土等作官匠、會同兵・工二部堂上官、督同欽天監前去城外各關廂盡處、幷南北舊城基地、相度應築城基處所、通利無礙、即將城基四面寬廣、相離京城若干里及若干丈尺、周圍長計若干丈尺、城基城面高闊各若干、應置城門若干座。其正北面・西南角、就仍舊基增修補築。其餘則從新建築、要見修築每丈各約用官軍若干、各該物料・工食銀兩若干、俟相有定規、計有定數。其所需財力、該部另行計處、奏請定奪。」
(50) 『毛襄懋先生奏議』巻12、「一陳愚見防虜患疏」の末尾に、「奉聖旨、依擬。便會同内外各衙門官員、前往城外各關廂盡處、查照奏内相度計處、明白停當來説。」とある。
(51) 註（44）所揭の史料。
(52) 劉養直については、『掖垣人鑑』巻13、嘉靖六科に略伝がある。
(53) 『明世宗實録』巻161、嘉靖二十一年五月丙午の条。
(54) 『明世宗實録』巻439、嘉靖三十五年九月己卯、巻449、嘉靖三十六年七月乙卯、巻466、嘉靖三十七年十一月己亥、巻488、嘉靖三十九年九月戊子の条。
(55) 『明史』巻51、礼志5、廟制、「（嘉靖）二十年四月、太廟災、成祖・仁宗主燬、奉安列聖主於景神殿。」
(56) 註（44）所揭の史料、および『明史』巻198、毛伯温伝、「（嘉靖）二十一年正月還朝、復理院事。邊關數有警、伯温請築京師外城。帝已報可。給事中劉養直言、廟工方興、物力難繼、乃命暫止。」
(57) 小島毅「嘉靖の礼制改革について」『東洋文化研究所紀要』117冊、1992年。
(58) 『明世宗實録』巻300、嘉靖二十四年六月癸巳の条。
(59) 『明世宗實録』巻267、嘉靖二十一年十月丁酉の条。
(60) 北京の西苑の起源と変遷については、新宮学「明清北京城の禁苑」橋本義則編『東アジア都城の比較研究』京都大学学術出版会、2011年の中で概述したことがある。
(61) 『毛襄懋先生奏議』巻12、「一陳愚見防虜患疏」。
(62) 『毛襄懋先生文集』附、墓誌銘、徐階撰「明故光禄大夫柱国太子太保兵部尚書東塘毛公墓誌銘」、「壬寅、（中略）都城故無郭、公疏請爲之、不報。後十年、竟郭於郊之南如公指。冬改掌兵部。」
(63) 『毛襄懋先生奏議』巻12、「一廣時議防虜患疏」、「成祖文皇帝移都京師。内城之建、極其壯固。所以未設外城者、以内城之廣、民庶可居。但今重熙累洽百數十年、長養休煦、生齒化繁、以四方庶姓雜居鱗次、百物商賈所聚輻輳、城外之民、殆倍於城中矣。」
(64) 『明史』巻204、王忬伝、「（嘉靖）二十九年、俺答大擧犯古北口。（中略）寇退、忬請振難民、築京師外郭、修通州城、築張家灣大小二堡、置沿河敵臺。皆報可。（中略）忬才本通敏。其驟拜都御史、及屢更督撫也、皆帝特簡、所建請靡不從。」『國朝獻徵録』巻58、都察院五、李春芳「資善大夫都察院右都御史兼兵部左侍郎思質王公忬墓志銘」「（公）又言、京城無外郭、彼賊之入、民實餌之、築外郭便。先帝從其言。」
(65) 『明世宗實録』巻364、嘉靖二十九年八月甲申、「命錦衣衛械繫逮禦守通州都御史王儀・裨將劉錦、至京訊鞫。陞巡按御史王忬爲都察院右僉都御史、代儀。」『明史』巻203、王儀伝。
(66) 『明世宗實録』巻366、嘉靖二十九年十月乙丑、「詔修通州新城、從都御史王忬請也。」同書巻374、嘉靖三十年六月癸未、「增修通州城完。賞督理糧餉右僉都御史王忬銀三十兩・紵絲三表裏、巡按御史溫景葵十五兩・一表裏、幷管工官員各賞有差。」
(67) 『明世宗實録』巻367、嘉靖二十九年十一月己未、「都御史王忬奏于張家灣築大小二堡及臨河建置敵臺、請給工費。詔、以通州貯庫修邊銀七千餘兩給之。」
(68) 『明世宗實録』巻385、嘉靖三十一年五月壬辰、「以修築張家灣鎮城堡工完、賞都御史王忬銀二十兩・

(69) 『明世宗実録』巻386、嘉靖三十一年六月甲戌、「〔修〕築順義縣城、命工部・戸部共發銀一萬六千兩、巡撫都御史發本縣贓罰銀充工費。」康熙『順天府志』巻3、建置・城池、「順義縣、唐天寶間、建土城、周圍六里一百一十歩、高二丈五尺、廣一丈三尺。明嘉靖二十九年、修築磚城。隆慶二年、增高五尺、壕深二丈、闊一丈五尺。迄今綏之葺之、實煩心計云。」

(70) 『明世宗実録』巻365、嘉靖二十九年九月壬寅、「工部覆、侍郎王邦瑞奏請築重城、濬治九門濠塹、設閘于大通橋蓄水。上從其濬濠・設閘二事。以築城事重、令且休兵息民、待來秋行。」王邦瑞『王襄毅公集』二十巻（明、隆慶刊、旧北平図書館善本）には、残念なことに奏議類は全く収録されていない。

(71) 『明史』巻199、王邦瑞伝、「俺答犯都城、命邦瑞總督九門。邦瑞屯禁軍郭外、以巡補軍營東・西長安街、大啓郭門、納四郊避寇者。兵部尚書丁汝夔下獄、命邦瑞攝其事、兼督團營。寇退、請治諸將功罪、且濬九門濠塹。皆報可。」『明世宗実録』巻364、嘉靖二十九年八月甲申の条。

(72) 『明世宗実録』巻526、嘉靖四十二年十月〔己巳〕、「給事中邢守庭・御史陳聯芳等各以虜報日棘疏請、從文武諸臣分守皇城五門并京城九門・重城七門。上許之、令各用心巡視。」

(73) 『明神宗実録』巻191、万暦十五年十月丁巳、「工部題、今歳霪雨異常、都・重二城坍塌數多、請次第修理。上命各巡城御史就近監工。」光緒『順天府志』巻1、京師志1、城池・明故城考、孫承宗「重修都重二城碑記」。

(74) 呉建雍『北京通史』第7巻、中国書店、1994年、35頁。『清世祖実録』巻5、順治元年五月甲辰、「攝政和碩睿親王、設防守燕京内外城門官兵、嚴禁士卒搶奪。」

(75) 嘉靖年間の外城建設の経緯については、註（1）前掲の傅論文や張論文のほかに、雷大受"庚戌之変"与北京外城的修建』『北京史苑』1982年1期、何宝善「明世宗増築北京外城』『故宮博物院院刊』1986年4期、余三楽「厳嵩与北京外城的修築』『北京社会科学』1996年2期、李晴「明代北京外城建設」『北京檔案』2010年9期などがある。何論文47頁で、北京城の南部分の外城のほか、東・北・西部分の外城を含めて計画された当時の総称が「京師重城」であったと注意を促しているのは、重要である。ただ、『明世宗実録』巻535、嘉靖四十三年六月丁酉、「京師重城成。」とあるように、実際には南面のみの外城についても「重城」と記されることも多いので、当初計画された四周築城を「四面重城」と表現した。

(76) 『明世宗実録』巻368、嘉靖二十九年十二月甲子、「兵部奉旨集議周府奉國將軍安㳚・尚書夏邦謨等所陳備邊事宜、約爲十二事。一、重都城之守、（中略）。二、築關廂之城。謂京師南三關廂、應築外墻五千七百八十丈、建樓五座。即以關廂居民計之、毎一家役一人、共可得萬人、百日可就。宜定于來春興工。（中略）。得旨、密雲巡撫・薊州總兵不必添設。餘俱如議。」

(77) 外壁5780丈は、金中都以来の南城の旧城基の長さ5328丈にほぼ匹敵する。『明太祖実録』巻34、洪武元年八月戊子、「大將軍徐達遣右丞薛顯・叅政傅友德・陸聚等將兵略大同、令指揮葉國珎計度北平南城周圍、凡五千三百二十八丈。南城故金時舊基也。」

(78) ただし、後述する1丈＝300余工に従えば、5780丈×300＝1734000工となる。1万人を動員すれば、100日ではなく173.4日を要することになる。

(79) 『明世宗実録』巻368、嘉靖二十九年十二月甲申、「築正陽・崇文・宣武三關廂外城。命侍郎張時徹・梁尚德、同都御史商大節・都督陸炳督工。」

(80) 『明史』巻201、張時徹伝。『明世宗実録』巻368、嘉靖二十九年十二月甲申の条。

(81) 『明史』巻204、商大節伝。『国朝献徴録』巻55、聶豹「都察院副都御史少峰商大節墓志銘」。

(82) 厳嵩『歴官表奏』巻11、「請乞修築南関囲牆」、「伏蒙發下工部題修築南關廂園牆一本、臣等看得本廂監生宗良輔等奏稱、「築城夫役、三關之民自願量力出辦等情。」又臣等聞之外論云、「虜賊慕張家灣・臨清及南關廂居民繁庶、貨物屯聚、聲言要搶。今歳果從薊州入搶、意在張家灣及南關廂也。幸頼天

威元祐、虜尋退遁。然今垂涎未已、難保不復至。若外城既築、可以寢彼覬覦、亦先事發謀之意也。」伏望皇上俯允輿情、令該部同大節等議處施行。臣等謹擬票上請、伏乞聖明裁奪。」

(83) 『明世宗實錄』卷370、嘉靖三十年二月庚辰、「詔停南關廂土城工。先是諸臣建議築城、上以事體重大、且選將練兵、休息民力、待來秋農隙舉行。後因居民宋（宗？）良輔等奏願自出財力、乃擇日興工。及時特召掌錦衣衛事陸炳、問以築城便否。炳對、「南關居民稠密、財貨所聚、築城防衛、未爲不可。但財出於民、分數有限、工役重大、一時未易卒舉。宜遵前旨、俟來秋行之。」上以爲然、命即停止。」

(84) 註（82）所揭の『歷官表奏』卷11、「請乞修築南関園牆」。

(85) 万暦『順天府志』卷5、人物志・選挙、「宗良輔……倶本府人」。康煕『宛平県志』卷5、人物上、貢生・前朝貢生でも、「宗良輔」としている。

(86) 註（83）所揭の史料参照。

(87) 『明史』卷307、陸炳伝。

(88) 『明世宗實錄』卷395、嘉靖三十二年三月丙午、「兵科給事中朱伯辰言、「臣伏觀高皇帝定鼎金陵、于時即築外城。聖慮宏遠、蓋爲萬年之計。文皇帝移都北平、密邇邊塞、顧有城無郭者、則以締造方始、未暇盡制耳。邇因虜警、皇上俯俞言者之請、修築南關、臣民甚幸。緣將事之臣措置失當、毀居歛財、拂民興怨。且所築僅正南一面、規制偏隘、故未成旋罷。臣竊見、城外居民繁夥、無慮數十萬戶。且四方萬國商旅貨賄所集、不宜無以圍之。矧今邊報屢警、嚴天府以伐虜謀、誠不可不及時以爲之圖者。臣嘗履行四郊、咸有土城故址、環繞如規、周可百二十餘里。若仍其舊貫、增卑培薄、補闕續斷、即可使事半而功倍矣。」通政使趙文華亦以爲言。疏俱下兵部、會戶・工二部議。上以二臣言問大學士嚴嵩。嵩言、「南京有外城、成祖定鼎北京、以草創未暇及此。今外城之築、乃衆心所同。果成、亦一勞永逸之計。其掘墓移舍等事、勢所不免、成此大事、亦不能恤耳。臣詢知、南關一面、昨議興築、功已將半。若因原址修築、爲力甚易。〔且物貨湊集、虜所覬覦在此城。此足以杜其不逞謀矣。〕」上曰、「成祖時、非但外城未暇、還有本重如九廟者。今須四面興之、乃全〔美〕。不四面未爲王制也。」嵩對、「誠如聖諭、俟廷議上遵行之。」已兵部會戶・工部覆、人具（俱？）如伯辰・文華言、請命總督京營戎政平江伯陳圭・協理侍郎許〔論〕・錦衣衛掌衛事陸炳、督同欽天監官、同臣等相度地勢、擇日興工。〔上曰、外城須四面修築、以全王制。一應合行事宜、爾等其議處停當、詳具以聞。〕」〔　〕内の文字は、『明實錄校勘記』世宗實錄卷395校勘記に引用する広方言館本と嘉業堂藏印天一閣本をもとに文字を改め、補った部分である。

(89) 『明史』卷308、奸臣伝・趙文華伝に、「趙文華、慈谿人。嘉靖八年進士。（中略）以建議築京師外城、加工部右侍郎。」とある。『明世宗實錄』卷409、嘉靖三十三年四月丁酉、「通政使趙文華陞工部右侍郎、仍掌司事。」

(90) 趙文華『趙氏家藏集』卷3、「請築外羅城疏」、「奏爲愼固根本、以壯國勢、以絶北患事。臣考之天文、上帝所居曰帝座。帝座所臨、有紫微垣、以尊極于内、次有太微垣、又次有天市垣、以愼固于外。然後分躔列野、而天象成焉。夫垣者城垣也。天有三垣、人君法天建極。我太祖高皇帝建都南京、爲三城之宸極、森嚴微意具在。成祖文皇帝初以京師爲行在、雖恢闢都城、而聿新區宇、不暇爲羅城之議。列聖承平、因循未備。我皇上統御中興、前年偶因北京籌畫諮諏、經始斯役。繼復以人言不一、慮傷民財、詔行暫止。夫皇上以萬全之力、經營四方之本。其利害輕重、所不待較。而至今未決者、狃于示弱之虛名、而未究用強之定勢也。神京與北爲鄰、北人嘗藉口勝國、志不忘逞、故今日備北之策、雖近在京畿、而堅壁清野、法當與諸邊同。若羅城既築、民有趨避之。北人知之無所得。其窺伺之心、當退然消阻矣。（中略）伏乞皇上法天垂象、繼述祖宗成略、勅下戶・兵・工三部、通行看議、不必藉民間才（財？）力。當此春和之候、即日興工、居重馭輕、一勞永逸、祇在聖明鑒觀天下之大勢、明斷獨持、不惑盈廷之言、早定四方之極、則民生宗社攸賴矣。」

(91) 註（6）所揭の新宮論文で考察を加えたように、明の南京は宮城・皇城・京城・外郭城の四重の城壁を持つが、ここでは宮城を含めて皇城を一つとして把えている。当時の用例を一例挙げれば、『明英

宗実録』巻317、天順四年七月丙申の条に、「命修南京皇墻及内外城垣、以其久雨圯塌也。」とある。
(92) 朱伯辰と趙文華は、この時点では揃って北京の外城建設を上奏しているが、のちに趙文華は萬鏜や朱伯辰と鋭く対立するようになる。『明世宗実録』巻401、嘉靖三十二年八月己卯の条。
(93) 註(75)所掲の何論文47頁。
(94) 『明世宗実録』巻396、嘉靖三十二年閏三月、「乙丑、建京師外城興工。遣成國公朱希忠、告〔于〕太廟。〔命吏科左給事中秦梁・浙江道御史董威、巡視工程。(中略)庚午〕、敕諭提督城工等官曰、「古者建國必有内城・外郭、以衛君守民。我成祖肇造北京、郭猶未備。蓋定鼎之初、未遑及此。茲用臣民之議、先告聞于祖考、爰建重城、周圍四羅、以成我國家萬世之業。擇閏三月十九日興工。唯茲事體重大、工程繁浩、特命爾總督京營戎政太保兼太子太保平江伯陳圭・少保兼太子太傅掌錦衣衛事左都督陸炳・協理京營戎政兵部右侍郎許論・工部左侍郎陶尚德、與同内官監右少監郭暉提督工程、錦衣衛都指揮使朱希孝・指揮僉事劉鯨、監督工程。其各照四周地面、協心經畫、分區督築、務俾高厚堅固、刻期竣事、用永壯我王度、欽哉。」」なお、この勅諭は余三楽が指摘するように、厳嵩の手にかかるものである。註(75)所掲の余論文参照。
(95) 『明世宗実録』巻396、嘉靖三十二年閏三月丙辰、「兵部等衙門尚書聶豹等言、「臣等欽遵、于本月初六日會同掌錦衣衛都督陸炳・總督京營戎政平江伯陳圭・協理戎政侍郎許論、督同欽天監監正楊緯等〔前詣城〕外四面宜築外城〔基址處所、逐一勘度形勢、參之堪輿之説、就高增卑、前方後圓、應築城〕約計七十餘里。臣等謹將城垣制度・合用軍夫匠役・錢糧器具・興工日期、及提督工程・巡視分理各官〔等項〕一切應行事宜、計處停當、逐一開具、并將羅城規制、畫圖貼説、随本進呈、伏乞聖裁施行。」(中略) 疏入、〔上曰、修築外城事宜、爾等既規畫停當、即擇日興工。〕」〔 〕内の文字は、『明実録校勘記』世宗実録巻396校勘記に引用する広方言館本と嘉業堂藏印天一閣本をもとに改め補った部分である。以下同じ。実録の当該条では、国立北平図書館蔵紅格抄本を底本に用いた中央研究院歴史語言研究所影印本と清初抄本とされる広方言館本では大きく異なっており、とくに注意を要する。
(96) 『明史』巻202、聶豹伝、「(嘉靖)三十一年、召翁萬達為兵部尚書、未至、卒、以豹代之。奏上防秋事宜、又請増築京師外城、皆報可。」『明世宗実録』巻393、嘉靖三十二年正月癸卯の条。
(97) 新宮学「明嘉靖年間における北京天壇の成立と都城空間の変容」橋本義則編『東アジア都城の比較研究』京都大学学術出版会、2011年。
(98) 『明世宗実録』巻397、嘉靖三十二年四月丙戌、「上諭輔臣嚴嵩等曰、「建城一事固好、但不可罔力傷財、枉作一番故事。如下用土、上以磚石、必不堪久。須圍垣以土堅築、門樓以磚包而可承重。一二年定難完。朕聞、西面最難用工者。茲經始、不可不先思之。」嵩傳示在工諸臣平江伯陳圭・都督陸炳・侍郎許論等。圭等覆言、「重城四面、原議用土堅築。其梁口・腰墻及各城門、始用磚砌。惟西面地勢低下、土脉流沙、稍難用工。宜先完南面、由南轉東北而西、以次相度修理。」上允之、令嚴督工匠、以漸修築、毋致虛糜財力。〔務求堅久。是時〕、上又慮工費重大、〔成〕功不易、〔屢〕以問嵩等。嵩等乃自詣工所視之、隨上手箚言、「臣等今日出視城工、時方修築正南一面、自東及西、延長二十餘里、詢之各官云、前此難在築基、必深取實地、有深至五六尺・七八尺者。今基築皆已出土面、其板築土有纔起一二板者、有築至四五板者、其一最高至十一板、蓋地有高低、培墊有淺深、取土有近遠、故工有難易。大抵上板以後、則漸見效矣。」上諭答曰、「卿等以工義具聞謂委難重。然既作之、必果持久方可、但土質恐未堅。或曰且做看、此非建大事者之思也。又或且仍以原〔計〕墻説、〔止〕先作南面、待財力都裕〔之〕時、再因地計度、以成四〔周〕之〔制〕。或同圭等一詳計之。於是嵩會圭等議覆、「京城南面民物繁阜、所宜衛護。今丁夫既集、板築方興、必取善土堅築、務可持久。築城一面、總挈支費。其餘三面、〔應用錢穀多寡〕、即可類推。前此度地畫圖、原為四周之制、所以南面横闊凡二十里。今既止築一面、第用十二三里便當收結、庶不虛費財力。今擬將見築正南一面城基、東折轉北、接城東南角、西折轉北、接城西南角。併力堅築、可以剋〔期〕完報。其東西北三面、候再計度以聞。」報允。」また嚴嵩『嘉靖奏対録』巻1には、「已起手築動、先從地底掘深溝累石作基、已有出土面者、

亦有土築安夾墻板者。又得雨、土潤不燥、工力易施、自今則宜晴矣。」とあり、嘉靖帝に対する奏対の一つを載せている。

(99) 註 (1) 所掲の傅論文 109 頁参照。

(100) より正確には、逆凸型と言うべきであろう。外城を内城の上に載せられた帽子に見立てて「帽子城」と俗称することから明らかなように、その当時は現代とは異なり南が前方と理解されていたからである。「帽子城」については、註 (1) 所掲の喜仁龍著書 96 頁および張論文 47 頁参照。

(101) 『明世宗実録』巻 398、嘉靖三十二年五月庚午、「上諭兵部、南牆之築、賊之餘孽、豈不懷逆計者。内外皆須加嚴。自昨大犯已又三年、今秋必須愼防。尚〔書〕聶豹等對言、遼東・延綏二鎮數報斬獲、軍威稍振。重城之築、刻期可完。上仍命各鎮、嚴加備禦、毋忽。」

(102) 『明世宗実録』巻 399、嘉靖三十二年六月戊寅、「〔建正陽・崇文・宣武各外城樓門。〕」

(103) 『明世宗実録』巻 403、嘉靖三十二年十月辛丑、「新築京師外城成。上命正陽外門名永定、崇文外門名左安、宣武外門名右安、大通橋門名廣渠、彰義街門名廣寧。」

(104) 『日下旧聞考』巻 38、京城總記、「嘉靖二十三(三十二の誤り)年築重城、包京城南一面、轉抱東西角樓止、長二十八里、爲七門。南曰永定・左安・右安。東曰廣渠・東便。西曰廣寧・西便。城南一面長二千四百五十四丈四尺七寸、東一千八十五丈一尺、西一千九十三丈二尺、各高二丈、垛口四尺、基厚一(二?)丈、頂收一丈四尺。四十二年、增修各門甕城。(工部志、原在世紀門、今移改。)」万暦『大明会典』巻 187、工部 7、営造 5、城垣・京城にも、同様な記述を載せているが、若干文字の異同がある。

(105) 註 (29) 所掲の『日下旧聞考』巻 38、京城総紀に引用する『工部志』参照。

(106) 『明世宗実録』巻 409、嘉靖三十三年四月丁酉、「以京師城〔外城〕工完、遣成國公朱希忠告太廟。錄管工諸臣功。廕内官監右少監郭揮弟姪一人、爲錦衣衛百戸。進提督京營平江伯陳圭太子太傅、掌錦衣衛事左都督陸炳太保、仍各廕一子爲百戸。兵部尚書聶豹太子少傅、工部尚書歐陽必進太子少保、仍各廕一子、爲國子生。陞兵部右侍郎許論爲左侍郎、加正二品服俸。原任工部右侍郎陶尚德・同左侍郎郭鋆各增俸一級。陞都指揮使朱希孝爲都督同知、指揮僉事劉鯨爲指揮使、吏科給事中秦梁爲通政使司右叅議、浙江道〔監察〕御史董威爲大理寺右寺丞、賞戸部尚書方鈍・兵部左侍郎翁溥各銀二十兩・紵絲一表裏。大學士嚴嵩子世蕃陞工部左侍郎、照舊帶俸侍親。徐階・李本各廕一子中書舍人。成國公朱希忠歲加祿米五十石、通政使趙文華陞工部右侍郎、仍掌司事。兵工二部職方・營繕郎中謝孟金・王一夔各陞二級。〔已〕陞〔外〕任員外汪道昆・劉景韶・李僑・宋國華等、戸部主事高光等、工部帶俸左侍郎郭文英・順天府府丞徐杲及中書欽天監等官各陞賞有差。已革任兵科給事中朱伯辰以倡議功准冠帶閒住。已命梁・威仍兼原官管工如故。」

(107) 『明世宗実録』巻 239、嘉靖十九年七月戊戌、同書巻 411、嘉靖三十三年六月戊寅、『明穆宗実録』巻 3、隆慶元年正月乙亥の条。および『明史』巻 305、李芳伝、「初、世宗時、匠役徐杲以營造蹟官工部尚書、修廬溝橋、所侵盜萬計。」

(108) 『明世宗実録』巻 528、嘉靖四十二年十二月乙巳朔、「工部尚書雷禮請增繕重城備規制謂、永定等七門當添築甕城、東西便門接都城止丈餘、又垛口卑隘、濠池淺澁、悉當崇甃深濬。上善其言、命會同兵部議處以聞。仍諭閣臣、嘉禮爲國盡心、令〔益〕殫謀、以副知遇。」

(109) 『明世宗実録』巻 529、嘉靖四十三年正月丁丑、「是夜大風。上諭兵部曰、「此風未爲無謂、非四時之正也。上天恩示、其愼承之。」次日又風、上復諭曰、「兵理果用心否、十路可聞二三齊否。若徒往來文書、何益於事。昨二次風異、必非無應、恩示宜小心承之。」於是尚書楊博等覆請、「先備宣薊、次之各鎮務在萬全、以紓聖憂。」上曰、「邊防當愼、已屢有旨、宜令劉燾等悉心幹理、京營亦宜選練、毋以文應取罪。」」明、王士性『広志繹』巻 2、兩都に、「南城建於嘉靖癸亥、蓋雷司空禮因風災議建、懲於庚戌之故。」とあるが、雷礼が風災により外城建設を建議したというのは正確ではない。

(110) 『皇明経世文編』巻 244、徐階、「答重城諭一」、「伏蒙皇上、以今日之風占在上功、賜問重城之建、

果可有頼否。臣惟城郭之制、自古有之。重城卽郭也。今都城之南、萬民聚居、百貨萃集、必須有城、乃有保障。庚戌南關之民、一聞警報、不勝驚恐。今年則皆倚重城爲安。庚戌四外之民、皆奔入都城。今年則多在重城、其都城之内、不聞擠塞喧擾、此其効可覩矣。且此城不築、則亦已矣。既築則必圖可守。否則關繫非輕。聖諭謂、(雷)禮之奏以爲、既爲必固之意、可謂盡之。此正所謂不得已之事、無可奈何。先朝未有建白。想在成化以前、則居民未盛、成化以後、則習見承平、是以無計及者。今惟在禮等斟酌調停、不至病民則善矣。」

(111) 『明世宗實録』巻 529、嘉靖四十三年正月壬寅、「増築甕城於重城永定等七門。」同書巻 535、嘉靖四十三年六月丁酉、「京師重城成。」

(112) 『明世宗實録』巻 538、嘉靖四十三年九月癸丑、「以重城工完、廕内官監太監王鼎弟姪一人、爲錦衣衞鎭撫、工部左侍郎李登雲陞俸一級、加二品服色、錦衣衞指揮使張大用陞俸一級、管工給事中鄧楚望・御史劉思問陞俸二級、賞銀十兩、太監黄錦等各賞銀三十兩・紵絲二表裏、工部右侍郎李遷等各賞銀十五兩、餘陞賞有差。」

(113) 『明世宗實録』巻 533、嘉靖四十三年四月甲午、「募民有願築室重城者、官與之地、永不起租。仍禁各門稅課額外重征諸獎、以通商貨。」

(114) 『明穆宗實録』巻 10、隆慶元年七月戊辰、「脩理都城・重城、遣工部尚書雷禮祭告后土司工之神。」同書巻 35、隆慶三年七月丁酉、「脩理重城。」『明神宗實録』巻 176、萬暦十四年七月庚申、「都城・重城城牆鋪舍等項興工、祭告后土司工之神。遣侍郎曾同亨行禮。」同書巻 427、萬暦三十四年十一月己巳、「大修都城・重城。自三十三年正月始事至今報竣。工部題敘内外文武諸臣共七十三員、章下吏部。」

(115) 『明世宗實録』巻 396、嘉靖三十二年閏三月丙辰、「一、外城基址。臣等踏勘得、自正陽門外東〔馬〕道口起、經天壇南牆外、及李興・王金箔等園地、至蕰水菴牆東止、約計九里、轉北經神〔木〕廠・獐鹿房・小窰口等處、斜接土城舊廣禧門基址、約計十八里。自廣禧門起轉北而西至土城小西門舊基、約計一十九里。自小西門起、經三虎橋村東馬家廟等處、接土城舊遺址、包過彰義門、至西南直對新堡北牆止、約計一十五里。自西南舊土城、轉東由新堡及〔黒〕窰廠、經神祇壇南牆外、至正陽門外西馬道口止、約計九里。大約南一面計十八里、東一面計十七里、北一面勢如椅屏、計十八里、西一面計十七里、周圍共計七十餘里。内有舊址堪因者、約二十二里。無舊址應新築者、約四十八里。間有遷徙等項、照依節年題准事例、撥地給償、務令得所。」

(116) 弘治年間に盧溝河改修などの土木工事に数多く携わった内官監太監李興のことであろう。『明孝宗實録』巻 174、弘治十四年五月己巳の条参照。王金箔については不詳。

(117) 蕰水菴については不詳。

(118) 西南の旧土城とは、「鳳凰嘴」に残る遼金代の土城のことであろう。

(119) 張爵『京師五城坊巷衚衕集』によれば、南城の正南坊に「黒窰廠」の名が見える。宣武区地名志編纂委員会編『北京市宣武区地名志』北京出版社、1993 年、192 頁。

(120) 史料原文には「神祇壇」とあるが、「山川壇（先農壇）」のことであろう。張爵『京師五城坊巷衚衕集』によれば、南城の正南坊に「山川壇」の名がある。

(121) 張爵『京師五城坊巷衚衕集』によれば、南城の崇北坊に「神木廠大街」の名が見える。崇文区地名志編纂委員会編『北京市崇文区地名志』北京出版社、1992 年、226 頁。

(122) 獐鹿房は神木廠に隣接する獐鹿の飼育施設であったが、成化年間に草場に改められた。『明憲宗實録』巻 224、成化十八年二月辛酉、「工部臣奏、先因太監汪直請改獐鹿房・神木廠爲倉場。既奉旨、於京城内別相隙地、今司苑局及牛房・安仁・器皿三廠并舊獐鹿房地廣、俱堪〔改〕造。上從其請、以牛房地爲倉場、獐鹿房地爲草場。命尚書劉昭・太監張興・廣寧伯劉璇督官軍供役。」

(123) 小窰口については不詳。

(124) 史料原文には「廣禧門」とあるが、音通により「光熙門」のことと判断される。光熙門は、元の大

192　第6章　北京外城の出現

(125) 小西門は、元の大都城東城壁の北側に設けられた城門、粛清門のことである。光熙門と東西に相対している。
(126) 三虎橋は、沈榜『宛署雑記』巻5、街道に、「縣之正西有二道、一出阜成門、一出西直門。自阜成門二里曰夫營、又一里曰二里溝、又二里曰四里園、曰釣魚臺、曰曹家莊、曰三虎橋。」と見える。
(127) 馬家廟については不詳。
(128) 彰義門は、金中都城の西城壁の北門である。張爵『京師五城坊巷衚衕集』によれば、南城の白紙坊に「彰義門娘娘廟」の名が見える。
(129) 新堡については不詳。
(130) 同書巻396、嘉靖三十二年閏三月丙辰、「一、外城規制。臣等議得、外城墻基應厚二丈、收頂一丈二尺、高一丈八尺、上用甎爲腰墻、垛口五尺、共高二丈三尺。城外取土築城、因以爲濠。正陽等九門之外、如舊彰義門・大〔通〕橋、各開門一座、共門十一座、每門各設門樓五間、四角設角樓四座。其通惠河西岸、各量留便門、不設門樓。城外每面應築敵臺四十四座、每座長二丈五尺、廣二丈、收頂一丈二尺。每臺上蓋鋪房一間、以便官軍棲止。四面共計敵臺一百七十六座・鋪一百七十六所。城內每面、應築上城馬道五路、四面共計馬道二十路。西直門外及通惠河二處、係西湖・玉河水出入之處、應設大水關二座。八里河・黑窰廠等處、地勢低窪、潦水流聚、應設小水關六座。城門〔內〕兩傍、工完之日、擬各蓋造門房二所、共二十二所、〔以〕便守門人員居處。」
(131) 同書巻396、嘉靖三十二年閏三月丙辰、「一、軍民夫匠役。臣等議得、修築工程、除地勢高低修補不一、臨時另計外、查得先年築城事例、每城一丈計該三百餘工、今圍外城該七十餘里、及門〔座〕・外水關・敵臺・馬道・運送物料等項工役頗繁、應用夫匠人等數多。所有運料車輛幷人夫・匠作、合令工部雇募。其運土築城、兵部將備兵・班軍分爲二班撥發、與工部雇募夫役、相兼做工。夫匠工食、查照節年估定銀數支給。班軍行糧之外、日給鹽菜銀二分、俱于請發銀內動支。其備兵原無行糧。今議上工日期、照依班軍一體支給。及照丈尺工數、如敵臺・門座長短厚薄不齊、亦各隨宜分〔截〕、俱以前項工丈、計人扣日、以稽工程。」
(132) 「工」は一人の工人一日分の工作量で、これをもとに工事に要する延べ人数を算出するために用いられる。人工ともいう。『漢語大詞典』上海辞書出版社、2巻951頁参照。
(133) 同書巻396、嘉靖三十二年閏三月丙辰、「一、錢糧・器具。臣等議得、甎瓦木植、及夯杵・梯板等項、除工部見有者外、其門座・外關等項〔合〕用石料及添造甎瓦、增置器用、雇募夫匠工食、各軍鹽菜等費、約用銀六十萬兩、相應戶・兵・工三部處給、倶量見在所積多寡出辦。戶部處發二十四萬兩、兵・工二部各處發一十八萬兩、共足前數、倶送順天府貯庫。戶部專差司官一員掌管、同該府佐貳官一員收支。如有不敷、聽臣等臨時奏請。事完、通將用過銀兩數目、備細造冊奏繳。」
(134) 『明世宗實錄』巻399、嘉靖三十二年六月戊寅、「戶部覆、（中略）總太倉銀庫一歲之入、民屯糧賦商鹽稅課不過二百萬餘兩、京邊歲用、大約五百萬兩計。入少出多、無可抵補、而近來繕邊撫夷・修城濬河・衣裝賞賜、皆出歲額會計之外。將來制用蓋不可支、又安有餘裕、以佐百姓急哉。」註（75）所掲の李論文49頁。
(135) 同書巻396、嘉靖三十二年閏三月丙辰、「一、督理官員。臣等議得、前項工程、事體重大、各該督理內外官員、必須專委責成、方可濟事。今擬請差內官監官一員・兵工二部堂上官各一員、掌錦衣衛事左都督陸炳・總督〔京〕營戎政平江伯陳圭、各不妨原務、提督修築。都察院・工科各請差給事中・御史一員往來工所、巡視糾察奸弊。前項諸臣仍各請敕一道、欽遵行事。兵・工二部堂上掌印官、每三日輪流一員、前往工所看視。其日逐點查班軍夫、管理工務、驗放〔糧銀〕等項、戶部箚委司官二員、兵工二部各四員、錦衣衛千百戶二員、京營參遊官二員、各照職掌管理。其分區催價等項、聽提督大臣選委五城兵馬及各衞經歷等官、與同各該官匠協力幹濟。臣等仍設法稽驗、務求堅久。但有修築不如法、三年之內致有坍塌者、查提各催工人員及原築工匠問罪、責令照依原分地方修理。其各官應得

廩給、戸部査照一體支給。」
(136) 『明世宗実録』巻396、嘉靖三十二年閏三月丙辰、「（上略）疏入。上曰、修築外城事宜、爾等既規畫停當、即擇日興工。」
(137) 註（1）所掲の傅論文103頁。
(138) 註（75）所掲の何論文48頁。
(139) 城地孝「明嘉靖馬市考」『史学雑誌』120編3号、2011年、のちに同『長城と北京の朝政──明代内閣政治の展開と変容』第二章、京都大学学術出版会、2012年所収は、嘉靖年間の馬市問題をとりあげて、理想にもとづき「親裁」を行う嘉靖帝の原理主義的姿勢と現場の意向に沿いつつ事態の軟着陸をはかる厳嵩ら内閣大学士以下の官僚たちのせめぎあいとして嘉靖政治史の特徴を浮び上らせている。首都防衛上、長城に劣らず重要となる北京の外城も、かかるせめぎあいの中で南面のみの建設に止まったと見なすことができる。

第 7 章
六朝建康城の研究——発掘と復原[1]

張　学鋒　　小尾孝夫　訳

【キーワード】六朝　建康　復原　都城史

はじめに

　六朝建康城遺跡の考古発掘作業はすでに前後 8 年（2008 年当時）続いており、発見された考古資料のすべてが発表された訳ではないが、その一部分の資料がメディアおよび発掘担当者の近著にすでに公開されている。これらの資料は、発見されたそれの氷山の一角にすぎないが、建康城の復原研究におけるその価値についてはすでに十分に示されてきている。筆者はかつて考古資料が全面的に公表された後に建康城遺跡研究を完成するための準備として、20 世紀以後の建康城研究の学説史について基礎的な整理をおこなったことがある。そこでは、その成果を確認するとともに問題の所在を指摘し、併せて建康城復原のための新構想を提示して、関連する資料が公表された後に建康城址の研究がより一層進展することを期待した。本論は、その旧稿[2]を基礎とし、筆者がそれ以降に得たいくらかの知見を増補したものである。

1　文献史料による六朝建康城の復原研究

　西暦 589 年陳が滅ぼされた後、六朝建康城は破壊されて耕地にされ、唐宋時期にはすでにその遺跡はほとんど尋ねるべくもない状態であった。そのうえ現在の南京市街区は幾重にも重なった歴代の都城遺跡の真上にあり、考古調査のための活動に相当の困難をもたらしている。しかし、3～6 世紀の南中国の政治・文化の中心たる六朝建康城は、重大な歴史的・学術的意義を有していたから、歴代の学者から高い関心を集め、その所在の探求と研究は途絶えることなく続けられてきた。

　六朝建康城の構造と規模、配置を研究する際、関係する正史中に残された断片的な史料を除けば、唐人許嵩の撰述した『建康実録』二十巻が現在のところ目にすることができる最も早期かつ最も情報量の豊富な史料である。本書は、本文のほかに注記を加える形式をとっていて、ひろく『金陵記』、『寺記』等の六朝典籍を引き、六朝建康都城の宮観寺院について比較的詳細な注釈をつけており、この部分の内容は六朝都城建康を研究する際の最も重要な史料である。ただ、許嵩の時代に参照された地点は現在ではほとんど失われているため、『建康実録』の記

述を利用して六朝建康城を的確に復原することは今やほとんど不可能である。宋元以後、地方志の編纂が盛んになり、南宋・張敦頤の『六朝事迹編類』、周応合の『景定建康志』、元代張鉉の『至正金陵新志』等、民国の『首都志』に至るまで、一部の内容は撰者の考証によるものとは言え、その主要部分はみな正史と『建康実録』の内容を超えるものではなく、また時代もすでに相当たっていることもあり、その具体的な古跡に対する推定もまた誤りを免れ難い。

明清時代の学者の建康城に対する研究と叙述もまた注目に値する。明人陳沂『金陵古今図考』、王士性『広志繹』、清人顧炎武『歴代宅京記』・『肇域志』、顧祖禹『読史方輿紀要』、陳文述『秣陵集』、甘熙『白下瑣言』等は、みな一定の参考価値がある。ただ、彼らの著述は、その性格から言えばひとしく個人の学術研究成果に属し、唐宋人の編纂史料とはその性格を異にしており、使用する際は真偽を見分ける考証をおこなう必要がある。

近代人の六朝建康城の研究は、1935年の岡崎文夫「六代帝邑考略」[3]と1936年の朱偰『金陵古迹図考』[4]に始まる。とりわけ朱偰のそれは、文献考証を踏まえ初めて古籍中のものとは別に六朝建康城の平面配置図を作製し、以後半世紀以上の間、学界に深刻な影響を及ぼしてきた。20世紀50年代以降、六朝建康城を詳細に検討した著述は40篇余りにのぼり、その中にあって建康城の復原にまで議論が及ぶものもまた20篇ほどにある。六朝建康城の全体の復原研究の中にあっては、意見の相違が比較的大きいため、以下では、基本的に時代の前後に従って、主要な学術観点と問題点を紹介し論評する。

(1) 朱偰『金陵古迹図考』

朱偰『金陵古迹図考』は、「建康遺跡は、現在すでに考証しようもないが、ただ鶏鳴寺背後に残る古城牆の一部分のみは、とくに六朝時代の遺物である。故に北界を除く東西南の三面の所在は、もはや確定することができない。ただ古籍によれば、宣陽門は秦淮より五里の距離があり、また都城は正方形であったと仮定すると、周囲は二十里十九歩であったから、一辺はだいたい五里であったと推測される。そうであるならば、古の長楽渡（現鎮淮橋東北、古の朱雀航の所在地）より北へ五里がまさに建康の南界となり、十里が建康の北界であったはずである。宣陽門はまさに現土街口一帯にあたり、その四至もまたこれを基準にすれば推定するのは難しくない。」と述べている[5]。朱偰の作製した孫呉・東晋・宋・斉・梁・陳六代の建康城図は、六朝鶏籠山（現北極閣）・潮溝・運瀆を網羅しているだけでなく、五台山の一部分までも包括している。（図1）

朱偰が復原した建康城図の出発点は、現在の北極閣鶏鳴寺後方の一部分の古城牆を六朝建康城の北牆と認定し、現中華門北側の鎮淮橋東北にある長楽渡を都城南端の朱雀航と見なしたことにあり、しかも建康城が基本的に正方形であると想定したうえで、都城の正門宣陽門が土街口（現新街口東の中山東路の洪武路入り口）に存在したと推定したのである。朱偰がこの推定を下した根拠は少なくとも二つある。一つは今の鶏鳴寺背後の一部分の古城牆を建康都城の北

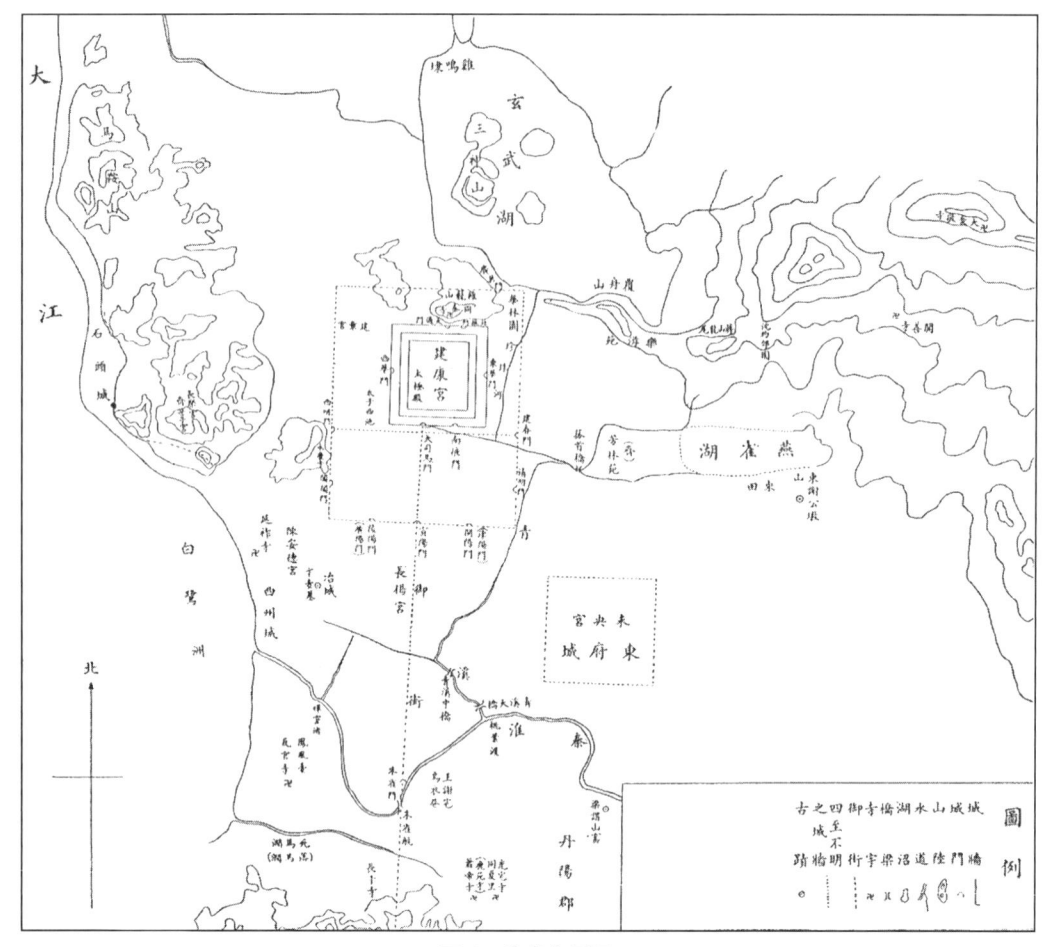

図1　朱偰復原図

牆遺跡と考え、城南の内秦淮河の長楽渡を朱雀航と見なしている点であり、今一つは鶏鳴寺を梁代の同泰寺に比定している点である。鶏鳴寺の背後の一部分の古城牆を建康都城の北牆と見なすのは、誤った伝承であり、それは最も早く清代南京の学者・甘熙の『白下瑣言』に見える[6]。また、長楽渡を朱雀航と見なすのも文献と符合しない。しかも鶏鳴寺背後の一部分の古城牆は六朝と関係がなく、明代城牆の中でも廃棄された一部分であることはすでに証明されている[7]。したがって復原された建康城の位置は、全体的に『秣陵集』等の古籍中の記載と合致しないところが多い。

　蔣贊初の『南京史話』は朱偰の上述の観点を継承し、書中に附された「南京歴代都城相互関係図」では六朝建康城の位置は朱偰の作製したものと全く同じである[8]。研究の進展にともなって、その後蔣贊初はしばしば都城の北界が現北京東路の南のラインであると言及するようになった[9]。

(2) 羅宗真『六朝考古』

羅宗真はその著書『六朝考古』で、朱偰『金陵古跡図考』の現鶏鳴寺後方の一部分の古城牆を「台城」と呼ぶ説を訂正した。羅は以下のように考えている。魏晋以後、宮城もまた台城と称するようになる。それは都城の内にあり、敷地はとても小さい。建康宮城は孫呉の宮城を基礎として建造され、その周囲はわずかに八里にすぎない。『建康実録』、『至正金陵新志』、『宮苑記』は、みな台城は建康宮城で

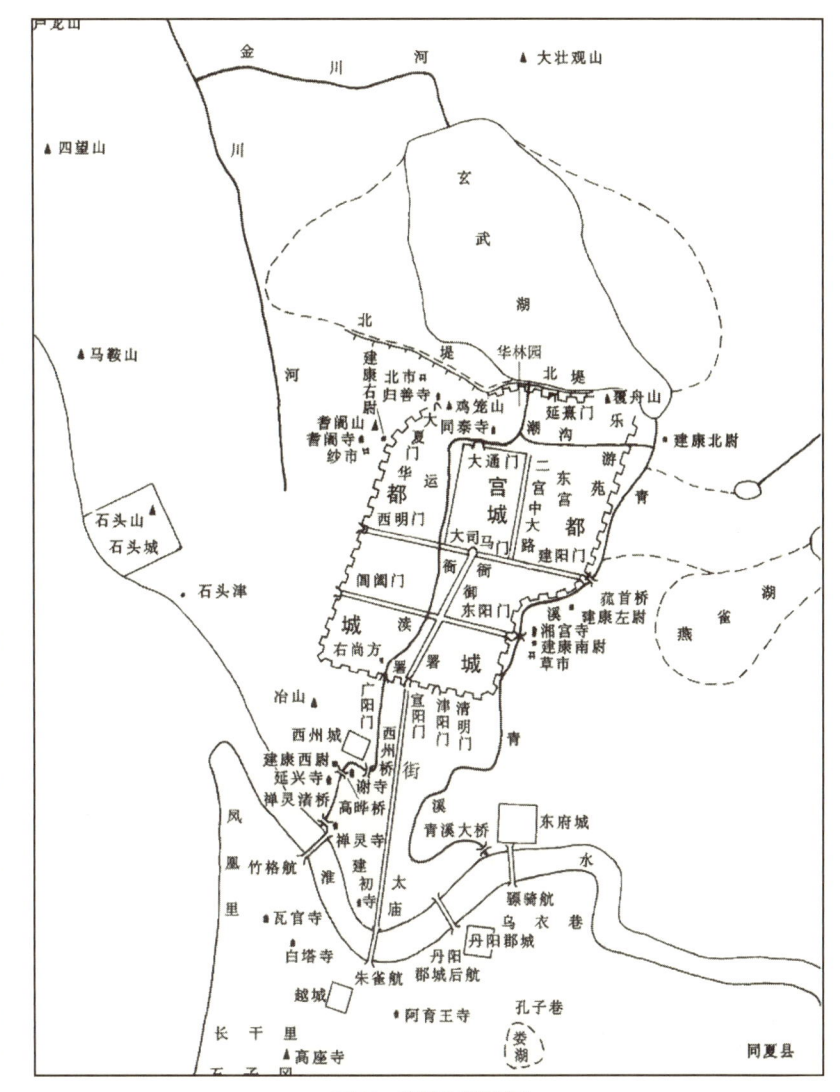

図2 郭黎安復原図

あって建康都城ではないことを確認している。また、南斉以前、城牆と城門は土牆と竹垣によって建築されていた。それに対し、鶏鳴寺の後ろの六朝古城は磚を積み上げて築かれているから、その建造年代は南斉の後ということになってしまう。『建康実録』巻十七には、大通元年、「(梁武) 帝 同泰寺を創る、寺 宮の後に在り、別に一門を開き、大通門と名づく、寺の南門に対す。」とあり、また『輿地志』には、「同泰寺 台城と路を隔てる」と見え、建康宮城が現鶏鳴寺の南にあり、宮城の北門が寺の南門とはるかに向かい合っていたことをはっきりと証明している。これは台城の北界が現鶏鳴寺の南、すなわち現東南大学の北壁一帯にあったことを裏付けている。よって我々が見ている鶏鳴寺北から北極閣に至る一部分の城牆は、当時の都城の北界であって、台城ではないのである、と。この認識に立ち羅が復原した六朝都城の四至は、

西はほぼ現中山路西側、北は北極閣（六朝鶏籠山）下、南は中山東路南側、東は太平北路東側にあり、当時の宮城については、南面はだいたい現在の珠江路の中ほど、西は進香河に相当し、東は珍珠河に至り、北は北極閣下鶏鳴寺前一帯に達している[10]。

　羅宗真の観点は朱偰と基本的に同様であるが、ただ鶏鳴寺背後の一部分の古城牆を建康都城の北界とし、台城の北界ではないと推定した。

(3)　郭黎安『六朝建康』

　郭黎安は次のように考えている。孫呉建業城の範囲に関しては、考古調査によって現北極閣鶏鳴寺後方の西家大塘（昔は棲玄塘と言い、もとは玄武湖の一部分であった）沿いに一部古城牆があり、その外を明の磚が覆っていて、内に六朝小磚が混ざっていることが分かった、俗に台城と言う。また、今の小九華山（六朝覆舟山）から北極閣に至るまでの間の明代城牆中にもやはり多くの六朝小磚が入り交じっていた。おそらくこれは明代の築城時に、六朝時代から残っていた残牆や磚石を利用したのであろう。これにより孫呉建業城の北牆が鶏籠・覆舟二山に依って築かれたことを断定し得る。『広志繹』と『秣陵集』は「城　覆舟山の前に据る」と言っているが、決してでたらめではない。建業城の東界はまさに青渓に至って、青渓を濠塹とした。西界は決して今日の鼓楼岡を越えることはない。東・西・北の三辺がすでに確定すれば、城周二十里十九歩に基づいてその南界を特定することができ、おおよそ現新街口南の淮海路一帯に到達する。東晋南朝建康城の範囲は、東呉の旧制に基づく。建康宮の位置に関しては、近代人の朱偰が現東南大学を該地であると推断した。朱偰の説は誤ってはいないが、ただ西界が現中山路に達するというのは西に偏り過ぎているように思う、と[11]。（図2）

　郭黎安の意見は、基本的には朱偰の説を支持し、それに小九華山から北極閣までの間の明代城牆中に入り混じる小磚を六朝の遺物であるという物的証拠を加えた。しかし、小磚が六朝の遺物であるという説は根拠に乏しいし、郭が作製した六朝都城位置図は不規則な形をしており、朱偰の復原図とは差異がある。宮城南門大司馬門から都城南門宣陽門をへて朱雀航に到る御道を文献中の七里と合わせるために、その御道を曲げざるを得なかったのである。この問題はその宮城の位置の推定と関係がある。

(4)　秋山日出雄「南朝都城『建康』の復原序説」「南京の古都『建康』」

　日本の学者・秋山日出雄は、20世紀80年代に「南朝都城『建康』の復原序説」と「南京の古都『建康』」の二篇を続けざまに公表した[12]。趣旨は建康の都市構造が日本の古代宮城の祖型の一つであることを説明することにある。その主だった観点を整理すれば以下の如くである。①孫呉時期の建業宮城は、朱偰の観点を受け入れ、現東南大学一帯にあり、都城は南唐金陵城の北半分に相当する、そして、南部は現建業路南の水路に沿い、東・西・北の三面は南唐金陵郭城の位置と一致すると推定した。②東晋の都城は、孫呉都城を基礎に拡大し、南の方は、

秦淮河の南北両岸を包含した。これは洛陽城の所謂「九六城」の形態を重視した表れである。③劉宋時期、都城はさらに東・南・北の三面に向かって拡大し、東は鍾山の東麓に到達し、北は明の城牆と重なる位置に到り、西は大江と接し、南は雨花台を越えた。(図3)

所謂「九六城」とは、北魏洛陽宮城南側の中央官庁の置かれた区域、あるいは隋唐長安城・洛陽城の皇城である。秋山は南京の自然地理的要素を無視し、過剰に洛陽・長安の制度をよりどころと

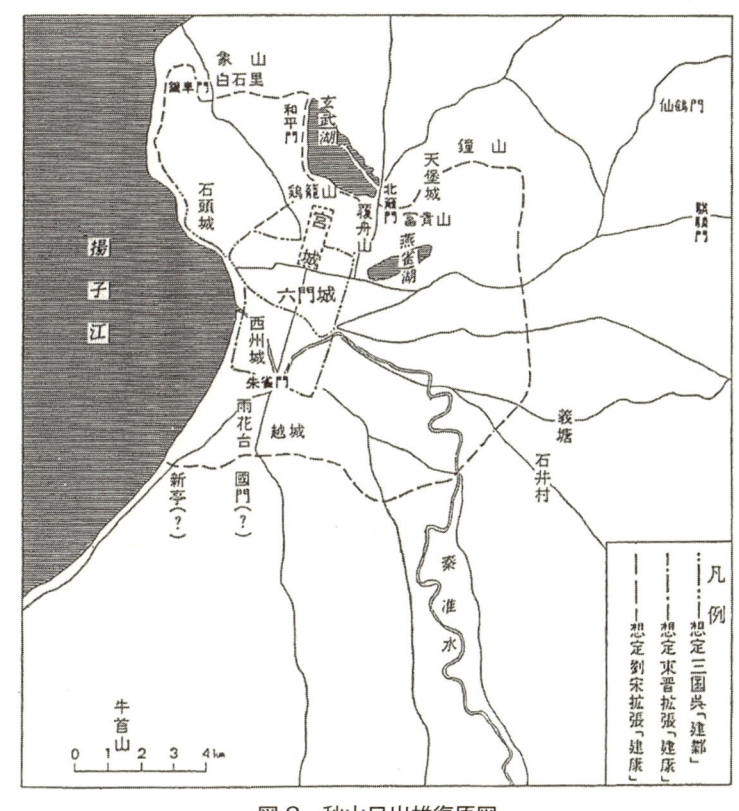

図3　秋山日出雄復原図

して建康城を復原しており、そのため秦淮河両岸の雑多な居民商業地域をも「九六城」の範囲の中に繰り入れ、東晋都城と南唐都城とを混同し、劉宋都城の範囲を無限に拡大させるというおかしな結果をもたらすことになったのである。その原因は建康城に関する史料を熟知していない点にある。

(5)　**中村圭爾「建康の『都城』について」**

日本の学者・中村圭爾は、次のように考えている。建康都城の北牆は北京東路のラインにあり、北牆の東端は九華山の南麓附近にある。また、西端は北極閣南麓附近から進香河路と洪武北路の交点附近までのライン、東牆は小営路からうねうねと延び太平橋附近をよぎって利済巷附近に至る。南牆は鎮淮橋北五里にあって、すなわち火瓦巷・戸部街と三十四標附近に、正門宣陽門は戸部街の火瓦巷入り口附近にある。また都城は想像されるようなきちんと整った形ではなく、とても不規則なそれであって、とくに青溪に沿って建つ東牆は、青溪に九曲有りと言うように、その城牆もまたおそらく屈曲して延びていたと考えられる、と[13]。(図4)

中村の論文での主要な考察対象は建康都城であり、都城の北界を考証して九華山南麓の北京東路のラインと訂正し、都城の西界と東界についても新たな見解を提示した。都城の形状を不

規則なものと考える点は、郭黎安の意見とよく似ている。

(6) 郭湖生「六朝建康」

郭湖生は、1993年以降、「六朝建康」等、一連の建康城について考証した著述を発表している[14]。建康城の位置について触れた際、郭は、鶏鳴寺北辺の一部分の古城牆は、南北朝時期の遺跡分布の現状から見て、これを六朝遺跡と見なすことは難しいと指摘した。また、都城の北壁と宮城北壁とが重なり合っていたと考えた。作製された「六朝建康形勢図」では、都城の形状を正方形とし、北は潮溝を境界とし、鶏籠山と覆舟山から遠く離れている。西は運瀆を境とし、東は青渓から一定の距離を設けている。(図5)

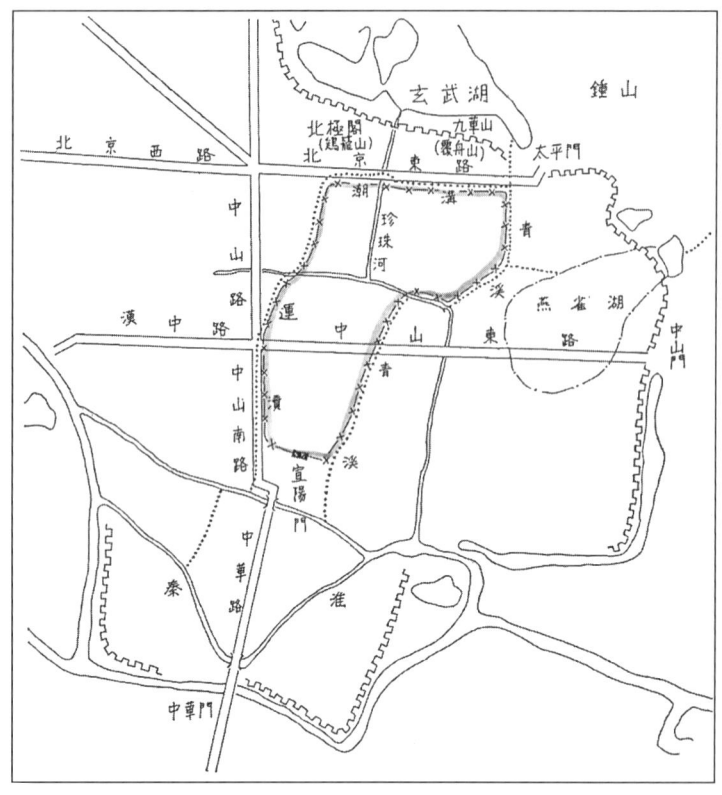

図4　中村圭爾復原図

郭湖生は、建康宮城の位置を現大行宮一帯にあったと推定しており、この意見は朱偰以来の見方を根本から改めた。この後の研究は多くこの見解に傾くことになる[15]。この見解の部分的な観点についても近年来の考古発掘によって徐々に実証されてきているが、その「六朝建康形勢図」は、南京市区図に照らして作製していないため、運瀆・青渓の位置は依然として問題があるように思う。とりわけ南部における運瀆・青渓の間の距離を長くとりすぎている。そのため、作製された都城復原図は、依然として正方形を呈している。

(7) 馬伯倫主編『南京建置志』

馬伯倫・劉暁梵主編の『南京建置志』は、六朝建康の都城・宮城の範囲について以下のような推定をしている。都城は現在の南京城中央の東寄りにあり、その中心部の位置はだいたい現太平北路と珠江路・長江路それぞれの交点の間の一帯に存した。東界は青渓の西岸により、青渓を濠とした。北は現太平門より始まり、鍾山西麓に接近し、青渓に沿って南下して、東北から西南に向かって、現太平南路東側の文昌巷南附近に至る。南界は、現淮海路からやや南のラ

インにあり、東は太平南路東側の紅花地・大楊村附近から始まり、西は現中山南路附近に至る。西界は、北は鶏籠山南麓の西寄り、だいたい現進香河路・洪武北路のラインから始まり、西に傾いて南に延び、中山南路の淮海路入り口に至り、都城の南界と会す。北界は、覆舟山・鶏籠山の南、現北京東路よりさらに南のラインにある。東は太平門内より始まり、西は進香河路に至る。宮城は、すなわち都城の中心から北部寄りにあり、おおよそ現大行宮の民国総統府一帯に存した、と[16]。(図6)

宮城が現大行宮一帯に位置したというこの意見は、郭湖生の見方と一致する。ただし、郭湖生が復原した平面を正方形とする都城と比較すると、『南京建置志』は、さらに青渓・運瀆の実際の流れの向きと両水の間の距離を考慮している。そのため作製された復原位置図は、東西が狭く南北が長い長方形に近い形を呈している。ここで問題なのは、『南京建置志』が推定する建康城が現珠江路南側の水路の南北にまたがっている点である。もしこの水路が六朝潮溝遺跡だとすると、宮城が潮溝にまたがるというこの仮説は文献の記載と合致しないことになる。都城西界北部分の推定では、依然として朱偰の学説（進香河路を運瀆の旧河道と見なす）の影響を受けていることが分かる。

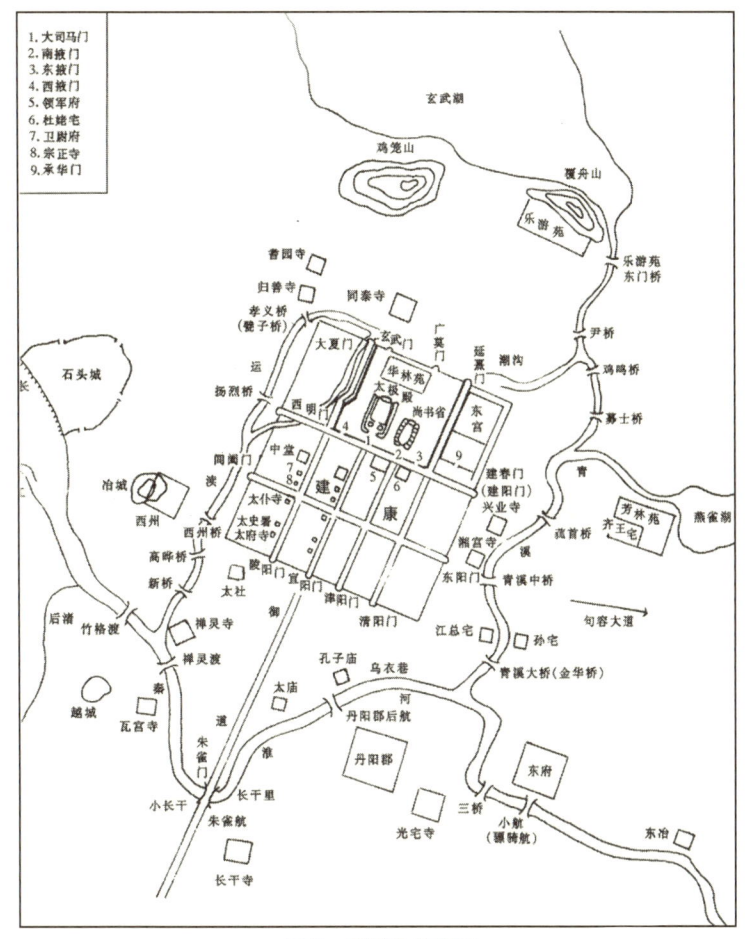

図5 郭湖生復原図

(8) 李蔚然「六朝建康発展概述」

李蔚然が1998年に著述した「六朝建康発展概述」は、建康都城の四至を推測して、以下のように考える。都城の東界は青渓と燕雀湖を境とし、北部は覆舟・鶏籠の二山を境界とする。

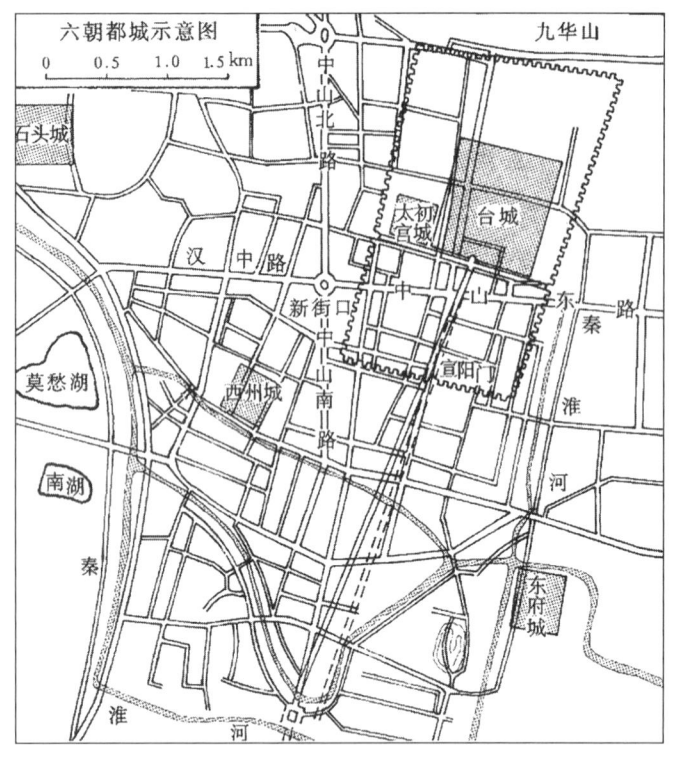

図6 『南京建置志』復原図

図7 賀雲翺復原図

西界は、現北京西路の南京大学西側より南に向かって現王府大街三茅宮一帯に到達し、南界はおおよそ現羊皮巷一帯にあたる、と[17]。

李蔚然論文の重点は、建康城址の研究にはない。だから都城の四至についての描写は、郭湖生・馬伯倫等の成果を参考することもなければ、文献の考証と考古遺跡の分布を踏まえて作り上げたものでもなく、その推測した範囲は、ただのおおざっぱな空間概念にすぎない。

(9) 賀雲翺『六朝瓦当与六朝都城』

賀雲翺がその著書『六朝瓦当与六朝都城』で作製した六朝歴代都城の復原図は、全体的に『南京建置志』のそれと非常に近似しているが、ただ青溪の流れる方向が少し異なっており、現民国総統府の外壁の東側にある東箭道を青溪の旧河道の一部分と見なしている[18]。(図7) 東箭道を青溪の旧河道の一部分と見なすこの見解は、上述の郭黎安や中村圭爾のそれと一致する。こうした見方は、あるいは1930年代の朱偰の『金陵古迹図考』「金陵古水道図」と部

分的な地質ボーリング探査資料の影響を受けたのかもしれない。しかし、近年来民国総統府東側のもと漢府街長距離バスターミナル工事現場で見つかった城牆・城濠の遺跡、そして総統府東南方向の江蘇美術館新館建設工事現場で発見された六朝時代の磚で舗装された道路から、現東箭道が城牆の内側にあって青渓の旧河道と見なし得ないことは明らかである[19]。したがって、郭黎安・中村圭爾・賀雲翺三氏の復原図中のこの部分についても修正される必要があるのである。

(10) 盧海鳴『六朝都城』

盧海鳴は著書の中で次のように述べている。都城が正方形で、全体がわずかに東北から西南方向に傾斜し

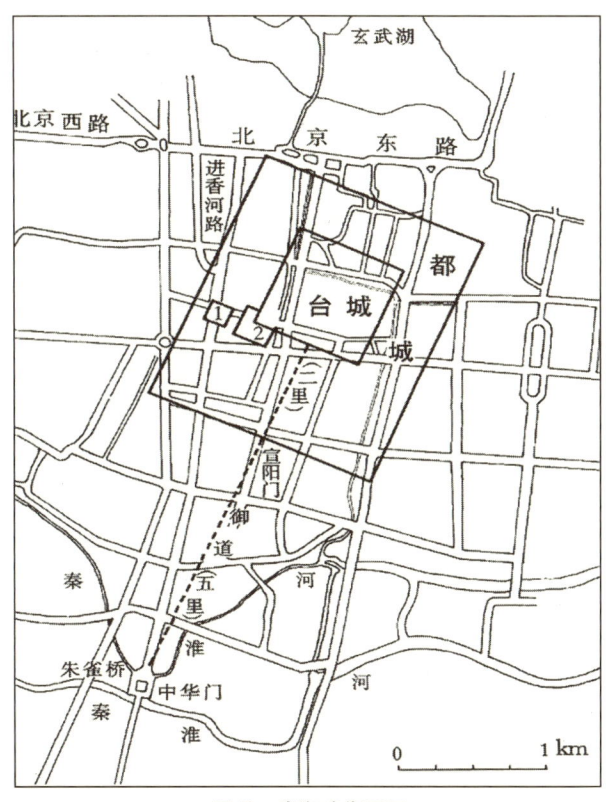

図8 盧海鳴復原図

ていると仮定すると、北界は北京東路の南あるいはさらに南のラインに、南界はおおよそ戸部街・常府街のラインにあり、西界はだいたい進香河路・廊後街・破布営のラインに存し、東界は龍蟠路と黄埔路の間のラインに位置する。宮城は現大行宮一帯にあった、と[20]。(図8)

盧海鳴の『六朝都城』は、初めて部分的に考古発掘成果を利用しており、その宮城の位置の推定はおおよそ信用することができる。しかし、推定した都城東界に関しては、青渓をはるかに越え、現黄埔路一帯に到達しており、青渓を建康都城東側の防衛線とする文献記載と符合しない。黄埔路一帯はおそらく六朝期の燕雀湖の中に位置するかと思われる。このようになってしまった原因を考えてみると、著者がまず建康都城を正方形と仮定したことを挙げられる。建康都城を正方形と仮定するこの方法だと、朱偰や郭湖生もまたそうなのであるが、南京の都市独特の自然地理的要素を軽視してしまうことになるのである。

(11) 外村中「六朝建康都城宮城攷」

日本の学者・外村中は、歴代文献史料に対する緻密な考証を基に、建康都城と宮城の位置を比定した。上述の諸氏の研究と比べると、外村は建康都城の東・西両側を流れる青渓と運瀆の二つの河道の位置と役割を十分に考慮している。その都城復原案は以下の如くである。都城南

牆は現南京朝天宮の東、都城東牆は宋代府城東濠の西、都城北牆は、宋代府城北濠の北、都城西牆は運瀆の東にあった。宮城南牆は都城南牆の北二里、宮城東牆は都城東牆の西、宮城北牆は宋代府城北濠の南、宮城西牆は都城西牆の東に存した。なお、文献考証を踏まえ、六朝建康都城・宮城の復原図を作製している[21]。(図9)

外村が言う宋代府城とは、宋代の建康府城を指すが、それはまた楊呉・南唐の金陵城でもある。東濠・北濠とは、それぞれ玄津橋・逸仙橋下を流れる城濠と珠江路南側を流れるそれとに区別して言っている。作製された復原位置図を参照すると、建康都城・宮城はみな南北に長く東西が狭い長方形をしており、東西南北牆はみな直線で、都城南門宣陽門は現内橋北側に位置し、南唐宮城の南門と比較的接近している。

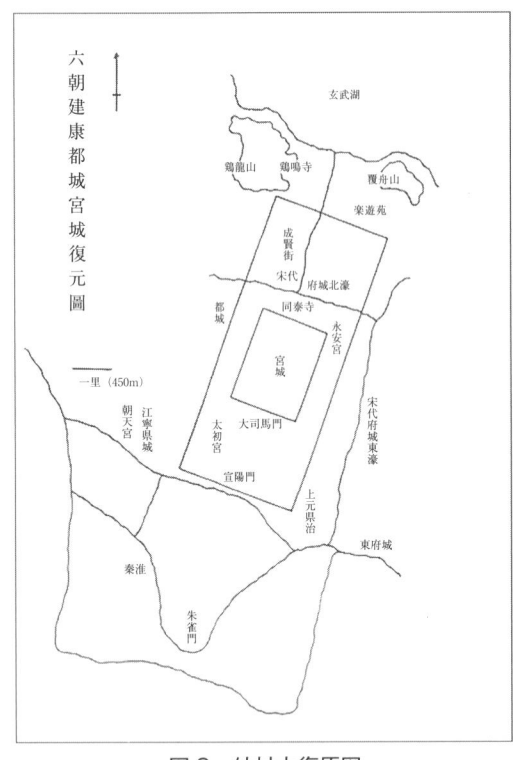

図9 外村中復原図

以上述べてきたところを総合すると、20世紀30年代以降、学者達の建康都城と宮城位置の推定には十種余りの見解があり、この十種余りの見解は基本的にはまた大きく四つに分類することができる。

第一の見解は、比較的早期に出されたもので、20世紀30年代朱偰の『金陵古迹図考』から始まり、半世紀以上影響を及ぼしてきた。この見解の共通点は、建康宮城の位置を現珠江路・進香河路・北京東路・太平北路の囲む範囲内、基本的には現東南大学成賢校区の位置にあったと考え、都城はその周りを囲い、都城南門の宣陽門は現新街口・淮海路一帯に存したと推定した点である。

第二の見解は、日本の学者・秋山日出雄が提示したもので、その復原の考え方と把握している史料が他の学者とあまりに隔たっていることから、導かれた結論と復原された位置図もまた理に合わない点がある。

第三の見解は、比較的遅い時期に出されたもので、20世紀90年代初めの郭湖生「六朝建康」等の論文より始まる。この見解の共通点は、建康宮城は現大行宮民国総統府一帯に位置し、都城はその周りを囲い、都城南門の宣陽門が現淮海路南の羊皮巷・戸部街のラインに存したと推定した点である。

第四の見解は、日本の学者・外村中が提示した建康都城は南北に長い長方形で、その範囲は

青渓と運瀆の間に制限されており、都城南門の宣陽門は現内橋の北側にあって、南唐宮城の南門に相当するというものである。この見解がひとたび提出されると、日本国内の学者達からも賛同を得[22]、筆者もまた非常に啓発を受けた。

　第一の見解と第三のそれの内容には、細かい点でいくらかの差異が存在するが基本的な観点は共通している。この二つの見解の内、第三の見解は、長い学術研究史上における第一の見解に対する反省である。ひとたび出されると、多方面の支持を得、優位な位置にあるようである。しかし、以上四つの復原意見が基づくものは、基本的には現存の歴史文献であり、それが正確であるか否かは、必ず考古発掘資料によって検証されなくてはならない。近年来の六朝都城遺跡の発掘は、各種復原意見を検証するための実物の資料を提供してくれており、また六朝建康都城と宮城の位置を新たに復原するための新しい思考の筋道をも提供してくれている。

2　六朝建康城の最新考古成果

　六朝宮城（台城）の位置を探り、都城配置等の重要な問題を明らかにするために、2001年5月より、南京市博物館は都市基本建設に協力して、計画的に数カ所の地点で緊急発掘をおこなった。2004年までに、すでに15カ所の地点を発掘し、発掘面積は累計1万平方メートル余りにのぼった。この一連の発掘の考古報告はなお発表されてはいない、公開された一部の資料はみな考古新発見の簡単な紹介ばかりであり、一部は発掘者の近刊の著作中に載っている[23]。

　発掘作業は前後二段階に分かれる。第一段階の重点は、東南大学・成賢街地区である。発掘地点には、（A）もとの老虎橋監獄、（B）成賢街43号、（C）東南大学キャンパス北部科技楼工事現場、（D）成賢街星漢大厦工事現場、（E）東南大学成園工事現場、（F）浮橋工事現場、（G）珠江路北側華能城市花園工事現場の計7カ所の工事現場を挙げることができる。発掘の結果、（G）地点を除いて、珍珠河西側の各工事現場、とくに東南大学キャンパス工事現場では、六朝時代の層は浅いところにあったが、建康宮城あるいは都城のものと言えるような如何なる重要な遺跡も発見されなかった。

　第二段階の作業の重点は大行宮一帯に移った。発掘地点としては、（H）中国近代史博物館（民国総統府）工事現場、（I）人防広場工事現場、（J）日月大厦工事現場、（K）華夏証券大厦工事現場、（L）新浦新世紀広場工事現場、（M）南京図書館新館工事現場、（N）市体育局工事現場、（O）延齢巷工事現場の計8カ所の工事現場がある。その中で、太平南路東側の（L）と（M）地点の発掘でついにこれまでの状況を打開し、建康城と関係する多くの遺跡を発見した。ここでは、本論と密接に関わるものを選んで紹介すると以下の如くである。

（1）中山東路と太平南路との交差点東南角に位置する新浦新世紀広場工事現場（L地点）で、一本の北から東に25度傾いた南北に走る道路を発見した。この道路は北に向かい中山東路を越え、南京図書館新館工事現場（M地点）にまで延び、孫呉から南朝までの時期の路面が上

下幾重にも重なり合い、各時期の道路の両側には磚積みの側溝が配されていた。孫呉時期の路面は比較的幅が狭く、その幅は15.4mであり、南朝の路面は最も広く、23.3mあった。東晋時期の路面は孫呉時期の路面を基礎にしつつ、西に約6m広がり、南朝の路面もまた東晋の路面を基礎にしつつ、東に10m近く拡張していた。その中にあって東晋時期の路面には、整然と青磚が敷かれ、路面上には轍の跡がはっきりと残っていた。ある青磚の側面には東晋の紀年があり、路面の敷設が東晋成帝と康帝の時期におこなわれたことを証明している。これはまさに、蘇峻の乱後、琅邪の王氏王彬の主導下でおこなわれた大規模な都城建設時の遺物である。

（2）南京図書館新館の工事現場（M地点）で発見された道路は、新浦新世紀広場の工事現場（L地点）から東北方向に向かって延びた部分である。このほか、当該工事現場の西北側では、南朝時期の東西に向かう版築牆が部分的に見つかった。地層の関係から見て、この版築牆の使用時期は三つの段階に分けることができ、その中で早期段階の版築牆の基礎となるくぼみの幅は12.4m、残っていた部分の深さは1.4mであった。各段階の版築牆の外側からは版築牆を覆っていた磚が発見されている。晩期段階の版築牆の残っていた部分の高さは0.7mであり、版築はきれいで、構造は緻密であった。また、土を突き固めた層は5～10cmの間であり、牆の基礎部分からはいくらかの木製の杙が見つかった。工事現場の東北側からは当該牆が北に向かって折れているのが発見されている。版築牆の南側からは孫呉と南朝時期の壕溝が見つかった。孫呉時期の壕溝の幅は9.75m、深さは2mであり、壕溝両岸には護岸のための木製の杙があった。また、南朝時期の壕溝の広さは5.6m、深さは1.1mであり、一部護岸のための磚牆が発見されている。東西に向かう壕溝と南北に走る道路とが交差する場所では木橋が一つ見つかり、その橋板はすでに存在していなかったが、橋脚は完全な形で残っていた。さらに、壕溝南岸からは東西に走る道路が発見され、孫呉から南朝時期に至るまでの道路が重なり合っていて、南北に走る道路と垂直であった。南北に走る道路の西側からは10カ所余りの磚構造の家屋遺址が見つかり、規模や構造は一様ではなかったが、牆址が向かう方向は道路のそれと同様であり、ひとしく北から東へ25度傾いていた。最大のものは8号家屋遺址であり、南北の幅は12.5m、東西の残っていた部分の長さは13.5mであって、柱穴の分布情況から見て、横幅は五間・奥行きは三間であり、北牆上には幅2.1mの門道が残っていた。周囲には回廊があり、廊道の外には磚を敷いた犬走りと排水溝が存した。排水溝は多く露溝であり、磚積みは整然としており、いくつかの場所では道路の下方を通じさせ、磚で造ったアーチ型天井の地下水路としていた。このほか、5つの南朝井戸が発見された。井戸底には木板が敷かれ、井戸の内壁は特製の筒状の陶器を底から貼り付けて積み上げていく方法で造られており、どの筒状の陶器にもみな水を通す穴が4つあいていた。

2005年以後、南京市博物館は都市基本建設の機会を利用して、わずかな機会を活用し継続して建康城遺跡の発掘をおこなった。資料はまだ正式に公表されてはいないが、メディアの報道と筆者の視察とを踏まえて言うと、以下のいくつかの地点で重要な成果を得た。

①　大行宮民国総統府西側の江蘇省警察博物館工事現場では、北から東に25度傾く磚で舗装された道路が発見され、それは、L地点とM地点のそれと南北につながっていた。

②　大行宮民国総統府東南側の江蘇美術館新館工事現場では、北から東に25度傾く磚で舗装された道路が見つかった。

③　利済巷西側の長発ビル工事現場では、南北に向かう版築を磚で覆った城牆が部分的に発見された。この城牆は各時代に踏襲されたようで、それぞれの時代の幅は異なっている。最も広いものは晩期の城牆でその幅は24.5mに達する。城牆外側の城濠の幅は17.25mであった[24]。

④　游府西街小学校附近の工事現場では、東西に向かうきれいに舗装された濠溝遺跡が見つかった。

⑤　民国総統府東側のもと漢府街長距離バスターミナルの工事現場では、北から東に25度傾く城牆と城濠の遺跡が発見された。

これらの最新の考古成果は、建康城の復原にとって間違いなく極めて貴重な資料であり、こうした資料が一日も早く公表されることを希望する。

それほど多いとも言えない公表された考古資料の中にあって、建康城の復原作業に最も意義を有するものは、L地点とM地点を貫く道路の走る方向であり、北から東に25度傾くこの数値である。道路の西側の家屋遺址もまたひとしく25度に傾いており、このごろ発見された江蘇美術館新館工事現場の磚で舗装された道路およびもと漢府街長距離バスターミナル工事現場で見つかった城牆や城濠遺跡もまた傾斜角度は前者と同様であった。これはL―M地点の道路の傾斜角度が単独のものでないことを物語っており、六朝建康城の傾斜の特徴であることを証明するものである。

3　建康城の傾斜問題について

『太平寰宇記』巻九〇「江南東道二・昇州」および『資治通鑑』胡三省注にひとしく引用する『金陵記』には、「梁都の時、城中二十八万戸、西は石頭に至り、東は倪塘に至る、南は石子崗に至り、北は蔣山を過ぎる、東西南北 各おの四十里。」とある[25]。『金陵記』の言うところは、南朝蕭梁時期の状況ではあるが、前後あい続く六朝都城建康と見なせるし、規模の上で各時代に差異はあるが、全体的な方位についてはおそらく何の変化もないはずである。この中で注目に値するのは、都城概念上の四至である。東方を倪塘までとしているが、倪塘は記述によれば今の南京市東南25里にあり、それは現江寧区上坊鎮泥塘村附近にあたる。南方の石子崗は現雨花台を包含した城南の東西に横たわる一連の小高い丘である。西方の石頭城は、現水西門の北方一帯に位置している。蔣山はすなわち今日の紫金山である。もしこの四つの点を線で結んだならば、建康が傾いていること、そのうえ傾斜がかなり激しく、中軸線は西南の石子崗から東北の蔣山に向かって45度近く傾斜していることにも気がつく。当然、蔣山は非常に

広大な山であり、多くの山峰と尾根により形作られており、石子崗は東西に数キロにわたって延々と続いているし、石頭城も一つの点ではない。だから、線をどこから結んでいくか、この問題は傾斜の角度の計算にとって非常に大きな影響をもつと言えよう。『金陵記』はただ我々にこうした大きな概念を伝えているだけなのである。大行宮の数カ所の工事現場で発見された道路は、その走る向きは北から東に25度傾いており、六朝建康城の傾斜の特徴を裏付けたのである。

建康が傾斜した都城である理由は、まず長江の流れの向きと密接な関係があるように思われる。長江は中流の九江から東北へ向かって流れ始め、蕪湖から南京までの区間でさらに北流に近くなる。南京西北の長江内にある八卦洲を過ぎると、長江は東流し始める。この現象はつとに秦漢時期にすでに認識されており、長江の東南方を「江東」と称したり、あるいは「江左」と言っているし、江東の対岸を「江西」と称したり、あるいは「江右」と言ったりしている。つまり、この南北に流れる大江が、建康城の方位に影響していると見なせるのである。ただし明初に南京の宮殿を修築した際、方向はすでに改められている。その次に、城東の青溪の流れの向きとも非常に大きな関係がある。青溪は現太平門附近から南京市内に流入し、西南方向に向かってやわらかに曲がりくねって秦淮河に注いでいる。六朝建康は終始青溪を城東の天然の障壁とした。だから青溪の流れる方向も建康都城のそれに影響を及ぼしているのである。

清代と民国の南京の地図、とくに現在の南京地図からは、多くの傾斜した道路を見つけることができる。それらは規則的に西南―東北に走っている。これらの街路は必ずしも六朝建康城の某かの街路あるいは河道と対応する訳ではないが、その走る方向は六朝建康城の名残にちがいない。

4　建康城復原の新構想

六朝建康城の位置を確定する前に、まず三点ほど明確にしておかなくてはならないことがある。

第一は、建康城中軸線としての御道の南端（朱雀門・朱雀航）の具体的位置である。朱偰はこの地点を秦淮河の最も南に突き出たところ（今日の中華門内鎮淮橋）の東北にある長楽渡、すなわち現馬道街上の朱雀橋一帯と推定している。ただし多くの意見は、御道南端が現鎮淮橋の北側にあったと断定している。唐・道宣『集神州三宝感通録』巻上には、「東晋金陵の長干塔なる者、今、潤州江寧県故揚都朱雀門東南、古越城東の廃長干寺内に在り。」とある[26]。長干寺は、孫呉の時代に初めて建てられ、阿育王寺とも称された。宋代に長干寺は再建され、後に天禧寺と改名される。また明代に再建された後は、大報恩寺と称された。太平天国の時に破壊され、遺跡は現中華門外長干橋東南の晨光機械工場内にある。長干寺塔は六朝建康の朱雀門東南にあったから、朱雀門の位置が現鎮淮橋にあったとする説は成り立つ。しかし、この一帯

の秦淮河の幅は六朝隋唐時期にあっては広くゆったりとしていて、河面上に架けられた朱雀橋（橋を建設する前は浮航）は「長さ九十歩、寬さ六丈」[27]であり、現在の尺度に換算すると、長さは140m前後、幅は20m近くあったことになる。もしそうだとすれば、御道南端の朱雀門は、おそらく現鎮淮橋の北100mより先の地点（だいたい現中華路の馬道街入り口の東北）に存したと思われる。この地点を「甲地点」と名付けることにする。

　第二点は、青渓の流れの向きである。六朝歴代の都城はみな城東の青渓を天然の防衛障壁としており、このことはすなわち文献中で言うところの「皆 青渓を出でず」である。青渓は一本の自然の川であり、その源流は鍾山の第三峰の南斜面に発し、鍾山の西側の諸水と合流し、西南方向に向かってうねうねと湾曲して秦淮河に流入する。十里余り続いており、「九曲青渓」という言い方がある。古青渓は現在すでに埋没し、尋ねるべくもない。唐宋人の記載によれば、青渓はおおよそ現太平門附近より西南に流れ、現小営一帯にあった竺橋附近に至る。然る後、湾曲してくねくねと延びて西南の方向に流れ、おおよそその流れは現毗廬寺・三条巷北端・常府街東端・復興巷・文思巷をへて、現淮清橋一帯で秦淮河に注ぐ。10世紀に楊呉と南唐国が都城を造営した際、青渓を南北まっすぐにし金陵城の東の城濠とした。この城濠は現竺橋から南に流れ、逸仙橋・玄津橋をへて、建康路の南に至り、秦淮河に流入する。青渓のゆったりと湾曲している部分は南唐都城内に囲い込まれ、次第に流れは滞っていった。清代の江寧省城図では、この旧河道沿いにたくさんの池が残っており、これらはおそらく青渓およびその支流の名残であろう。よって、建康都城はこのラインの西にあるはずである。

　第三点は、運瀆の位置である。運瀆は孫呉時期に開鑿された人工の運河であり、南は秦淮河につながり、北は潮溝に接している。それは、宮中に物資を運送するための水路であったが、現在はやはり埋没してしまっている。『建康実録』巻一は、「晋の永嘉中、王敦 始めて建康と為し、州城を創立す。今の江寧県城の置く所 其の西に在り、其の西に偏れば即ち呉時の冶城、東側は運瀆、呉大帝の開く所にして、今の西州橋水 是なり。」と記載している。『実録』の言うところの「州城」とは、すなわち東晋南朝時期の揚州刺史の治所「西州城」であり、冶城は現朝天宮に位置し、江寧県城は許嵩が生活していた唐代中期の江寧県の治所を指している。よって、運瀆の位置の推定は西州城の位置と密接に関わっている。『宋書』巻三「武帝紀下」は、劉裕が揚州刺史徐羨之のことを思い出し、西掖門を歩み出で、西明門を出、西州城に向かう記事を載せているが、西明門は建康都城の西門であることから、西州城が建康都城の西城牆の外にあったこと、運瀆が建康都城と西州城の間に挟まれていたことを了解し得る。賀雲翺は、「今日の地理方位から推論すると、唐の江寧県城はおおよそ江蘇省行政学院一帯にあり、西州城はすなわち現張府園「護龍河」遺跡の西から豊富路にかけての一帯に存した。」と考えている[28]が、この説は非常に正しい。西州城の位置が推定された以上、運瀆の位置は現明瓦廊・糖坊橋のラインにあるはずで、おそらく六朝建康都城はこの運瀆の東に存したであろう。

　以上の三点は、六朝建康都城の範囲を推定する際の前提である。大行宮工事現場における北

から東に25度傾く六朝道路の発見もまた復原作業に新たな根拠を提供した。もしこの道路の走る向きと建康城の傾斜角度とが一致すると仮定するならば、鎮淮橋北の甲地点から始めて、北から東に25度傾けて建康都城の中軸線たる御道を描くことができるはずである。結果、このラインは、東北方向に向け、現太平南路と馬府西街との接点（乙地点）・太平南路の文昌巷西入り口（丙地点）・民国総統府・小九華山三蔵塔（覆舟山の最高地点）まで延ばすことができるが、その際、喜ばしいことに、大行宮工事現場L地点とM地点で発見された六朝道路が、都合よく仮定した都城中軸線と重なり合うのである。もしこの路面が宮城の外にあるならば、それは明らかに御道である。もしそれが宮城の内にあれば、それは建康宮中の中軸線のはずである。朱雀門（甲地点）から都城の南牆正門の宣陽門までが五里（約2200m）、宣陽門から宮城正門の大司馬門までが二里（約880m）とするならば、宣陽門は現太平南路と馬府西街とが接するところ（乙地点）にあり、大司馬門は現文昌巷西入り口（丙地点）附近に存在したはずである。游府西街小学校附近で発見された東西に向かう城濠は、文昌巷と基本的に同一線上にあり、この城濠は建康宮城南側の護城濠であったはずである（以上は、南京市区地図により推定したが、おそらくある程度の誤差があるであろう）。この二つの鍵となる地点がこれにより確定された。

推定した中軸線と青渓および運瀆との間の距離は決して長くはなく、いずれもわずかに600m余りあるだけである。もし建康城が御道を中軸線とし左右対称の構造になっていたと想定し、それに九曲青渓の岸辺に多くの王公貴族の別荘が占有する面積を考慮に入れたならば、宣陽門から南牆東牆の接点までの距離は一里（約440m）と仮定するのが穏当であろう（南京市行政学院南門附近）。すなわち南牆の全長は二里（880m）である。北牆の長さも同様でなければならない。都城四至の全長は二十里一十九歩であり、南北二牆の四里を除けば、残りの長さは東西牆の合計のそれである。こうして構成された南北長方形の区域が都城の範囲でなければならない。西南角は基本的に中山路西側張府園附近、西北角は基本的に珍珠橋西側、東南角は白下路の南京市行政学院の東南、東北角は龍蟠中路東側の軍区駐屯地西門内にそれぞれ存したと思われる。当然、建康の水路の影響を受けるから、ある地点では不規則な形が出現していた可能性もまた完全には拭い去れない。ただこのように推定した都城の範囲が、北界は小九華山（覆舟山）下のやや南にあって、文献中の「城 覆舟山の前に据る」、すなわち都城が覆舟山の南に位置したという記載と一致したことは注目に値しよう。

前文では、中軸線の傾斜角度と御道の里数に依拠して、建康宮城の正門大司馬門が現文昌巷西入り口附近にあり、宮城はその北に存したと推定した。宮城の東西両側に東宮・左右衛等の施設があったことを考慮に入れると、宮城の東西牆と都城の東西牆の間には必ず一定の距離があったはずである。元来、比較的幅の狭い都城にあって、四至の全長八里の宮城が、南・北牆それぞれ一里、東・西牆がそれぞれ三里であったと仮定すると、ちょうどぴったりとあてはまる。こうして構成される区域がおそらく宮城の範囲となるはずである。その北界は、現珠江路

南側水路（潮溝遺跡と推定される）の南に位置する太平橋の南のラインにあり、すでに発掘されたL地点とM地点および北に向かって民国総統府・梅園新村等の地はみな建康宮城の範囲の中に存する。

　建康城に関する歴史文献は、みなひとしく二十里十九歩の建康都城を孫呉建業城の遺制であり、東晋以後はただその旧制に従っただけだと見なしている。しかしこうした考えは適切ではない。二十里十九歩の都城は孫呉時期には存在していなかったはずであり、東晋の成帝が建康城を再建した時の規模である。朱雀航から覆舟山の最高峰に至るこの都城の中軸線は、東晋の成帝が新たに建康城の整備を計画した時の規定における重要な設計思想であったはずである。東晋の元帝の時に、新たに都城を建設する計画が持ち上がったが、建国の始めであっただけに、ことをしっかりと慎重に進めねばならなかった。ただし王導が遙かに南郊の牛首山を指さして「天闕」と為したという伝説は、我々に当時六朝人が牛首山を真南と見なしていた痕跡を残してくれている。劉宋の大明三年（459）9月甲午に、「南郊壇を牛頭山に移し、以て陽位を正し」ており[29]、国家が天を祀る南郊壇を牛首山に移して、真南の方向と符合させたのである。牛首山の二つの峰の間と覆舟山の最高峰とこの二つの点を結んでみると、この線と我々が前に推断した都城の中軸線とが基本的に重なり合い、建康城の南北を貫く「聖なるライン」であったことを了解し得るのである。

　以上の考え方から復原した建康宮城と都城の位置図（図10）は、その他の復原図と差異がある。その原因を考えてみると、今までの人達が建康城を復原し図示する際に、みな宮城と都城を正方形や正方形に近い形とイメージしてしまったり、あるいは、青渓や運瀆の位置とその作用を考慮に入れていなかったことに思い至る。その中で唯一の例外が、外村中1998年の復原図である。外村中の復原図では、宮城や都城も南北方向に延びる長方形の形をとっており、筆者の構想と復原図に非常に近いものとなっている。ただ全体の位置が筆者の復原図に比べ、南に100m余りずれ、少しばかり西に偏っているだけである。そのずれの原因は、外村中が都城南牆の長さを三里、宮城南牆のそれを二里強と仮定したためであり、この点で筆者との間に一定の差異が生じたのである。なお、外村中はまた六朝秦淮河の幅を軽視してしまっており、城西の運瀆の具体的位置についてもおそらく認識上またすべて同じとは言えない。ただこうした差異はあるけれども、大行宮工事現場で六朝道路の方角が発見される以前において、ただ文献史料だけで、このように正確な建康城図を復原し得たことは、実に卓見と言わざるを得ない。

　以上の推論過程は、いささか煩雑ではあったが、我々にとって地下に埋もれている六朝都城を認識することは、やはり有益であるし、また我々のように長い間南京で生活し、南京の街巷を熟知している者から言えば、そう難しいことではない。以上の推測を通して、我々はおおよそ次のような知見を得ることができる。

　第一、建康の宮城と都城はみな南北に長い長方形であった。この種の形状は、魏晋洛陽城にその起源を求めることができ、北魏洛陽城の子城にその影響を見ることができる。とくにそれ

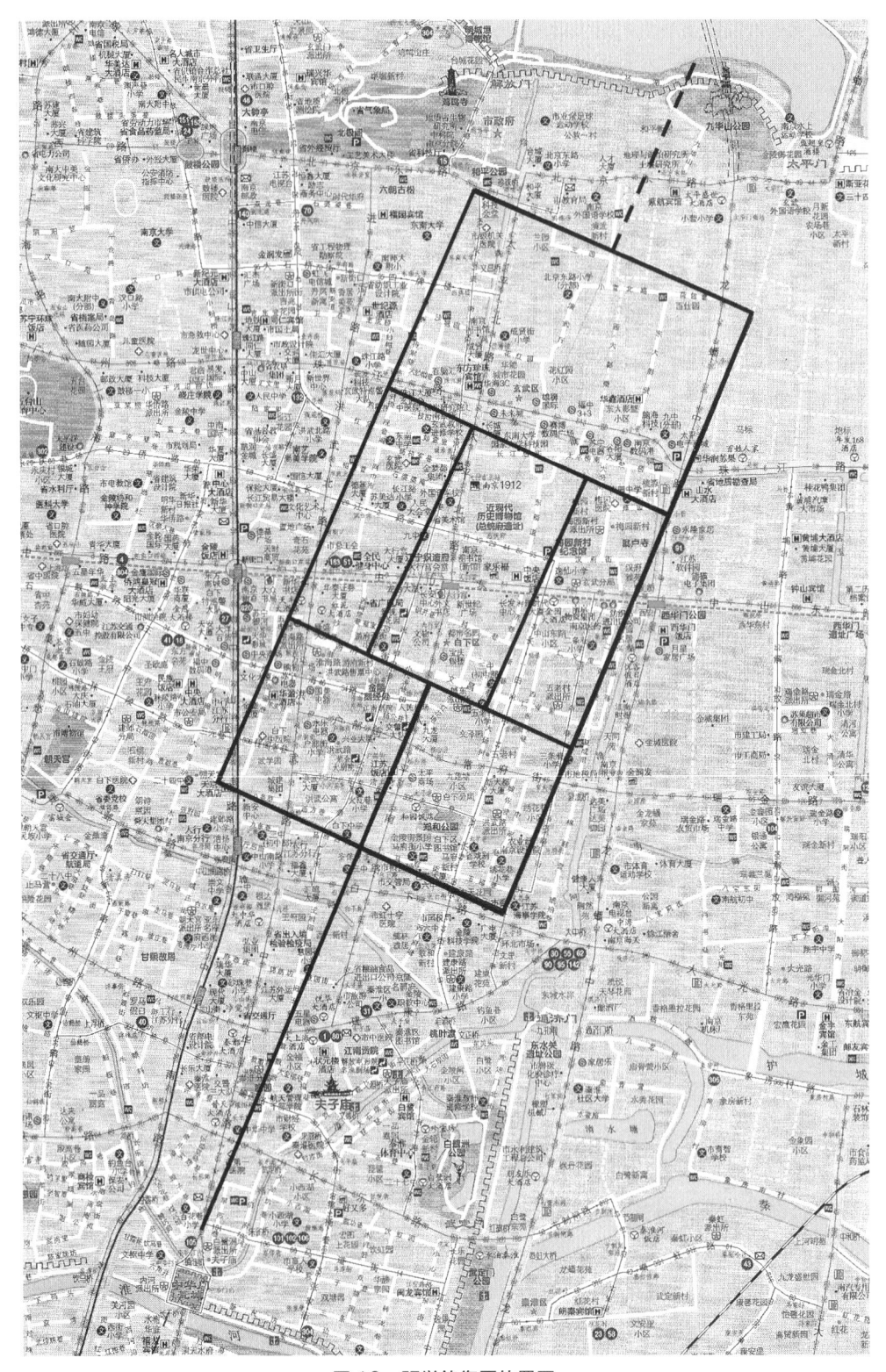

図10　張学鋒復原位置図

は宮城北側の外に設置された広大な苑囿（華林園）においてであり、それは曹魏鄴城の宮城西北に設立された銅爵園、北魏洛陽城の北に設置された華林園、隋唐長安城の宮城北に設けられた西内苑の造り方と驚くほど似通っている。これはまさに宮城北辺の防御を重要視する中国中世都城の共通性なのである。孫呉時期の建業城は、太初宮の東北に苑城を設けた。東晋の成帝は新たに都城の整備を計画した際、潮溝の南を宮殿区と設定するとともに、潮溝の北をまた開いて苑囿とし、旧都洛陽をまねて華林園と称した[30]。そしてこれを都城竹垣の範囲内に入れ、もともとわずかにあった住宅を撤去し、その中に皇室専用の邸宅・菜園を設けたが、とくに甚だしいのは聴訟堂等の建物であり、それは言うならば、皇帝が政務を処理する場所でもあった。よって、華林園の機能の性質から言うと、それは宮城の御苑であって、都城牆の範囲に組み込み、宮殿の重要構成部分とすることが、その情理にかなっていたのである。劉宋時期、さらに華林園の北、覆舟山南麓の東晋北郊壇等の施設を撤去して、苑囿を拡充し、楽游苑と命名し、宮苑の範囲を玄武湖畔にまで到達させた。宮城南部の都城区域には、主に各種の政府機構・寺院や一部の大型住宅が集中した。この区域は北魏洛陽の銅駝街両側に相当する。また、主要な居民区と商業区は都城牆の外に集中していた。これらはみな中古時期の都城の共通した特徴と言える。

　第二、大行宮工事現場で発見された六朝道路は、宮城中に位置する南北に走る主要道路であり、この道路は宮城南門大司馬門外の御道と連接していたはずである。報道によれば、大行宮工事現場北端の東西両側で道路と垂直する版築牆の遺跡が見つかり、版築牆の南側には壕溝や木製の橋脚があり、東端の版築牆が北に延びる形跡も見つかっている。版築牆の傾斜角度、門道の遺跡があるかどうか等々、まだなおはっきりしていないが、以上の推論を踏まえれば、この版築牆はおそらく宮城内部の隔壁もしくは宮殿建築の土台であったと考えられる。

　第三、基本的に東西に流れる潮溝は、『建康実録』等の文献中ではひとしく建康の「北塹」とされている。筆者の復原図からは、今日、珠江路の南を沿って東西に流れる水路が間違いなく潮溝であり、東端が現竺橋附近で青渓と接し、西は運瀆と相通じていて、北に向かって太平北路西側の珍珠河（孫呉時期に開鑿された城北渠）を通って、玄武湖水と通じていた様子を看取し得る。ここで強調しておきたいのは、潮溝はおそらく建康都城全体を含めたうえでの北界であるはずはなく、潮溝の北にはまだ広大な御苑があり、都城二十里十九歩は当然苑囿を内に包括していたことである[31]。南朝蕭梁時代、梁の武帝がしばしば捨身した著名な仏寺の同泰寺は、おそらく潮溝北側の苑囿の中にあったはずである。『建康実録』巻十七に引く『輿地志』は、同泰寺について、「北掖門外の路西に在り、寺南のかた台と隔たり、広莫門内の路西に抵たる。」と言っている。北掖門は建康宮の東北門であり、広莫門は建康都城の北門である。だから、同泰寺を内に包括した苑囿が二十里十九歩の都城牆の中に包含されることについては、まず間違いないのである。2001年11月から2002年1月まで、考古従事者が玄武区政府西側の小貴山地区で大規模な発掘をおこなった。その結果、地表から2mの深さのところで、大量の遺物が

出土した。青瓷盞・盤・碗・盤口壺・鉢等の日常生活用品のほか、大量の筒瓦・板瓦・瓦当等の建築材料が見つかり、その中でも蓮花紋の瓦当はとりわけ精巧で美しいものであった。同時にまた磚積みの正方形の建築物、磚で造られた井戸の内壁、道路等の遺跡も発見された[32]。この遺跡は、あるいは皇帝家の道場たる同泰寺と密接な関係があるかもしれない。さらに、この地点で発見された建築物の牆壁や道路はひとしく西南から東北に走っており、建康城の全体の方角と完全に一致したことは注意に値しよう。

以上の検討は、少ない考古資料に基づきおこなっただけで、都城や宮城の位置の推定も初歩的なものであり、復原位置図の作製もより精密かつ正確な地図でおこなわなかった。ゆえに今回の作業をおこなった目的は、今後の六朝建康城の復原研究のために、新たな構想を提供しておくことにこそある。最近出版された『南京城牆志』の中で、建康城の考古作業を主宰する王志高も「南朝建康都城及台城位置示意図」を提示している[33]。当該図と筆者の位置図との間にはいくらかの差異があるが、これは主に王が二十里十九歩の建康都城をすべて潮溝の南に入れ、覆舟山下の苑囿を都城の範囲に入れていないことを表している。こうした結果をもたらした原因は、我々の間に建康城中軸線の傾斜角度、青渓下流の流れの向き、運瀆の位置そして近頃発見された鄧府巷水路遺跡の性格等の問題について異なった見方をしていることにあると推測される。認識の差異を埋めるには、復原研究をより一層精緻なものにしていくとともに、今後、より多くの考古資料が公表されるのを待たなくてはならない。

5　中国都城発展史上の建康城

六朝建康城の中国都城発展史上の意義について論及する際、必ず蔣少游個人に話が及ぶ。蔣少游は、北魏時代の楽安博昌（現山東博興）の人であり、聡明鋭敏で、絵や彫刻に長け、土木建築方面に天賦の才があった。若い頃に「平斉戸」として平城に徙民されたが、後に孝文帝のおめがねにかない、「平城に於いて、将に太廟・太極殿を営まんとし、少游を遣りて伝に乗せ洛に詣り、魏晋の基址を量準せしめ」られている[34]。南斉永明九年（北魏太和十五年、491年）、蔣少游は、魏使李道固の副使として南斉に遣わされ、建康の宮掖を模写して帰還した。そのため、多くの学者は、北魏洛陽城の宮殿や太廟の配置は建康の宮城を模倣し、さらに北方都市の宮城配置の特徴と結びついて建設されたと考えている[35]。しかし、北魏洛陽城の造営には、蔣少游の派遣により建康城から受けた影響も多少あったであろうが、北魏洛陽城の宮殿や官庁が存する内城部分については、その基本的な構造は旧魏晋洛陽城の姿を残しており、建康城との間の相互関係は不明瞭である。実際のところ、建康城と北魏洛陽城の内城との間の相似性は、どちらがどちらを模倣したというような問題などではなく、中国中世の都城が備えもっている共通性なのである。

東晋の建康城は北から南に向かって苑囿・宮城・都城・工商業居民地区という配置となって

いるが、この配置の淵源はどこにあるのだろうか。これは、非常に意義のある学術上の問題である。現在までの建康城研究にあって、基本的に意見の一致を見ている観点は、例えば、建康城が魏晋都城の旧制を継承し、華夏の流れを伝承して、中華の正統を代表しており、同時代および隋唐都城の建設にプラスの影響を与えたというものである。またその他、この全体的な配置が、我が国における都城配置に特有な風格の先駆けとなり、後世の都城プランに多大な影響を及ぼすことになったというものもある。一つの都城を議論する際、通常その中国古代都城制度史上における継承と発展の問題を考える。中国歴代都城の発展史上の一環と見なせば、前代の伝統を継承していることは言うまでもない。ただもし建康城を含めた魏晋南北朝隋唐都城を当時の大きな歴史環境の中において考察してみると、また一方で、伝統の外の、遙か遠く草原の帝国よりもたらされた文化要素のあることに気がつく。

　戦国中期以後に成立した『考工記』は、中国先秦時期の手工業の技術的発展を記録しまとめた文献である。その中で王城の建設問題について、「匠人 国を営む、方は九里、旁は三門、国中は九経九緯、経涂は九軌、左は祖、右は社、面は朝、後は市たり。」と言っている。すなわち、天子の都は、周囲九里、一辺ごとに三門あり、門ごとに三つの門道がある。城中には南北・東西に走る道路がそれぞれ九本造られ、左側には宗廟が設けられ、右側には社稷壇が置かれた。朝廷は前方にあり、市場は後方に存する、と。すべての都城がみな広々とした平地に新たに設計されることはあり得ないため、いくらかなりか地理環境の影響を受ける可能性がある。だから『考工記』の言う構造は、おそらく現実として、いくらかの理想をも含めた都城の建設技術の総括であったと考えられる。事実、文献に基づいて復原した戦国時代の魯国都城・燕国都城・宋国都城等はみな、かなりの部分で『考工記』の内容と符合している[36]。また、文献の記述と考古資料に依拠して復原した前漢都城長安図からも、都城は渭河の流れの向きの影響を受けて構造規則の方形とはなっていないが、城内の大部分の空間にはそれぞれ異なった名称の宮殿が建ち並んでおり、市場は宮殿区の後方にあって、「旁三門」「左祖右社、面朝後市」といった基本的要素が『考工記』となお一致している様子を見て取れる。このほか、前漢長安城の明らかな特徴の一つに、「多宮制」がある。すなわち、宮殿は都城の各場所に配置され、後世のように宮城の中に集中してはいない。

　最も早くに宮殿を一カ所に集中させ、宮城を建設し、その宮城を都城の北辺に、官庁と居民区を都城の南辺に配置した都城は、曹魏の鄴城である。鄴城は現河北省臨漳県に位置し、曹操の時に造営が始まり、曹氏集団の政治の中心地となった。曹丕が魏王朝を創業した後も、継続して曹魏における政治の中心としての役割を果たしている。実測して復原した鄴城の平面図から見ると、鄴城は厳密な設計のもと建設された都市であったと思われる。鄴城の東西の長さは七里、南北は五里であり、平面は長方形となっている。建春門と金明門の間の大通りは、鄴城唯一の東西に走るそれであり、鄴城を南北二つの区域に分けている。北部の中央は、宮殿区であり、東部は貴戚が居住する戚里、西部は苑城銅爵園である。園内には、武庫・馬屋・倉庫が

置かれ、城の西北部の金虎・銅雀・冰井三台と相連なって、游苑区を形成するとともに、都城の防御区をも構成した。南部は東から西に向かって、長寿里・吉陽里・永平里・思忠里の四大居住区に分かれている。中央には南北に走る大通りがあって、宮城門から中陽門へ通じており、大通りの両側には各級の官庁が置かれている。外郭城内の整然とした里坊は、北方遊牧民族の部落遺制の影響を受けている。

　曹魏のもう一つの都城洛陽は、後に西晋の時にも利用され、魏晋洛陽城と総称されている。魏晋洛陽城が踏襲したのは後漢の洛陽都城であり、その都城の全体的な構造はすぐには変更し難かったが、後漢時期の南宮は魏晋時期には消えてなくなり、宮殿の建築物はすべて後漢時期の北宮の中に集中することになる。そして、宮城と都城北牆の間には広大な苑囿（芳林園、後に斉王曹芳の諱を避け、華林園と改称される）が設けられるとともに、城の西北角には金墉城が増築され、北方の防備が増強される。都城の外にきちんとした外郭城があったかどうかについては、今のところ考古学上の証拠はまだ見つかっていない。東晋の成帝の時に、建設を計画された東晋建康城は、その配置と構造から見て、曹魏鄴城と革新後の魏晋洛陽城の影響を非常に受けている。宮掖は宮城の中に集中し、宮城正門の南に位置する御道の両側には政府官庁が集中しており、宮城と都城北牆の間には広大な苑囿が置かれ、都城周囲には56カ所の籬門で囲みこれを観念上の外郭城とした(37)。このような都城の構造は、後に北魏洛陽都城を拡大改造した時に、発展を遂げることになる。宮城は都城の北部中央にあり、宮城正門から都城正門までの間の銅駝街両側には大小の官庁と仏寺が置かれ、宮城と都城の間は東西に走る横街によって仕切られる。都城の外は、外郭城によって都城の南と東西両側に位置する工商業区と居民区を囲むとともに、区画して整然とした里坊を造った。6・7世紀の隋唐都城長安のプラン設計の際、さらに官庁を宮城南側に集中させ、城牆を修築して皇城を形成する。また工商業区、居民区と仏寺を皇城の南に集中させ、外郭城を形成した。隋唐長安城に至り、曹魏鄴城以来の都城の構造が完成するのである。

　上述した曹魏から隋唐に至る都城の発展過程からは、都城は通常方形ないしは長方形の形をし、辺ごとに三つの城門、そして主要な城門にはみな三つの門道があり、左右にはそれぞれ宗廟と社稷が配されていて、こうした要素は『考工記』の内容と基本的に一致するものではあったが、苑囿・宮城・都城（主に御道両側の官庁区）・工商業および居民区（外郭城）は北から南に走る御道を軸に左右対称に置かれており、こうした構造が斬新な形式であったことに気がつく。それでは、なぜ漢魏の際に、都城の構造にこのような大きな変化が生じたのであろうか。この問題は、中国の歴史文化の発展や変遷と密接に関わっている。

　先秦時代は、中国固有の伝統文化が形成され発展していく段階であるが、『考工記』中の「匠人営国」についての技術総括は、この固有文化が都城構造の面に反映したものであると言える。秦漢の統一国家が形成されて後、中国文化は外に向かって広がり、周辺地区の文化の発展を強烈に促進させる作用を起こした。中国文化からの刺激のもと、周辺の多くの民族が覚醒し始め

る。魏晋時代になり、中国文化の影響を受け徐々に覚醒してきた周辺民族は、中国の国力が衰退した際、まるでゲルマン人がローマに侵攻したように、逆に中国内地に侵入し、それぞれ自身の政権を打ち立てるようになり、中国の歴史は魏晋南北朝の段階に突入していく。そして隋唐帝国は、この歴史の流れの延長線上に位置しているのである。大いなる歴史の発展という視点から見れば、この一連の時代は、中国の「中世」である。中世の歴史文化は、中国固有の伝統文化と、周辺の文化、とりわけ北方草原の遊牧文化および西域のインド文化が相互に融合して生み出された文化と言える。隋唐以後、匈奴・鮮卑・羯・氐・羌はみなその姿を消し、いろいろな文化要素と融合した中国文化は、斬新な姿となって隋唐時代に現れ、中国中世文化の絶頂期をむかえることになるのである。

　構造が斬新であった曹魏鄴城は、このような大きな背景のもと中原の大地に出現したのである。両漢以来の匈奴との関係、後漢末年の曹操と烏丸との戦争、多くの遊牧民族の内地への定住、等々により、草原の居住形式が中原に持ち込まれた。匈奴に代表される草原の屈強な民族の部落形態・政権の性格・生活方式が、彼らの聚落の形式に影響を及ぼしたのである。匈奴の制度によれば、大単于は北の中央にあり、南に向かって左右両翼に分かれ、左賢王・左谷蠡王を第一の左翼として東に置いて上位とし、右賢王・右谷蠡王を第一の右翼として西に配して次位とした。匈奴大単于の王庭における配置の中で、大単于のテントが最も大きく、中央北にある。左翼諸王のテントは東に配され、身分等の上下によって北から南に向かって排列される。右翼諸王のテントは西に置かれ、またこちらも身分等の上下により北から南に排列された。匈奴の後の草原大帝国が農耕地域に進入する前も、おそらくこのようであったであろう。それはたとえ後期に至っても変わらず、満洲族の清朝が入関する前に造営した瀋陽故宮にもまた草原帝国の痕跡が色濃く残されている。瀋陽故宮の西側は、ヌルハチやホンタイジ時代の居所であり、東側の十王亭は、満洲の部族連盟の議政場所である。連盟の首領ヌルハチの龍庭は中央北にあり、南に向かって東西両側に序に順い各旗の亭が造られた。曹魏鄴城と洛陽城・東晋建康城・北魏洛陽城・隋唐長安城のプラン設計には、草原帝国の単于王庭の配置と複雑で入りくんだ関係が存していたのである。

　東晋建康城を含めた魏晋南北朝隋唐の都城は、ややもすれば中国伝統都城のモデルと見なされてきたが、上述の内容から看取し得るように、実際は匈奴や鮮卑等の草原文化の影響を受けつつ発展し、中国中世都城特有の構造を形成したのであった（後世、『考工記』の理念に忠実にプラン設計された都城は、実は元朝の大都、後の明清北京である）。中世都城発展の絶頂にあたる隋唐長安城は、中国の社会と文化が後漢末年からの分裂期とその再生される過程をへたうえに生み出された都城であったのである。そして江南の地にあった東晋建康城は、たとえ中原から遠く離れていても、人々の移動により、また歴史の発展の流れから外れることなく、中世都城発展史上の重要な一部分となっていたのである。

註

(1) 本論は、『蔣贊初先生八秩華誕頌寿紀年論文集』編集委員会編『蔣贊初先生八秩華誕頌寿紀年論文集』学苑出版社、2009年9月、276〜292頁所収の論稿を基礎としており、今回の翻訳発表の機会に、多少の最新資料と旧稿発表以後に得た知見を増補したものである。
(2) 張学鋒「六朝建康城的発掘与復原新思路」『南京暁荘学院学報』2006年2期。
(3) 岡崎文夫「六代帝邑考略」、同『南北朝に於ける社会経済制度』弘文堂、1935年版所収。
(4) 朱偰『金陵古迹図考』商務印書館1936年版、中華書局、2006年再版。
(5) 朱偰『金陵古迹図考』中華書局、2006年再版、100頁。
(6) 盧海鳴『六朝都城』南京出版社、2002年版、84頁、参照。
(7) 楊国慶「明南京城墻設計思想探微」『東南文化』、1999年3期、参照。
(8) 蔣贊初『南京史話』江蘇人民出版社1980年版、南京出版社1995年再版。
(9) 盧海鳴『六朝都城』南京出版社、2002年版、82頁、参照。
(10) 羅宗真『六朝考古』南京大学出版社、1994年版。
(11) 郭黎安の六朝建康城の研究には、「試論六朝時期的建業」『中国古都研究』1輯、浙江人民出版社、1985年版、「魏晋南北朝都城形制試探」『中国古都研究』2輯、浙江人民出版社、1986年版、「六朝建康与軍事重鎮的分布」『中国史研究』1999年4期、等がある。後に集大成し、『六朝建康』香港天馬図書有限公司、2002年版を著した。
(12) 秋山日出雄「南朝都城『建康』の復原序説」『橿原考古学研究所論集』7、1984年、「南朝の古都『建康』」岸俊男編『中国江南の都城遺跡』同朋舎、1985年。
(13) 中村圭爾「建康の『都城』について」唐代史研究会報告第Ⅵ集『中国都市の歴史的研究』刀水書房、1988年。後に、同『六朝江南地域史研究』汲古書院、2006年に再録。
(14) 郭湖生「六朝建康」『建築師』54期、1993年。同「台城考」『中華古都』空間出版社、1997年版。同「台城辯」『文物』1999年5期。
(15) 例えば、曽布川寛・岡田健主編『世界美術大全集 東洋巻3 三国南北朝』小学館、2000年、傅熹年主編『中国古代建築史』第二巻「三国・両晋・南北朝・隋唐・五代建築」中国建築工業出版社、2001年版、等。
(16) 馬伯倫・劉暁梵等編『南京建置志』海天出版社、1994年版。
(17) 李蔚然「六朝建康発展概述」『東南文化』1998年増刊2。
(18) 賀雲翱『六朝瓦当与六朝都城』文物出版社、2005年版。
(19) 民国総統府東側のもと漢府街長距離バスターミナルの工事現場の城牆・城濠の遺跡は、2008年の春と夏に発掘された。これらは、建康宮の東牆遺跡と推測される。南京市文物部門は、現在ここに「六朝建康博物館」を建設する準備をしている。江蘇美術館新館建設工事現場の磚で舗装された道路は2007年に発掘された。二回の発掘で発見された資料は現在に至るまでなお公表されていない。
(20) 盧海鳴『六朝都城』南京出版社、2002年版。
(21) 外村中「六朝建康都城宮城攷」『中国技術史の研究』京都大学人文科学研究所、1998年。
(22) 例えば、愛宕元・富谷至主編『中国の歴史』上冊【古代－中世】昭和堂、2005年。辻正博『魏晋南北朝時代の聴訟と録囚』『法政史研究』55号、2005年。
(23) 王志高・賈維勇「六朝古都 掀起蓋頭」『中国文物報』2004年3月10日第1版、王志高「南京大行宮地区六朝建康都城考古」『2003年中国重要考古発現』文物出版社、2004年版、羅宗真・王志高『六朝文物』南京出版社、2004年版。王志高・賈維勇「南京発現的孫呉釉下彩絵瓷器及相関問題」『文物』2005年5期。

(24) 楊国慶・王志高著『南京城墻志』鳳凰出版社、2008年版、55頁。
(25) 宋、楽史撰・王文楚等点校『太平寰宇記』巻90「江南東道二・昇州」中華書局、2007年版、1774頁。宋、司馬光等撰『資治通鑑』巻162梁紀武帝太清三年胡三省注引。
(26) 唐、道宣撰『集神州三宝感通録』『大正新修大蔵経』第52巻所収。
(27) 唐、許嵩撰・張忱石点校『建康実録』巻7、中華書局、1986年版。
(28) 賀雲翔「六朝『西州城』史迹考」『南京史志』1999年第3期。また、同『六朝瓦当与六朝都城』文物出版社、2005年版。
(29) 『南史』巻2「宋本紀・孝武帝」中華書局、1975年版。
(30) 『景定建康志』巻22「城闕志3・園苑」に、「古華林園在台城内、本呉宮苑也。」とある。盧海鳴『六朝都城』は、この記事により華林園が宮城の中にあったと推定している（212頁）。ただ『景定建康志』の言う「台城」の概念は、今討議している「宮城」とはまったく一致しない、それは広く宮苑を指しているように思われる。華林園の機能と性質から言えば、それは皇帝家の専有物であろうから、そういう意味で言えば、華林園は「台城」の構成部分と見なしてもそれはまた情理にはかなっている。
(31) 潮溝に関しては、多くの意見と復原位置図においては、みなこれを建康都城の北界としているが、そのよりどころとなる基本史料は、『建康実録』巻2、呉大帝赤烏四年条に、「冬十一月、詔鑿東渠、名青渓、通城北塹潮溝。」と見え、許嵩自注に、「潮溝亦城所開、以引江潮。其旧跡在天宝寺後、長寿寺前。東発青渓、西行経都古承明・広莫・大夏等三門外、西極都城牆、対今帰善寺西南角、南出経閶闔・西明等二門、接運瀆、在西州之東南流入秦淮。……其溝東頭、今已湮塞、纔有処所。」とあるところから来ている。潮溝は孫呉時期に開鑿されたが、当時すでに都城の範囲が二十里十九歩であったかどうかは、非常に疑わしい。筆者は基本的に否定の立場をとっていて、二十里十九歩の都城範囲は、東晋成帝以後の概念であると考えている。『実録』の言う「城北塹」の城とは、おそらく当時の苑城を指しており、晋成帝の時、建康宮を修築したがために、「城北塹」と称された潮溝が、建康宮の「北塹」となったのである。許嵩は、注釈の中でまた潮溝の流れが「都古承明・広莫・大夏等三門」をへたと言う。広莫・大夏二門は確かに都城北牆の門ではあるが、承明門は宮城北牆のそれであり、そのうえ広莫門ももとは宮城の北門であり、後に「広莫」の名が都城北門に用いられるようになったのである。だから、許嵩の注釈もまったく疑うことなく利用してはならないようなのである。また例えば、『実録』巻7、注に引く『輿地志』は、都城「正北面用宮城、無別門」と言っており、これは建康都城と宮城とが北牆を共用していたことを意味しているようであり、一部の学者もこれに依拠して建康城を復原し図示している。ただし、事実は、南朝以降、都城北牆に陸続と広莫門・大夏門・延熹門・玄武門が開かれているのであって、これらの史料を運用する際は慎重にならなくてはならない。
(32) 盧海鳴『六朝都城』76頁、参照。
(33) 楊国慶・王志高『南京城墻志』鳳凰出版社、2008年、35頁。
(34) 『魏書』巻91、「術芸伝・蔣少游」中華書局、1974年版。
(35) 楊寛『中国古代都城制度史研究』上海古籍出版社、1993年版、164頁、参照。
(36) 曲英傑『先秦都城復原研究』黒龍江人民出版社、1991年版、参照。
(37) 建康の外郭城に関しては、『太平御覧』巻197に引く南朝『宮苑記』に、「建康籬門、旧南北両岸籬門五十六所、蓋京邑之郊門也。如長安東都門、亦周之郊門。江左初立、並用籬為之、故曰籬門。南籬門在国門西、三橋籬門在今光宅寺側、東籬門本名肇建籬門、在古肇建市之東、北籬門〔在〕今覆舟山東頭玄武湖東南角、今見有亭、名籬門亭、西籬門在石頭城東、護軍府在西籬門外路北、白楊籬門外有石井籬門。」と見え、建康に外郭が存在したことを確認し得る。

第 8 章

日本古代宮都の獄

―― 左右獄制の成立と古代宮都の構造

橋 本 義 則

【キーワード】獄　平安京　左右獄制　中軸線　対称性

はじめに

　日本の古代宮都では、中央官司は宮城の内に置かれるのが原則であった。しかし、一部の官司はその職掌ゆえに宮城の外、京城の内に置かれた。そのような官司には、官司の本司自体が京城内に置かれた場合と、本司は宮城内にあるものの、官司の一部組織が宮城外、京城内に置かれた場合があり、後者は特に「外司」と呼ばれたとされている[1]。これらのうち、本司自体を宮城外に置いていた官司には、平城宮では、大蔵省（平城宮に北接し、松林苑とのあいだに所在）と左右京職（左右京）・東西市司（左右京）・大学寮（左京）・喪儀司（右京）[2]等の諸司があり、さらにこれらの他にも、その職掌などからみて囚獄司や左右衛士府も宮城外に所在した可能性が高い。しかし、平安宮では、これらのうち大蔵省が宮城内に取り込まれ[3]、また喪儀司も大同 3 年（808）兵部省管下の鼓吹司に併合されてしまい[4]、これ以後、京城内に置かれた官司は、左右京職・東西市司・大学寮・囚獄司・左右衛門府[5]（旧左右衛士府[6]）となった（図 1）[7]。

　これら京城内に置かれた諸司の中で囚獄司は、刑部省の被管官司として、刑部省が下した判決に従って徒役の囚人と彼らを収容する獄[8]を管理する官司であった[9]。囚獄司には、職員として四等官である正、佑、大令史・少令史各 1 員と、その現業を支える伴部たる物部 40 人と仕丁である物部丁 20 人が置かれた[10]。囚獄司の職員のうち物部[11]と物部丁[12]の数は、『延喜式』で令制の 40 人・20 人から 10 人・8 人[13]へと大幅に減員されている[14]。このような現業職員の大幅な縮小は、検非違使が成立し、その後京城とその周辺の警察・行刑権を掌握してゆく過程と深く関わると考えられる。また、囚獄司とともに刑部省の被管官司であった贓贖司は、大同 3 年（808）に刑部省に併合され[15]、贓贖司の職掌は基本的には刑部省に移されたが、囚獄司にも一部が継承された[16]。この事態とも関わって囚獄司にはそののち史生 2 人と使部 6 人が置かれる[17]こととなった。このように、囚獄司は現業部門が縮小されていったのに対して、事務部門が強化されていった。

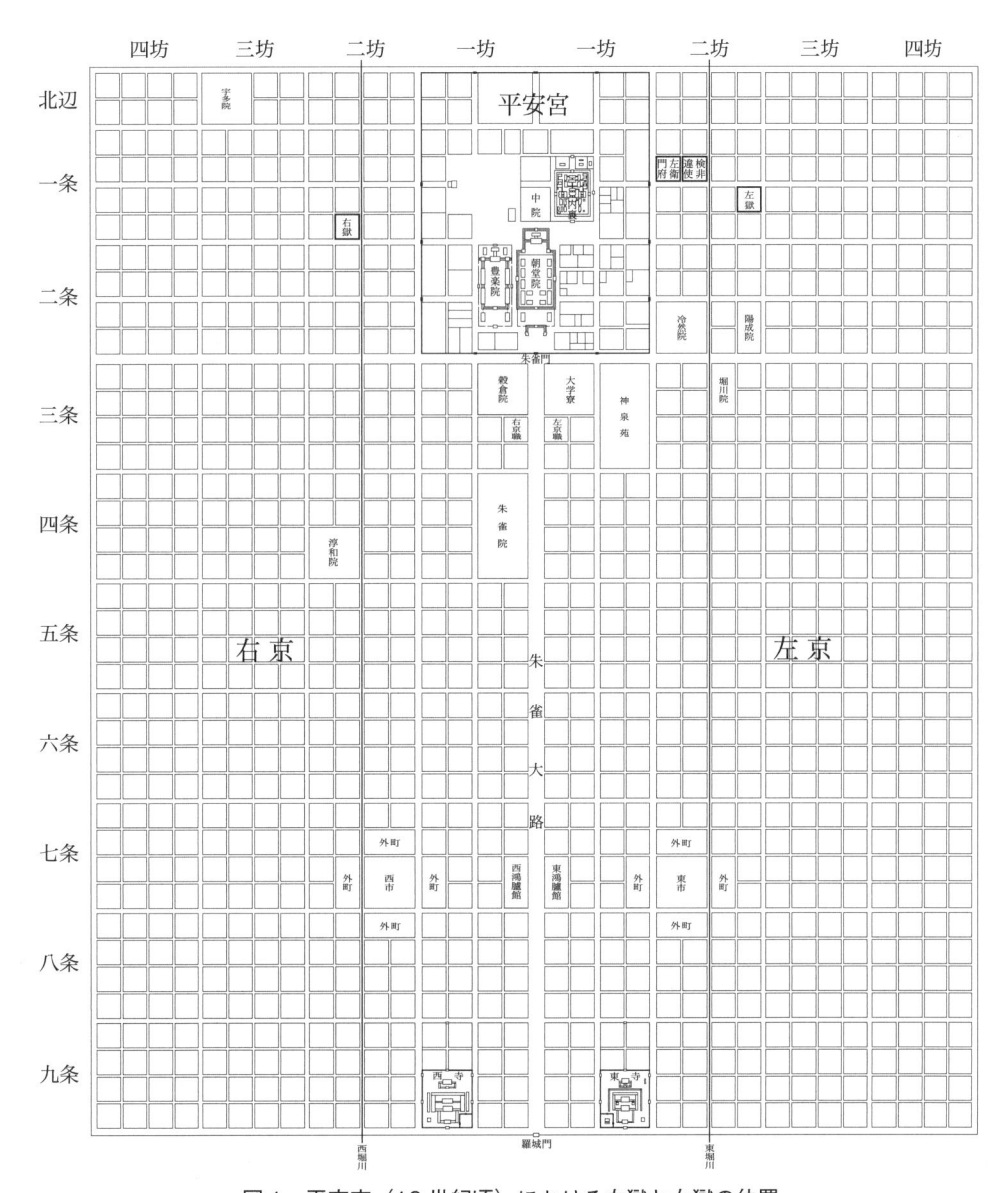

図1　平安京（10世紀頃）における左獄と右獄の位置

　ところで、平安京には左獄（東獄）と右獄（西獄）の両獄があったことを史料に伺うことができる。また、近年作成された平安京の復原図[18]では、左右獄の所在が明記されている（図1）。しかし、九条家本の平安京図や『拾芥抄』などに記された図ではいずれも左獄の所在は明記するが、右獄を全く記していない。すなわち、九条家本では、左獄は左京（東京）一条二坊十四町にあり[19]、同じ二坊の二町には左衛門府、七町には検非違使庁が書かれている[20]。一方、右京（西京）については全く記載がないが、『拾芥抄』では、左衛門町が三条四坊四・五・十二町と二条二坊八町・二条四坊六・七・十・十一・十四・十五町にある。しかし右獄は勿論、右

【表1】平安京内で左右対称に配置された官司・諸施設

	官司・施設	左あるいは東を冠する施設とその所在地	右あるいは西を冠する施設とその所在地
1.	左右京職	左京職＝左京三条一坊三町	右京職＝右京三条一坊三町
2.	東西市	東市＝左京六条二坊三～六町	西市＝右京六条二坊三～六町
3.	東西鴻臚館	東鴻臚館＝左京七条一坊三・四町	西鴻臚館＝右京七条一坊三・四町
4.	東西寺	東寺＝左京九条一坊九～十六町	西寺＝右京九条一坊九～十六町

衛門府・右衛門町さえも記されていない。これは、これらの図が製作された鎌倉時代後半、あるいはその元となった図が成立した院政期頃には、左右衛門府体制は既に崩れ、左衛門府の政庁に置かれた検非違使庁が京中警察の中心となり、獄も検非違使が近くで維持・管理していた左獄のみが残り、右獄は既にその実体を失っていたことによると思われる。

平安京の右獄について、裏松固禅『大内裏図考証』は「古本拾芥抄及校本拾芥抄図、作₋西囚獄₋、都城諸図、西獄、西中御門北、堀河西」としたが、固禅の見た「都城諸図」がいかなるものであるのか明らかでなかった。しかし、上杉和彦は、仁和寺所蔵の「京都古図」によって、右獄が勘解由大路南・西堀川小路西、すなわち右京一条二坊十二町にあった（図1）ことを明確に指摘した[21]。これによって、史料の上では知られていた左右両獄の所在を、ようやく共に知ることができるようになった。

しかし、左獄が左京一条二坊十四町、右獄が右京一条二坊十二町に所在したことが判明したことによって、新たな問題が生じてきた。それは、まず、平安京では職・市・館・寺、そして堀川において中軸線に対して左右対称を強く意識した配置が行われている[22]（表1・図1）が、左獄と右獄は左右対称になっていない点である。また、このように非対称に配置される左右両獄が何故に非対称の形で、何時から存在したのかは、平安京のみならず日本の古代宮都の構造と歴史を考える上で重要な問題である[23]。本論では、これらの問題について基礎的な検討を行うとともに、そこからさらに日本の古代宮都の構造にも考えを及ぼしてみることとしたい。

1 平安京以前の宮都の獄

まず、本章では、平安京の獄を検討する前提として、それ以前の宮都における獄の史料に検討を加えることにしたい。ただ平安京以前の宮都の獄については、必ずしも史料に明らかでなく、獄の存在を明確に指摘し得るのは、平城京と長岡京だけである。

(1) 平城京の獄

平城京の獄に関する史料としては、以下に記す『続日本紀』の二条の記事を、まず挙げることができる。いずれも処分未定の未決囚を「平城獄」に短期間だけ収容した事例で、処分決定

【表２】平安京獄年表（稿）　永承年間まで

年月日	名　称	関与官司	典　拠
延暦１３．１１．２６乙未	獄		日本紀略前篇13
弘仁１０．１１．２９	獄		類聚三代格巻20断罪贖銅事
弘仁１４．１１．２２壬申	囚獄	囚獄	類聚国史173
天長５．１２．１１	獄		類聚三代格巻20断罪贖銅事
承和９．７．１９辛亥	獄		続日本後紀
嘉祥２．閏１２．１０己未	囚獄司	囚獄司	続日本後紀
貞観５．７．２６丙辰	囚獄司、左右	囚獄司	日本三代実録
貞観５．７．２９己未	囚獄司	囚獄司	日本三代実録
貞観６．	獄		政事要略巻95至要雑事学校（善家異記）
貞観７．５．２４甲辰	左衛門獄・獄垣	左衛門府	日本三代実録
貞観１７．６．１５丙寅	獄		日本三代実録
貞観１８．２．	獄所	左衛門府	朝野群載第11廷尉
元慶４．１２．７丙戌	獄（左・右）	左右検非違使	日本三代実録
元慶５．４．２８乙巳	獄		日本三代実録
元慶７．２．２８乙丑	獄		日本三代実録
元慶８．６．２３壬子	獄	（検非違使）	日本三代実録
仁和１．６．２０癸酉	獄	（検非違使）	日本三代実録
仁和２．４．３壬子	獄	獄官	日本三代実録
寛平３．６．２６癸卯	左右獄		日本紀略前篇20
寛平８．７．	左右獄	検非違使	菅家文草巻第9
昌泰１．閏１０．１４庚辰	西獄		日本紀略後篇1・扶桑略記
延喜１３．	獄		九条年中行事七月相撲人入京事・小野宮年中行事七月相撲人入京事
延喜１６．７．３	獄	検非違使	政事要略巻81糺弾雑事21断罪事下
延喜１９．６．３０	左右獄		西宮記巻21臨時己凶事国忌
延喜１９．	獄		九条年中行事七月相撲人入京事・小野宮年中行事七月相撲人入京事

延喜22. 7.		獄		九条年中行事七月相撲人入京事・小野宮年中行事七月相撲人入京事
延長 3. 1.25戊午		左右獄所		貞信公記抄
延長 4. 5.27		左右獄	検非違使	政事要略巻82糺弾雑事22議請減贖事
承平 1. 2. 3辛卯		左獄東町		日本紀略後篇2
承平 1. 3.23		左右獄		貞信公記抄
承平 1. 12.12		獄	検非違使・諸衛	貞信公記抄
天慶 1. 3.10		左右	左衛門府	貞信公記抄
天慶 1. 4.24		左右獄所		貞信公記抄
天慶 2. 7. 9		左右獄所		貞信公記抄
天慶 3. 6. 5		獄門		貞信公記抄
天慶 3. 6. 7		獄所		貞信公記抄
天慶 3. 6.27		東西獄所		貞信公記抄
天慶 8. 4.13		獄		貞信公記抄
天慶 8. 8. 3		左右		貞信公記抄
天暦 1. 2. 3己未		西獄		日本紀略後篇3
天暦 1. 6.22乙亥		左右獄		日本紀略後篇3
天暦 3. 6.23乙未		東西獄		日本紀略後篇3
天暦 4. 11.16		獄		故実叢書本西宮記巻6（裏書）
天徳 2. 4.10辛酉 天徳 2. 4.14乙丑 天徳 2. 4.26丁丑		右獄、獄門		日本紀略後篇4
応和 3. 7.13		獄門	検非違使	政事要略巻61糺弾雑事1検非違使雑事上
康保 3. 閏8.19庚辰		西獄垣		日本紀略後篇4
安和 1. 9.21辛丑 安和 1. 10. 8戊午		獄		日本紀略後篇5
安和 2. 3.25壬寅		獄		日本紀略後篇5
天延 3. 11.14壬午		獄		日本紀略後篇6
永観 1. 8. 1甲申		獄		日本紀略後篇7
寛和 1. 5.20甲子		獄門		日本紀略後篇8

寛和	1.	7.10癸丑	左右獄		日本紀略後篇8
寛和	2.	5. 2	獄所		小記目録10仏事下
永延	2.	5.27	左右囹圄		小右記
永延	2.	6.17壬申	左獄		日本紀略後篇9
永祚	1.	5.13	左右獄		小右記
正暦	3.	12. 2辛酉	東獄門、左右獄		日本紀略後篇9
長徳	2.	6. 7	左右獄	検非違使	小右記
長徳	2.	6.13	東獄		小右記
長徳	2.	6.25	左獄		小右記
長徳	2.	11.12戊寅	獄所		日本紀略後篇10
長徳	3.	5. 5	獄所		平安遺文370（三条家本北山抄裏文書僧慶勢解）
長徳	3.	2.21	右獄		小右記
長保	1.	3.29	左獄所		平安遺文378（三条家本北山抄裏文書雑色錦滋任解）
長保	1.	8.27	獄		平安遺文385（三条家本北山抄裏文書大和国司解）
長徳	4.	10.15庚子	左獄		日本紀略後篇10
寛弘	1.	1.14己亥	獄所		日本紀略後篇11
寛弘	2.	2. 4壬午	獄		御堂関白記
寛弘	2.	3.26甲戌	左右獄		御堂関白記
寛弘	2.	4.26	左右獄	左右衛門府	小右記
寛弘	3.	7.17	左右獄	検非違使	朝野群載巻11勘申
寛弘	6.	7. 6	獄政所		小右記
寛弘	8.	10.24癸亥	左右獄	検非違使	日本紀略後篇12
寛仁	1.	1.23癸亥	獄		日本紀略後篇13
寛仁	2.	6. 4乙未	左右獄		御堂関白記
寛仁	2.	8. 6	獄所		御堂関白記
寛仁	2.	11.10	東西獄		左経記

寛仁	4.	9．14	左右獄所・中獄		小右記
治安	1.	1．4	獄	検非違使	小右記
万寿	1.	3．10丁酉	獄門		日本紀略後篇13
万寿	2.	7．20	獄	検非違使	小右記
万寿	3.	8．26庚戌	獄舎		平安遺文505（九条家本延喜式巻十二裏文書左看督長紀延正等解）
万寿	4.	1．8	獄		日本紀略後篇13
万寿	4.	12．25	右獄	検非違使	小右記
長元	1.	7．23	獄所		左経記
長元	4.	3．25	獄所	検非違使	小右記
長元	4.	8．28	獄所	検非違使	小右記
長元	8.	5．2	西獄		平安遺文528（九条家本延喜式巻三十九裏文書秦吉子解）
長元	8.	6．16	左獄政所		平安遺文529（九条家本延喜式巻三十九裏文書看督長見不注進状）
長元	8.	9．1	獄		平安遺文535（九条家本延喜式巻四裏文書看督長見不注進状）
長元	8.	9．2	獄所		平安遺文544（九条家本延喜式巻三十裏文書佐伯寿命丸解）
長暦	1.	閏 4．14	右獄		行親記
長暦	1.	10．27	獄所		行親記
長暦	3.	2．18	獄	検非違使	扶桑略記
長暦	3.	3．16	獄		扶桑略記
長久	1.	6．10	獄所		春記
長久	2.	3．27	獄		春記
長久	5.	5．25	左、獄		故実叢書本西宮記巻21
永承	2.	11．9	獄（太宰府？）		扶桑略記
永承	2.	12．24	左獄門		故実叢書本西宮記巻21

後ともに配流されている。

　天平13年（741）3月己丑条
　　禁‐外従五位下小野朝臣東人‐、下‐平城獄‐。
　天平14年冬10月癸未条
　　禁‐正四位下塩焼王并女孺四人‐、下‐平城獄‐。

　前者では小野東人を、また後者では塩焼王らを、それぞれ「平城獄」へ下したとある。ここでわざわざ「平城獄」と記しているのは、天平13・14年当時主都が恭仁京にあったため、それと区別する必要があったからであると考えられる。また、両記事が一年半の時を隔てていることを考慮すると、小野東人と塩焼王らをわざわざ主都たる恭仁京の獄でなく「平城獄」に下したのは、謀叛を企てたものを単に天皇の足下から遠ざける措置をとっただけでなく、むしろ遷都当初の天平13年3月は勿論、それから一年半余り経った翌14年10月の段階においても、まだ恭仁京では獄が完成していなかったことを意味するのではないかと思われる(24)。このように主都が恭仁京に移った段階においても、直ちに恭仁京に獄を設けることは容易でなく、新都で獄ができあがるまで、旧都平城京において獄が維持され用いられ続けたと考えられる。この点については、のちに恭仁京の獄について検討するところで今一度触れることとする。

　さて、平城京に主都が置かれていた時期の獄については、さらに『続日本紀』天平3年（731）11月辛酉条が重要である。

　　先レ是、車駕巡‐幸京中‐、道経‐獄辺‐。聞‐囚等悲吟叫呼之声‐、天皇憐愍。遣レ使覆‐審犯状軽重‐。於レ是、降レ恩咸免‐死罪已下‐、并賜‐衣服‐令‐其自新‐。

　これには、「京中」を巡幸した聖武天皇が獄の近辺を通った時に、獄に収容されていた囚人達の「悲吟叫呼之声」を聞いて憐み、死罪以外の者は皆その罪を免じ衣服を賜ったと記されている。奈良時代から平安時代初めの天皇は不定期に京中行幸を行い、京中の状況を自ら把握しようとしており、同様のことは、後述する『続日本後紀』嘉祥2年（849）閏12月己未条にも見える。また、天皇の「京中」巡幸中に「獄辺」を通過したとあることから、平城京では京中に獄が所在していたことを確認できる。

　また、橘奈良麻呂の変について記す『続日本紀』天平勝宝9歳（757）8月庚戌条には、
　　詔、更遣‐中納言藤原朝臣永手等‐、窮‐問東人等‐、款云、---（中略）---。於レ是、追‐被レ告人等‐、隨レ来悉禁著、各置‐別処‐一一勘問。始問‐安宿‐款云、---（中略）---。又問‐黄文・奈良麻呂・古麻呂・多治比犢養等‐、辞雖‐頗異‐、略皆大同。勅使又問‐奈良麻呂‐云、---（中略）---。款云、---（中略）---。又問、---（中略）---。款云、---（中略）---。問、---（中略）---。於レ是、奈良麻呂辞屈而服。又問‐佐伯古比奈‐款云、---（中略）---。於レ是、一皆下レ獄。又分‐遣諸衛‐、掩‐捕逆党‐。更遣‐出雲守従三位百済王敬福・大宰帥正四位下船王等五人‐、率‐諸衛人等‐、防‐衛獄囚‐、拷掠窮問。黄文改‐名多夫礼・道祖改‐名麻度比・大伴古麻呂・多治比犢養・小野東人・

賀茂角足$^{改名乃}_{呂志}$等、並杖下死。安宿王及妻子配_流佐度_。信濃国守佐伯大成・土左国守大伴古慈斐二人、並便流_任国_。其与党人等、或死_獄中_、自外悉依_法配流。又遣_使追召_遠江守多治比国人_勘問、所_款亦同。配_流於伊豆国_。---（後略）---。

とある。橘奈良麻呂の変を未然に防いだ際にとられた尋問について、被告人らは各々別の場所に禁ぜられて勘問を受けた(25)が、最終的に彼らは皆伏し、獄に下された。これによって奈良麻呂らに与するものたちを捕らえに諸衛が分遣されたが、その一方で諸衛人らを率いて既に獄に下されていた囚人たちを守るとともに、自白を得られていない囚人に対して獄で拷掠窮問が行われた。このように獄は取り調べにも当てられた。

そして、『続日本紀』天平宝字7年（763）10月乙亥条には、次のようにある。

　　左兵衛正七位下板振鎌束至$^{(持カ)}_{レ}$自_渤海_。以_擲_人於海_、勘当下_獄。八年之乱、獄囚充満。因其居住移_於近江_。---（後略）---

船師として渤海に行った板持鎌束は、帰路で暴風に遭い、その原因を同船した異国の婦女らに負わせ、彼女たち4人を海に投げ込んだため、帰国後獄に下された。しかし、翌年「八年之乱」、すなわち藤原仲麻呂の乱が勃発したため、多数の人が罪に問われて獄に収監され、獄が囚人で「充満」してしまった。そこで、鎌束は「居住」を獄から近江に移された、とある。板持鎌束が最初に収監された獄は平城京の獄であったと推定されるが、問題は、「八年之乱」で獄が一杯になったことによって、先に収監されていた乱と無関係な囚人の一人である板持鎌束が獄から近江国に移された事実を書くに当たって、まず「居住」を移すと記している点、また、移された先を近江国と記すだけで、獄などと書いていない点にある。さらに、移した先が平城獄から近い山背など畿内諸国でなく、近江国であることも注目される。これらの点は平城京の獄の問題と直接関係しないが、畿内や外国における獄ないしはそれに相当する施設の存否、あるいはそれらがあった場合の存在形態に関して疑問を投げかけることになる。

さらに、『続日本紀』天平宝字7年10月丁酉条には次のように記されている。

　　前監物主典従七位上高田毘登足人之祖父嘗任_美濃国主稲_。属_壬申兵乱_、以_私馬_奉_皇駕_、申_美濃・尾張国_。天武天皇嘉_レ之、賜_封戸_、伝_于子_。至_レ是、坐_レ殺_高田寺僧_、下_レ獄奪_レ封。

高田寺の僧を殺したとして獄に降された高田毘登足人の祖父とは、いうまでもなく壬申の乱の功臣高田首新家のことである。新家はその死去に際して従五位上を贈られるとともに、使も派遣されて弔賻が行われた（『続日本紀』大宝3年7月壬子条）。また、本来、封戸は一代限りであるが、特に新家についてはその功封40戸のうち4分の1に当たる10戸がその子首名に伝えられることとなった（『続日本紀』慶雲元年7月乙巳条）。高田首氏は彼らの他に霊亀を献上した久比麻呂（『続日本紀』和銅8年8月丁丑・霊亀元年9月庚辰条）や、その100年ほどのちに清足（『日本後紀』弘仁2年4月乙亥条）が正史に登場するに過ぎないが、足人を含めていずれも左右京いずれかに本貫をもつ京貫の人であった。また、平安時代初めの『新撰姓氏録』に

は右京諸蕃に高句麗出自の渡来一族として高田氏が見える。これらの史料からみて、高田首氏は基本的に左右京に本貫を有する氏であったと考えられる。問題は足人が下された獄が平城京の獄か、あるいは地方の獄かという点である。この問題を解くには、高田足人によって殺害された僧が属していた高田寺の所在とこの事件の発生地が明らかにならねばならない。高田寺の所在については、今日の奈良県桜井市高田とする考えがあり、その寺跡を同地の小字寺谷の遺跡らしきものに求める見方もあるが、詳細は不明である(26)。従って、高田足人が下された獄は当面不明とせざるを得ないが、先に触れた板持鎌束の近江移住の例や次章で述べるように、古代の地方には組織・施設の点で独立した獄が存在しなかった可能性があること、また彼の前職が監物主典であったことから、高田足人が降された獄は平城京の獄と考えた方がよいと思われる。

(2) 平城京以前の獄――飛鳥・「藤原」京の獄

それでは、平城京以前、「藤原」京や飛鳥において獄は存在したのだろうか、もし存在したのであるなら、それはどのようであったのだろうか。

『日本書紀』持統天皇9年（695）9月戊申条には、

原=放行_獄徒繋_。（在カ）

と、獄に繋がれた囚徒の存在を示す記述が見られる。そして、これと同内容の事実を書いていると考えられる「繋囚」（「繋囚見徒」「軽繋」とも表記）を「赦」すとの記事が、持統天皇2年〜7年にかけて集中して見られる(27)ことから、藤原宮遷居直前の時期、浄御原令制下における囚徒の収容の事実とそのための施設として獄が存在したことを推定できる。しかし、この獄が持統天皇8年遷居後、正式の宮都となる「藤原」京に置かれていたのか、あるいはそれ以前から飛鳥に存在していたものであるのかについては、これらの記事だけで即断するのは難しい。ただ、こののち遅くとも大宝律令の施行と共に囚獄司管下の獄が宮都に置かれたと推定されることからすると、この獄がそれ以前既に「藤原」京内に設けられていて、それを用いた可能性は高いと考えられる。

一方、さらに時期を遡った天武天皇13年（684）閏4月に飛鳥寺の僧であった福楊が獄に入れられ、その直後頸を刺して自殺するという事件が起こった（『日本書紀』天武天皇13年閏4月乙巳・庚戌条）。時はまさに天武天皇が新城を造営しつつ、その居所はまだ飛鳥浄御原宮にあった時期である(28)。飛鳥寺の僧福楊が収監された獄については、飛鳥浄御原宮の周辺、あるいは飛鳥の地に設けられていたものかと思われるが、やはり明瞭でない。しかし、それから2年ほどののちの『日本書紀』朱鳥元年（686）5月是月条に、

勅遣_左右大舎人等_、掃=清諸寺堂塔_。則大=赦天下_。囚獄已空。

と書かれている。この時の天下大赦は、天武天皇の病（『日本書紀』朱鳥元年5月癸亥条、朱鳥元年6月戊寅条）にともなって採られた措置の一つで、その「囚獄已空」なるほど大規模であっ

たことに天皇の病平癒への強い祈願が込められている。この囚獄がのちの囚獄司あるいはその管下にある獄のことであるなら、飛鳥における獄の存在も認めることができる。ただし、当時既にのちの「藤原」京の地で宮都の造営が行われていたから、そこに設けられていた獄を用いたと考えることもできないわけではない。

なお、さらに遡った時期のこととして『日本書紀』仁賢天皇4年5月・敏達天皇13年是歳条や『古事記』中巻応神天皇段に、天皇の宮近くにあったと推測できる獄が見えるが、これらの記事がその時期に獄が天皇の宮近くに存在したことを示していると、そのまま考えることはできない。しかし、『日本書紀』や『古事記』が編纂された時期には宮都に獄が置かれていたことを前提とした記述であるとみることはできる。

以上のように、天武天皇の在位末年頃には飛鳥の地に獄が存在していた可能性が高く、さらに「藤原」京ではその確実性が高まるが、両者の関係やそれらの実態、具体的な設置場所など、詳細については今のところ全く手掛かりはない。

(3) 恭仁京の獄——2通の刑部省解

先に、複都制下の旧都平城京で「平城獄」が維持されていたことを述べたが、新京である恭仁京に獄が設けられることはなかったのであろうか。

正倉院文書のいわゆる天平17年（745）大粮申請文書中には、刑部省とその被管官司である囚獄司の仕丁に対する大粮の支給申請に関する文書2通がある。いずれも刑部省が民部省に対して移を発して大粮を請求したもので、一通は2月20日（『大日本古文書』2－391）、いま一通は4月21日（『大日本古文書』2－418）の作成日付を有する。なお、両文書が作成された天平17年2月と4月の時点は、いずれも主都が甲賀宮にあった時期に当たる。

```
　　刑部省　移民部省
　　合仕丁伍拾肆人 直丁廿七人/廝廿七人
　　　　応▢給米壱拾伍斛陸斗陸升　塩壱斗伍升陸合陸勺　布貳拾漆段
　　　省仕丁一十二人 直丁六人/廝六人
　　　　応▢給米三斛四斗八升 人別日二升 塩三升四合八勺 人別日二勺 布六段 人別一段
　　　囚獄司仕丁冊二人 直丁廿一人/廝廿一人
　　　　応▢給米十二斛一斗八升 人別日二升 塩一斗二升一合八勺 人別日二勺 布廿一段 人別一段
　　　　　並応▢給ニ久尓宮一
　　以前、省并所▢管司仕丁等、来三月廿九箇日料、所▢請如▢件、故移
　　　　　　　　　　　天平十七年二月廿日従七位上行少録韓国連「大村」
　　　従四位下守卿「王」
```

刑部省　移民部省
　　　省并所レ管一司仕丁肆拾壱人〔直丁十九人 廝丁廿二人〕
　　　応レ給米壱拾壱斛貳升　塩壱斗壱升貳勺　布貳拾貳段
　　　　省仕丁一十一人〔直丁五人 廝丁六人〕
　　　　　応レ給米二斛九斗　塩二升九合　布六段
　　　　囚獄司仕丁卅人〔直丁十四人 廝丁十六人〕
　　　　　応レ給米八斛一斗二升　塩八升一合二勺　布一十六段
　　　　　並応レ給二久尓宮一
　　以前、省并所レ管一司仕丁等、来五月廿九日箇日料、応レ給公粮如レ件、故移
　　　　　　　　天平十七年四月廿一日従七位上行少録韓国連「大村」
　　　　　　　　　　　　　　　　　　正七位上守少丞小野朝臣「遠倍」
　　　　　　　　　　　　　　　　　　「勘少録桑原忌寸」
　　　　「□　□一人　　損囚獄司仕丁七人　廝五人〔並逃〕」

　2通いずれにおいても、刑部省と囚獄司の仕丁への大粮の支給地は久尓宮（恭仁宮）と記されている。2通の移を比較すると、支給の対象となる仕丁の数が省・囚獄司ともに2月の移より4月の移の方が減少しており、そのことについて4月の移には奥に「□　□一人　損囚獄司仕丁七人廝五人〔並逃〕」と追記されている。すなわち、囚獄司にあっては12人の仕丁が逃亡したために、支給対象が減少したことが判明する。なぜこれほど多くの仕丁が逃亡する事態となったのであろうか。一方また、2通の移には刑部省のもう一つの被管官司である贓贖司が見えていないのはなぜなのであろうか。これら二つの疑問のうち、後者については、職員令贓贖司条に同司には直丁1人が置かれることを規定しているから、本来は大粮申請の対象となり、刑部省移に贓贖司も書かれていなければならないはずである。これら二つの点について、その事情は明らかでないが、大粮の支給地が久尓宮（恭仁宮）であることから、刑部省も囚獄司も甲賀宮ではなく前の主都である恭仁京に止まっていた可能性が高い。上述したように、恭仁京遷都から間もない天平13・14年ころには「平城獄」があり、それが使われていたと考えられるが、遷都から5年ほどした天平17年（745）にはもはや大粮の支給地が平城京でないことから、「平城獄」は廃されて獄は恭仁京に移され、恭仁京の獄のみとなっていたが、まだ新しい主都甲賀宮に獄は移されていなかったと考えられる。

(4) 長岡京の獄

　長岡京の獄に関する史料には、まず、『続日本紀』延暦4年（785）8月庚寅条がある。
　　中納言従三位大伴宿祢家持死。祖父大納言贈従二位安麻呂、父大納言従二位旅人。家持、
　　天平十七年授二従五位下一、補二宮内少輔一、歴二任内外一。宝亀初、至二従四位下左中弁兼

式部員外大輔｜。十一年拝｜参議｜、歴｜左右大弁｜、尋授｜従三位｜。坐｜氷上川継反事｜、
　　免移｜京外｜。有｜詔宥｜罪、復｜参議春宮大夫｜。以｜本官｜出為｜陸奥按察使｜。居無｜幾拝｜
　　中納言｜、春宮大夫如｜故。死後廿余日、其屍未｜葬。大伴継人・竹良等殺｜種継｜。事発覚
　　下｜獄、案験之。事連｜家持等｜。由｜是追除名。其息永主等並処｜流焉。

　桓武天皇の平城行幸中に惹起した藤原種継暗殺事件に際し、「大伴継人・竹良等殺｜種継｜。
事発覚、下｜獄」と見える。暗殺された藤原種継の薨伝（『続日本紀』延暦4年9月丙辰条）に「宮
室草創、百官未｜就、匠手役夫、日夜兼作」したとあり、また桓武天皇の平城行幸中留守の一
人となった種継が自ら「照｜炬催検」していたように、長岡京の造営が予定より遅れていたと
考えられることから、遷都のごく初期（遷都から十カ月余り後）に長岡京に獄が既に存在した
のかどうか疑問である。しかし、種継暗殺の「首悪」とされた大伴継人らの逮捕と「下｜獄」、
勅使派遣による勘問が天皇の還幸後に矢継ぎ早に行われているところからすると、当時まだ存
在していた可能性のある「平城獄」に下したということは考えがたい。従って、完成していた
かどうかは問題が残るとしても継人らが下された獄は一応長岡京の獄であったと考えておきた
い。なお、平安京でも遷都直後（遷都後2カ月余り）に獄が存在していた可能性を示唆する史
料のある[29]ことが留意される。

　ところで、大江匡房の談話を藤原実兼が筆録したとされる院政期の『江談抄』第2雑事には、
長岡京の獄に関して、次のような注目すべき内容が記されている。

　　音人卿為｜別当｜時長岡獄移｜洛陽｜事
　　被｜談云、匡房仕｜帝王｜至｜納言｜ハ、始祖音人卿為｜検非違使別当｜之時、奉｜為国家｜能
　　致｜忠之故、必仕｜帝王｜也云々。予問云、其由緒如何。被｜答云、音人為｜検非違使別当｜
　　之以前、獄所在｜長岡京｜。件所ニテ獄所極以荒涼囚人動逃去。仍音人改｜立此獄門｜之後、
　　無｜逃刑人｜。還又重恩也。修｜善根｜之人与｜饗饌｜称｜施饗｜、是彼時始也。仍音人最後被
　　｜談ケルハ、我子孫ハ依｜国家致｜忠｜必仕｜帝王｜至｜大位｜ヘキ也。但刑人其罪尤重之者、
　　此依｜囚獄門｜無｜輙逃之者｜。又路次往行之者、動与｜食物｜、依｜別法之目｜不｜能｜輙入｜
　　獄門｜。依｜其報｜定子孫少アラム云々。此事尤理也。仍匡房モ為｜靭負佐｜之時、為｜追
　　其蹤｜、路頭夜行事稠以所｜申置｜也。奉｜為国家｜為｜致｜忠也。仍後三条院御時、全以無｜
　　強盗之聞｜。－－－（後略）－－－。

　大江匡房の始祖大江音人が検非違使別当であったのは、貞観16年（874）3月7日から元慶
元年（877）11月3日に薨去するまで、三年半余りの間である。『江談抄』の「音人為｜検非違使
別当｜之以前、獄所在｜長岡京｜。」との書き様からみて、「音人改｜立此獄門｜」、すなわち「長
岡獄移｜洛陽｜」したのは、音人の別当在任中三年半余りのあいだのことであったと思われる。
従って、長岡京に置かれた獄は、長岡廃都・平安遷都後80年余りに亘って長岡の地に存在し
ていたことになる。しかも、それはただ単に建物や施設が存在したのではなく、「件所ニテ獄
所極以荒涼、囚人動逃去」と、荒廃しながらも囚人を収容し、獄としての機能を果たしていた

のである。これが事実であるなら、なぜ旧都の獄が 80 年余りに亘って維持され、新都平安京から囚人が送り込まれるような状態が続いたのかという疑問が生じるが、残念ながら他にこの事実を記す史料を欠き明らかにできない。

　さて、この説話で問題となるのは、長岡獄の移設先である。『江談抄』は、本文では「音人改=立此獄門_」と書くだけで移設先を明記していないが、事書では「長岡獄移=洛陽_」と明記している。洛陽はいうまでもなく平安京の左京の称である。岸俊男[30]によれば、遅くも 9 世紀中ごろには、平安京を洛陽または長安に比定することが始まるが、いっぽうで 10 世紀初めには左京を東京、右京を西京と呼ぶことも定着し、そののち東都＝洛陽、西京＝長安の知識によって、左京＝洛陽、右京＝長安と固定化され、やがて 10 世紀後半になると、右京＝長安が衰退し、以後平安京はもっぱら左京＝洛陽をもって代表されるに至った、と言う。『江談抄』が記された院政期に、洛陽と言えば平安京全体では無く、岸の言うように既に右京は衰頽し、ほぼ左京のみに限定されていた。ここで注意すべきは、院政期の『江談抄』がそれを 200 年以上も遡る 9 世紀半ば過ぎ頃に行われた獄の移設について述べていることである。すなわち、本説話の洛陽が、平安京が洛陽もしくは長安に比定され始めた 9 世紀半ば頃の知識によるのか、それから 200 年以上を経て『江談抄』が書かれた左京を洛陽とする院政期の考えによるのである。いずれであるにしろ、上記の岸の整理に基づけば、長岡獄の移設先が平安京の左京であったことを示唆していることは留意すべきであろう[31]。

　以上から、平安京以前の宮都、「藤原」・平城・恭仁・長岡の各京及び飛鳥に獄の存在を推定してよいが、残念ながらその具体的な所在地を明らかにできない[32]。ただ、これらの宮都においては左右獄があった平安京と異なり、複数の獄が存在したことを示す史料は全く無く、施設としては一つの獄が存在していただけであると考えられる。

2　平安京の獄

　既に触れたように、平安京には一般に左右両獄があったとされている。例えば、『国史大辞典』の「獄」の項（利光三津夫執筆）には、「平安京に至って獄は、左右両京に各一つずつ設けられた。これを左獄・右獄、あるいは東西獄と称する。」とあり、平安京には造営当初から左右二つの獄が揃っていたと理解できる記述が見られる。一方、法制史家の中には、「平安京における獄舎は、―――（中略）―――、左獄のみである」（瀧川政次郎『日本行刑史』青蛙房、1961 年）との見解や、「京に左獄（堀川の獄）が設けられ」た（重松一義『日本獄制史の研究』吉川弘文館、2005 年）と、左獄が先に設けられたとする記載が明確な根拠を示すことなく行われている。また、『平安京提要』の「左京と右京」（山田邦和執筆）では、「囚獄司は刑部省に属して東西両獄を統括する役所」とする、これまた史料的根拠が不明な記述が見られる。

(1) 左右獄と検非違使

　そこでまず、平安京の獄に関する史料を編年的に整理する（表2）と、獄に左右あるいは東西の別を明記した史料で年代的に最も遡るのは、『日本紀略』寛平3年（891）6月26日癸卯条である。

　　左右獄囚十六人被_放出_。依_旱炎_也。

他の事例からみて、軽犯の囚人を放出したものと考えられる。

　これについで古いのは、菅原道真の詩文集『菅家文草』巻9に収める寛平8年（896）の復奏囚人拘放状である。

　　復_奏囚人拘放_状

　　右、臣某今月十三日謹奉_口勅_云、去十日令_下検非違使別当従三位中納言兼行左衛門督源朝臣勘_中録左右獄繋囚之数_上、十一日録奏既訖。須_朕親到_獄対放遣_。而徳不_及_古、事未_宜_今。汝者朕之近習也。大師也。列見_罪人_、依_実拘放、令_如_朕之所_念者。臣伏奉_勅旨_、十三日早朝、率_従五位上守左少弁源朝臣唱・大外記正六位上多治有友・左大史正六位上大原史氏雄等_、会_集右衛門府_升_殿。于_時左右検非違使佐以下召_列罪人等_、祇_候南門外大路_。臣召_使等_、先令_弁_申所_犯軽重_。使等勘_会日記・過状_一々執申。其犯重、其罪明者、十六人。左十一人、右五人。二人先死、其遺十四人。即加_防援_、各還_本獄_。其犯有_疑、其罪未_定者、四十六人。左二十八人、右十八人。令_下使等計_中列南門之前_上。臣率_弁以下及検非違使等_、著_門中壇上胡床_。即口宣曰、奉_勅、罪人汝等、或被_疑_殺人・傷人・強盗・窃盗_、或被_告_偽印・強奸・投石・放火_。如_是等罪、科法有_限。今如_聞、有司捜_実情_之間、空送_二三年_、獄官尋_証験_之内、縦経_五六月_。須_下雖_累_年序_、雖_積_旬月_、慥定_其犯_、明立_其罪_、任_理出入、随_事拘放_上。然而別有_所_念、直以放免。汝等重有_所_犯、後日曽不_寛宥_者。罪人等共称唯、或伏_地嗚咽、或仰_天嗟歎。勅使府官、道路見聞、不_勝_感泣_、拭_涙而帰。臣某頓首々々、死罪々々、伏録_事状_、謹奏

　　寛平八年七月　　中納言

　復奏囚人拘放状は、菅原道真が宇多天皇の口勅により天皇に代わって、寛平7年（895）7月13日早朝、弁史・外記を率いて右衛門府に会集し、左右検非違使佐以下と左右獄に繋がれた罪人等を集めて、右衛門府の南門とその外にある大路を用いて所謂赦宥儀礼を行い、その結果を天皇に覆奏した奏状である。

　復奏囚人拘放状で、まず注意したいのは、「須_朕親到_獄対放遣_」と書かれているように、天皇自ら獄に赴いて直接赦宥儀礼を行うべきであるとの天皇の認識が示されていることである。獄囚を赦宥する儀礼は、奈良時代以前天皇出御のもと恩赦の対象となる囚人たちを朝庭に集めて行っていた[33]が、大宝元年（701）大宝律令の施行とともにそれをやめ、赦令が出たのちに囚獄司が彼らを直接放免するように改められた[34]。しかし、復奏囚人拘放状によると、大

宝元年以降囚獄司が行うことになっていた囚人の放免は、200年ほどのちの寛平8年（896）には検非違使が行うようになっていたのである。

ここで何より注目すべきは、復奏囚人拘放状に書かれている赦宥儀礼に、全く囚獄司が現れてこない[35]ことである。上記のように、大宝律令施行以降、赦宥儀礼は囚獄司が行うことになっていたことから、囚獄司が全く見えないことは、囚獄司が少なくともそのような儀礼を担当しなくなり、検非違使が代わって赦宥儀礼を行うようになったこと、そしてこの事実はさらに囚獄司による獄の管理自体が行われなくなっていた可能性をも示唆している[36]。さらに、この時、赦宥儀礼に先立ち、10日に天皇が検非違使別当源光に「左右獄中繋囚之数」の勘録を命じ、11日に録奏させていることから、左右獄は既に検非違使の管轄下にあったと考えられる。また、寛平6年に検非違使庁が左右衛門府に定められた（『政事要略』巻61糺弾雑事寛平7年2月21日別当宣）[37]ことによって、この時は右衛門府で赦宥儀礼が行われ、罪人は繋がれていた左右獄から儀礼の場である右衛門府に連れて来られたと考えられる点も注目される。

ところで、赦宥儀礼が行われた右衛門府の所在は、九条家本の平安京図に書かれておらず不明であるが、裏松固禅の『大内裏図考証』には左衛門府に次いで右衛門府が立項され、「古本拾芥抄図、右衛門府（印本作_右兵衛町_、誤写）、近衛南、大宮西一町」と書かれている。これによると、右衛門府は右京一条二坊三町に所在したことになる[38]が、当該地については『大内裏図考証』所引「古本拾芥抄」の「右衛門府」に対して「印本作_右兵衛町_」とあるように、右兵衛町とする異論もあった[39]ようである。ここで注目したいのは、復奏囚人拘放状が赦宥儀礼の行われた場を「南門外大路」と明記していることである。すなわち、右衛門府の南限は大路であった。一方、左衛門府が左京一条二坊二町にあったことは諸書で一致し、間違いない。従って、これら二つの事実から、右衛門府（当初の右衛士府）は左京一条二坊二町にあった左衛門府（当初の左衛士府）と対称の位置、すなわち右京一条二坊二町にあり、『大内裏図考証』が古本拾芥抄に記すとする「近衛南」でなく、「近衛北」に位置したと推定される[40]。これは当然、平安京がその造営当初において、朱雀大路を対称の軸として諸施設を配置した事実と整合する。

次に、左右獄と明記がないものの、赦宥儀礼について記す『日本三代天皇実録』元慶4年（880）12月7日丙戌条は、さらに遡って左右獄の存在を示す可能性が高い。

　　左右検非違使於_左衛門府南門_、出_詔、獄繋囚左百六人（着鈦八十一人・未着鈦廿五人）、右九十四人（着鈦七十九人・未着鈦十五人）、惣二百人、一時放却、賜_銭各卅文。

寛平8年と同様に、左右検非違使はこの時儀礼の場と定められた左衛門府の南門に集まり、獄に繋がれた囚人左右併せて200人を放免している。そこで行われた儀礼もほぼ寛平8年と同じであったと考えられるので、左衛門府に集められた囚人たちに冠せられた「左右」は、左右検非違使の「左右」ではなく、やはり寛平8年と同じ左右獄の「左右」とみてよいであろう。しかし、ここでも囚獄司が全く登場しないことから、寛平8年の状況はさらに元慶4年まで、15年余り遡ることになる。

さらに時を遡って、『日本三代天皇実録』貞観5年（863）7月26丙辰条にも、次のような注目すべき記述がある。

　　　囚獄司着鈦囚人殴=傷防援右兵衛百済豊国‿。于‿時以=左兵衛二人・右兵衛二人‿、為=左
　　　右囚人防援‿。囚人等私発=憤恚‿、遂成=此乱‿。

　左右囚人の防援として、左右兵衛それぞれ2人を付けたが、囚人達は私に怒って乱を起こし、囚獄司の着鈦した囚人が右兵衛の防援を傷つけた、と書かれている。ここでわざわざ右兵衛の防援を殴り傷つけた囚人を「囚獄司着鈦囚人」と記していることが気になる。それは、防援とされた兵衛4人は、左囚人に左兵衛2人、右囚人に右兵衛2人を付けたことを意味し[41]、それゆえに右兵衛を殴って傷つけた「囚獄司着鈦囚人」は右囚人であったのではないか、と考えられるからである。この推測が正鵠を射ているなら、この時既に獄は左右二つがあり、右囚人を収容する右獄が囚獄司の獄で、これに対して左獄は囚獄司以外の官司が着鈦を行った左囚人を収容していたと推測することが可能となる。そして、このような左獄を管轄していた官司として、直ちに想定されるのは当然検非違使である。このように理解した場合、右獄＝囚獄司管下の獄、左獄＝検非違使管下の獄ということになる[42]。

　ところで、次に掲げる『日本三代実録』貞観5年7月29日己未条は、囚獄司と獄との関わりを示す最も時期の降る史料である。

　　　囚獄司着鈦囚卅人脱‿禁逃竄。

　これ以後両者の関わりを明記する史料は『延喜式』巻29囚獄司に収められた諸条文に限られるようになるが、一方、これに対して検非違使管下の獄、左衛門獄[43]を記録したもっとも遡る確実な史料は、『日本三代実録』貞観7年5月24日甲辰条である。

　　　遣=諸衛府官人已下‿、大捜=於東西京‿、先‿是、左衛門獄中着鈦囚六人穿=獄垣‿逃去、
　　　仍以捜索。

　この史料ではまず、着鈦囚6人が「獄垣」に穴を「穿」って脱獄したのであるから、左衛門獄にはそれを繞る垣があり、その垣は穴を「穿」つことができる築地垣であったと考えられる。また、このことから、左衛門獄は空間として独立した施設であったと推定できる。ここで問題となるのは、左衛門獄に対してはたして右衛門獄なる施設があったのかどうか、また左衛門獄に収容されていた「着鈦囚六人」に対して「着鈦」を行ったのが検非違使、囚獄司のいずれであるのかである。先に述べた貞観5年7月26日丙申条に関する理解とも関わらせて考えるなら、左衛門獄に対して右衛門獄はなかったと考えるのが妥当である。そして、検非違使はまだ「着鈦」の権限を有さず、「着鈦」は囚獄司が行い、囚獄司によって「着鈦」された囚人が左衛門獄と囚獄司管下の獄にともに収容されていた可能性がある。

　さて、検非違使が「着鈦」の権限を獲得したのは貞観12年（870）頃かと思われる。大江音人が別当であった貞観16年〜元慶元年まで、三年半のあいだは検非違使の権限の明確化あるいは強化にとって極めて重要な時期[44]で、なによりも貞観17年（875）に左右検非違使式の撰進

が行われたことが重要である。『本朝書籍目録』政要には、

　　　左右検非違使式一巻　貞観十七年四月廿七日、中納言南淵年名等撰進、

と、左右検非違使式撰進の年月日を貞観17年（875）4月27日と記している。左右検非違使式は散逸してその殆どを失っているが、逸文の中には検非違使が既にこの時獄を管理していたことを示唆する史料がある。

　　　検非違式云、－－－（中略）－－－。又条、－－－（中略）－－－。又条云、盗人不レ論二軽重一、停レ移二刑部一、別当直着レ鈦、配二役所一令二駈策一。如官当収レ贖、各依二本法一。自余犯並従二常律一。（『政事要略』巻84告言3、『西宮記』臨時第11成勘文延長7年（929）9月19日太政官符）

　　　検非違使式云、－－－（中略）－－－。又云、盗人不レ論二軽重一、停レ移二刑部省一、別当直着レ鈦、配二役所一令二駈策一。（『政事要略』巻61糺弾雑事天元5年（982）正月25日惟宗允亮答）

　これらの文は、本来同文で同一条であったと思われるが、これらによると、この時、検非違使は確実に「着レ鈦」るの権限を持っていた。今のところ、これより前、何時の時点まで検非違使の着鈦の権限が遡るかは明らかでないが、貞観12年7月20日別当宣[45]によって、検非違使は職務繁多を理由に、強窃二盗・殺害・乱闘・博戯・強姦のみを職掌の対象とすることとなった。これらの措置によって、検非違使は強窃盗に限って量刑権を刑部省から奪い、律令裁判制度の構造（刑部省が量刑権を専有）から独立した裁判システムを検非違使が手に入れた、と理解されている[46]。

　いずれにせよ、平安京の左右獄の存在は元慶4年（880）まで確実に遡ることができ、既にその時には検非違使の管下にあった。そして、さらには貞観5年（863）までその状態が及ぶとの推測も可能となった。しかし、検非違使の獄がいつ頃成立したのかは、残念ながら史料からこれ以上推測することはできない。ただ、従来の研究をまとめつつ前田禎彦が述べたところによれば、「何時の時点かは特定できないものの、使庁の獄舎はもともと強窃盗犯の徒役執行を目的に設けられたと推測できる」[47]、あるいは「検非違使の獄舎は、弘仁9年（818）宣旨が盗犯を「配役所」ことを検非違使に指示したことに由来する」[48]と、論理的には考えられるが、それは貞観5年（863）を遡ること50年に近く、またやはり具体的な年代の措定は現時点ではこれ以上困難である。

(2) 囚獄司管下の獄

　それでは、検非違使が左右獄を管理する以前の獄はどのようであったのだろうか。当然、それは囚獄司の管理下にあった。囚獄司の管下の獄については、『日本紀略』あるいは『類聚国史』の弘仁14年（823）11月壬申条に、

　　　亥刻、巡二大蔵一舎人等呼二失一火於大蔵省一。左右大弁等奔波検校。有レ人レ持二炭火一、挿二

東十四間長殿東面長押﹂。且撲レ火、且出ㇾ物。優婆塞三人・蔵部一人親入盗ㇾ物。即着三縛優婆塞一人﹁、先申云、己等所ㇾ謀。騒動之間、雑衆取ㇾ物。去十月廿日夜失火、亦己等所ㇾ為。至ニ明朝﹁、勅使左右近衛少将推問、或争避、或吐ㇾ実。依ㇾ事未ㇾ尽、優婆塞降ニ非違﹁禁固、蔵部降ニ囚獄﹁着ㇾ鉗。于ㇾ時集ニ大庭﹁五位以上尤勇士人賜ㇾ物。

とあり、この日起こった大蔵放火強盗事件の犯人として、優婆塞が検非違使に降されて禁固されたのに対し、官人である蔵部は「囚獄」すなわち囚獄司に降して鉗を着けたと見える。これによって、囚獄司自身による着鉗の事実と、囚獄司管下の獄の存在が確認できる。なお、ここで気がかりなのは、優婆塞が下された検非違使において彼を禁固した場所である。ここにはそれを明記していないが、先に触れた前田禎彦の指摘にもあるように、弘仁9年宣旨によって盗犯を収監するために造られた検非違使の獄（のちの左衛門獄か）がこれに相当するものであった可能性が考えられる。

次に、囚獄司管下の獄の所在については、先に触れた『続日本後紀』嘉祥2年（849）閏12月10日己未条に、

乗輿巡ニ省京城﹁、以ニ銭米﹁賑ニ給窮者﹁。比ㇾ至ニ囚獄司前﹁、天皇問曰、是為ニ誰家﹁。右大臣藤原良房朝臣奏言、囚獄司。於ㇾ是、殊降ニ恩詔﹁、皆免ニ獄中罪人﹁。群臣欣悦、倶呼ニ万歳﹁。

と見えることから、囚獄司は天皇が巡幸した「京城」＝平安宮外、平安京内にあり、そしてそこに獄も存在したことがわかる。しかし、囚獄司の京内での所在は判然としない。先にも触れたように、九条家本の左京図には既に囚獄司の記載は無く、左京一条二坊十四町の東北4分の1町を朱で方形に囲い「獄左或」と書き込むが、『拾芥抄』では当該地1町を「左獄」と明記する。これらに対して『大内裏図考証』は、左京一条二坊十四町に囚獄司があったとし、「都城諸図、囚獄司、近衛南、西洞院西一町」と記す。同書が引く「古本拾芥抄」には十四町を「囚獄」とし、その東北4分の1町弱を方格で囲み「獄」と記すが、校本拾芥抄では十四町の1町を「左獄」、その東北4分の1町足らずを方格で囲むだけで齟齬がみられる。本論では既に記したように、右獄＝西獄が囚獄司管下の、本来律令制下の獄であったと推測した。従って、獄を管理する囚獄司も右獄の近くに所在したと考える。

なお、時期はこれと相前後するが、既に指摘したように、囚獄司は、大同3年（808）の贓贖司の刑部省への併合によって、刑部省と共に贓贖物の徴納、出納に関わることになった。貞観式にはその職掌について規定があり[49]、さらにこの条文はそのまま『延喜式』巻29囚獄司に引き継がれた。この新しい職掌の追加によって、それらの物を収めるために囚獄司には倉が設けられるようになったと考えられる。これ以後、贖物は囚獄司に収納されるようになったが、その後、囚獄司の官舎は顚倒して年久しく無実のままであり、また囚獄司に代わって贖物を収納すべき刑部省も庁から門屋に至るまで顚倒し、四面が外に形をあらわすほどになってしまい、とうとう天暦4年（950）には刑部・囚獄両省司に代わって検非違使に贖物が収められることに

なった(50)。

3　日本古代宮都の獄と唐長安・洛陽城の獄

　それでは、古代日本の律令制がその範として採り入れたであろう唐の制度では、獄はどのようになっていたのであろうか。ここでは、特に獄の所在地と機能の分担を問題としたい。
　まず、中国における研究(51)によって、唐代の獄（徒刑で服役中の既決囚と現行犯逮捕された未決囚を収容する施設）について整理すると、おおよそ次のようにまとめることができる（表3）。
　①唐代の獄は、大きく中央監獄と地方監獄の二つの系統に分けられる。
　②中央監獄として当初から存在したのは、大理寺所管の大理寺獄である。
　②′貞観年間（627年～649年）の末年に新たに御史台に御史台獄が置かれるようになると、大理寺獄と御史台獄は東西両獄となった(52)。
　②″武則天によって武周の神都とされた洛陽には彼女が置いた監獄として新開獄（麗景門獄）、また御史台所管の獄として洛陽牧院があったが、ともに玄宗の後に廃された。
　②‴この他、中央には後宮である掖庭局に女性（廃后・公主・嬪妃・女官・宮女・朝廷大臣犯罪後牽連の家属）の獄など、特殊な獄があった。

【表3】唐代の獄

種別		所在		監督官署	名称	収監対象	備考
中央監獄	京監獄	大理寺（皇城内、承天門街西）		大理寺	大理寺獄（大理院獄・大理獄）	中央百官の犯罪徒刑以上・金吾衛逮捕にかかる京師不貫属者、京城内の徒刑以上案件	刑部獄（696年廃止）内侍獄・神策獄・北軍獄・黄門獄・掖庭局（女犯の監獄）、神都の新開獄・牧院など、特殊監獄が存在あるいは成立
		御史台（皇城内、承天門街西）		御史台	御史台獄	皇親国戚・朝廷大臣・皇帝詔命案件	
地方監獄		京府	京兆府	大理寺？	京兆獄	二重の性質 ①中央監獄（朝廷犯罪の官員を囚禁） ②地方監獄（地方の罪犯を囚禁）	府尹・県令の管轄によらず、中央政府の直接的監督を受ける
			河南府		河南獄		
		京県	長安県		長安獄		
			万年県		万年獄		
			河南県		河南獄		
			洛陽県		洛陽獄		
	地方監獄	州		州	州獄	地方の罪犯を囚禁	都督府にも監獄を設置
		県		県	県獄		

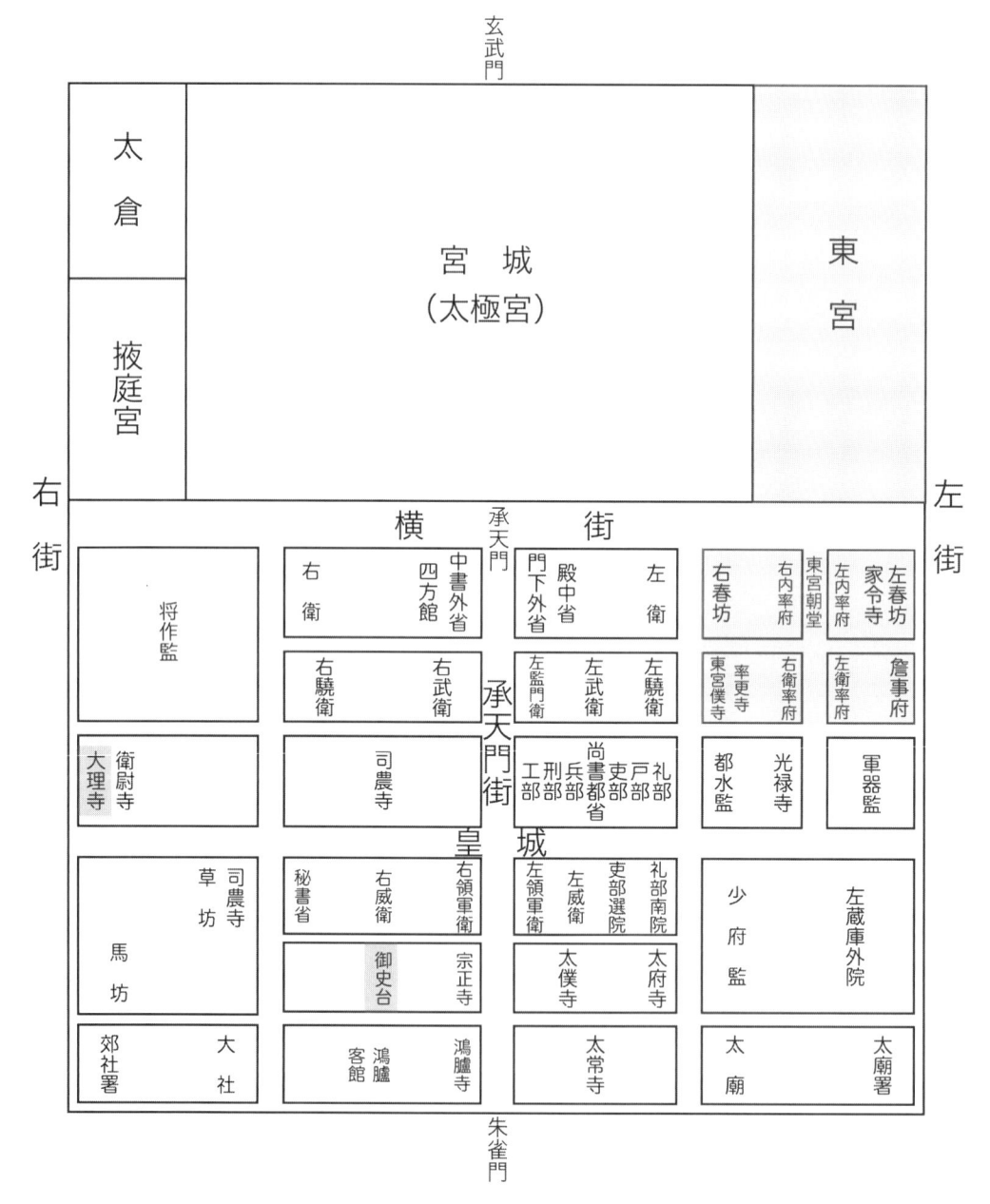

図2　唐長安城における大理寺と御史台の位置

　③地方監獄としては州県に置かれた獄が基本である。その他、都督府などにも獄が置かれた。
　③′州県の獄のうち、長安と洛陽は京城として特殊な扱いをうけ、京兆・河南両府と長安・万年・河南・洛陽の四県には府県の管轄によらず、中央監獄としての性格を併せ持ち、直接中

242　第8章　日本古代宮都の獄

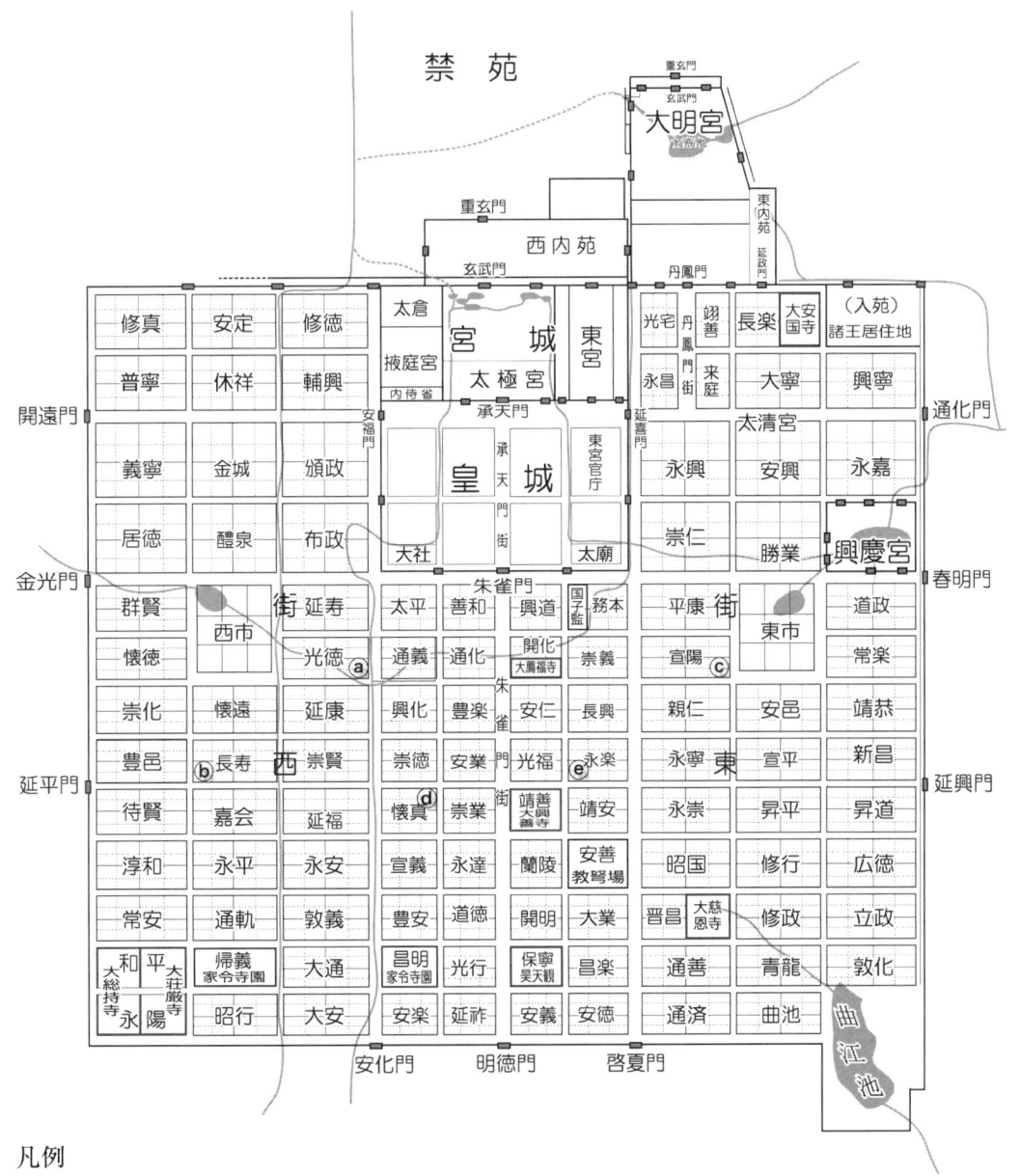

凡例
ⓐ京兆府廨　　ⓑ長安県廨　　ⓒ万年県廨　　ⓓ廃乾封県廨（660年長安県より分置、703年廃止して長安県に併合）　　ⓔ廃明堂県廨（660年万年県より分置、703年廃止して万年県に併合）

図3　唐長安城における京兆府廨と長安・万年両県廨の位置
（妹尾達彦作成の図を簡略化）

央政府の下に置かれた監獄が設けられた。

④中央・地方両監獄の具体的所在について触れた研究はなく、特に中央に存在した監獄のうち、大理寺と御史台の東西両獄は皇城内の各々の官署に置かれたかと推定される（図2）が、長安では京兆獄と長安・万年両県獄、洛陽では河南獄と河南・洛陽両県獄の所在地が明らかでない。

以上が唐代の獄制度の概要であるが、そこからも唐の獄制度では州県獄が比較的単純であるのに対して、中央監獄がかなり複雑であることがわかる。特に、中央官司である大理寺が中央監獄の役割を果たしただけでなく、中央監獄としての獄が京師に所在する府県にも設置されていた点が獄制度を複雑にしている。特に、大理寺は京中の徒囚以上をも収監することになっているから、京師所在の府県は京中の徒囚を収監することがないはずであるが、史料にはこれらすべての獄に徒囚を収容していたことが記されている[53]。

また、京師の府県に設けられた獄が実際何処に設けられていたのかも大きな問題である。京兆府と長安・万年両県の官署の位置は文献史料から明らかである（図3）が、長安・万年両県獄は直接中央政府の下に置かれたのであるから、県獄が県の官署近くに設けられる必然性は必ずしもない。

ただ長安獄の所在を推定させる史料がある。

『旧唐書』巻11 本紀11 代宗

　（大暦十年）九月戊申、廻紇白昼殺人於市。吏捕之、拘於万年獄。其首領赤心持兵入県、却囚而出、斫傷獄吏。

同書巻195 列伝145 廻紇

　大暦十年九月、廻紇白昼刺人於東市。市人執之、拘於万年県。其首領赤心聞之、自鴻臚寺馳入県獄、却囚而出、斫傷獄吏。

これらの史料を総合すると、日中に東市で刺殺事件を起こした廻紇人を市の吏人が捕らえ、万年県獄に拘束したところ、廻紇の首領であった赤心がこれを聞き及び、兵器を持って鴻臚寺から万年県獄に馳せ入り、囚われていた廻紇人を奪い返して県獄を出、獄の官吏を切り裂き傷つけた。東市で事件を起こした廻紇人を万年県獄に拘束したのは、事件の発生場所が東市で、万年県の管轄であるとともに、東市から万年県衙、すなわち県獄が近かった（図3）からであろう。

一方、御史台獄成立後、中央監獄は大理寺獄と御史台獄を東西両獄と称するようになると言われる[54]が、両者はともに皇城内の承天門街西に位置し（図2）、日本の平安京のように都城の中軸線によって獄が東西に振り分けられていない。そして、なにより両者を東西両獄と称するには収監の対象となる囚人に大きな差がある（表3）。

以上のような唐の複雑な中央監獄に対し、日本の律令では唐のような複数の複雑な機能分担をもつ監獄を設けず、中央監獄としては囚獄司の獄を規定するだけである。しかも囚獄司の獄

は、主都のみならず畿内の徒囚を収容する機能をもち、中央監獄としては極めて特殊な監獄であった。獄令犯徒応配居役者条に、

　　凡犯レ徒応レ配⌒居役_者、畿内送⌒京師_、在レ外供⌒当処官役_。其犯レ流応⌒住居作_者、亦准レ此。婦人配⌒縫作及舂_。

とあり、徒囚を使役する場合、「在外」＝外国においてはそれぞれの国で「官役」に使役されたが、畿内諸国は徒囚を京師に送り、そこで使役すると規定されている点が唐と大きく異なる。何故に畿内諸国はわざわざ徒囚を京師に送らねばならないのか、という素朴な疑問が生じる。それは、恐らく徒囚を京師に送り路橋などの修繕に当たらせる（『令集解』巻4職員令囚獄司条刑部省例、『延喜式』巻29役人条）必要があったからであろう。しかし、その場合、当然、京師や外国と違い畿内諸国は路橋などの修繕に徒囚を充てなくても済むと考えられ、獄令に規定されなかったのは何故かという更なる疑問が生まれる。

おわりに

　本論では、平安京の左右獄について基礎的な検討を行ってきた。そこで、明らかにし得た点、ある程度の推定に至った点、さらには今後に残された問題点、それぞれについて平安京以前の宮都における獄を含め、最後にまとめておくこととしたい。

①平安京以前の宮都においては、獄と囚人の管理を主たる職掌とする刑部省被管である囚獄司のもと、獄は京内に一つだけ設けられた。

②囚獄司の獄は唐の中央監獄のうち大理寺を模範として設けられたが、唐のように複数の複雑な関係にある中央監獄は存在せず、囚獄司の獄が唯一の中央監獄であった。また、囚獄司は畿内諸国の徒囚も収監し、彼らを使役して京内の道橋を修繕する役割を果たした。

③平安京では、当初、獄は前代までの設置形態を受け継ぎ、囚獄司の獄だけが京内に設けられるに止まった。

④平安京で左右両獄の制が成立するのは貞観年間頃に降り、左右両獄制の成立には現在のところいくつかの推測が可能である。ここでは、もともとの囚獄司の獄と新たに京内の警察・行刑権を握るに至った検非違使の獄という性格と成立時期を異にする二つの獄に由来すると考え、囚獄司の獄は右獄で、左獄が新しく検非違使の獄から生まれたと推測する[55]。右獄の位置は右京にあり、それは唐において大理寺獄が皇城内承天門街西に設けられた事情と同様に、陰陽の原理に基づき、獄が陰に属する要素であることによったと思われる。

⑤このように、宮都における左右獄制は平安京で初めて成立したのであり、しかもその時期が平安京創建当初でなく、創建から50年以上を経てからであった。当然、創建当初京内で左右対称に配置された左右京職・東西市・東西両寺・東西鴻臚館とは異なり、厳密な左右対称配置が採られることはなかった。

註

(1) 北村優季「平城宮の「外司」――令集解宮衛令開閉門条古記をめぐって」『山形大学史学論集』8 号、1988 年。「外司」は『令集解』巻 24 宮衛令開閉門条古記の文に「民部外司」と見える。古記が依った「別式」に対応した義解の文には「民部廪院」とある。九条家本や陽明文庫本の宮城図によると、民部省の廪院は平安宮の東南部、民部省の東、神祇官の西にあり、明らかに宮城内に位置している。もし「民部外司」と「民部廪院」が同じものを指し、「外司」が宮城外に所在する官司を意味するのであれば、のちに廪院と呼ばれる民部省の施設が京内から宮内へと所在を変えたことになる。しかし、平城宮跡で実施された発掘調査で倉庫群が検出され、それを「民部廪院」に当てる考えもある。もしそうであるなら「民部外司」は当初から宮城内に存在したことになる。従って「外司」は決して宮城「外」に置かれた官司の謂ではなく、むしろ本司「外」と理解して初めて納得できるのではなかろうか。

(2) 西大寺資財流記帳（『寧楽遺文』中巻）縁起坊地。

(3) 大蔵省が平安宮内に取り込まれた時期について、通説では平安遷都当初からと考えられているが、当初からではなく、9 世紀半ば頃であるとする瀧浪貞子「初期平安京の構造――第一次平安京と第二次平安京」『京都市歴史資料館紀要』創刊号、1984 年の考えもある。

(4) 『類聚三代格』所収大同 3 年正月 20 日詔。なお、『日本三代天皇実録』元慶元年（877）7 月 3 日壬寅条に「喪儀倉」が見え、それを守る「守倉人」の存在も確認できるから、喪儀司が管轄していた葬送の具を保管するための施設は喪儀司廃止後も維持されたようである。

(5) 律令制官司ではないが、検非違使もその職掌上京城内に置かれた（図 1）。

(6) 『日本後紀』弘仁 2 年 11 月己未条。

(7) 九条家本の左右京図参照。なお、平安京には、公的な施設として東西鴻臚館・神泉苑などがあった。これらのうち東西鴻臚館は、平城京では「大郡」と呼ばれ、京外に所在していたと推定されるが、平安京ではそれが鴻臚館とよばれ、左右京の対象の位置に東西鴻臚館として置かれるようになった。しかし、承和 6 年（839）には東西鴻臚館のうち、東鴻臚館の敷地 2 町が典薬寮の御薬園の用地として充てられ（『続日本後紀』承和 6 年 8 月辛酉条）、東鴻臚館は廃されたため西鴻臚館だけが右京に所在するようになり、その後貞観 15 年（873）まではこの状態が続いていた（『日本三代天皇実録』貞観 15 年 3 月 28 日壬辰条）。本来、鴻臚館の管理は治部省が担当すると考えられるが、『延喜式』では掃除などを左右京職が行い（巻 42 左京職宮城朱雀等掃除条）、弾正台も臨時に検校する（巻 41 弾正台）とされており、治部省の関与については明らかでない。なお、東鴻臚館廃止後、西鴻臚館の維持・管理は右京職と木工寮が行った（『日本三代天皇実録』貞観 15 年 3 月 28 日壬辰条）ようである。

(8) 囚獄司には、囚人を収容するために獄舎（養老獄令応給衣粮条、『延喜式』巻 29 刑部省医薬条）があり、囚人の男女は別所において禁ぜられた（養老獄令婦人在禁条、なお『小右記』永延 2 年（988）6 月 25 日甲午条には「在_左獄_女」と見える）。囚人は「枷鈦」を付けられていた（養老獄令流徒罪条、『延喜式』巻 29 囚獄司著鈦条）が、座臥具としての「席薦」や「衣粮」が支給され（養老獄令給席薦条・獄令応給衣粮条）、病の時には「医薬救療」も与えられた（養老獄令応給衣粮条・獄令有疾病条、『延喜式』巻 29 刑部省医薬条）。獄舎や獄囚が使役されている場所は弾正台によって非違を巡検され（養老獄令在京繋囚条、『延喜式』巻 41 弾正台）、また毎夜囚獄司が獄舎を巡検した（『延喜式』巻 29 囚獄司巡検条）。

(9) 養老職員令囚獄司条。

(10) 養老職員令囚獄司条。

(11) 物部は「主=当罪人決罰事‐」を職掌とし（職員令囚獄司条）、徒囚が使役される場合、衛士とともにその防援に当る（獄令徒流囚条）ことになっている。『延喜式』巻29囚獄司の諸条によれば、物部は胡桃染の緒を付けた横刀を帯き、当宿官人や物部丁とともに毎夜獄など「禁囚之処」を巡検し、また死刑（剣による斬首刑や綱を使った絞首刑）を執行するなどの職務をもっていた。

(12) 物部丁は『延喜式』巻29囚獄司の諸条によれば、毎夜の巡検や行刑の日などに物部と同一行動を取り、また笞・杖罪の執行に使う笞・杖を毎年十一月に採り備えることになっている。

(13) 『延喜式』巻29囚獄司物部条。なお、『類聚国史』巻107職官天長8年（831）2月乙酉条によれば、この時定額は40人であるが、負名氏の入色人がいないため、他氏から取る道を開いた。

(14) 物部は、本来伴部として40人全員を負名氏から任ずることになっていた（『令集解』巻4職員令囚獄司条古記）が、『延喜式』巻29囚獄司囚獄物部条では10人を負名氏と他氏の白丁を通じて取ることになっている。

(15) 『類聚三代格』所収大同3年正月20日詔。

(16) 『延喜式』巻29刑部省や『政事要略』巻82糺弾雑事所収天暦4年10月13日太政官符所引「貞観式」などによると、贖銅銭は囚獄司に収められ、刑部省とともに出納に当るとされている。

(17) 史生の増員については『日本後紀』大同4年3月己未条、また使部の設置については『延喜式』巻18式部上諸司使部条。

(18) 古代学研究所編『平安京提要』角川書店、1994年、『岩波日本史辞典』1999年など。

(19) 建保4年（1216）左京一条二坊十三町にあった滋野井第が焼失した際に、左獄舎も一緒に焼亡している（『仁和寺日次記』同年正月7日条）。

(20) 九条家本では左京一条二坊十四町の東北4分の1を占めて「獄戒左」、『拾芥抄』の東京図では左京一条二坊十四町に「左獄」と記す。

(21) 上杉和彦「京中獄所の構造と特質」『日本中世法体系成立史論』校倉書房、1996年（初出『都と鄙の中世史』吉川弘文館、1992年）・「獄舎と平安京——十～十三世紀を中心に」『中世を考える 都市の中世』吉川弘文館、1992年。

(22) 橋本義則「平安宮・平安京の構造と変貌——古代都城から中世都市へ——」『文化財』46巻1号、韓国国立文化財研究所、2013年。

(23) 平安時代、平安京の警察・裁判機能を長きにわたって担当・掌握した検非違使に関しては厚い研究史があり、中世に向けて獄に触れた研究は上杉和彦の他にも多数あるが、それ以前の古代の獄に関する研究は皆無である。古代の獄について触れた研究は、わずかに瀧川政次郎『日本行刑史』青蛙房、1964年と重松一義『日本獄制史の研究』吉川弘文館、2005年があるだけである。

(24) 『続日本紀』天平13年3月庚寅条には、「東西両市決レ杖各五十、配=流伊豆三嶋‐」とあり、「平城獄」に移送された小野東人は、それから3日後わざわざ「東西両市」でそれぞれ50ずつ杖を打たれた上で、伊豆国三嶋に配流されている。問題は下獄3日後に決杖された「東西両市」が恭仁京のものか、あるいは平城京のものかにある。遷都から3月足らずの段階で、どれほどの施設が恭仁京において使用可能になっていたのか、また逆に主都でなくなった平城京にこの段階でどれほどの施設が残されていたのか、慎重に検討する必要がある。

(25) この時橘奈良麻呂らが別々に禁ぜられた場所は記されていないが、変乱に際してその首謀者らが禁ぜられ窮問を受けた場所は、多くの場合、宮外に所在する衛府（左右衛士府、のち平安宮では改称後の左右衛門府）である。例外は、神亀6年（729）発生の長屋王の変で、「家内人等禁=着於左右衛士兵衛等府‐」、また大同5年（810）の薬子の変で、藤原仲成は右兵衛府に「繋」がれた。後者は、仲成が右兵衛督であったための例外的措置であろう。前者で、左右兵衛府も「禁着」の場とされているのは、「禁着」の対象が「家内人等」とあり、その数の多さによるものであろう。

(26) 『大和・紀伊寺院神社大事典』平凡社、1997年、高田寺跡の項参照。

(27) 『日本書紀』持統天皇 2 年 6 月戊戌・6 年 2 月乙卯・6 年 4 月庚申・7 年 9 月丙申の各条。
(28) 「藤原」京の造営に関する『日本書紀』の記事の理解については、橋本義則「「藤原京」造営試考――「藤原京」造営史料とその京号に関する再検討――」『研究論集』XI、奈良国立文化財研究所、2000 年、参照。
(29) 『類聚国史』延暦 13 年 11 月乙未条。
(30) 岸俊男「平安京と洛陽・長安」『日本古代宮都の研究』岩波書店、1988 年。
(31) 長岡獄が移された先については、瀧川政次郎註（23）著書も重松一義註（23）著書も、ともに左獄としている。
(32) 後述するように、むしろ平安京で当初に設置された獄が右獄であると推測されることから、平安京以前の獄も右京に置かれた可能性が高いと考える。
(33) 『続日本紀』大宝元年 11 月乙酉条「太政官処分、承前、有_恩赦_罪之日、例率_罪人等_、集_於朝庭_。自_今以後、不_得_更然_。赦令已降、令_所司放_之。」
(34) 佐竹昭「藤原宮の朝庭と赦宥儀礼――古代宮室構造展開の一試論――」『日本歴史』478 号、1988 年。
(35) 『延喜式』巻 29 刑部省・囚獄司では、「告_罪名_」や「行決」あるいは「宣_判良賤_」などの儀礼の時には囚獄司が登場する。
(36) 『延喜式』巻 29 刑部省・囚獄司には、囚獄司による獄囚と獄の管理を前提とした諸条が規定されているが、九条家本ではその殆どの条文の劈頭に弘仁式を意味する「弘」の書入が見られ、『延喜式』が弘仁式を受け継いでいることが分かる。しかし、このことが直ちに、『延喜式』の段階で囚獄司が実際に獄囚や獄の管理を行っていたことを意味しないのは勿論である。むしろ弘仁式の時期あるいはそれ以前における囚獄司による獄囚・獄の管理が事実であるのに対して、『延喜式』はその遺制を記すに止まると理解すべきであろう。
(37) これ以前、貞観 6 年（864）に採られた「検非違使行事停_本府之局_、罷_市司_行」との措置に従って検非違使の政務が市司で行われていた。
(38) 山田邦和は、左衛門町が所在した左京一条三坊一・二・七・八町に「『拾芥抄』がこれを「右衛門府」とするのは誤写であろう」とするが、右衛門府の所在を記してはいない。
(39) 『拾芥抄』では右兵衛町とする。ただし、九条家本の平安京図では右京一条二坊三町は空白となっている。
(40) 因みに右京一条二坊二町は、平安京を描く諸図では全て空白とされている。
(41) ここで今一つ疑問であるのは、防援に宛てられたのが何故に左右兵衛なのかである。獄令徒流囚条によれば、徒流囚を使役する場合、囚人 1 人につき 2 人の防援を充てるが、京では衛士と囚獄司の物部を宛てると規定しているから、この時であれば、左右衛門府衛士が防援に当たると考えるのが最も穏当である。
(42) ただし、次のような別の想定も可能である。まずは貞観 5 年（863）段階において「着鈦」の権限を持っていたのは囚獄司であり、検非違使にはまだその権限がなかったとの理解に立ち、史料をそのまま単純に解して、囚獄司管下の獄に左右獄があり、両獄に収容されている獄囚への着鈦は囚獄司が行ったと考える。この場合、当然貞観 5 年以降に検非違使が左獄を管轄するようになり、やがて左右両獄を管下に置くようになって行くと想定することになる。
(43) 貞観年間における左衛門獄については、『朝野群載』第 11 廷尉所収貞観 18 年 2 月 8 日宣旨が参考となる。
(44) 貞観 16 年（874）、大江音人が別当に任ぜられたのち、同年中に二度に亘り起請が出された（『日本三代天皇実録』貞観 16 年 9 月 14 日己亥条「検非違使起請五条」と同 12 月 26 日庚辰条「検非違使起請二条」）が、特に二度目の「起請二条」が重要である。それには、「検非違使起_請二条_。其一、応_糺_弾近_京之地非違_事。謹案、使等依_旧宣旨_、巡_検京中之非違_。由_是、奸猾之輩、好

城辺之地、避使等巡察。亦触類応弾之事、多在山崎・与渡・大井等津頭。使等即事経過郡辺、目有所見、口不能言。望請、津頭及近京之地在非法、使等有所看着、即便糺弾。其二、応没私鋳銭者田宅資財事。謹案、法条中無可没入私鋳銭財物。而使等先例、或没其舎宅資財。既非法意、亦無宣旨。論之理、誠難遵行。望請処分、将為永例。」とあり、第一条で、検非違使の警察権が京中から山崎・与渡・大井等の津と「近京之地」にまで拡大されている。そして、翌年には左右検非違使式が撰進され、そこには盗犯に対して着鉗・決罰の権限が刑部省（囚獄司）になく検非違使にあることが明記されていた。このように、大江音人が別当であった時期は、特に検非違使が平安京内外における警察・行刑に関する権限を大きく伸張させたのである。

(45) 『政事要略』巻61 糺弾雑事。
(46) 前田禎彦「摂関期裁判制度の形成過程——刑部省・検非違使・法家——」『日本史研究』339号、1990年。
(47) 前田禎彦「平安時代の法と秩序——検非違使庁の役割と意義——」『日本史研究』452号、2000年。
(48) 註（46）前田論文。
(49) 『政事要略』巻82 糺弾雑事所収天暦4年10月13日太政官符に「貞観式偁、凡贖銅銭者、収囚獄司、省相共出納」と貞観式が引用されている。
(50) 『政事要略』巻82 糺弾雑事所収天暦4年10月13日太政官符。これによれば、当時、既に罪人は囚獄司に下されず検非違使に下されるようになっていて、獄とそこに収監される罪人に対する支配・管理の機能を囚獄司が失っていたから、囚獄司の官衙としての衰退は、贖物の収納が囚獄司から検非違使に移り、獄を維持運営するための財源の収納機能をも失うに至っていよいよ決定的となった。このように囚獄司の衰退は明らかに検非違使の機能強化と深く関わっている。
(51) 唐の監獄については、大陸の研究として劉俊文「唐代獄訟制度考析」『紀念陳寅恪先生誕辰百年学術論文集』北京大学出版社、1989年、邵治国「唐代監獄制度述要」『河北師範大学学報』第27巻第6期、2004年（未見）、趙友新「唐代獄政制度研究」西南政法大学碩士学位論文、2006年など、また台湾における研究に蕭艾「長安監獄」『歴史月刊』第16期、1989年、許棠潤「唐代的獄政制度」『中国史学』第31期、1997年（未見）、陳登武「唐代的獄政与監獄管理」『興大人文学報』第36期、2006年などがある。また、中国の監獄史全般については、王利栄『中国監獄史』四川大学出版社、1995年、中国監獄学会『中国歴代監獄大観』法律出版社、2003年、張風仙等編『中国監獄史』群衆出版社、2004年、白煥然『中国古代監獄制度』新華出版社、2007年、楊習梅主編『中国監獄史』中国民主法制出版社、2009年、王志亮主編『中国監獄史』広西師範大学出版社、2009年、万安中主編『中国監獄史』（第二版）中国政法大学出版社、2010年などがあり、また台湾の研究として、李甲孚『中国古代監獄法制史』台湾商務印書館、1984年（未見）があるが、その記述におおむね差は無い。なお、『東洋学文献類目』などを検索したが、日本での研究の中に唐代の獄や獄政に関する専論を見つけることができなかった。
(52) ただし、東獄と西獄が大理寺獄と御史台獄のいずれであるかははっきりしない。因みに、図2のごとく唐長安城の皇城内部での大理寺と御史台の位置は、いずれも承天門街の西に位置し（監獄や監察が陰であるからか）、両者の相対的な位置関係としては御史台が東、大理寺が西にある。
(53) 『旧唐書』巻8 本紀8 玄宗に「（開元十七年）夏四月癸亥、令中書門下分就大理、京兆、萬年、長安等獄疏決囚徒、制天下繋囚死罪減一等、餘並宥之」とある。また、これらの獄には死罪以下の囚人も収容されていたことが、同書巻3 本紀3 太宗下に「（貞観十四年春正月）甲寅、幸魏王泰宅、赦令雍州及長安獄大辟罪已下」とあることから分かる。
(54) 残念ながら、まだ大理寺獄と御史台獄を東西獄と対称的に呼んだ史料を見つけられていない。
(55) また、次のような考え方もありうる。すなわち、左右獄は囚獄司の獄と系譜的な関係を持たず、検

非違使が強窃二盗の犯人を対象とした、徒囚収容のための施設として設けた左右衛門獄に始まり、やがて囚獄司が獄と囚人の管理から贓贖物を管理・出納する官司へと転換し、管下の獄が廃絶して行く中で、京内の獄は左右二つの獄に限定された、と。いずれも同じ史料に基づき、その解釈で何れを採るか意見を異にしており、いずれも容易に確説とは言いがたいが、何れであっても左右獄の成立が検非違使の権力強化の結果であったことは間違いない。

第 9 章

秦・前漢初期「関中」における関(津)・塞についての再考

馬　彪

【キーワード】関中　関(津)　塞　放馬灘秦墓木牘地図　張家山漢簡津関令

はじめに

　関中とは、狭義には現在の中国陝西省秦嶺北麓における渭水盆地（渭河平原ともいう）の咸陽・西安を中心とした渭水流域を指す言葉である。その範囲は、函谷関の西側の地域を指す。地理的に言えば、東は函谷関から西に陳倉に至り、南は秦嶺から北の九嵕山に至る範囲の地域で、図1のように図示することができる。

　その地域について『史記』には、「関中」また「四塞」という言葉で漠然と表現したが、その「関」「塞」とは具体的に何を指したかという問題が残された。それらの問題について後漢時代以降の学者がいろいろの解釈をくわえたが、中国で続出する出土文字史料と考古資料に

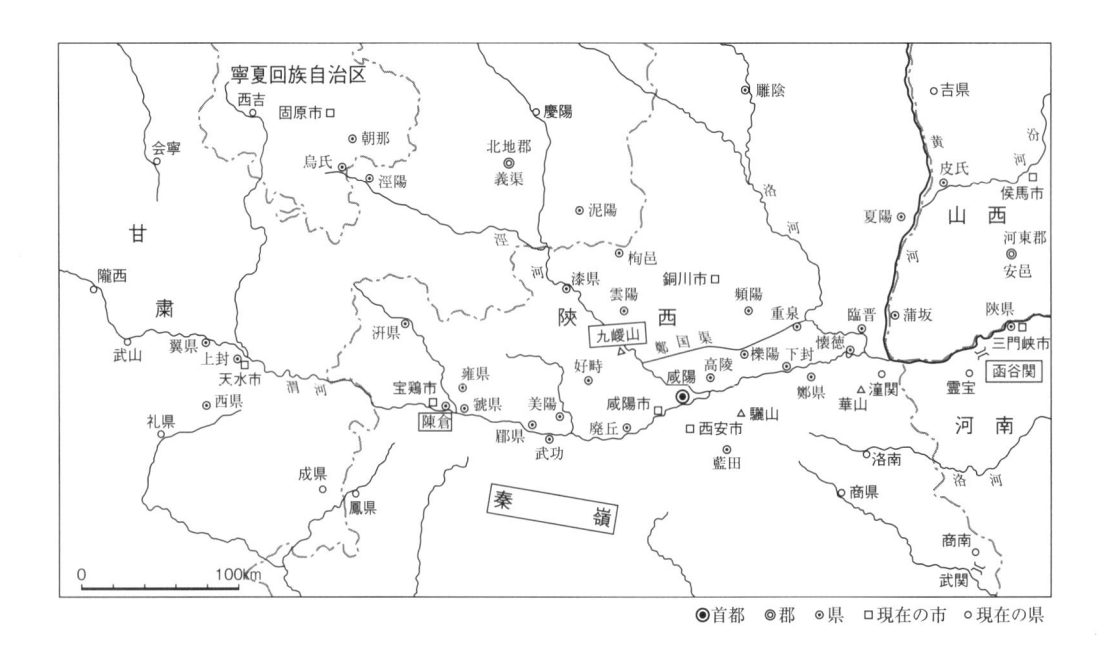

図1　「関中」地理的な範囲：東の函谷関、南の秦嶺、西の陳倉、北の九嵕山

よって補足や訂正の必要があると痛感する。また、譚其驤氏が古典にいう「関中」+「河套地区」の中義の「関中」概念を提出した[1]。近年、漢簡『津関令』より「大関中」という広義の「関中」の概念も提出されている。その範囲は、秦嶺の北に位置する秦地とその南の巴蜀地域とあわせるところとしている[2]が、本論の考察の対象外である。ここでは、先行研究を基に新出土文字史料と考古資料によって秦と前漢初期における狭義と中義の「関中」の関（津）・塞について再考を試みたい。

1　「関中」「四塞」の史料と解釈の問題

「関中」とは、前述したように狭義には現在の中国陝西省秦嶺北麓における渭水盆地（渭河平原）の咸陽・西安を中心とした渭水流域を指す言葉であり、範囲は函谷関の西側の地域を指す。その地域について、『史記』には「関中」また「四塞」という言葉で漠然と表現している。

「関中」という表現の例を挙げてみると、例えば、

「（三十一年）始皇為微行咸陽、與武士四人俱、夜出逢盗蘭池、見窘、武士撃殺盗、関中大索二十日。」（秦始皇本紀）とあるように、「関中」とは、咸陽を中心とする地域を指す概念である。また、

「（三十五年）関中計宮三百、関外四百餘。」（秦始皇本紀）とあり、「関中」とは「関外」に対して使う言葉である。

「於是二世常居禁中、與高決諸事。其後公卿希得朝見、盗賊益多、而関中卒発東撃盗者母已。右丞相去疾、左丞相斯、将軍馮劫進諫曰：『関東群盗並起、秦発兵誅撃、所殺亡甚衆、然猶不止。』とあるが、「関中」とは「関東」に対する使い方もある。

「秦王之心、自以為関中之固、金城千里、子孫帝王萬世之業也」（『史記』に引く『過秦論』）とあり、ここでは関中は難攻不落な地勢を形容している。

「関中」はまた「関内」ともいう。『風俗通義』に「秦時六国未平、将帥皆家関中、故称関内侯」とある。「関西」ともいい、『漢書』蕭何伝には「関中揺足、則関西非陛下有也」とある。さらに、「関右」ともいい、『後漢書』孝献帝紀には「徒以山東擾乱、未能遠赴関右」とある。

『史記』にはまた、「関中」を「四塞」とよぶこともある。その用例を列挙すると、

「（蘇秦）説恵王曰：『秦四塞之国、被山帯渭、東有関河、西有漢中、南有巴蜀、北有代馬、此天府也』」（蘇秦列伝）

「（張儀）乃説楚王曰：『秦地半天下、兵敵四国、被険帯河、四塞以為固。』」（張儀列伝）

「范雎曰：『大王之国、四塞以為固、北有甘泉、谷口、南帯涇、渭、右隴、蜀、左関、阪、奮撃百萬、戦車千乘、利則出攻、不利則入守、此王者之地也』」（范雎列伝）

「人或説項王曰：『関中阻山河四塞、地肥饒、可都以覇』」（項羽本紀）

「秦地被山帯河以為固、四塞之国也」（『史記』に引く『過秦論』）

「且夫秦地被山帯河、四塞以為固、卒然有急、百萬之衆可具也。因秦之故、資甚美膏腴之地、此所謂天府者也。陛下入関而都之、山東雖乱、秦之故地可全而有也」（劉敬列伝）とある。

しかし、上に挙げた『史記』や『過秦論』に示している「関」や「塞」という言葉の使い方は、いずれも漠然と表現したものであり、具体的に何を指したかという問題が残されている。

それゆえに、歴代の学者は「関」や「塞」についてさまざまな解釈を行っている。まとめれば、以下のとおりである。

まず、「関中」の解釈には、代表的な「二関説」と「四関説」がある。

「二関説」とは、漢、趙岐『三輔旧事』に「西以散関為界、東以函谷為界、二関之中謂之関中」とある。「四関説」とは「東函谷、南武関、西散関、北蕭関」（晋・徐広）である。

「四塞」の「険要」という解釈として、『史記正義』に「東有黄河、有函谷、蒲津、龍門、合河等関；南山及武関、嶢關；西有大隴山及隴山関、大震、烏蘭等関。北有黄河南塞：是四塞之国、被山帯渭以為界」がある。解釈の中で、「関」「塞」「津」を取り上げ、「関」や「津」の具体名を出したが、「塞」は「北に、黄河南塞有り」といい、「四塞」は「四塞の国、山に被われ、渭（水）をめぐらして以て界と為す」といって、「山」「黄河」「渭」という国を守る山や川という自然の四方険要であると解釈した。ここで「関」や「塞」と並べて関中における「津」にも言及しているが、津と塞・関との関係についても曖昧的な表現である。

つまり、古来「関中」は「四塞」や諸関と津によって守られることはよく知られているにもかかわらず、秦代「関中」の「関」「塞」「津」の具体像は何かという問題が残されている。幸いに、近年漢初期の『津関令』の竹簡が出土し、直接に秦代のものではなくても、秦から漢初期までの「関中」の「関」「塞」「津」について具体的に検討することが可能になったのは間違いない。

2　張家山漢簡『津関律』にみる「塞界」の具体像

張家山漢簡の『津関律』は、漢初における津関管理についての史料である。その中にいくつもの「塞」「塞界」に関する新史料が見つかった。それによって古典文献における秦漢の「塞」や「関」にかかわる記載の曖昧さを補足できる貴重なものである。例えば、489-490号簡に、

> およそ塞の津・関を闌出入すれば黥城旦舂、塞を越えたら斬左趾し城旦と為す。吏卒の担当者が捕まえられなかったら贖耐、令・丞・令史は罰金四兩。事情を知りながら出入させたり、他人の符・傳を貸し与え、それによってみだりに出入させた者は、與同罪。・・・縣・邑が塞に傳達する。備塞都尉・関吏・官屬・塞を乗る軍の吏卒は、その・・・を・・・。塞の郵・門亭で文書を遞送する者は、符をもって出入することできる。
>
> （諸闌出入塞之津関、黥為城旦舂。越塞、斬左止（趾）為城旦。（中略）假予人符傳、令以闌出入者、縣邑傳塞、及備塞都尉・関吏・官屬・軍吏卒乗塞者□其□□□□□日□□牧

□□塞郵、門亭行書者得以符出入。）

また、494号簡に、

相國・御史は請うに、「関や塞に縁う縣・道の群盗・盗賊及び亡人が関・垣・離（籬）・格・塹・封・刊を越えて塞界を出入し、吏卒の追逐者は出入の服跡にしたがい窮追して捕らえることができる。
（相國・御史請縁関塞縣道群盗・盗賊及亡人越関・垣・離（籬）格・塹・封・刊、出入塞界、吏卒追逐者得隨出入服跡窮追捕。）

　これらの史料によって最も重要なのは、従来文献史料の「塞」という曖昧な表現とは違い、「塞界」構造について具体的に少なくとも、以下の二点がわかったことである。
　第一、「塞の津関」という表現によって「津関」と「塞」のあいだに行政的な上下関係がわかった。すなわち「津関」は「塞」の下に所属して、また「備塞都尉・関吏・官屬・軍吏卒」の並列順によって「関吏」の秩は必ず「塞都尉」より低いことが明白となった。それだけではなく、「越塞」という罪は「斬左止（趾）為城旦」刑にあたり、津関を「闌出入」すれば「黥城旦舂」刑にあたる令によって、「越塞」は「闌関」より罪が重いこともわかった。筆者は漢初の「闌関」とは秦代の「闌入門」罪から変化して、傳・符を偽り、通関する行為であると考えている[3]。
　第二、いわゆる「塞界」とは、「関・垣・離（籬）・格・塹・封・刊」などの要素を含む辺境地帯である。すなわち、当時の辺境地帯は文献記録によくあらわれる山川にしたがう険阻であることより、律令の内容では、関門・墻垣・藩籬・桟閣・堀・封樹・柵欄など具体的な幾つの要素があわさった構造である。先行研究では、494号簡の簡文についての解釈は三つに分けられる。第一には「関・垣離（籬）・格塹・封刊」[4]として、関・藩籬・壕・辺境の目印の樹木などに解釈する。第二には、「越関・垣・離（籬）・格・塹・封・刊」として、関・土塀・垣根・防壁・堀・境界・目印の樹木等と説明する[5]。第三には、「関垣・離（籬）格・塹・封・刊」[6]として、関の垣・藩籬・堀・土塊・木材などとする。第一と第二とも「関」は「塞界」の要素の一つとするが、第三は「関」は「塞界」とは別ものであると考えて、簡文の「『関』は垣離（籬）・格塹・封刊の修飾語である」（「『関』是垣離（籬）・格塹・封刊的定語」）[7]としている。筆者は、「塞界」の内容には「関・垣・離（籬）・格・塹・封・刊」と句読すればよいと思うが、解釈は以下のような考えを提出したい。
　「関」とは辺塞や辺境地帯における重要設施であり、秦・漢時代には「辺関」という呼称もある。『史記』司馬相如伝に、「司馬長卿、便ち西夷を略定す。辺関を除きて、関を益々斥け、西のかた沫・若水に至る。」とある。いわゆる「関津」とは大まかに言えば即ち関隘や関所であり、分析して言えば即ち陸上ならば関であり、水上ならば津である。例えば『唐律疏義』に

みえる「水陸等関」という言葉によると、遅くとも唐時代になると律令の文章でも「津」はまた「関」ともいえる。実は、龍崗秦簡にすでに関門に出入する違法行為を二種類に分て、一つは偽造や借りものの通行証、あるいは通行証が無く不法に通関する者であり、もう一つは関所を避けて関門の水道（瀆）を通過する者である。漢初の『津関令』に至り、前者は「塞の津関に闌出入すれば、黥して城旦舂と為す」（闌出入塞之津関、黥為城旦舂）となり、後者は「塞を越え、左止（趾）を斬り城旦と為す」[8]（越塞、斬左止（趾）為城旦）となる。唐代に至って前者は「私度関者」として、後者は「越度者」と呼ばれる。「私度者」とは「若し公文無く、こっそり関門により過ぎれば、合して徒一年なる（若無公文、私從関門過、合徒一年）」として、「越度者」とは「関を門よりせず、津を濟によらず度たる者ならば、徒一年半となるを謂う。（謂関不由門、津不由濟而度者、徒一年半。）」とする。つまり、「塞界」という地帯には「関」や「津」があり、津・関に禁を設け、通行証がなければ通過ができない。または通行証を偽造することと、関所を通さずこととも違法行為であるが、後者の罪は前者の罪より重いことは間違いない。

　「垣」とは城垣である。『史記』秦始皇本紀に、「河上に城して塞と為す（城河上為塞）」とある。これが「城」は「塞」となる用例である。

　「離（籬）」とは藩籬である。『史記』秦始皇本紀に「乃ち蒙恬を使わし北のかた長城を築き、藩籬を守る（乃使蒙恬北築長城而守藩籬）」とある。睡虎地秦簡『繇律』に「縣葆禁苑・公馬牛苑、興徒以斬（塹）垣離（籬）散及補繕之、輒以效苑吏、苑吏循之」とある。禁苑や馬牛苑と庶民エリアとの間にある境となる「垣」と「離（籬）」がある。

　「格」とは『說文』に「長木ずる貌なり」とあり、枝が伸びてからむことをいう。「閣」と通じ、桟閣の意である。朱駿聲『說文通訓定聲』に「格、仮借して閣と為す（格、仮借為閣）」とある。『開通褒斜道石刻』に「太守丞廣漢楊顯將領用、始作橋格六百二十三間」とあり、『隷釈』巻四『司隷校尉楊君石門頌』に「或解高格、下就平易、行者欣然焉」とある。王念孫『讀書雜誌』漢隷拾遺に「格、即ち桟閣の閣（格、即桟閣之閣）」とある。ここでは河床や峡谷の両岸の間に掛けた桟閣である。『唐律疏義』名例に、「私度、関・桟・垣・籬を越度する者（私度、越度関・桟・垣・籬者）」とある。『唐律疏義』衛禁律には、「水陸の関桟、兩岸皆防禁有り（水陸関桟、兩岸皆有防禁）」とあり、すなわち杜佑『通典』「木柵」條にいう木製の「縣（懸）門」のようなものであろう。

　「塹」とは、『說文』に「阬なり」とあり、壕溝の意味である。『史記』秦本紀に「塹洛。城重泉」とある。

　「封」とは、平らの土地に塹壕を掘り、取った土を盛り、その上に樹を植え、堺とする。『周礼』地官・封人に「封人、掌詔王之社」とある。秦の時「松柏之塞」があり、その「松柏」は樹の「封」であろう。

　「刊」とは、木を削り標誌として作る柵である。『說文』に「刊は剟るなり」とし、木を削る意である。又、「刊」は「栞」の仮借字である。『說文』に「栞は槎識なり」として、すなわち

木を尖形に削り標識とする意。おそらく関所や水門に設けて通行を禁止する柵である。それも「塞界」における重要な一部である。

つまり、「関」「垣」「離（籬）」「格」「塹」「封」「刊」とは各々の意味があり、いずれも容疑者が『関津令』を犯すかどうかの判断材料であり、しかもこれらの要素は互いに代替することができない。すなわち凡そ津門や関門を通らず、「塞界」の「関」「垣」「離（籬）」「格」「塹」「封」「刊」を越えた人なら、みな「越塞」という罪となる。したがっていわゆる「塞界」とは当時の辺境地帯であることがわかった。また、上述したように「越塞」は「闌関」より罪が重いことは間違いない。

以上の考察から、「漢承秦制」の規則によって出土した漢初期の『津関令』を参照し、秦漢時代の「漢中」をめぐる「関」と「塞」についてさらに検討する必要があると思う。

3 「関中」における関（津）の位置と分布

典籍に「関中」の関にかんする史料は少なくないが、その関は一体いくつあったか、具体的な場所や互いの位置関係なども不明である。それらの点について明らかにしたいと考え、ここでは『秦会要』『秦会要訂補』『秦集史』典籍史料と出土した秦牘資料と発掘した考古資料などにより、「秦・前漢初期「関中」における関（津）の位置と分布」を表1にまとめた。

表にまとめた「関中」における諸関の位置・方位・地勢などにより、いくつかの特徴がわかった。

第一に、関中の諸関は東→南→西→北の時計回り順で名前と位置が確認できたのは12関と1津である。

第二に、関は、大体交通要道に位置し、例えば函谷関は「長安古道」の峡谷に位置してから、「函谷関」と名づけた。嶢関は秦嶺南麓の「藍田古道」（2009古桟道遺跡）に位置した。武関は谷の中に位置し、北には山（少習山）、南に谷（今金絲大峡谷）がある。大散関は、秦蜀の道に位置した。

第三に、典籍史料には秦都の北側に関があると一切記載がない（「北蕭関」というのは、実は北西の関である）が、秦直道は咸陽の甘泉宮から北黄河への幹線であり、典籍史料では「石門」の文字があるが、特に関についての記載がない。

1960年代から直道遺跡の調査が行われ、その考古資料により、直道沿線に「石門関」「調令関」「興隆関」という秦代遺跡があることが明らかにされた。つまり、考古学上の発見によってその辺りに、もとは関がいくつもかあったことが判明した。

【表1】秦・前漢初期「関中」における関(津)の位置と分布

出典	地勢	位置	名称	方位*	
『史記』高祖本紀 『漢書』地理志・「過秦論」	西：高原、東：谷、南：秦嶺、北：黄河。 黄河に沿い「長安古道」の峡谷に位置し、故に名を得。	N34.5/E111.5 河南省霊宝市北15km処王垛村	函谷関	東	① 関津
『史記』范雎伝・『漢書』地理志	西：華山山脈の亜武山段、北：黄河、北東：函谷関	34.5/110.6 河南省霊宝市西20km処の鼎湖	湖(胡)関		②
『水経注』丹水 『史記』高祖本紀	丹水の北岸、谷の中に位置し、北には山(少習山)、南に谷 (今金嶺大峡谷)。西には平野、東の関外に山の深谷での道。	33.3/110.8 陝西省商洛市	武関		③
『漢書』高帝紀	覇水の北岸、秦嶺南麓の「藍田古道」 (2009古桟道遺跡)に位置	34.1/109.5 陝西省商洛市商州区の 牧護関周辺	嶢関	南	④
『史記』項羽本紀	大散嶺、和尚原に臨み、秦蜀の道に位置。 終南山の西端、隴首山の東端、清姜河あるる	約34.2/107.1 陝西省宝鶏市の南西26km	(大)散関		⑤
『漢書』地理志 『三秦記』	隴山	約35/106 陝西省隴県の北西	隴関		⑥
『文物』1989.2	燔史谷・侖溪谷などの合・川数くある処天水市・北道区・ 党川郷放馬灘1号墓(始皇帝期)出土木製地図	甘粛省天水市 (34.6/105.7)付近	天水諸関： 燔史関など	西	⑦
『漢書』匈奴伝 『太平寰宇記』 『平涼府志』等	環江東岸の台地、秦長城と蕭関故道の交差点で位置し、 「蕭関在城西北二里。」(『慶陽府志』)と。 「咽峡要武、北面之険也」(『平涼府志』)と。	約36.2/106.3 寧夏・固原県の東南	蕭関(彰関)		⑧
『秦直道考察』	直道の通る石門峰に位置し	約35.1/108.5陝西省咸陽市北の 旬邑県・石門郷	直道の石門関		⑨
『秦直道考察』	子午峰頂点で、直道と東西古道の交差点	約35.7/108.6 陝西省延安市	直道の調令関	北	⑩
『史記』匈奴伝・ 秦始皇本紀 譚其驤『中国歴史地図集』2	「史記正義」に「地理志云湖汶臨方北有連山、 険於長城、其山中断、両峰倶峻、土俗名為高闕也」と。	狼山山脈中段の石盧山口、 趙長城の関	高闕関		⑪
『史記』秦本紀・淮陰侯列伝 『漢書』荆燕呉伝	黄河の西岸、臨晋道に位置	35/110.3 陝西省大茘の東	臨晋関 (蒲津関)		⑫
同上	臨晋関外、臨晋道と黄河の交差点	同上	蒲津(蒲阪津)	東	(1)

*表の「方位」は咸陽(長安)を中心として時計まわりの東→南→西→北

馬 彪　257

【表2】秦・前漢初期「関中」における塞の位置と分布

出典	地勢	位置	名称	方位*	塞
『読史方輿紀要』『漢書補注』	西：高原、南：谷、東：秦嶺、北：黄河。黄河に沿い「長安古道」の峡谷に位置	N34.5/S111.5 河南省霊宝市北15km 処王垜村顧租禹・王先謙に「松柏之塞＝函谷関」とした。	松柏之塞	1	東
『史記』高祖本紀正義	西：潼関、東：函谷関、華山の麓	韋昭：在長安東、名桃林塞。按今華州潼関也	桃林塞	2	東
『史記』六国年表・蘇秦伝	丹水の北岸、秦嶺南麓	33.6/110.3 商山、商州商洛県の南0.5km	商塞（商阪之塞）	3	南
『呂氏春秋』当賞	洵水の東岸、秦嶺の麓	34.1/108.8 杜県（西安の南西）	鄢所之塞	4	南
『文物』1989.2	蟠史谷・侖溪谷などの谷・川が多数処天水市・北道区・党川郷放馬灘1号墓（始皇帝期）出土木製地図	天水市（105.7/34.6）付近	天水諸関之塞	5	南
『史記』秦始皇本紀・高祖本紀・晁錯伝	臨洮～永洮の長城、黄河支流の洮河に沿う	臨洮～永洮（35.4/103.8）付近、今蘭州臨洮	河上塞	6	西
『呂氏春秋』秦本紀 高祖注・鄧商伝『漢志補注』『一統志』	渭水の北岸、六盤山脈	35.7/106.3 烏氏（今甘粛省平涼市）、蕭関の南	焉（烏）氏塞	7	西
『史記』匈奴伝・秦始皇本紀	『史記正義』に「地理志云朔方臨戎県北有連山、険於長城、其山中断、両峰俱峻、土俗名為高闕也。」と	狼山山脈中段の石藍山口、趙長城の塞	高闕塞	8	北
『史記』魏世家・六国年表	今十二連城～包頭山の大青山南麓で魏長城	40.6/110 内蒙古固陽県付近	固陽塞	9	北
『風俗通義』『西征記』	「秦築長城、土紫色、謂之紫塞」	不明	紫塞	10	不明
『史記』張儀伝	不明	上部	上郡塞	11	不明

＊表の「方位」は咸陽（長安）を中心として時計まわりの東→南→西→北

4 「関中」の塞についての再検討

関中における「塞」の位置については、これまでの研究ではあまり重点的には考察を加えていなかった。そこでまずその位置などを「表2 秦・前漢初期「関中」における塞の位置と分布」をまとめておきたい。

この表によって少なくとも以下のことがわかった。

第一に、『津関令』でわかったのは、塞の領域内に必ず関（あるいは津）があることは、表2の統計で同じ結果が見られる。つまり、塞と関はよくペアで存在したことが判明した。例えば、商塞と武関、上郡塞と函谷関、松柏之塞と湖関（合一説もある）、鄭所之塞と嶢関、焉（烏）氏塞と蕭関。

第二に、塞は険要な地勢を利用する。例えば、焉（烏）氏塞の六盤山険要を利用した要塞である。

第三に、「関中」の北部には塞といえそうな史料はみられないことについては、おそらく狭義の関中の北部には旧説のように九嵕山があり、それが天然の要塞となることをみとめる一方で、筆者はまた秦時代から匈奴の侵入を防ぐために秦長城の人為的要塞があったことを考えなければならないと思う。つまり、秦と漢時代とも「北胡」と呼ばれる外患を厳重警備するために「関中」の北部に九嵕山に諸関を設けただけではなく、さらに北の方に秦漢の長城の塞を堅造する、二重の防衛体制を行ったことを無視できないだろう。

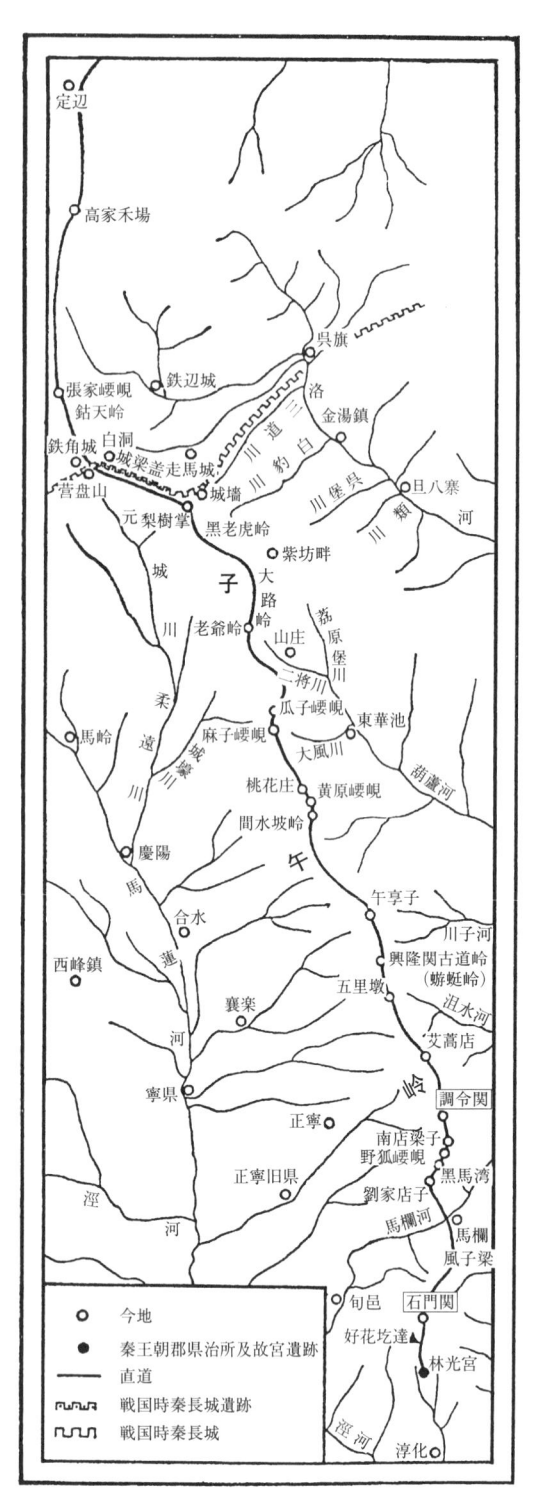

図2　秦直道の石門関・調令関
（史念海：「秦始皇直道遺跡的探索」『文物』1975年10期47頁に基づく）

5　「関中」の関（津）と塞の位置関係

　上述したように秦・前漢初期における関中の周囲に旧説でよく議論してきた「関」と近年来考古発見した「関」が確認できただけではなく、たしかに『津関令』にみられるように関もあれば塞もあることがわかった。しかし、関（津）と塞の位置関係についてさらに検討しなければならないと思う。

　第一に、関と塞との関係について

　古典に関と塞との関係に対する注釈は少なくない。『史記正義』にもいくつの説をまとめている。例えば、韋昭に「在長安東、名桃林塞」とし、『括地志』に「桃林在陝州桃林県、西至潼関、皆為桃林塞地」としたが、張守節案ずるに「桃林塞今華州潼関也」とあり、顔師古に「今桃林南有洪溜澗、古函谷也。其水北流入河、西岸猶有旧関餘跡」とし、「取河華之固為阨塞耳、非桃林」とした。やはり「桃林塞」と函谷関と潼関との関係はよくわからなかった。そのために、先行する研究者はいろいろな検討をくわえた。例えば、厳耕望は古典によって「自此（函谷関）以西至潼関、古称桃林塞。秦置函関於此、蓋正以西有桃林之阻也」(9)という判断をした。今日、「津関令」の出土史料の出現によって「桃林塞」とは「函谷関」や「潼関」を含む「関中」の東部における険要を利用して設けた重要な「塞界」であることがあらためて実証できた。

　同じように考えると「武関」と「商阪之塞」（『史記』蘇秦列伝）との関係もわかるはずであろう。古典には『史記索隠』に「蓋在商洛之間、適秦楚之険塞」とあり、『史記正義』に「商阪即商山也、在商洛県南一里、亦曰楚山、武関在焉」とある。それによって「商阪之塞」というのはやはり「武関」がある「商山（楚山）」に設置する「険塞」であろう。他の「松柏之塞」「鄭所之塞」などは、みな「津関令」にいう「関・垣・離（籬）・格・塹・封・刊」の全部か一部かを含む構造であることが考えられる。

　第二に、津と関との関係について

　表１には名前を確認できたのは「蒲津」しかない。しかし、『津関律』に津は関と並べて位置が確認できるが、なぜ津の名前は殆ど残されないか。

　関と比べるとこの謎が解けるはずである。考えてみると、典籍に関名を載せたのは函谷関・武関など大型の関だけである。仮説であるが、津は川の港また橋であり、北方地域の関中では特に大型である有名な港も少ない。だから残された史料も少ないのではなかろうか。

　もう一つの理由は、津はときに関とも呼ばれることである。例えば、「蒲津」とは「蒲阪関」や「蒲阪津」や「蒲津関」とも呼ぶ(10)。やはり上述したように「関」「津」とも関隘や関所であり、陸上ならば関であり、水上ならば津である。つまり、「関」と呼んでもかならずしも「津」ではないとは言えないと思われる。これも本論で「関（津）」という表現を使う理由である(11)。

　第三に、塞と関（津）上下的行政関係

　上述したように「津関令」に塞界を守備する官吏を「備塞都尉・関吏・官属・軍吏卒乗塞者」

という並べ順で表現している。その「備塞都尉」とはどのような性格を持つかについて、先行研究にもかならず確定した結論(12)がまだ出ていない。しかし、令文の前後順にしたがって塞の責任者の「尉」は関所の「関吏」より位置が高いことと、漢代辺境軍隊における「塞尉」と「士吏」との上下関係（表3）に参照しても、「塞尉」は「関吏」より上の位置を占めることはほぼ間違いないだろう。

　このような「塞尉」と「関吏」との上下関係が確認できれば、もう一つの秦時代における重要な塞・関・津を表記した地図の価値も認めなければならないと考えられる。それは放馬灘秦代木牘地図である(13)。以下のように分析したい。

　天水放馬灘秦墓出土木牘地図２に、山・川・谷・関を描いている。地図には道路標識と距離などがある。地図にいくつの文字があり、整理者によると、「上臨」は地名であり、「苦谷」「楊谷」「相谷」は谷名、「大松」「大橿」「大松利」は林場、「八里」「五里」「卅里」は距離、「燔史閉（関）」は関名である。また、川や谷を横断する小８字マークとは、名前がなく判断しにく

【表3】漢代辺境軍隊における「塞尉」と「士吏」との上下関係
　　［大庭脩編著『木簡』大修館書店 1998 年 97 頁より］

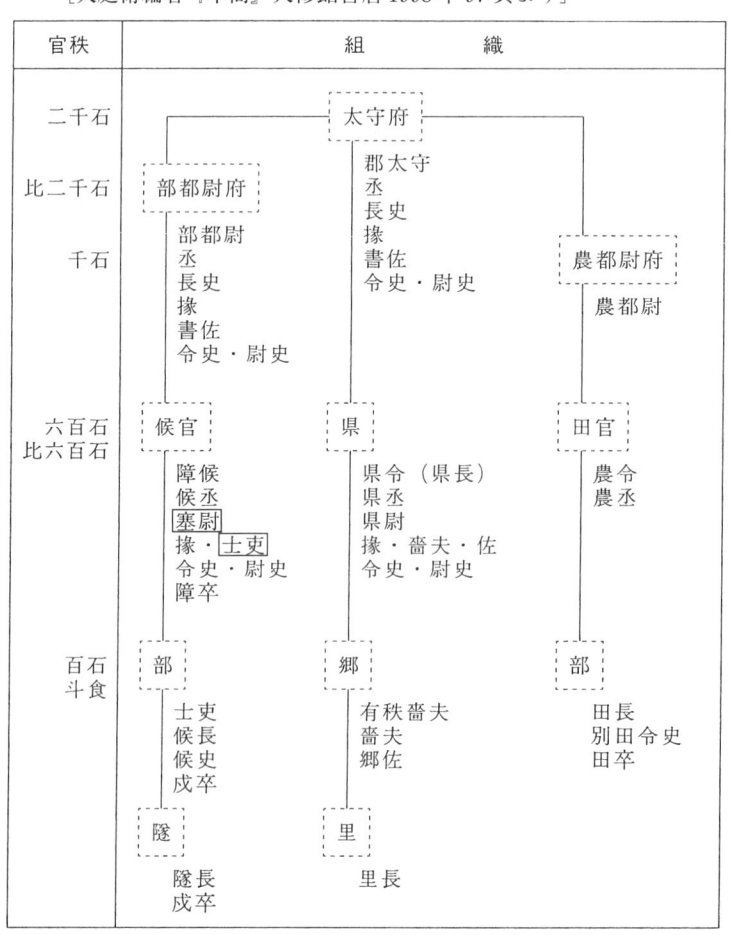

官秩	組　　　織		
二千石		太守府	
比二千石	部都尉府	郡太守 丞 長史 掾	
千石	部都尉 丞 長史 掾 書佐 令史・尉史	書佐 令史・尉史	農都尉府 農都尉
六百石 比六百石	候官 障候 候丞 塞尉 掾・士吏 令史・尉史 障卒	県 県令（県長） 県丞 県尉 掾・嗇夫・佐 令史・尉史	田官 農令 農丞
百石 斗食	部 士吏 候長 候史 戍卒	郷 有秩嗇夫 嗇夫 郷佐	部 田長 別田令史 田卒
	隧 隧長 戍卒	里 里長	

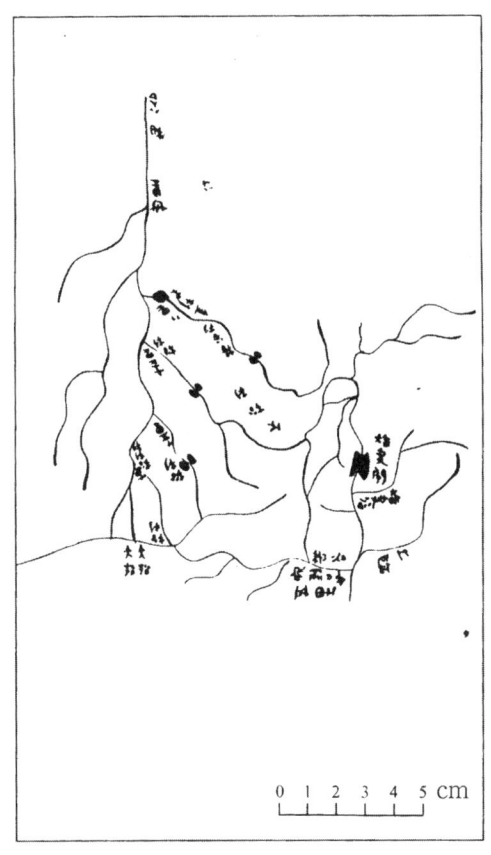

図3　天水放馬灘秦墓出土地図2
（『文物』1989年2期14頁）

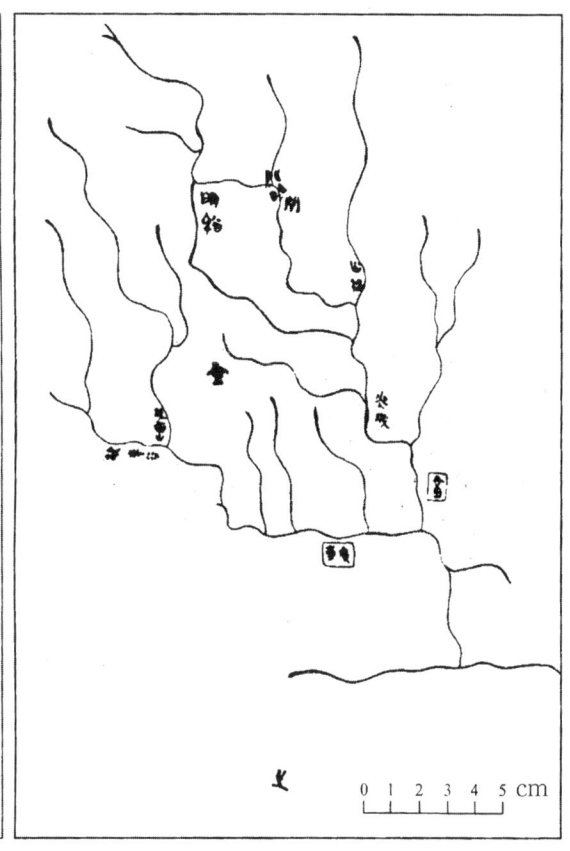

図4　天水放馬灘秦墓出土地図1のB面
（『文物』1989年2期14頁）

いが、筆者は「津」であろうと考える。

　最も注目するべきなのは、第1地図B面に描いたのも、山・川・谷などの地形と関以外には「塞」とみられる符号である。例えば、「廣堂」「中田」「炎成」「山格」は地名であり、「明渓」「故西山」「故東谷」は地形名であり、「閉（関）」は関であるが、♣という符号は筆者は塞字形符号、すなわち塞を表すマークであろうと考える。具体的に説明すると、

　♦のマークは「○○閉」と判ったが、それは今日に常用する通路マークと違い、「関」の字形の変体であると考えられる。

　♣のマークには説明文字がなく、判断しにくいが、四枚（五面あり）の地図にこのマークが一か所しか見られないだけでなく、全てのマーク中、最も大きいものである。つまり「津関令」のなかで最も規模が大きく、ランクが高いものが「塞」とイメージできる。しかも「塞」字（ウ冠＋土の形）の変体だろうと見られる。ちなみに居延にみる「塞」字は♣と書く。

　♠のマークは、真ん中で一本の谷か川かにより半分に分けられている形であり、地図で

最も小さい符号で、数多くしかも名づけてないものである。川や谷に掛けた橋のようなものを示す「津」のマークであろう。

おわりに

ここまでの論述で明らかにしたことをもとに、「図5 秦代「関中」における関（津）塞の

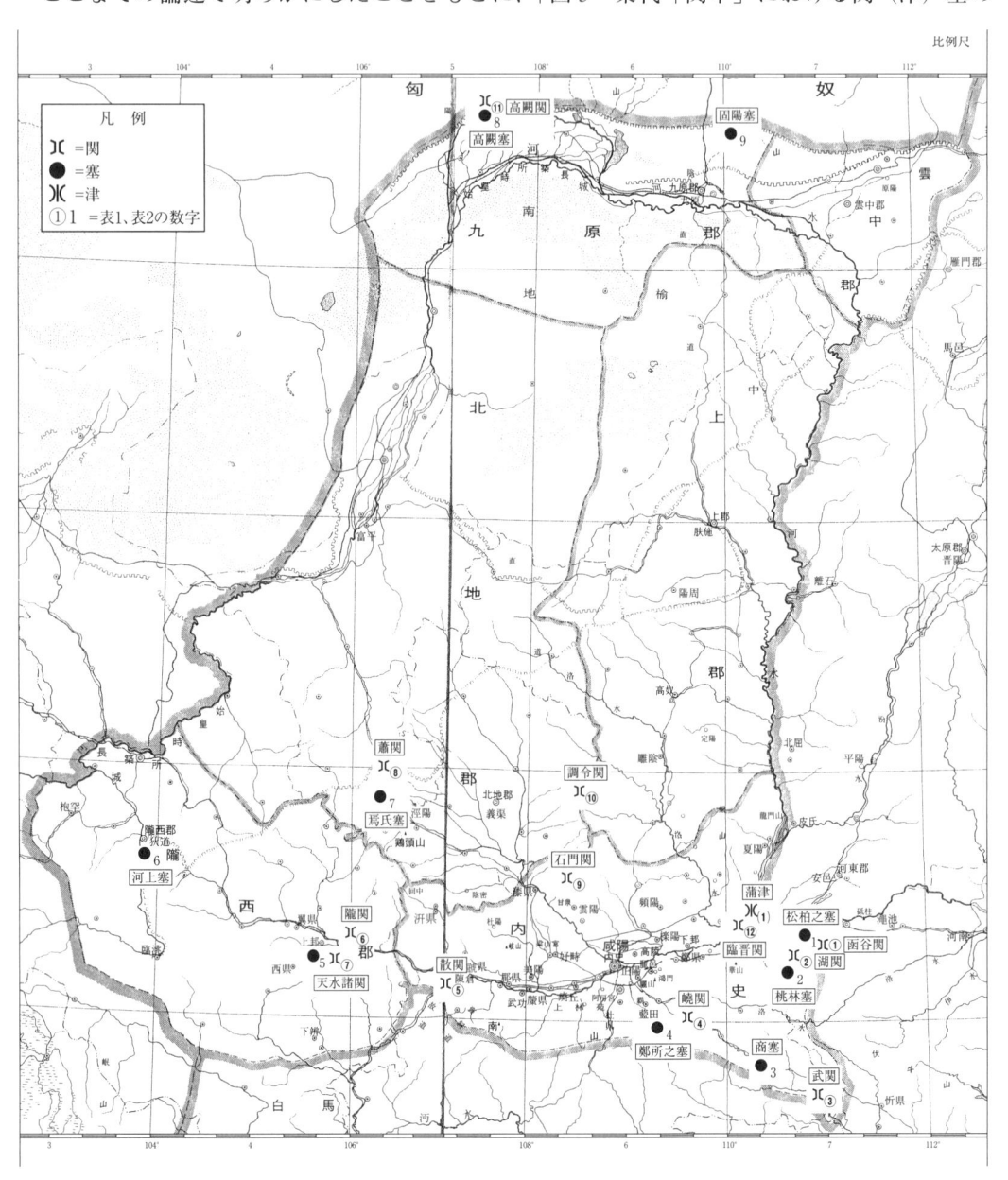

図5 秦代「関中」における関（津）塞の位置図
（譚其驤主編『中国歴史地図集（秦・西漢・東漢時期「（秦）関中諸郡」）』地図出版社 1982年5〜6頁に基づく）

位置図」に図示することができる。またおわりに、以下のように本論をむすびたい。

　従来の単線的な「諸関説」に対して、出土文字・考古資料・典籍史料を兼用し、秦令の新史料によって塞・関・津・城・道を総合的視点から検討すれば、より立体的な「関中」空間像を近いうちに再現できると考える。

註

(1) 譚其驤主編『中国歴史地図集（秦・西漢・東漢時期）』「秦関中諸郡」地図出版社、1982 年、5〜6 頁を参照。

(2) 王子今・劉華祝「説張家山漢簡『二年律令・津関令』所見五関」中国社会科学院簡帛研究中心編『張家山漢簡「二年律令」研究文集』広西師範大学出版社、2007 年所収。

(3) 馬彪『秦帝国の領土経営：雲夢龍崗秦簡と始皇帝の禁苑』京都大学学術出版会、2013 年、186-187 頁を参照。

(4) 張家山二四七號漢墓竹簡整理小組『張家山漢墓竹簡（二四七號墓）』（釋文修訂本）文物出版社、2006 年 5 月、84 頁。

(5) 冨谷至編『江陵張家山二四七号墓出土漢律令の研究譯註篇』朋友書店、2006 年、312 頁

(6) 彭浩、陳偉、工藤元男主編『二年律令與奏讞書　張家山二四七号漢墓出土法律文献釈読』上海古籍出版社、2007 年、310 頁。

(7) 同上。

(8) 『龍崗秦簡』簡 2 号に、「賨（瀆）出入及毋（無）符・傳而闌入門者、斬其男子左趾、□女【子】□☑」とある。

(9) 厳耕望『唐代交通図考』中央研究院歴史語言研究所（台湾）、1986 年、47 頁。

(10) 譚宗義『漢代国内陸路交通考』新亜研究所（香港）、1967 年、95 頁。

(11) 黎明釗氏も「『二年律令・津関令』言関者多、述津者少、可能是関津互相依傍、関亦常在津左右之故」と推測した。同「『津関令』所見五関与漢初諸侯王之関係」張徳芳・孫家洲主編『居延敦煌漢簡出土遺址實地考察論文集』上海古籍出版社、2012 年所収、60 頁。

(12) 楊建は「我們推測、備塞都尉或即為主管邊塞・関塞武備及防衛的長官」と考える。『西漢初期津闗制度研究』上海古籍出版社、2010 年、75 頁。

(13) 何双全「天水放馬灘秦墓出土地図初探」『文物』1989 年 2 期、12〜22 頁。

第 10 章

中國古代都城城市形態史評述[1]

成　一農

【キーワード】都城　都市形態　古代都市規画　都市布局　里坊制

當前關于中國古代都城城市形態的研究，主要是在以下三種研究思路之下進行的：

①　傾向于認爲都城的城市形態是在"規劃"下形成的,因此很多研究在復原城市形態之後,將這些佈局認爲是建城之初有意規劃的結果。

②　傾向于尋找都城形態之間的相似性，或者尋找都城與某種理想城市形態模型之間的相似性。

③　傾向于認爲中國古代都城的城市形態史是一種前後相繼的發展史。研究者或是認爲前後相繼的各個都城的城市形態自始至終地遵循某些設計思想和理念，如《周禮·考工記》、中國古代的宇宙觀等等；或是有意無意的認爲中國都城的城市形態史是由大量相互聯繫的個案構成的一個發展過程。

雖然現在對中國古代都城城市形態史的認識存在一些分歧，但基本上都是在上述三種研究思路下展開的，大致而言即首先認爲存在"都城形態的發展史"，然後尋找各個都城（或者與理想都城模型）之間的相似性，最後在相互聯繫、前後影響和尋找相似性的思路指導下以規劃爲前提復原各個都城的城市形態。

爲了對上述研究方法進行評述,并且作爲提出關于中國古代城市形態史新的研究思路的基礎,下面將首先對中國各個時代都城的空間佈局及其建造過程進行簡要的叙述。

1　中國各個時代都城空間佈局和建造過程的簡要介紹

雖然關于中國古代各個時期都城的建造過程、規劃或者城市形態，有著大量研究論著，甚至幾乎每座都城都有著相應的專著。但與絶大多數論著不同，下文中主要是基于考古材料和文獻材料對各個都城城市形態的復原和對修建過程的叙述，并且在復原時盡可能不對城市形態進行評論或者解釋，而且也沒有對都城的城市形態史進行分期，因爲如果進行分期或者解釋、評論的話，那麼讀者在閱讀這些城市"復原"時，可能會不自覺的被分期和評論所引導，從而影響了對都城城市形態的判斷，因此本文也希望讀者能儘量拋開以往關于這些都城城市佈局的理論、模式或者

266　第 10 章　中國古代都城城市形態史評述

闡釋，盡可能從"知識"的角度來看待本文對城市形態的介紹。需要提醒的是，除了城市形態之外，還要注意城市各個部分興建時間的差異。

還需要說明的是，某些都城的考古和文獻資料比較缺乏（比如某些割據政權的都城），因此在本文中沒有提及或者只是介紹的較爲簡略。此外受到篇幅的限制，文中對都城佈局和建造過程只進行概要介紹，與主題無關或者關係不大的內容儘量予以省略。

(1)　二里頭

二里頭遺址位于河南省偃師縣二里頭村南，年代約爲公元前 1900 年至前 1500 年，其一至四期應是夏代都城的觀點已經得到了大多數學者的認同。

遺址中部發現大小夯土遺址數十座，可能是宮殿區（在以往研究中通常被稱爲"宮城"）。

宮城平面略呈縱長方形，東西寬近 300 米，南北長約 360 米—370 米，面積約 10.8 萬平方米。由地層關係和出土遺物可知，宮城城牆的始建年代爲二里頭文化二、三期之交，一直延續使用至

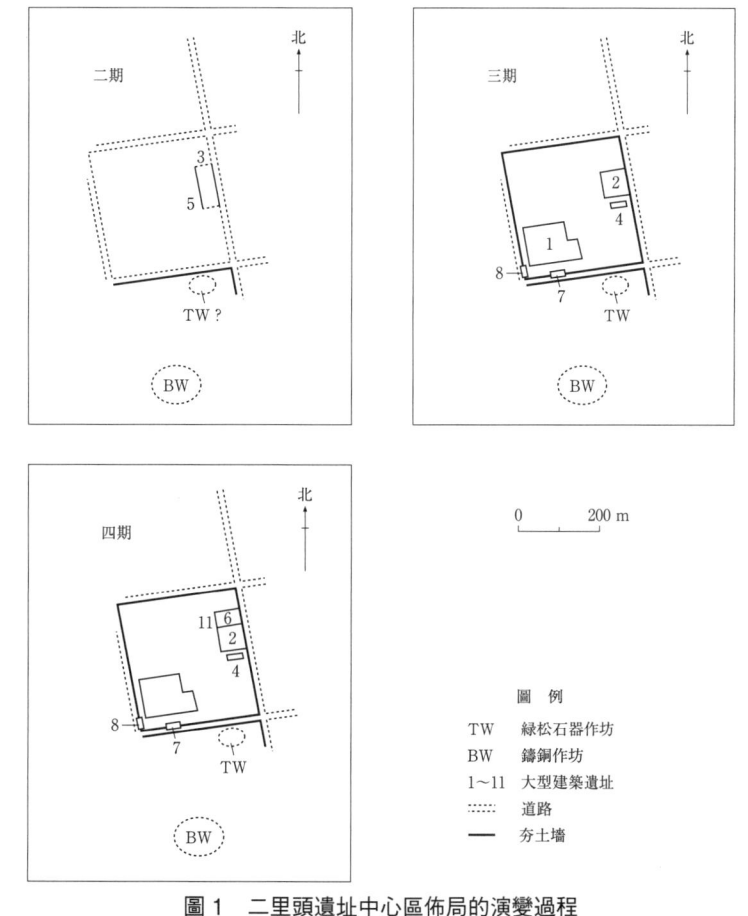

圖 1　二里頭遺址中心區佈局的演變過程
(引自許宏等：《關于二里頭遺址的省思》，《文物》2008 年 1 期，45 頁)

二里頭文化四期晚段或稍晚。

宮城的四周均有寬達 10 余米至 20 米左右的大路，四條大路的走向與 1、2 號宮殿基址的方向基本一致。經解剖發掘，大路從二里頭文化早期一直延續使用至晚期。而且就現在考古資料來看，至少宮殿區東側的南北向大路在宮城城墻形成之前就已經存在，而且在早期路土上發現了車轍的痕迹[2]。

宮殿區內各個建築基礎，從修建時間順序來看，興建時間最早的是并列分布的 3、5 號基址，此後是時間上稍有差異的宮城城墻及 1、2、4、7、8 號基址，此時 3 號基址廢棄，在二里頭文化四期興建了 6 號基址。

在二里頭文化遺址南部分布有範圍廣大的鑄銅遺址；西北部發現有燒陶遺址，北部和東部發現了與骨器製作有關的遺物和遺迹。在四周還分散分布著一些居住遺址和墓葬。2004 年，又在宮城以南發現了另一堵始建于二里頭文化第四期的夯土墻（3 號墻），其位于 5 號墻（即宮墻）以南約 7 米，與其大體平行。已確認的長度達 200 余米，東端與同期建築相連，因破壞較甚，建築形制尚不清楚。

(2) **偃師商城**

偃師商城位于偃師市城區西南側，北依邙山，南臨洛河。夯土城垣分爲兩重，內城平面大體呈長方形，南北長約 1100 米，東西寬約 740 米，北墻和東墻有多處呈直角的拐折，其南墻、西墻和東墻南端與外城城墻重合。內城的建築時間早于外城。外城平面略呈縱長方形，東南受到地勢影響而內收，其西垣長 1710 米，北垣長 1240 米，東垣長 1640 米，南垣長 740 米，周長 5440 米，現已發現城門 5 座，其中北門 1 座，東、西城門各 2 座，相互對應。城內發現東西向大道 5 條，南北向大道 6 條，與城門方向基本對應。

城內南部分布著 10 多處大型夯土建築基址群，面積達 30 萬平方米，其中 3 處有圍墻環繞。內城南部正中的一座面積最大，約爲正方形，邊長 200 米，現在一般認爲可能屬於"宮城"性質[3]。其西南和東北各有一面積稍小的小城，位于東北的小城建築在內城東墻之外。兩座小城內遍布排房式建築。

"宮城"的時間年代較早，使用時間也較長，其城墻曾經兩度擴建，城內的多處大型夯土建築基址也經改建和擴建，南面有門，連以城內外南北向大道。宮城內發現宮殿基址 10 餘座。1 號宮殿基址位于中部，始建時間不晚于一期晚期，一直沿用到三期中段；2 號宮殿基址位于 1 號基址以西，始建時間早于 1 號基址，不晚于一期晚段，至偃師商城二期早段擴建，將原宮城西垣包夾在內，并在其西側新築了一道宮城西垣，此後一直延用至三期中段；9 號宮殿基址疊壓在 2 號基址之下，使用時間當在一期早段；3 號宮殿基址位于 2 號基址以南，是在 7 號基址上擴建而成，屬於二期早段，其向南擴展，將原宮城南墻包夾在內，并在其南新築一道宮城南垣；7 號宮殿基址，修建于偃師商城一期晚期；4 號基址位于 1 號基址以東，始建時間較早，一直沿用到三期；5 號宮殿基址位于 4 號基址以南，在 6 號宮殿基址基礎上擴建而成，時間大體在偃師商城三期早

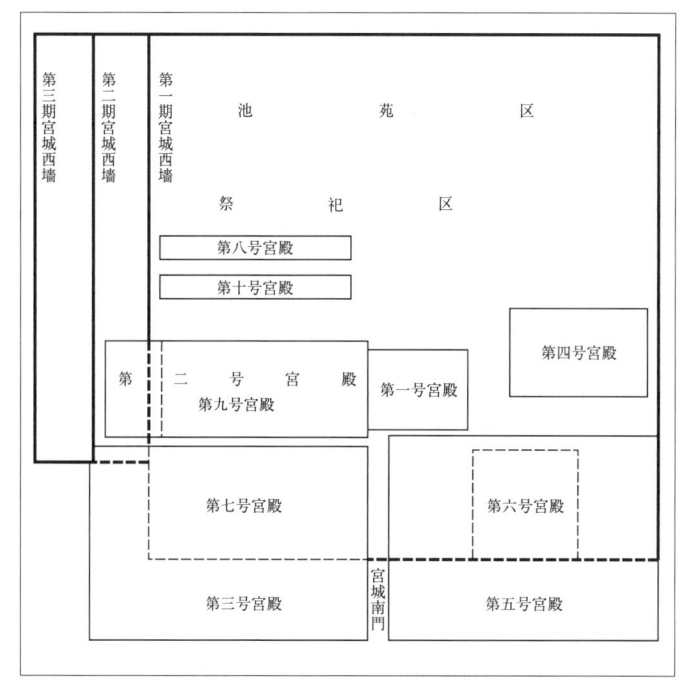

```
┌─────────────────────────────────────────────────────┐
│第│第│第                                             │
│三│二│一    池      苑      区                       │
│期│期│期                                             │
│宫│宫│宫                                             │
│城│城│城    祭      祀      区                       │
│西│西│西   ┌─────────────────┐                       │
│墙│墙│墙   │   第八号宫殿    │                       │
│  │  │    ├─────────────────┤                       │
│  │  │    │   第十号宫殿    │                       │
│  │  │    └─────────────────┘   ┌───────────┐       │
│  │  │   ┌──────────────┬─────┐ │           │       │
│  │  │   │第 二 号 宫 殿│第一 │ │ 第四号宫殿│       │
│  │  │   │  第九号宫殿  │号宫殿│ │           │       │
│  │  │   └──────────────┴─────┘ └───────────┘       │
│  │  │                                              │
│  └──┼─────────┬──────────────┬──────────────┐      │
│     │         │  第七号宫殿  │ ┌──第六号宫殿┐│      │
│     │         │              │ │           ││      │
│     │         ├──────────────┼─┴───────────┴┤      │
│     │         │              │宫│           │      │
│     │         │  第三号宫殿  │城│ 第五号宫殿│      │
│     │         │              │南│           │      │
│     │         │              │門│           │      │
└─────┴─────────┴──────────────┴──┴───────────┘
```

圖 2 偃師商城宮城主要遺迹示意圖
(王學榮:《夏商王朝更替與考古學文化變革關係分析——以二里頭和偃師商城遺址
為例》,《古代文明研究》1 輯, 文物出版社, 2005 年)

段, 其東廡和南廡基址突破了早期宮城的東墻和南墻;6 號宮殿基址建于偃師商城二期早段;8 號宮殿基址位于 2 號宮殿基址以北, 始建年代應為二期早段, 一直沿用到三期中段, 其下疊壓有 29 號和 33 號夯土基址, 這兩處基址時間不晚于一期早段, 廢棄時間不晚于二期晚段;10 號基址位于 8 號基址以南約 6 米, 時間略同于 29 號和 33 號夯土基址。此外, 在宮城北部發現祭祀遺址, 自東向西分為 A、B、C 三區, 使用時間自一期早段至三期晚段。在遺址以北發現石砌水池遺迹, 改建後的使用年代在偃師商城二期晚段至三期早段。總體來看, 偃師商城宮城中的宮殿曾經歷過多次重建。

在外城的北部發現有製陶遺址和中小型房屋遺址。東北部發現了銅渣和陶範等青銅冶鑄遺物, 附近可能存在鑄銅作坊遺址;城墻內側分布著一些小型墓葬[4]。

總體來看, 宮城始建于偃師商城商文化的第一期, 廢毀于第三期;外城修建于商文化第二期偏早階段;內城修建的時間在兩者之間, 可能不晚于一期的晚期。外城修建後, 內城城垣可能被廢棄。

(3) 鄭州商城

鄭州商城遺址位于鄭州市區及郊外, 夯土城址位于整個遺址的中部, 平面略呈縱長方形, 東墻長約 1700 米, 南墻長約 1700 米, 西墻長約 1870 米, 北墻長約 1690 米, 周長約 6960 米, 四

周城垣上共發現有 11 處缺口，其中一些可能是商代的城門遺迹。近年來，在商城南牆和西牆南端外側 600 至 1000 米處又發現有斷續相連的夯土牆，殘長大約爲 5000 米，可能是外城的牆垣。

在商城內的中部偏北和東北部一帶，分布著密集的夯土建築基址，通常認爲是宮殿區，其中最大的夯土建築基址占地面積達 2000 平方米，部分基址之間有打破關係。在這一區域還發現了有可能屬於宮城城牆的夯土牆基。

在城內的中部偏南、中部偏東南和西城牆內側也發現了商代夯土建築基址，有些規模也較大。此外，城內還發現大面積的商代文化堆積和一些規模較小的房屋基址。

內城之外分布著一些居住和手工業遺迹。如城北花園路西側發現有鑄銅和製骨遺址各一處，西牆外發現有製陶作坊遺址，城南隴海東部南側發現有鑄銅作坊遺址，時代均爲商代早中期。在西牆外、城東北角附近及南部內外城垣之間的多處地點，發現有商代墓群和銅器窖藏。

關於城址的具體年代，內城城牆始建於二里岡下層一期偏晚階段；外城修建時間大體相同，但也有學者認爲外城時間略晚於內城；宮殿大致與內城城牆同時興建，但在此之前已經有過幾次興廢過程，并延續使用至二里岡上層時期。

(4) 洹北商城

洹北商城位於殷墟東北部，城址略呈方形，南北長 2.2 公里，東西寬 2.15 公里，總面積約 4.7 平方公里。洹北商城的宮殿區位於城址南部，南北長 500 米以上，東西寬超過 200 米，其中發現大型夯土基址 30 餘處，一號宮殿基址面積達 1.6 萬平方米，從現存遺物來看，整個宮殿區可能毀于大火。在城址北部分布有密集的房址、墓葬等遺址。根據考古鑽探，各居民點內的房基往往相對"聚集"在一起，居民點之間通常都由空地隔開；多數居民點之間都發現有路土痕迹，一些居民點之間的空地中還可見到單獨存在的大型夯土基址。

(5) 安陽殷墟

安陽殷墟遺址位於河南省安陽市西北郊小屯村，遺址橫跨洹河兩岸，東西長約 6 公里，南北長約 4 公里。從殷墟文化的分期來看，殷墟的範圍是逐步擴大的：第一期偏早階段（時間大致相當於盤庚遷殷至武丁早期），基本局限於小屯東北，範圍和遺存都非常有限；第一期偏晚階段（大致相當於武丁早期），遺址和墓葬範圍顯著擴大，東西約 3 公里，南北約 4 公里；第二期偏早和偏晚階段（大致相當于武丁晚期至祖庚、祖甲），範圍略有擴大，但小屯村東北的宮殿宗廟區已經建成，同時修建了防禦壕溝，侯家莊西北岡、武官村北的王陵也已經修建；第三期和第四期（大致相當於廩辛、康丁至乙、辛時期），遺址範圍進一步擴展，同時始建於第一、二期的一些遺址的範圍和規模在這一時期明顯擴大。

宮殿宗廟遺址主要位於洹河南岸小屯村東北，已經發現建築基址 50 多座，分爲甲、乙、丙三組，現在認爲甲組修建時間雖然可能最早，但三組建築群在時間上是大體共存的。宮殿區的北側和東側有洹河環繞，西南兩側則有一條人工挖掘的大溝環繞。此外，在小屯村西北和東部也發現了數

座夯土建築基址。

在洹河北岸小屯村西北約2公里的侯家莊西北岡高地上發現了商王陵墓，已經發掘大墓11座。

在宮殿區與陵墓區之間分佈著小型居住基址和墓葬群，四周分佈有手工作坊遺址，如在小屯村南約1公里處發現有一處規模較大的鑄銅作坊遺址；小屯村西北約3公里處的北辛莊一帶發現有製作骨器的作坊遺址。在某些地點，居住遺址和墓葬同處一地。

(6) 西周豐鎬以及洛邑

西周的都城豐京和鎬京雖然發現了一些大規模的夯土建築基址，但是整體佈局情況依然不是非常清楚，在此處不做過多的描述。

西周初年營建的洛邑，是分為"王城"和"成周"兩城[5]，還是只有一城[6]，現在依然沒有定論。雖然在瀍河兩岸已經發現了大量西周時期的遺跡，但是依然難以判斷其具體佈局。不過有學者認為今澗水以東的東周王城遺址就是西周時期的洛邑，也即"王城"和"成周"[7]。由於本文主要討論的是都城的形態，因此澗水以東的周代城址具體所指并不是本文的重點，下面主要介紹一下其中的佈局情況。

澗水以東的周代城址，位於河南省洛陽市澗河與洛河交匯處，平面近似於方形，北牆全長2890米，西牆北部在澗河東岸，南部在澗河西岸，南北兩端相距3200米，南牆和東牆保存不完整，殘長各約1000米。

城內西南部今翟家屯一帶發現了兩組面積較大的建築基址，在夯土基址的東部還發現了一條長約900余米，寬約20米的南北向大道，此處可能是王城的宮殿區。

在城址南部發現了大面積的糧倉建築，已經發現糧倉74座，其中經過發掘的數座屬於戰國中晚期。此外，根據遺跡來看，附近當還存在手工業作坊。城址北部發現有製陶、製骨、鑄銅等作坊遺跡。在王城的東部、東北部及其附近發現了數千座東周時代的墓葬，在城址隔河相望的澗水西岸地區也發現了集中的上千座周人墓葬[8]。

(7) 臨淄齊國故城

臨淄齊國故城位於山東省淄博市齊都鎮，由大、小兩城組成。

小城位於大城西南，其東北角嵌入大城的西南角，平面略呈長方形，南北長約2200米，東西寬約1400米，共發現城門5座，其中南門2座，東、西、北門各1座。城內探出3條大道。小城始建時間不早於戰國，主要是宮殿區，宮殿建築基址大都分布在城內北部，在東、西部有鐵器作坊遺跡，南部有鑄錢遺址。

大城平面略呈長方形，北垣長約3316米，東牆沿淄河修築因而蜿蜒曲折，長約5209米，西垣自大城西北城角至與小城相接處長約2812米，南垣自東南城角至與小城東垣相接處長2821米，現已發現城門6座，其中南北門各2座，東西門各1座。城內探出7條大道，與城門相通。大城修建時間可能在西周時期，城內發現了多處西周、春秋戰國以及漢代的居住遺址、手工業作坊遺

址,城中部和東部文化堆積較爲豐厚。東北部、中部和偏西部發現了許多冶鐵、製銅、製骨等手工業作坊遺迹。城内還發現有幾處墓地,主要分布在東北部、北部和南部。

現有研究認爲,小城應當爲田氏代齊後修建的宫城,原來姜齊的宫殿應在大城内[9]。

(8) 曲阜魯國故城

曲阜魯國故城,位于山東省曲阜城區及其附近,平面呈不規則長方形,除南垣較直外,其它三面均向外凸出,東垣長2531米,南垣長3250米,西垣長2430米,北垣長3560米,周長11771米。共發現城門11座,其中東、西、北三面各有3座,南面有城門2座。

西周時期的文化堆積主要分布在城内西部和北部,東周時期才遍及全城。城内已經發現東西和南北向交叉道路各5條,都通向城門和重要遺迹。1號幹道,自西北門起,斷斷續續,從走向看可能通向北東門;2號幹道,自西中門起,到達東北門;3號幹道,西起西南門,通往東中門;4號幹道,西起周公廟高地東側,然後折向東北,通往東北門;5號幹道西起古城村西南的居住遺址,向東通向東南門;6號幹道,北起魯城北西門,先後與1、2、3號幹道交叉,逐漸偏向西南,進入今曲阜縣城西部,可能通往南西門;7號幹道,北起魯城北中門,與1、2號幹道相交,通往盛果寺居住址西部;8號幹道,南起周公廟宫殿建築區西北,至地毯廠東北的居住遺址以北中斷;9號幹道,南起魯城南東門,至周公廟宫殿區南與3號幹道相接;10號幹道,破壞嚴重,據推測可能是魯城東部古城村西居住址通向北東門的一條幹道。

除"張羊製陶作坊遺址"在東北城外,其餘發現的10處周代的冶銅、製骨、製陶和冶鐵作坊均在城内東部、西部和北部。共發現11處比較重要的居住遺址,分布在城内東、西、北三面,一般都靠近城門和古道路,有些居住遺址與手工業作坊遺址和墓葬區交錯在一起。城内還發現有墓地四處,主要分布在魯城西部三分之一強的範圍内。

東周時期的大型夯土基址,大部分集中分布在城内中部和中南部,其中文化堆積最厚的地區位于魯城中部周公廟高地的東北部一帶,這裏發現了戰國至漢代的建築基址,在其西北、北部和東部邊緣,發現了寬約2.5米的夯土牆基。

在城南部和西南部發現了一座漢代城址,但有學者認爲這座城址的建築年代應上溯到戰國時期[10]。

現在對魯城修建的時間還存有爭論,主流觀點認爲其中最早的遺迹屬於西周初年,此後一直延續使用;另一種觀點則認爲,城内現在發現的西周遺存屬於西周晚期至春秋初期、早期和中期[11]。對於城牆的修築年代,雖然有學者認爲存在修建於西周早期的可能,但從現有的考古資料來看,應當修築於兩周之交甚至更晚。

以往的一些研究往往將在周公廟附近發現的夯土牆基認爲是宫城的城牆,再結合其它文獻從而推斷出曲阜魯國故城基本上符合《考工記》所記"左祖右社,面朝後市"的佈局[12],但許宏則認爲根據現有的考古材料并不能得出這樣的結論,雖然春秋時期魯國故城内確實存在宫城,但其具體範圍依然難以斷定,周公廟附近的牆垣所包含的範圍過小,應當只是某座宫殿的牆垣,而不

是宮城的城墙(13)。

(9) 易縣燕下都

燕下都位于河北省易縣東南，屬於戰國中晚期燕國都城遺址。城址平面略呈不規則長方形，東西長約8公里，南北寬約4公里，由位于中部的一條南北貫穿的古河道東側的城垣將城址分爲東西兩城。

東城始建年代不晚于戰國中期；西城稍晚于東城，約營建于戰國中期前後。東城平面略呈凸字形，南牆殘長2210米，東牆長約3980米，北牆曲折全長4594米，西牆（隔牆）全長約4630米，東、西、南三面各發現城門一座。在城內偏北處有一道橫貫東西的隔牆。城內發現道路三條，2號道路位于1號夯土建築遺迹內，3號和4號道路分別與北垣和西牆上的城門相連。

在東城城址東北部古河道的北部，分布著大量大型夯土高臺建築遺址，應當是宮殿區，在這一區域內還分布有少量冶鐵、製作兵器和骨器的作坊遺迹。在古河道以南，東城的西南、中、東和東北存在一些普通居住區遺址，在這一區域的中部還存在一些手工業作坊。東城的西北角，在隔牆和古河道兩側分布著兩組建有高大封土的墓葬群，共有墓葬23座。

西城緊鄰東城修建，南垣殘毀較多，殘長1755米，北垣曲折全長4452米，西垣斷續延伸，總長約2680米，僅在西垣上發現城門一座以及與其相連的道路，城內的遺迹較少。

(10) 邯鄲趙國故城

邯鄲趙國故城，位于河北省邯鄲市區及其外圍，全城分爲宮城和郭城兩部分，使用時間是在戰國中晚期之後。

宮城位于外郭城西南，俗稱"趙王城"，與外郭城不相連，由三座成"品"字形的小城構成。北城只有西垣南段有位於地面之上的城牆遺跡，其它只留下夯土牆基，其中南垣長1440米，西垣長1544米，北垣長1272米，東垣長1592米；西城西垣長1426米，城門2座，北垣長1394米，城門2座，東垣長1422米，城門2座，南垣長1372米，城門2座；東城的西垣長1470米，南垣長834米，城門1座，北垣長950米，城門2座，東垣有所曲折，長1574米。

西城中部偏南處有一座至今發現的戰國時期最大的夯土台基"龍台"，城北部還有5座夯土台，其中兩座與"龍台"位于同一軸綫上，此外在"龍台"的西部和西北部也發現了大面積的夯土基址。在東城和北城中也發現了一些夯土台基。

郭城俗稱"大北城"，與宮城最近處相距60米，平面呈不規則長方形，西北角曲折，南北最長處約4880米，東西最寬處約3240米。在城內西北隅保存有一些台基，西北部則有俗稱"叢台"的遺迹，應當也爲戰國時代的遺迹。在城內，主要是中部偏東邊發現有一些手工作坊遺迹。墓地主要分布在城外西北部。

在郭城的西北角發現一座小城，平面略呈梯形，西垣的北段即是插箭嶺，然後向南延伸基本與郭城的西垣走向相同，兩者相距0.4-0.7米，長度約爲570米，南垣只探出了西段，長約100米，

北垣即郭城西垣由梳妝樓至插箭嶺的一段，東垣探出北段長約 200 米，一般認爲小城修建于戰國時期[14]。

(11) 新鄭鄭、韓故城

新鄭鄭、韓故城，是東周時期鄭國和韓國的都城遺址，位于河南省新鄭縣城區及其周邊。城垣依雙洎水和黃水河而築，蜿蜒曲折，分爲東西兩城。城垣始建于春秋早期，此後多次修補。

西城平面略呈長方形，北牆長約 2400 米，東牆長約 4300 米，在北牆中部、東牆北部和中部各發現城門 1 座。西牆和南牆可能被雙洎水沖毀。中部和北部發現有大面積密集的夯土建築基址，并且相互之間有叠壓關係，可能是鄭、韓兩國的宮殿區。在西城中部發現小城一座，東西長約 500 米，南北寬約 320 米，存在北門和西門的遺迹，城內中部偏北發現有大型夯土建築基址，可能是宮城所在。

東城平面不規則，北牆長約 1800 米，東牆中部曲折，發現有城門一座，長約 5100 米。南牆位于雙洎河南岸，長約 2900 米。在中部和西北部發現有大型夯土建築基址群，在中部和西南部發現了春秋時期的青銅禮樂坑 19 座，殉馬坑約 80 座。城內還存在廣泛分布的手工作坊遺迹。

在西城和東城內外均發現有春秋戰國時期的墓葬。

(12) 荊州郢都紀南城

郢都紀南城位于長江北岸的湖北省荊州市，位于紀山之南。城垣修建時間不早于春秋晚期，使用時間下至戰國中晚期之交。城址平面略呈長方形，東西長約 4450 米，南北寬約 3588 米，四角均爲切角，只在南垣偏東處向外突出呈長方形，現已發現城門 7 座，西南北三面各 2 座，東牆 1 座，其中北牆東門和南牆西門爲水門。

城內現發現東周時期的夯土建築基址 84 座，主要集中在城內東部，尤其是東南部 61 座夯土台基分布比較密集，有的相距僅 5 米，排列有一定規律。在這一區域的東部和北部發現有夯土圍牆遺迹，東牆殘長 750 米，北牆殘長 690 米，相交呈曲尺形。此外城內東北部地區今廣宗寺一帶的高地上也分布著一些規模較大的夯土基址。在城內還發現有一些手工業作坊遺址，但僅在西北部發現兩處春秋墓地。

對于紀南城的佈局，大都認爲城內的小城是宮城的遺迹[15]，但也有學者認爲小城規模過小，而且沒有將東南鳳凰山一帶的大量建築基址包含在內，因而可能不是宮城，并且提出由于大型夯土基址主要分布在新橋河以東、龍橋河以南的東南部，因此當時可能是以這兩條河道爲界構成了宮殿區[16]。

(13) 夏縣魏都安邑

魏都安邑，位于山西省夏縣禹王鄉。城址分爲大城、中城和小城三部分。

大城平面略呈梯形，東南部城垣已經無存，北垣長 2100 米，西垣長 4980 米，南垣現殘長

3565 米，東垣北段殘長 1530 米，城角均呈弧形。

小城位於大城中部，地勢較高，略呈正方形，其南牆東部有一折角，北垣長 855 米，東垣長 495 米，南垣長 990 米，西垣長 930 米，小城東南角外有一方形稱爲"禹王廟"的夯土台基基址，南北長 70 米，東西寬 85 米。

據推測大城的時代約屬戰國前期，小城修建時間可能與大城同時，一般認爲屬於宮城性質，但其内尚未發現宮殿基址。

位於大城西南部的中城，形狀略呈方形，城的西、南兩牆分别是大城西牆和南牆的一部分，可能是秦漢時期修建的河東郡郡治。

總體來看，由於考古工作不多，城址的具體佈局并不清楚。

(14) **侯馬晉都新田**

晉都新田遺址位於山西省侯馬市市區附近，遺址範圍大約東西 9 公里，南北 7 公里，在遺址範圍内分佈著 6 座小城以及宮殿、盟誓、祭祀等遺址，還有一些手工作坊、居住遺址和墓地，時代大致爲春秋中期至戰國早期。

6 座城址中，平望、牛村、台神位於遺址西部，面積較大，相互連接呈"品"字形。牛村古城位於東南側，平面略呈梯形，在城内中部偏北發現有内城，使用時間大致爲公元前 6 世紀下半葉至 5 世紀下半葉。平望古城位於北側，平面略呈縱長方形，在城址正中稍偏西北處存在一處大型夯土台基。台神古城位於西南側，城内有夯土遺跡 10 餘處，主要分布在中部、南部。一般認爲雖然這三城建築年代略有早晚[17]，但使用時間大致相同，可能是晉國的宮城。

馬莊、呈王、北塢三座古城位於遺址東部，互不相連，規模較小，但都由相連或者并列的兩座小城組成。在城中也存在夯土建築基址，一般認爲是卿大夫的居址。

遺址東南部澮河北岸分布著包括盟誓遺址在内的 5 處祭祀遺址。在呈王路和牛村古城南也發現了夯土建築基址和祭祀坑，一般認爲兩者分别屬於晉都早期和晚期階段的宗廟建築遺存。

手工業作坊遺址大都分布在城址以南的澮河岸邊，在整個遺址内還存在大量居住遺址和一些墓葬。

(15) **鳳翔秦都雍城**

秦都雍城位於陝西省鳳翔縣城南，城址平面呈不規則長方形，東西長 3480 米，南北寬 3130 米，在西垣上發現 3 處城門遺跡，城内發現南北向和東西向大道各四條，相互交叉。在城中部偏西距離雍城西垣 500 米的姚家崗發現了春秋前期的大型建築宮殿基址以及凌陰遺址，一般認爲這一帶是春秋前期的宮殿區；位於城内中部的馬家莊發現了大面積的建築遺址，一般認爲是宮殿宗廟區，時間約爲春秋中晚期；在馬家莊遺址以東、以西發現了大面積的夯土建築基址、牆基，其以北也發現了一些修築有夯土圍牆的院落和夯土基址，時間基本上屬於戰國早期，一般認爲此處是戰國時期的宮殿區。在北垣以南大約 300 米處發現了戰國時期的市場遺址。

在城址附近四周的高地上，也分布著一些同時期的夯土建築基址；在城外南郊的雍水南岸，發現了大批春秋戰國時期的小型墓地。

⑯ **秦都咸陽**

秦都咸陽遺址位于陝西省咸陽市以東，分佈在渭河兩岸，是戰國中晚期秦國和秦朝的都城。因受到渭河北移的影響，遺址破壞比較嚴重，迄今未發現外圍的夯土城垣。

宮殿區可能位于城址北部的咸陽原上，已經發現了由 20 多座夯土建築基址組成的宮殿基址群，在居中的位置已經發現了一東西向的長方形夯土牆基，北垣長 843 米，南垣長 902 米，西垣長 576 米，東垣保存較差，發現南門和西門各一，修築時間爲戰國時期，其中的建築基址也多屬於戰國時期，可能是戰國時期咸陽宮的"宮城"。

在城北階地東西兩端都發現了具有楚國和燕國風格的瓦當，可能是戰國末期擴建的部分。在"宮城"的西側和西南分別發現了大型手工業作坊區和居住區的遺迹。在西北隅的咸陽原上分布著中小型墓地。

從文獻記載和考古發現來看，大約在戰國中晚期，秦都咸陽開始向渭河以南擴展，直至秦末都一直處于不斷的擴展建設中，如位于渭南的阿房宮。

⑰ **西漢長安**

西漢都城長安城位于渭水南岸龍首原，今陝西省西安市西北郊漢城鄉。漢長安城的修建過程大致如下：

高祖五年（公元前 202），在秦興樂宮基礎上建長樂宮。

高祖六年（公元前 201），立大市。

高祖八年（公元前 200），在長樂宮西側稍南興建了未央宮，立東闕、北闕、前殿、武庫、太倉。高祖九年，未央宮成。

高祖時還修建了北宮。

漢惠帝三年至五年（公元前 192 至前 190），修建了漢長安城的外郭城。

惠帝六年（公元前 189）修建了西市。

此外，漢初還修建了太上皇廟和高廟。

漢武帝時期，擴建了漢高祖時修築的北宮，在其西側新建了桂宮、明光宮，在長安城西牆外營築了規模巨大的建章宮，擴充苑林，開鑿了昆明池以及城市供水渠道。

西漢末年王莽篡位前後，修建了明堂、辟雍和黃帝九廟等。

經過多年的考古工作，漢長安城的佈局情況已大致探明[18]。城牆周長約 25700 米，東牆長 6 千米，南牆長 7.6 千米，西牆長 4.9 千米，北牆長 7.2 千米。每邊城牆各開 3 座城門，共計 12 座城門。城內有 8 條分別通向 8 座城門的大街，把全城分爲大小不等的區域。宮殿區主要位于城內地勢較高的中部和南部，幾乎占了全城面積的一半。長樂宮在城內東南部，未央宮在城內西南部。北宮、

桂宮和明光宮位于未央宮和長樂宮之北。所有宮殿均有圍牆環繞。武庫位於長樂、未央二宮之間。市場位于城內西北部。此外，在長樂宮西南發現一處建築遺迹，東西長 69 米，南北寬 34 米，有學者認爲是高廟所在。

(18) 東漢洛陽

東漢洛陽城，號稱"九六城"，其遺址位于今洛陽市東 15 公里處，平面爲長方形，東、西、北三面城垣保存較好，南牆已被洛河沖毀。三段城牆均爲夯築，并有曲折。西城牆長約 3700 米，北城牆長約 2700 米，東城牆長約 4200 米，南城牆長約 2460 米。東、西、北三面城牆共發現城門遺址 8 座，符合文獻記載，城内主要大街都通向城門，各城門皆不對稱，形成南北向大街和東西向大街各 5 條。根據考古資料，東漢洛陽城始建于西周時期，東周時期向北拓展，秦代又在東周城的基礎上向南拓展[19]。

洛陽城内占主要面積的仍然是宮殿，南宮位于全城中部稍南，北宮居城市北部，各建有圍牆，兩者之間相距 1 里，有複道相連。

有學者認爲南宮的前身可能是成周時代的王宮，周秦時代就存在南、北兩宮[20]。除南、北兩宮之外，在北宮東北還有永安宮。城西北部建有宮苑——濯龍園。司徒府、司空府和太尉府位於南宮前面的橫街東側，太倉和武庫設在城的東北隅。按照文獻記載東漢洛陽城設有三"市"，其中金市在城内東側，馬市可能靠近中東門外的東郊大道，羊市在南郊。

漢光武帝中元元年（56）于開陽門、平城門外城南郊建明堂、靈台、辟雍等禮制建築，遺址已在今洛河南岸發現，後又在辟雍之北建太學。

總體來看，東漢洛陽城的城市佈局并不是一次規劃的結果，而是自西周至東漢逐步形成的。

(19) 曹魏鄴城

關於曹魏鄴城營建過程的記載比較簡略，大致如下：

在曹操之前，鄴爲袁紹所有，《資治通鑑》胡注："袁紹據鄴，始營宮室"[21]。

《三國志·魏太祖本紀》"建安十三年（208）春正月……作玄武池以肄舟師"[22]；"（建安十五年）冬，作銅爵臺"[23]；"（建安十八年，213）九月，作金虎臺，鑿渠引漳水入白溝以通河"[24]。"（建安十八年）七月，始建宗廟于鄴"[25]；"建安二十二年（217），魏國作泮宮于鄴城南"[26]。

曹魏鄴城遺址位于河北省臨漳縣境内，東北距縣城 20 公里，南距安陽市 18 公里。由于漳河南移，沖毀了鄴城的南半部，地面上只殘留有三台中的金虎臺和銅雀臺的一部分基址以及 8 座高大的臺基。

通過考古發掘并結合文獻記載，鄴城的結構佈局是由金明門和建春門之間的東西大道，將全城分爲南北兩區。北區廣德門大道的東西兩側"經勘探發現 10 座夯土建築基址"，根據文獻資料，可以推定此處是宮殿區，被厠門、廣德門兩條南北向道路所夾的中央部位，應是以文昌殿爲主殿的外宮殿區，但是沒有發現圍牆；其東側是以聽政殿爲主殿的內朝宮殿區，聽政殿以北是後宮，

聽政殿以南隔數道宮門布置中央官署[27]。宮殿區以西、被廐門內大道分隔的區域是禁苑（銅爵園）和庫廐所在，已探明四座建築基址。鄴城南垣正中的中陽門大道向北正對外朝宮殿區的止車門、端門和主殿文昌殿，形成全城的南北中軸綫。另外在西城牆中段稍北建有銅爵臺、金虎臺、冰井臺。

按照《魏都賦》"廓三市而開廛，籍平逵而九達。班列肆以兼羅，設闤闠以襟帶。濟有無之常偏，距日中而畢會"[28]來看，鄴城中還應當修建有市場，但具體位置不詳（但按照復原佈局來看，市場可能位于鄴城的南部）[29]。

學界近年來對曹魏鄴城的佈局不存在太大的爭議，但需要注意的是，最初日本學者繪製鄴城復原圖時，將金明門和建春門大道以南地區繪製爲棋盤格佈局，但這一點并沒有得到考古上的證實，現在研究者一般很少引用。

⑵ 北魏平城

北魏平城的修建是一個漫長的過程，直至孝文帝遷都前依然在進行建造，其修建過程，可參見前田正名《平城歷史地理學研究》[30]。

由于北魏平城大部分都位于現在大同市地下，雖然已經發掘出一些北魏時期的遺迹和遺物，但對于平城的整體佈局以及一些主要建築的位置依然存在爭論。根據文獻并結合考古材料，很多學者已經對北魏平城的佈局進行了推測，其中最爲詳細的當屬要子瑾《魏都平城遺址試探》[31]一文。其中所附的《北魏平城想像地圖》，雖然可能在具體位置上尚存在爭議，但大體符合文獻對北魏平城的描述，其中存在的比較大的問題就是現在沒有文獻可以證明北魏平城存在整齊的里坊。雖然有學者以"規立外城，方二十里，分置市里，經塗洞達"[32]爲據，認爲平城中存在整齊的棋盤格式的里坊街道佈局，但從前田正名的研究來看，此處所說的外城是灅南宮的外城，而不是平城的外城；另外從"坊大者容四五百家，小者六七十家"[33]來看，可能坊的大小也不一致。因此，將平城的街道佈局復原爲如同隋唐長安、洛陽的棋盤格依據并不充份[34]。

從上述北魏平城的修建過程和復原研究可以得出兩點結論：第一，北魏平城的修建一直斷斷續續，尤其是宮殿和祭祀建築，直至魏孝文帝遷都之前依然還在不斷的改建和興建；第二，雖然可能存在一個宮殿較爲集中的區域，但不存在曹魏鄴城那樣規整、單一的宮殿區。

⑵ 北魏洛陽

北魏洛陽的營建主要有兩個步驟：

一是遷都（修建宮殿）："（太和十七年冬十月，493）徵司空穆亮與尚書李沖、將作大匠董爵，經始洛京"[35]。

二是築坊：景明二年（501）"九月，丁酉，發畿內夫五萬人，築京師三百二十三坊，四旬而罷"[36]；"遷司州牧，嘉表請於京四面築坊三百二十，各周一千二百步，乞發三正復丁以充兹役。雖有暫勞，姦盜永止。詔從之"[37]。

漢魏故城東西北三面的城垣保存較好，西垣殘長4290米，北垣全長3700米，東垣殘長3895米。

其中西垣上發現城門5座，北垣上城門2座，東垣上城門3座。

共發現東西大街4條，南北大街4條。第一條橫道"橫一道"，從西垣的I號城門至東垣的X號城門；第二條橫道"橫二道"，從西垣的III號城門至東垣的IX號城門；第三條橫道"橫三道"，從西垣的IV號城門至東垣的VIII號城門；第四條橫道"橫四道"，由西垣V號城門向東，直達宮城北側。第一條南北大街，位于最東部，從北段東VIII號門內的"橫三街"起，向南與"橫二道"、"橫一道"相交，直達洛河北岸；第二條南北大街，位于大城東部，由北垣VII號城門南行430米，然後東行245米，然後再向南，先後與"橫三道"、"橫二道"、"橫一道"相交，直抵洛河岸邊；第三條南北大道，位于大城中部南側，由宮城南門起南行與"橫二道"、"橫一道"相交，直抵洛河北岸；第四條南北大街，位于大城西部，由北垣VI號城門南行320米，與"橫四道"相交，然後西行300米，再折向南與"橫三道"、"橫二道"、"橫一道"相交後，直抵洛河北岸。

宮城位于城中北部，位置適中略偏西，呈南北長的矩形，位于"橫二街"與"橫四道"之間，南北長約1398米，東西寬約660米。南牆偏西處發現門址1處，西牆上發現門址2處，東牆上發現門址1處。此外在宮城中還發現一道南北向的夯土牆，將宮城分爲東西兩部分。在宮城內發現夯土臺基大約2、30處。

金墉城位于洛陽城西北角，北靠邙山，南依大城，經勘查發現了3座小城。3座小城彼此相連，平面略呈"目"字形。

現在已經發現了北魏洛陽城外郭城的遺迹，其中北垣修建于邙山南坡最高處，殘長1300米；西城垣位于金溝村西南的"張方溝"以東，順著水溝的走向，略呈西北至東南方向的折拐修築，殘存長度約4400米，發現城門2座；東城垣南端在洛河北岸後張村中斷，北段在石橋村東北，殘長約1800米，發現城門1座；尚未發現南垣的痕迹。此外發現大道9條，其中走向比較清晰的有：西明門外大道，從西明門向西穿過外郭西垣南端城門，走向筆直；西陽門外大道，自西陽門向西，西行穿過西郭城垣和"張方溝"；閶闔門外大道，自閶闔門向西，直行至象莊村南偏斜西北方向，穿過西郭城垣上北段的城門；承明門外大道，自承明門西行，至南北向的車路西面的土崖處中斷；大夏門外大道，自大夏門北行，斷斷續續，向孟津舊城方向延伸；東陽門外大道，自東陽門向東，在一座高地處向北繞行高地，向東穿行東門上的城門[38]。

此外根據文獻記載，北魏洛陽城的"小市"、"大市"和"四通市"分別設在外郭城東、西、南3個區域中，東、西兩郭市的位置均距內城3里，四通市在洛水南永橋畔。

北魏洛陽里坊的修建并不是在孝文帝遷洛的前後，而是在七年之後的宣武帝景明二年（501）。關于坊的數目，文獻記載不同，或220坊、或320坊、或323坊，具體哪一個數字爲確，學界無一致的觀點[39]。外郭城城牆興建的時間也無記載。

⑵ **東魏、北齊鄴城**

在曹魏之後，鄴城經歷過多次修建。東魏、北齊興建鄴城的過程大致如下：

"（興和元年，539）九月甲子，發畿內民夫十萬人城鄴城，四十日罷"[40]。

"冬十有一月癸亥,以新宮成大赦天下"[41]。

"(天保二年,551)冬十月戊申,起宣光、建始、嘉福、仁壽諸殿"[42]。

"(七年夏四月,556)丁卯,詔造金華殿"[43]。

"天統中又毁東宮,造修文、偃武、隆基嬪嬙諸院,起玳瑁樓。又於游豫園穿池,周以列館,中起三山,構臺以象滄海,并大修佛寺……"[44]。

《歷代宅京記》中根據文獻資料對鄴南城的復原如下:

"鄴都南城,十一門,南面三門,東曰啓夏門,中曰朱明門,西曰載厚門。東面四門:南曰仁壽門,次曰中陽門,次北曰上春門,北曰昭德門。西面四門:南曰止秋門,次曰西華門,次北曰乾門,北曰納義門(南城之北,即連北城,其城門以北城之南門爲之)"[45]。

"南城自興和遷都之後,四民輻輳,里閭闐溢,蓋有四百餘坊,然皆莫見其名,不獲其分布所在。其有可見者,有東市(在東郭)、西市(在西郭)、東魏太廟(在朱明門內南街之東)、大司馬府(在端門外街東,南向)、御史台(在端門外街西,台門北向,取陰殺之義也……)、尚書省卿寺(《鄴中記》曰:尚書省及卿寺百司,自令僕而下,至二十八曹,并在宮闕之南)、司州牧廨(《鄴中記》曰:在北齊太廟北)、清都郡(《鄴中記》曰:在仙都苑東,本魏郡)、京畿府(在城北)"[46]。

上個世紀80年代以來,對鄴南城進行了考古發掘,大致情况如下:

通過鑽探確定了東、南、西三面城牆,最寬處東西2800米,南北3460米,東、南、西三面城垣存在舒緩的彎曲,東南、西南城角爲弧形圓角。在東牆上發現城門1座,南牆上城門3座,西牆上城門4座。

鑽探到主要道路6條,南北向道路3條,東西向道路3條。3條南北向大道之間幾乎平行,其中通往朱明門的大道向北直達宮城正南門;通過厚載門的大道,向北穿過兩條東西向大道後在河圖村東北殘斷;啓夏門大道,從啓夏門出發向北穿過一條東西向道路後,在劉太昌村西南、太平渠南殘斷。3條東西向大道幾乎平行走向,并且與南北向大道垂直。通過乾門的大道,東達宮城西門;通過西華門的大道,向東通過宮城南牆外側,與通過厚載門和朱明門的大道垂直相交,在倪辛莊南殘斷;通過上秋門的大道,向東直通東牆仁壽門。

在鄴南城中央偏北發現了宮城的遺跡,東西約620米,南北約970米,四面有宮牆的遺跡,東西南三面宮牆呈直綫走向,北宮牆的東段則向北偏折。在宮城內及其附近鑽探出15處建築基址,宮城內主要宮殿的中軸綫將宮城分成東西兩部分[47],但是中軸綫以東的部分明顯大於西半部,而且導致"東宮牆北端已超出北宮牆"。

文獻記載鄴南城有400餘坊,即"南城自興和遷都之後,四民輻湊,里閭闐溢,蓋有四百餘坊,然皆莫見其名,不獲其分布所在"[48]。王仲犖先生利用資料考證出十餘個里坊名稱[49]。值得一提的是,因東魏北齊時鄴南、鄴北兩城同時存在,官宦宅邸在南、北兩城都有。至於里坊的規劃,雖然現在發現了可能是垂直相交的通往城門的街道,但即使所有通往城門的街道都垂直相交(最理想化的模式,沒有考慮宮城),最多也就將全城分爲20個區塊,那麼必定存在下一級的分割方式,因此現在推斷鄴南城具有棋盤格街道佈局的證據依然不夠充份。此外有學者引用《北

史·李崇傳》所記："劉家在七帝坊十字街南，東入窮巷是也"[50]，認爲該條資料"倒是明確指出了鄴南城里坊的結構是內設十字街"[51]，但也僅僅是孤證。因此，總體來看，鄴南城只是存在棋盤格街道佈局的可能性。

有學者認爲鄴南城與北魏洛陽一樣存在外郭[52]，但一無考古證據，二無確鑿的文獻證據。

(23) 南朝建康

建康城由孫權于建安十六年（211）始築，稱秣陵，建都後改稱建業，西晉末避湣帝司馬業之名諱改稱建康。建業（康）作爲歷史上三國東吳、東晉和南朝宋、齊、梁、陳六朝的都城，其城市形態是逐步形成的。由于在隋朝被徹底破壞，因此其城市形態基本上只能通過文獻和少量的考古資料進行復原（關于南朝建康的資料很多，并且零散，受篇幅限制，此處不再列出）。

最終形成的建康城佈局：全城由一條東西橫街劃爲南北兩部分。北部置宮城、苑囿；南部有御街，置官署。宮城（臺城）周長8里，平面略呈正方形，原系東吳的後苑，東晉咸和五年（330）改築爲宮，南朝各代皆沿用不改。宮城以東是東宮，以北是華林園和樂游苑。中爲御街（"苑路"），北起宮城正門大司馬門，與橫街在宮城門前組成丁字型框架，御街穿過都城宣陽門，南抵淮水（今秦淮河）北岸朱雀航，總長7里，形成全城的中軸綫。由于受到地形的限制，建康城軸綫并不是正南正北。御街兩側排列百官衙署。

(24) 隋大興城、唐長安城

按照文獻記載，隋大興城興建于開皇二年（582）六月，至開皇三年（583）遷都，其修建僅僅用了9個月的時間。與大多數都城不同，這是一座基本上一次規劃而成的都城，雖然此後也進行了一些興廢建造，但總體佈局再也沒有發生大的變化。

隋唐長安城已經進行了大量的考古工作，發掘了大明宮、興慶宮、西市、外郭城以及幾座坊，宿白在《隋唐長安城與洛陽城》一文中根據考古發現和文獻材料對長安城的佈局進行了復原，現摘引如下：

大興外郭城東西廣9721米，南北長8651.7米，郭城東、西、南三面各開三門。郭城內有南北向大街11條，東西向大街14條，其中通向南面三門和連通東西六門的"六街"，是大興城內的主要幹道。除最南面通往延平門和延興門的東西大街寬55米外，其餘5條大街都寬100米以上，特別是明德門內的南北大街——朱雀大街寬達150至155米。其它不通城門的大街寬度在35至65米之間，順城街寬20至25米。

這11條南北大街和14條東西大街，除宮城、皇城和兩市外，將郭城分爲108坊。各坊面積大小不一：緊鄰朱雀大街兩側的四列坊最小，南北長500至590米，東西寬550至700米；位于這四坊之外直至順城街的六列坊次之，南北長度同前，東西寬則自1020米至1125米；皇城兩側的六列坊最大，南北長600米至838米，東西寬1020米至1125米。坊四周夯築土牆。

東西兩市分別位于皇城外東南和西南，各占兩坊之地，周圍夯土圍牆，開8門。其中東市南

北長 1000 米，東西寬 924 米；西市南北長 1031 米，東西寬 927 米。

宮城位于郭城北部正中，前靠皇城，背後是大興苑，南北長 1492.1 米，東西寬 2820.3 米。

皇城緊靠宮城南側，中隔橫街，無北牆，東西兩牆與宮城東西牆相接。南北長 1843.6 米，東西寬與宮城同。其中南牆正中的皇城正門朱雀門，北與宮城正門正陽門相對，南經朱雀大街與外郭城南牆明德門相通。皇城中分布著中央衙署以及附屬機構。

大明宮位于東北城外，南寬北窄，西牆長 2256 米，北牆長 1125 米，東牆由東北角起向南（偏東）1260 米，東折 300 米，然後再南折 1050 米與南牆相接，南牆則利用了外郭城的北牆。在北牆之北和東西牆外側都發現了與城牆平行的夾城。宮城四壁和北面夾城均設有城門，除南牆東部兩門外，其餘城門都已被發現。

興慶宮依靠郭城東牆修建，東西寬 1080 米，南北寬 1250 米，南牆 20 米外還築有複牆，宮城四面都設有城門。宮城以內用隔牆分爲南北兩部分，南部爲園林區，西部爲宮殿區，共發現建築遺址 17 處。

距離外郭城東壁 23 米處發現了通往曲江池的夾城，與外郭城東壁南北平行，全長達 7970 米。此外還探明了位于郭城東南隅的曲江芙蓉園，曲江池位于園的西部，經鑽探其遺迹南北長 1400 米，東西最寬處 600 米。

⑸ 隋唐洛陽

隋洛陽城，下詔營建是在仁壽四年（604）十一月，但開始大規模興建則是在大業元年（605）三月，至二年（606）正月修建完成，總共花費了 10 個月的時間。與長安城相似，此後雖有所興廢改建，但主要集中在宮殿和禮儀建築上，總體佈局基本再無大的變化。

隋唐洛陽城已經進行了大量的考古工作，現根據《"隋唐東都城址的勘查與發掘"續記》和宿白《隋唐長安城與洛陽城》并結合文獻資料對隋唐洛陽城的佈局情況簡要復原如下：

洛陽城的宮城和皇城位于城市中地勢最高的西北角。

宮城東西壁各長 1270 米，北壁長約 1400 米，南壁正中有南向凸出部分，長約 1710 米。曜儀、圓壁兩城位于宮城之北。其中曜儀城平面狹長，長 2100 米，寬 120 米；圓壁城平面呈矩形，長 2100 米，東端寬 590 米，西端寬 460 米。

皇城圍繞宮城的東、西、南三面夯築，西壁保存較好，長約 1670 米。

東城緊鄰皇城之東，東西長約 330 米，南北長約 1000 米。東城之北有含嘉倉城，東西長約 600 餘米，南北長 700 餘米。

在宮城東北角和西北角外，還有長方形城址各一座，其中東邊的城址南北長 275 米，東西寬 520 米，東面依東城之西牆，北面接宮城之北牆，西南兩面分屬于宮城皇城之東北牆；西邊的城址，南北長 275 米，東西寬 180 米，東面爲宮城西牆，南面爲皇城北牆，西北兩面與皇城西牆和宮城北牆相接。兩座城址之外，分別還有兩座夾城，修建時間晚于宮城。

外郭城，東壁長 7312 米，南壁長 7290 米，北壁長 6138 米，西壁曲折長 6776 米。南牆和東

墻上各發現有 3 個門道。其中南壁正中定鼎門內的大街是洛陽的主幹道,最寬處爲 121 米。此外,在洛南部分發現南北向街道 12 條,東西向街道 6 條。洛北部分由於破壞嚴重,僅在靠近城墻東北部探出南北向街道 4 條,東西向街道 3 條。外郭城中南面 5 列坊和東北隅 3 列坊保存較多。按照探出的街道,復原出的坊市數量符合文獻記載的 103 坊和 3 市,但由於西市所在破壞嚴重,北市爲現代建築所疊壓,現在只發掘了南市。

此外依據現有的發掘資料,隋唐洛陽城迄今發現的城垣(宮城城垣和隔城城垣)皆可以分爲早晚兩期[53]。

(26) 北宋開封

後周、北宋的開封城是在唐、五代汴州城基礎上擴建的,以原汴宋節度使衙城爲核心營建宮殿,街道方面主要的改建有:

《資治通鑑》卷 292 "後周顯德二年(955)十一月":"先是大梁城中(楊寬認爲指的是裏城)民侵街衢爲舍,通大車者蓋寡,上命悉直而廣之,廣者至三十步,又遷墳墓于標外。上曰:'近廣京城,于存殁擾動誠多,怨謗之語,朕自當之,他日終爲人利'"[54]。

《册府元龜》卷 14《帝王部·都邑》"(顯德)二年四月詔曰:惟王建國,實曰京師,度地居民,固有前則。東京華夷臻湊,水陸會通,時向隆平,日增繁盛。而都城因舊,制度未恢。諸衛軍營,或多窄陿,百司公署,無處興修。加以坊市之中,邸店有限,工商外至,億兆無窮,僦賃之資,增添不定,貧闕之戶,供辦實艱。而又屋宇交連,街衢湫隘,入夏有暑濕之苦,居常多烟火之憂。將便公私,須廣都邑,宜令所司于京城四面,别築羅城。先立標幟,候將來冬末春初農務閒時,即量差近甸人夫漸次修築。春作纔動,便令放散,如或土功未畢,則迤邐次年修築,所冀寬容辦集。今後凡有營葬及興置宅窰井草市並須去標幟七里外。其標幟內候官中擘畫,定街巷、軍營、倉塲、諸司公廨院,務了,即任百姓營造"[55]。

"(顯德)三年(956)六月癸亥詔曰:……近者開廣都邑,展引街坊,雖然暫勞,久成大利。朕昨自淮上迴及京師,周覽康衢,更思通濟,千門萬戶,庶諧安逸之心,盛暑隆冬,倍减寒温之苦。其京城內街道闊五十步者,許兩邊人戶各於五步內取便種樹掘井、修蓋凉棚,其三十步以下至二十五步者,各與三步,其次有差"[56]。

綜上來看,城市與街道方面的主要改造是:1、將內城中的街道拉直;2、修築羅城;3、在羅城中劃定街道、修建一些官方建築和軍營,其它任由百姓建造。

北宋開封城最終形成了從中心向外的三重城的城市佈局。

宮城,也稱大内,亦名皇城,原爲唐宣武軍節度使治所,五代梁、晉、漢、周皆在此建宮。宋太祖建隆三年(962)按洛陽宮城圖樣改建,城周五里。徽宗時,在宮城北側建延福宮,使宮城擴大了近一倍。

裏城,宮城之外的第一圈城垣,亦曰内城、舊城,即唐汴州故城,周長 11550 米。南北各有 3 門,東西各有 2 門,分布著中央官署和開封府的衙署。

外城，宮城之外的第二圈城垣，亦稱新城、郭城、羅城，北宋時期在周世宗顯德年間創建的羅城基礎上多次改造展築而成。考古實測：西牆7590米，東牆7660米，北牆6940米，南牆6990米。外城主要分布官宦住宅、民居、市街商店、酒樓、寺觀。

北宋東京採用廂坊制，內城4廂46坊，外城4廂75坊，城外爲9廂13坊，全城共計17廂134坊。

由于黃河氾濫，北宋開封城深埋在地下數米，因此其具體的城市形態和街道佈局并不清楚。

⑵⁷ 南宋臨安

北宋末，宋室南逃，建炎三年駐蹕杭州，升爲臨安府。紹興八年（1138）正式以臨安府爲南宋都城。城市形態呈不規則的南北狹長形。

宮城和皇城主要以吳越時期的"子城"爲基礎。在鳳凰山麓吳越宮殿的基礎上增建行宮大殿；皇城位于宮城的北側，沿著吳山山脚修築城牆將中央官署包括起來。皇城以北，以南北向的御街爲中軸綫，兩側排列15廂84坊。

⑵⁸ 金中都

金中都以遼南京城（即唐幽州城）爲基礎加以擴建。天德三年（1151）動工，第二年築成。北牆仍舊，東、西、南三面向外擴展。城周實測爲18,690米。東、西、南三面城垣各開3門，北城垣開4門，共13門。

宮城位于中部略偏西，平面呈長方形，東西寬約600米、南北長約1500米。宮城西爲同樂園，東有東宮。宮城應天門外向南有千步廊，東爲太廟（衍慶宮），西爲三省六部。擴建後全城共有60餘坊，但是現在只能確定不到20個坊的位置。已經探出外郭南垣正門豐宜門以及西門端禮門與北牆西門會城門所連的南北向大街，豐宜門與端禮門之間的東西向橫街⁽⁵⁷⁾。

⑵⁹ 元大都

元大都城始建于元世祖至元四年（1267），至元十三年（1276）大城建成。此後，又建隆福宮和興聖宮、太廟、社稷壇。至元二十二年（1285）開始全面營建大都。至元二十九年至三十年（1292～1293）完成積水潭（海子）下游通惠河漕運工程之後，全城規模基本定型。

李孝聰根據文獻記載、考古發掘的驗證和前人研究成果，結合地形現狀將其設計程序分析如下：

第一步在積水潭東北岸選定全城的中心點，立中心臺，建中心閣。

第二步設計是建大內，即新宮殿和皇城。宮城設計在太液池東岸，宮城北部闢御苑，太液池西岸建隆福宮，爲太子所居（元朝中葉在湖西北又增建興聖宮，爲太后所居），周圍築蕭牆，即皇城。

第三步設計規劃是元大都外郭城四面城牆的確定。侯仁之的觀點是："以積水潭的東西寬度，作爲全城寬度的一半，用以決定東西兩面大城城牆的位置，只是兩面城牆的內側，還須各加一條

順城街的寬度"⁽⁵⁸⁾。全城東西寬度的一半大約是 3300 米。

　　建築史規劃學家傅熹年先生通過考古勘測所得大都城三重城的尺寸，對大都城大內前朝圍牆對角綫、宮城城牆對角綫及外郭大城對角綫進行比較，發現這三組對角綫長度之間存在倍數關係，從而提出元大都興建是以宮殿圍牆對角綫長度的模數爲基準設計修建的⁽⁵⁹⁾。

　　根據考古勘測，元大都城平面呈長方形。北城牆長 6730 米，東城牆長 7590 米，西城牆長 7600 米，南城牆長 6680 米，周長 28600 米。城內重要的祭祀建築如下：太廟位於齊化門內以北，社稷壇位於平則門內以北。中央官署最主要的如中書省、樞密院和御史臺，最初都按"星位"排列，後因距離宮城較遠，某些衙署位置有所變動。

　　大城共十一門，門內大街構成全城主幹道。主幹道相交形成若干長方形居住區，居住區中又有等距離東西向若干條胡同，組成整齊的街道體系。大街寬二十四步（約合 37.2 米），小街寬十二步（約合 18.6 米），胡同寬六步（約合 9.3 米）。在建城之初，曾對住宅的面積有所規定，《元史·世祖本紀》"（至元二十二年二月壬戌）詔舊城居民之遷京城者，以資高及居職者爲先，仍定制以地八畝爲一分。其或地過八畝及力不能作室者，皆不得冒據，聽民作室"⁽⁶⁰⁾。

(30) 明南京

　　元至正二十六年（1366），朱元璋將應天府改建爲新都。宮城和皇城選在元應天府城的東側，北倚富貴山（鍾山餘脉），南瀕秦淮河，在塡平部分燕雀湖的南北軸綫上建造宮室。南北長 2.5 公里，東西寬 2 公里。在午門外左側修建太廟，右側修建社稷壇。皇城以南御道東側爲五部（吏、戶、禮、兵、工），西側爲五軍都督府，刑部和都察院位於皇城外玄武湖東岸。

　　郭城規模宏大，全長 33.7 公里，逶迤曲折。

　　洪武二十二年（1389），又加築外郭城，將南京城外圍的山丘容納在內，綿延 60 公里，辟 18 門。

(31) 明中都⁽⁶¹⁾

　　明中都是完全新建的都城，其留存下來的資料非常豐富，修建過程大致如下：

　　洪武二年（1369）九月"命有司建置城池宮闕如京師之制焉"⁽⁶²⁾；

　　《寰宇通志》："洪武三年（1370）……建皇城於府西南二十里鳳凰山之陽，爲中都"⁽⁶³⁾；

　　《中都志》："洪武三年，建宮殿，立宗廟、大社於城內，幷置中書省、大都督府、御史臺於午門東西"⁽⁶⁴⁾；

　　洪武四年（1371）正月庚寅："建圜丘、方丘、日、月、社稷、山川壇及太廟於臨濠"⁽⁶⁵⁾。

　　洪武五年（1372）十一月癸亥"詔建公侯第宅於中都"⁽⁶⁶⁾。

　　至洪武六年皇城建成⁽⁶⁷⁾。同時還規劃了中都城中的街坊⁽⁶⁸⁾，此後洪武七年（1374）修建了外城⁽⁶⁹⁾，至洪武二十五年（1392）停建中都⁽⁷⁰⁾。

　　根據王劍英的研究，明中都城的佈局可以復原如下：

明中都城有三重，分別爲外城、禁垣（後改稱爲皇城）和皇城（萬曆後改稱紫禁城、宮城）。皇城并不位于全城正中，而稍微偏西。

皇城位于鳳凰山南側海拔 36 米至 43 米較爲平緩的坡地上，周六里，高四丈五尺餘，四門。皇城正南午門外左置太廟和中書省，右爲太社稷與大督都府、御史台。

禁垣"枕山築城"，將鳳凰山的主峰及其相聯的萬歲山峰包括在内，整體都位于鳳凰山的南側，周長 13 里半，高二丈，四門。禁垣南門承天門外左建城隍廟、國子監，右立功臣與帝王廟。門外東西橫街兩端建鐘、鼓樓。

外城因山勢修築，周長五十里又四百四十三步，高三丈，整體呈東西向的長方形。原設計每邊開三門，共十二門，但最終只修建了九門，即東面三門，南面三門，北面二門，西面一門。按照文獻記載，洪武五年定中都基址時只劃定了兩條大街，天順、成化年間成書的《中都志》中已經記載了 24 條街，按照萬曆末《鳳陽新書》的記載則已經有 28 條街。明洪武五年劃定有 94 坊，《中都志》則記載有 104 坊。其具體佈局方式現在并不十分清楚，但從王劍英的復原圖來看，主幹街道呈直角相交[71]。

按照王劍英的分析，明中都的設計都是左右對稱的"不僅皇城（即宮城）、禁垣（皇城）、中都城的城牆、城門東西對稱，南北對稱，也不僅文華殿和武英殿、太廟和太社稷、中書省和大都督府東西對稱，其他還有一些重要的建築也是東西對稱，或是南北對稱。如鼓樓和鐘樓、中都城隍廟和功臣廟、朝日壇和夕月壇都是東西對稱的，圜丘和方丘、皇陵和十王四妃墳、鳳陽府和鳳陽縣都是南北對稱的。此外，依山建苑囿、龍興寺、觀象臺，如拱星環列。臨水建百萬倉，以便于漕運。國子監、會同館、官署、衛所等則布列城内"[72]。

(32) 明、清北京城

明初攻占元大都後，改名北平，進行了改建，拆除了元大内的宮殿，放棄了原來元大都北部空曠的地區，并在元大都北面城牆以南約 5 里處，修築了新的北側的城牆，開設了兩座城門。

明永樂決定遷都北京後，從永樂四年（1406）開始至永樂十八年（1420）對北京城進行了大規模的改建，在元大内故址的基礎上向南偏移，興建了新的紫禁城，爲了容納新的大内，又將皇城的南牆向南遷移，將北京城的南城牆向南拓展了二里。此外還在元代延春閣故址上修建了萬歲山（即景山）。將原來東城牆內的太廟和西城牆以内的社稷壇，分別遷移到紫禁城南門外的左右兩側，還在承天門前開闢了一座完整的"T"字形的宮廷廣場，并在正陽門南修建了山川壇和天壇。

北京城的衙署自宣德年間始按照南京皇城佈局制度進行複製，布置在承天門前"T"字形千步廊外兩側，如鴻臚寺、宗人府、吏部、戶部、兵部、工部、欽天監、翰林院、會同南館等，刑部則仿南京之制設置在皇城外宣武門内街西。其餘的衙署主要散布在東、西城中。

嘉靖時期，東、西、北三面城外分別興建了朝日壇、夕月壇和方澤壇（地壇）。同時，由于蒙古騎兵多次南下，爲了加強北京的防衛，嘉靖四十三年（1564）計劃在北京四周修建一道外垣，但因財力不濟，最終只修建了環繞南郊的外城。外城的街道由于是自然形成的，曲折凌亂，與内

城規劃過的齊整的街道形成了明顯的對比。

2 研究評述

(1) "規劃"的定義以及以往研究中的相關問題

"規劃"是一種有意識的行爲。按照國標《城市規劃基本術語標準》"城市規劃"的定義是"對一定時期內城市的經濟和社會發展、土地利用、空間佈局以及各項建設的綜合部署、具體安排和實施管理"。美國國家資源委員會提出城市規劃"是一種科學、一種藝術、一種政策活動，它設計并指導空間的和諧發展，以滿足社會與經濟的需要"[73]。類似的關於"城市規劃"的定義還有很多，但其中一致的是"城市規劃"是有預先目的、有意識進行的城市發展的設計，在一些著作中作者使用的"規劃"一詞確實也帶有這樣的涵義，如賀業鉅在《中國古代城市規劃史》前言中提到"遠在公元前11世紀西周開國之初，我國即已初步形成世界最早的一套從城市規劃概念、理論、體制、制度直至規劃方法的華夏城市規劃體系，用來指導當時的都邑建設……三千年來，我國古代城市基本上都是遵循這個體系傳統而規劃的。由此可見，體系傳統的發展進程，正集中體現了我國古代城市規劃的發展歷程"[74]。

由於"規劃"是一種有意識的行爲，因此一座城市是否進行過規劃以及規劃的程度是需要證明的，但是當前以"規劃"爲標題的論著以及很多關於中國古代都城個案或者綜述性的研究著作都默認其研究對象的城市形態是一次性規劃的產物或者城市的發展自始至終遵循著同樣的規劃。但除了少數都城（隋唐長安、洛陽、元大都、明中都）之外，由於文獻缺失，要直接判斷這些都城是否經過了規劃以及規劃的範圍、程度是非常困難的。在這種情況下，研究者將都城的城市形態輕易或者傾向性的判定爲或是經過全面規劃，或是一次性規劃的產物似乎過於輕率。

以往研究中，大致存在三方面的問題：

① 一些研究者認爲城市中存在功能分區，那麼就說明這是規劃的結果，因而城市形態就是規劃的產物。但實際上功能分區并不一定是規劃的產物，現代的一些村鎮中也可以清晰的劃分出居住區、商業區，但其中很多都是順應當地的交通、自然環境自發形成的，并不是有意規劃的結果。

如李久昌《偃師二里頭遺址的都城空間結構及其特徵》[75]，對二里頭遺址的空間結構提出了一些觀點，現分析如下：

"二里頭遺址的都城佈局經過統一規劃，其規劃採取了按功能來劃分爲不同分區的結構方法。大體上可劃分爲宮殿區（宮城）、祭祀活動區、作坊區和貴族聚居區和一般性居住活動區幾大區域。宮城位于都城的東南部；祭祀活動區位於宮城的北部和西北部；貴族聚居區環繞宮城周圍；一般居住活動區則位於宮城的西部和北部區域；手工業作坊區按照種類不同佈局"，後半段是對考古資料的陳述，但其中最重要的問題是上述分區是一次性規劃的結果，還是多次局部規劃的結果，抑或是逐步自然形成的？作者在這裏至少要交代一下這些遺址出現的時間；而且存在功能分區不等於存在規劃。

"宮城內的大型宮殿建築和中心區道路也都有統一的方向，方向爲南北向略偏東，顯現出極強的規劃性"，但正如考古資料所顯示，這些宮殿興建於三個時期（雖然主要興建於第三期）；具有方向性，也可能來源自建築習慣或者建築上的制度，可能不是總體規劃的結果。而且最爲關鍵的是，從考古資料來看，道路使用的時間要早於宮殿區（宮城）形成的時間，因此難以確定這種街道佈局與宮殿建築佈局在最初的規劃上就存在著聯繫[76]。總體上來看，二里頭現在的考古資料不足以證實存在總體性的規劃。

② 在某種意義上，只要是人爲的建造，那麼都是有意識的行爲，但是其中一些城市功能建築的興建只涉及到城市的局部或者至多是一種局部規劃，某些都城最終的城市形態可能恰恰是在多次這種局部行爲的基礎上構成的，由此就整體而言，這種城市形態并不應當被視爲是（一次性）有意規劃的結果，比如漢長安城、北魏洛陽，也不能以此爲基礎對城市形態的成因進行分析。

如陳喜波在《"法天象地"原則與古城規劃》[77]一文中提出咸陽城的佈局對于天象的模仿，從其所繪示意圖來看兩者確實非常類似，但所涉及的僅僅有咸陽宮、渭水和阿房宮，這是一種非常簡單的相似，而且與此有關的文獻基本上都是漢人的記載，因此需要考慮這些描述是否是後人的附會。不僅如此，從上文對秦咸陽的描述來看，咸陽在戰國中晚期至秦末一直都在不斷的擴建和修建，很難想像在建城之初就已經有了模仿天象的規劃并且被後代所遵守，而且戰國中期秦統一六國之勢尚不明顯，在那時就規劃好了六國宮殿以及阿房宮的位置似乎也有些超乎想像。因此，即使咸陽的城市佈局與天象存在相似性，但這種相似是否是有意規劃的結果，就現有資料來看，不是非常明確。

類似的還有曾在漢長安的整體佈局研究中具有一定影響力的"斗城"說[78]。目前這一觀點已經受到廣泛的反駁，大多數學者認爲漢長安城北城垣的走向主要受渭河及其支流的制約，北墻曲折6處，與渭河的走向完全一致[79]。南墻因受之前建造的長樂、未央二宮和高廟位置的影響，也不在一條東西直綫上，中部外凸。因此這種城市平面輪廓的不規則，并不是來源于"法天"的思想[80]。另外，從研究方法上來看，"斗城"說在理論上以當時存在"法天"思想爲依據，然後再將星圖與城圖對照，看上去星圖與城圖之間較爲相似（當然從邏輯上而言，相似并不等于存在聯繫，而且存在相關的"思想"與這些"思想"實際應用于某一具體事物也完全是兩回事，這點參見後文）。更爲關鍵的是，從漢長安城的修建歷史來看，這座城市并不是一次修建而成的，其修建斷斷續續一直延續到漢末，在文獻中也沒有漢高祖時就存在一種"法天"的總體規劃並被後來所遵守的蛛絲馬迹。因此，這種以長安城的城市形態是一次性規劃的結果爲基礎形成的觀點，在出發點上就存在問題。

③ 還有一些都城是在原有城址基礎上改建的，比如曹魏鄴城、北魏平城、南宋臨安等等，對于這些城市城市形態中一些要素，比如宮城、街道佈局等的位置或者結構是受到原有建築或者結構的影響，還是有意規劃的結果，抑或兩者都有，是非常難以判斷的。

如以往的研究者對于曹魏鄴城的評價很高，例如郭濟橋《曹魏鄴城中央官署佈局初釋》："鄴城的營建有其總體規劃構思。《魏都賦》謂鄴城規劃覽荀卿、採蕭何，《荀子·王制》于規劃禮儀

有所發揮，蕭何建長安亦開闢一新局面，說明鄴城的規劃效法先賢，以周、漢的都城構築制度爲底本，借鑒秦漢制度，并有所創新"[81]。從佈局上來看，與前代都城不同，曹魏鄴城的整體佈局中宮殿區和衙署區較爲集中，沒有再採取以往多個宮城（或者宮殿區）的佈局。但需要注意的是，按照記載，在曹操之前，鄴爲袁紹所有，也就是曹魏鄴城不是新建的，而是對原有城市的改建。而且與曹魏鄴城修建有關的文獻，所涉及到的基本上局限於宮殿、三臺，并修繕了城隍而已。由此我們不禁要問曹魏鄴城有多少是出於曹魏規劃，有多少是繼承自前代；在一些學者論述中一再強調的對後世影響極大的那些佈局（如中軸綫，宮殿的統一佈局并居於城市北側）是曹魏的有意爲之，還是在原有城市佈局基礎上的因地制宜？而且這種佈局方式在當時是否已經成爲了一種通識，還是僅僅只是一種偶然的、因地制宜的佈局方式？[82]

此外，還需要注意對某座都城的城市形態或者規劃定性時的用詞，例如《鄭州商城》一書在結語中對鄭州商城城市佈局的結論是"從以上鄭州商城內外已發現和發掘出的商代各種遺跡的分布情況可以看出，鄭州商城的修建與佈局是曾經過精心設計的"[83]。基於現在的考古資料，即使鄭州商城存在規劃，但與後代的那些都城相比，"精心設計"顯然過譽了（參見前文對鄭州商城的描述）。

(2) 如何判斷都城佈局的相似性以及"相似性"在研究中的意義

對於不同時期都城佈局相似性的判斷，是構成以往研究中認爲各個都城城市形態之間存在聯繫和影響的基礎，因爲只有判定都城城市形態之間存在相似性，才能確定它們之間存在影響（這種分析在邏輯上也存在問題，參見後文）。由於當前研究中對於相似性的判斷基本是一種主觀認識，因此兩座都城之間有些研究者認爲兩者佈局相似或者至少主體佈局相似，但另外一些研究者則會認爲兩者之間并不相似或者只是某些不太重要的局部存在相似。

例如關於北魏洛陽城，學界爭論的一個焦點問題就是這座都城的城市佈局受到了哪些都城的影響。以劉淑芬爲代表的一些學者認爲北魏洛陽城的營造主要是受到南朝建康的影響"洛陽的營建幾乎全受建康的影響……甚至是建康的翻版"[84]。而陳寅恪則提出了具有影響力的觀點，他先否定了通常根據《南齊書·魏虜傳》記載永明九年（491）營建洛陽之前，魏主曾遣蔣少游報使南齊時"密令觀京師宮殿楷式……虜宮室制度，皆從其出"而認爲北魏洛陽的規劃皆出自蔣少游之手的觀點，提出"但恐少游所摹擬或比較者，僅限於宮殿本身，如其量准洛陽魏晉廟殿之例，而非都城全部之計劃，史言'虜宮室制度皆從此出'，則言過其實"[85]，進而提出"其實洛陽新都之規制悉出自李沖一人"，并認爲北魏洛陽都城的營造"蓋皆就已成之現實增修，以摹擬他處名都之制者"，其中包括有河西涼州、中原鄴城、代北平城與南朝建康等數座城市[86]。

再如芮沃壽的《中國城市的宇宙論》，該文所強調的是對中國城市規劃具有重要影響力的"宇宙論"，不過實際上主要內容是《考工記》，但與同樣強調《考工記》的賀業鉅（參見後文）不同，芮沃壽接受了現在主流的觀點，認爲《考工記》的成書時代較晚，即"不過我却認爲該書某些片段或所包含的思想，雖則可能起源較早，但其基本結構——特別是有關數字象徵的地方——當起

于漢武帝時期"[87]。而且作者對某些城市的認識與賀業鉅也存在很大的差異，如隋唐長安，作者認爲受到帝王宇宙論（基本上等同于《考工記》）的影響不大，"帝王宇宙論對長安城的規劃者雖則分明具有權威，然而這種權威却也有限……在需要作出抉擇的時候，實用主義的考慮——方便、功能區劃分、易于治安管理——就超過古制的規定"[88]，但賀業鉅則認爲隋唐長安是中國古代"營國制度"發展中的重要一環。對于賀業鉅依然納入"營國制度"體系的北宋開封，芮沃壽則認爲"可以料想得到，古代帝王的城市宇宙論，已不大受到宋代諸帝的注意了"[89]。

此外，一座都城的城市佈局牽扯到多種要素，當前研究中大都包括宮城的位置、衙署（或者皇城）的位置以及與宮城的相對位置，太廟和社稷壇的位置、各個方向城門的數量、街道佈局的方式。那麽在上述這些要素中，有多少要素相同才算得上相似？抑或某些重要的要素相同，那麽就可以認爲是相似？如果不確定一些標準的話，那麽都城之間相似性的比較只是一種自說自話的研究，永遠也不會達成一種共識。

但是，建立相似性的判斷標準依然不能徹底解決這一問題，因爲單純的相似性比較并沒有實質上的意義，理由是：一方面相似事物的內涵、產生的原因可能不一定相同；另一方面相似的事物也存在著各自起源的可能，因此兩個事物之間存在相似性不等于兩者之間存在關聯或者存在相互影響，至多只能說兩者之間"可能"存在聯繫。

如一些學者認爲漢長安城符合《周禮·考工記》的都城規制，就研究方法來看，基本上是將漢長安的城市形態與《考工記》的王城規制進行比較。如劉慶柱《漢長安城的考古發現及相關問題》[90]一文，作者雖然沒有直接提出長安城模擬了《考工記》，但在行文中有時也會將兩者（或者與先秦城市的傳統）進行比較，如作者提出"崇'方'問題"，"漢長安城和未央宮繼承了先秦時代宮城崇'方'的傳統做法"，且不說漢長安城不是方形，即使認爲長安城是"方形"符合《考工記》的記載，但這也不能說明其是受到《考工記》的影響，"方形"的城市形態可能來自于崇"方"，也可能來自于一種習慣；而且世界範圍內很多城市都是方形的（不要忘記，中華文明至少在漢初還沒有形成統一）。作者還提出長安城"面朝後市"，但問題在于這種格局是在一種傳統（如《考工記》）影響下形成的，還是在當時城市交通的影響下產生的[91]，抑或兩者都有？

又如，北魏洛陽城的市場位于城市南部，陳寅恪認爲這是受到姑臧的影響；同時陳寅恪也認爲可能是受到交通因素的制約，那麽洛陽城與姑臧市場位置的這種相似性，其原因到底是什麽呢？顯然，姑臧的"影響"至多只是可能性之一。隋唐長安城的市場位于城市南側，其位置也與北魏洛陽城相同，但這種佈局很可能是受到地形制約將宮城修建在北側高坡上而市場不得不位于南側的結果，因此這種相似性所闡釋的不是一種必然的影響和聯繫。

再如，孟凡人在《試論北魏洛陽城的形制與中亞古城形制的關係——兼談絲路沿綫城市的重要性》[92]一文中提出北魏洛陽城的城市佈局與中亞一些古城的佈局存在一定的相似性，然後又通過文獻和考古資料分析了曹魏時期和北魏時期中原與中亞存在著密切的聯繫，從而提出這一時期中國城市的佈局受到了中亞的影響。從該文提出的考古資料來看，北魏洛陽與中亞的一些古城在城市佈局上確實存在相似之處，而且漢代以來中原與中亞交流的頻繁也是學術界的共識，但如同

上文所述，這種表面上相似性的比較所論述的只是一種沒有太多說服力的"可能"而已。

不僅如此，即使內涵和產生原因相同的兩個相似事物之間，也不一定存在影響或者聯繫，因爲一方面存在各自單獨起源的可能，另一方面也許兩者的相似都產生於一種共同的背景、習慣或傳統。

如以往的研究基本都認爲隋唐至宋元是中國古代都城佈局的一大變革時期，其中重要的一點就是之前棋盤格的街道佈局被長巷式街道佈局所取代，從各種復原圖中也確實能看出這種變化。不過，我們需要瞭解，棋盤格的城市街道佈局方式在世界城市史上非常普遍，主要使用在新建城市或者老城市中新的拓展區，是劃分土地的一種方式，優點在於能便捷、快速的建造一座城市。在中國古代都城中（以及很多地方城市中），棋盤格規劃基本上應用于那些新建的城市，例如隋唐長安、洛陽，可能還包括北魏洛陽、明中都。以往研究中長巷式街道佈局的代表元大都，幾乎所有主要街道和胡同都是垂直相交的，而且這種劃分方式在很大程度上是爲了劃分土地，《元史·世祖本紀》"至元二十二年二月，壬戌，詔舊城居民之遷京城者，以資高及居職者爲先，仍定制以地八畝爲一分。其或地過八畝及力不能作室者，皆不得冒據，聽民作室"，趙正之的《元大都平面規劃復原的研究》一文中計算"胡同與胡同之間的距離爲 50 步，合 77 米，但這是根據從第一條胡同的路中心至次一條胡同的路中心來計算的。如果去掉胡同本身 6 步的寬度，則兩條胡同之間實際占用的距離是 44 步，合 63.36 米，這與北京內城現存的平行胡同之間的距離是符合的。如以兩條胡同之間實占距離 44 步長爲准，寬亦截爲 44 步，那麼這一方塊中，約占地 8 畝"[93]。侯仁之則進一步認爲"8 畝一份的住宅用地，根據兩條標準胡同之間的面積來計算，可以大致求得其分佈情況。例如自東四（牌樓）三條胡同與四條胡同之間，從西口到東口正好占地 80 畝，適可分配住戶十家"[94]。因此，隋唐長安城和洛陽城的棋盤格與元大都的長巷式街道，雖然在外觀上存在一些差異，但却有著相同的內涵。還有一個旁證，即熟悉棋盤格城市規劃方式的意大利人馬可·波羅，將元大都描述爲"城中的全部設計都用直線規定，故各街道大都沿一直線，到達牆根……全城建屋所用的土地都是四方塊子，並且彼此在一條直線上；每一塊地都有充分距離可建美麗的住宅和院子、花園等等。各家的家長各分派一塊。這種產業以後則由一人轉入他人的手中。城內的全部就在這種情形中分成方塊，和棋盤格一樣，其設計的精審與美麗，簡直非言語所能形容"[95]，起碼在他的眼中元大都是一座棋盤格佈局的城市。

但是，這種內涵的相似性不等同於兩者之間存在聯繫。在世界城市史上，棋盤格佈局是採用最爲普遍的一種城市規劃方式，出現於印度河流域、埃及、希臘、羅馬、文藝復興時期的歐洲、西班牙統治下的美洲直至近現代，在中國也是如此，如明代大量的衛所城市和清代的滿城。由此隋唐長安城和元大都（以及其它棋盤格佈局的城市）的街道規劃很可能是各自對這種常用的規劃方式的採用，相互之間不一定存在影響。

將這一問題進一步推進，以往的研究認爲至少從北魏洛陽開始就存在棋盤格的街道佈局，從而影響了鄴南城以及隋唐長安城和洛陽城的街道佈局。先拋開北魏洛陽城的棋盤格佈局現在只是一種可能，按照上文的叙述，即使如此，也不能說隋唐長安城和洛陽城的棋盤格佈局是在北魏洛

陽的影響下產生的。

總體來看，以往研究中對都城形態的相似性比較不僅缺乏統一的標準，而且僅僅是形式上的比較并不能說明問題，甚至從內涵或者起源角度進行的比較研究也僅僅闡釋的是一種相互影響的"可能性"，由於中國古代文獻中相關史料的缺乏，這方面的研究非常困難，今後一方面要探索新的研究方法，另一方面在研究中要意識到"相似"比較的局限。

(3) **過度闡釋**

歷史研究，無論是基于文獻還是基于考古材料，都需要在資料的基礎上進行闡釋，也就是需要進行主觀的判斷和解釋，因此必定帶有一定的主觀性。但是這種"主觀"要符合基本的邏輯，而且研究者自身必定要意識到其所進行的研究是一種主觀的研究，這種主觀研究的結果在邏輯上更多的是一種可能，而不是確定。而且更為重要的是要意識到，在建立于各種可能性基礎上的層層推進的研究中（基本上所有研究都是如此），最初的可能性越小，那麼隨著邏輯的推進，最終結論的可能性也就越小。如果是建立在多種小概率可能性基礎上的研究，那麼其結論的可信度就非常值得質疑。如果沒有意識到這點，那麼對于最終結論的確信很可能就成為一種過度闡釋。

而且，以往構建中國古代都城形態發展史的基礎就是對不同都城形態的比較，由於幾乎所有研究者都傾向于認為都城城市形態之間存在著聯繫和影響，因此在比較時都刻意尋找這種相似性（且不說沒有考慮到內涵），有時過度誇大考古和文獻資料所能提供的信息，也構成了過度闡釋（因為任何進行比較的事物，只要主觀上認為具有相似性，都可以刻意找到相似的方面，所以以往某些相似性比較的研究也帶有過度闡釋的成分）。

下面舉一些例子進行說明：

賀業鉅在《中國古代城市規劃史》中為了符合上文所引用的其前言中提出的中國自古以來就存在的城市規劃理念，必然要將所有中國古代都城的形態都闡釋為"規劃"的結果。如將殷墟認為是一種環狀規劃，其論據就是"中心區外圍（即宮殿區），環布著若干居住聚落，并附有墓葬。這些居住聚落雖未連成一片，分布卻頗密集，不過距中心區較遠的地方，則分布漸漸稀疏……居住區外環，散布著幾處手工作坊區"。一方面從當前的考古發現來看，殷墟的居住區和手工業區是混雜的，而且就現有發現的居住遺址來看，也難以構成明顯的環狀，而且"距中心區較遠的地方，則分布漸漸稀疏"，現在的大部分農村聚落似乎也是如此。

此外從常理而言，如果該書的論述成立的話，那麼中國古代城市規劃的一致性（時間上和地域上）和普遍性不僅遠遠超過所有其他古代文明，甚至當代都無法與之比擬，這似乎有些不可思議。

田建文《"新田模式"——侯馬晉國都城遺址研究》[96]一文首先對晉都新田的考古材料進行了梳理，然後提出了一些自己的見解，但最後的結論則有過度闡釋之嫌"這一認識基礎上，我們把晉都新田這些特點稱為'新田模式'，這一模式對它之後的戰國時期列國都城產生了巨大影響。現在我們知道的就有：河南新鄭'鄭韓古城'、河北邯鄲'趙王城'、河北平山'三汲古城'（中山國）、河北易縣'燕下都'、山西夏縣'禹王城'（魏）、山東臨淄'齊故城'"。無論是之前的考

古報告還是這篇論文都沒有對新田的六座城址，尤其是單獨三座小城的城郭性質進行區分，在新田也沒有發現郭城，而作者提到的戰國時期的列國都城都是由小城與大郭構成的，因此是否存在"相似"并不十分明確；即使相似，那麼與晉國存在聯繫的那些諸侯國，如韓、趙、魏的都城佈局遵循這種模式還可以理解，燕、齊都城遵循這種模式那麼必須要進行分析和闡釋，不能僅僅依照相似性來判斷（而且相似并不一定具有影響）。此外作者在文中基於《周禮·考工記》的"左祖右社"的記載，將以侯馬盟書遺址爲主體的祭祀群和西南張祭祀遺址分別定爲太廟和祭祀土地神之處，但這兩處遺址的位置相距遙遠，這種比擬有些勉強，因爲如此一來只要是分布在宮城東西兩側的建築或者大型遺址都可以被認爲是"左祖右社"，因此有些不太妥當。此外現在雖然對以呈王路爲中心的建築祭祀遺址屬於宗廟祭祀遺址的意見基本一致，但是西南張遺址的性質甚至使用時間依然難以確定，而且在整個新田遺址中還存在其它幾處祭祀遺址；退一步講，即使可以如此比擬，但這一觀點在沒有其他資料或者論證的情況下，至多只是一種"可能性"，不應以定論的形式出現在結論中。

以往研究中對都城中棋盤格佈局的認定也是過度闡釋的典型例證。現在認爲北魏洛陽城中存在整齊的棋盤格佈局的觀點，在學術界占據了主流，并以此爲基礎提出了一些中國古代都城形態發展的觀點，但是就現在的考古資料來看，在外郭中發現大道9條，其中走向基本筆直的大道2條；帶有傾斜和曲折的大道2條；其餘幾條道路或者斷斷續續或者走向并不清晰，僅從考古資料難以得出北魏洛陽存在整齊的棋盤格街道佈局的結論。孟凡人對以往的這種觀點已經提出了異議，"里坊除比較規整的一里見方者外，亦有大小不同的里坊并存"；"（北魏洛陽城）是在利用、改造魏晉'九六'城基礎上興建起來的，雖然在增築外郭城時似有整體規劃，但它受舊城規範的制約，很難完全按規劃進行。比如北魏洛陽城的街道，從鑽探實測圖來看，遠不如隋唐長安城規整。這樣從整體上看，里坊的排列就失去了整齊劃一的前提……此外，還有很多因素影響里坊的整齊排列……在此情況下，很難想像北魏洛陽外郭城的里坊在整體上能像隋唐長安城那樣規整，更不用說排滿一里見方的里坊，能如棋盤格一樣整齊"[97]。因此，雖然并不能排除北魏洛陽存在棋盤格佈局的可能，但就目前的研究來看，也至多是一種"可能"，建立在其上的研究，則是"可能"之上的"可能"。

現在的研究者一般都認爲北宋開封城中不再存在與隋唐長安和洛陽相似的棋盤格佈局，而是街巷式佈局。由于北宋開封城深埋在地下，現在關於其街道走向的考古資料非常缺乏，因此實際上這一觀點并沒有確實的考古資料。楊寬是少數依據文獻對其進行過一些街道復原的學者，其結論是"從此大街和小巷連結的交通網逐漸形成。東西向的大街，兩側有若干南北向的小巷；南北向的大街，兩側有若干東西向的小巷。居民衆多的小巷不再是局限于'坊'內的通道，而直通大街，于是原來作爲封閉式的許多'坊'中間的'街'，成爲通向許多小巷的大道，從此'街巷'的結構就代替了原來的'街坊'結構"[98]。依照楊寬的復原，拋開坊的問題，垂直相交的大街與垂直交錯的小巷，所構成的很可能就是一種棋盤格或者至少是整齊佈局的街道模式（坊與棋盤格之間并無直接聯繫）。此外，文獻中"上命直而廣之"、"其標識內，候官中摯畫，定街巷"等也進一

步强化了这种推测。那麽这种街巷式佈局与原来的棋盘格佈局之间到底存在什麽差别，这种差别是否巨大到可以作爲劃分重要发展阶段的标誌？因此，在缺乏进一步论证的情况下，以往对于这一问题的研究似乎也帶有一定过度阐释的成份[99]。

而且即使北宋开封的城市街道佈局与隋唐长安、洛阳不同，但是以往将两者之间的差异认爲是中国古代都城街道佈局的变革在一定程度上也是过度阐释。因爲除了隋唐长安和洛阳之外，我们对于之前都城的街道佈局并不清楚；而且除了开封之外，後代都城的街道佈局，有些也类似于棋盘格的街道佈局（比如元大都、清代的盛京）。

(4) 对一些典型观点的分析

下面通过评述一些重要的具有代表性的研究论著和观点，来具体阐释以往研究中存在的问题：

黄建军《中国古都选址与规劃佈局的本土思想研究》[100]，认爲中国古代都城的佈局主要受到《考工记》和"风水"的影响，但该书在论述上具有明显的先有观点，然後用一些资料来附会的倾向。如其提出中国古代早期城址（龙山）的形态偏向于方形或者长方形以及後来的城址多近似于方形，主要是受到"天圆地方"观念的影响。作者的这种论述看起来似乎有些道理，但长方形和正方形城市不爲中国所独有，全世界的古代城市很多都是这种形态，因此方形或者长方形城市形态的决定因素可能不是单一的，而且作者提不出一条"天圆地方"决定了城市形态的证据。作者的这种论述方式更多的是猜想而不是学术讨论。此外城市佈局符合一些风水原理并不能直接推导出城市规劃受到了风水的影响，这并不是简单的相似性比较就能解决的问题。不可否认，风水对于城市佈局和城市形态确实存在影响，但是文献中一些关于城市佈局受到风水影响的记载，大多是传说，而且出现的时代都晚于城市修建的时间，因此不得不怀疑某些记载可能是後来的附会，而不是筑城之时的认识。要说明风水因素影响了城市的佈局，需要进行真正的分析和探讨。

就"风水"因素来说，确实其在中国古代城市规劃史或者形态发展史中可能至始至终都具有一定的影响，但是这些因素的影响是不确定的，或者说对于某些都城影响较大，有些则较小；影响的具体对象也并不稳定，有时是宫殿的位置（隋唐长安城的宫城），有时则是衙署的佈局（比如元大都）等等，难以找到一种稳定的发展脉络。

贺业钜《中国古代城市规劃史论叢》[101]，以四篇论文即《春秋战国之际城市规劃初探——兼论前期封建社会城市规劃制度》、《北魏洛都规劃分析——兼论中期封建社会城市规劃制度》、《唐宋市坊规劃制度演变探讨》、《南宋临安城市规劃研究——兼论後期封建社会城市规劃制度》，将中国古代城市形态（规劃）的发展分爲三个阶段，但这四篇论文中，除了第一篇涉及到诸侯国都城之外，其余三篇基本没有对地方城市形态进行分析，因此虽然以"城市规劃史"爲题，但作者主要讨论的是"都城规劃史"。在该书基础上作者又撰写了《中国古代城市规劃史》一书，後者除增加了城市体系的规劃之外，与前者相同的是都以《周礼·考工记》爲主体来论述中国古代都城的佈局，认爲《考工记》的佈局模式对中国古代都城的佈局产生了绝大的影响。作者这一观点虽然存在一定的合理性，但由于作者过于强调《考工记》的影响，将後来都城佈局中不符合《考

工記》的内容全部認爲是對《考工記》的發展，而忽略了各個都城佈局、規劃的内在過程，具體參見上文的討論[102]，在分析邏輯上帶有先有結論而後論證的意味。

在當前中國古代都城的研究中很多都傾向於將研究對象的佈局方式與《周禮·考工記》進行比較，從而得出城市佈局受到《考工記》影響的結論，因此在這裏對這一問題進行一些簡單的分析：

下面我們首先分析一下《考工記》的内容："匠人營國，方九里，旁三門。國中九經九緯，經塗九軌。左祖右社，面朝後市。市朝一夫……"。

《考工記》中王城規劃的核心主要有以下幾點：

① "方九里，旁三門"，規定了都城的規模和門的數量。

② "國中九經九緯，經塗九軌"，規定了主要道路的數量以及寬度。

③ "左祖右社，面朝後市。市朝一夫"，規定了城市主要建築的佈局方式以及占地面積。值得注意的是，雖然規定了祖、社、朝、市的相對位置，但并沒有直接表明宮城要位於城市的中心，由此以宮城爲中心的中軸綫也不一定是都城的中軸綫。

還存在一些依據《考工記》繪製的想像中的"王城圖"，現存最早的是宋代《三禮圖》中的"周

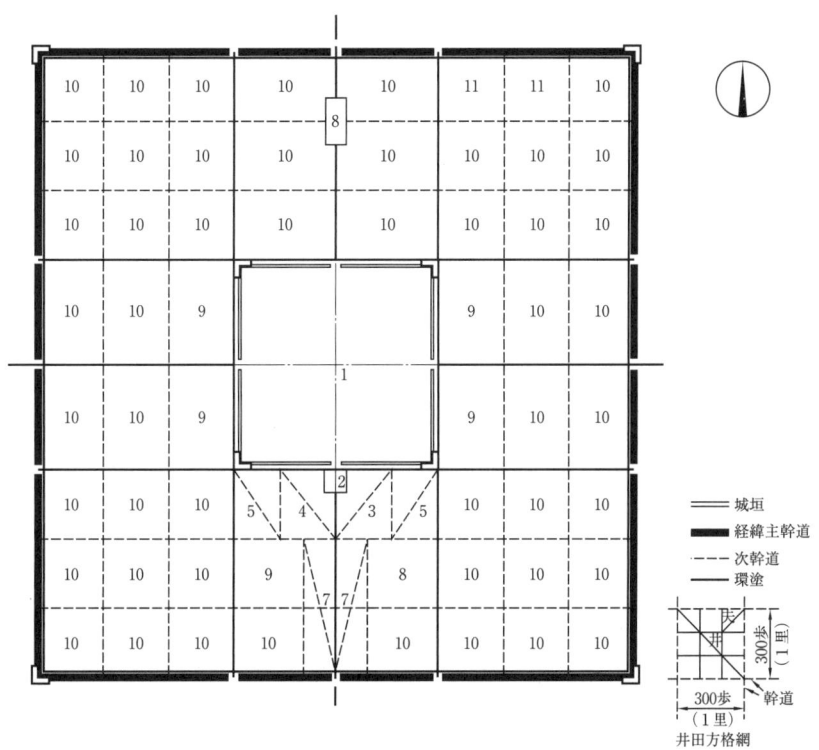

圖3 王城基本規劃結構示意圖
1－宮城；2－外朝；3－宗廟；4－社稷；5－府庫；6－厩；7－官署
8－市；9－國宅；10－閭里；11－倉庫

（賀業鉅：《考工記營國制度研究》，中國建築工業出版社，1985年，51頁）

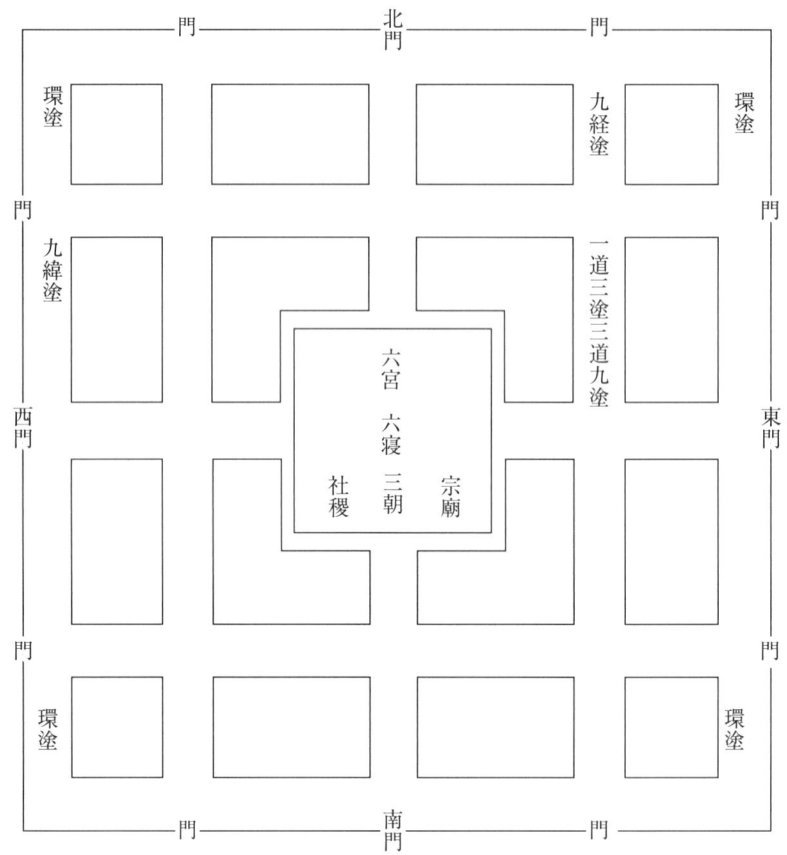

圖4 戴震《考工記圖》王城圖
（賀業鉅：《考工記營國制度研究》，中國建築工業出版社，1985年，54頁）

王城圖"，而賀業鉅也繪製了"王城基本規劃結構示意圖"，兩者大致相同，但存在三點明顯的差異：一是，賀業鉅添加了一些次級道路；二是，將各種建築排列在宮城之前；三是，爲了符合其提出的"九分"法，將除中央道路外的縱橫道路全部由宮城四周通過，從而將宮城用全城的主幹道包圍起來。

如果將上文介紹的中國古代各個都城的復原圖與這兩幅"王城圖"相比較，可以發現幾乎沒有與此完全符合的，最爲接近的應當是元大都和明中都。當然，存在一些在某些局部相似的情況。例如，宮城的位置，北魏洛陽、鄴南城、北宋開封、金中都、元大都、明中都和明清北京都位於城市的中心，從數量上來看，晚期的都城要遠遠多于早期的，但中間也穿插著南宋臨安和明南京（此外還有本文沒有介紹的元上都）；左祖右社的佈局形成時間較早，大致從北魏洛陽之後就基本定型，這也是實際都城佈局中與《考工記》所載內容唯一長期符合的要素；市場的位置，比較符合的大概只有漢長安、元大都（可能還有秦國的雍城）；就街道格局而言，隋唐長安城、洛陽城和元大都與《考工記》的佈局有些相似。

總體來看，中國古代都城形態史上與《考工記》完全符合的都城極少，雖然一些都城的某些要素與其存在相似的佈局，但在時間上不能形成一種前後延續的脈絡，也難以形成一種趨勢，而且位置、佈局上的相同也不能說明是受到《考工記》的影響。而且，雖然《周禮·考工記》肯定對中國古代都城的佈局產生了影響，但這種影響力到底如何，不是通過形態上的比較就能解決的問題。當前大多數研究中都沒有從文獻的角度對《周禮·考工記》在中國古代城市建設中的影響進行過討論，因此在這種情況下，《周禮·考工記》在中國古代城市建設中的至高地位在很大程度上可能是現代人的一種"構想"。因此，今後如果要研究《考工記》在中國都城（城市）形態（規劃）中的地位，首先應當從文獻入手分析《考工記》的影響力（還要注意區分後代文獻的附會），而不能只是進行形態上的比照。

3 不是結論的結論——中國古代都城形態是否構成一種"相互聯繫、前後影響"的歷史

首先要闡釋一個基本觀點：前後相繼的事物之間不一定存在相互影響或者具有繼承關係。比如一般認為隋唐長安城的棋盤格規劃受到了北魏洛陽（當然如上文所述，其是否存在棋盤格佈局也是有疑問的）的影響，但正如前文所述在世界城市史上棋盤格佈局是一種常見的城市規劃方式，由此隋唐長安城的這種規劃也可能來自於一種常用的規劃方式，不一定是受到北魏洛陽的影響。

此外，都城作為一種特殊的城市，最為顯著的特點之一就是數量少，那麼各種偶然因素的影響力也會很大，往往很容易打破原來可能存在的一些發展脈絡；而且同樣由於數量少，我們甚至難以判斷某些因素是偶然還是發展中的一環，偶然、特殊的情況，包括地形、原有城市形態、不同城市設計者設計思路的差異等等（與此相反，地方城市由於數量眾多，因此可以在很大程度上排除偶然因素的干擾）。

因此，客觀上中國古代都城的城市形態史，既可能是一種相互聯繫、前後影響的歷史，也可能是一種由個案構成的歷史，更多的可能是兩者的結合。

結合到當前的研究，如前文所述，以往研究中將都城城市形態刻意歸結於"規劃"的結果、對形態上"相似"判斷的主觀性和對"相似性"內涵的忽視，以及在缺乏文獻資料和考古資料情況下的過度闡釋，其本質都是希望將中國古代都城的形態史歸結於是一種相互聯繫、前後影響的歷史，通過本文的分析即使現在還不能徹底否認這種研究方法，但至少在今後的研究中都應當儘量避免這種主觀性。

還需要補充的是，也許中國古代都城城市形態史可以劃分為不同階段，但這些階段之間並不一定會形成緊密的先後聯繫。因為，某一歷史時期原先的城市形態受到了某種因素的影響發生了突然的變化，但變化后的城市形態可能與之前的城市形態的聯繫並不緊密，比如歐洲早期希臘、羅馬的城市與中世紀的城市之間。

作為結論，本文并沒有對都城城市形態史提出新的見解，而只是對以往都城城市形態史的解

構。世界上不存在孤立的事物，但強調全面的聯繫也沒有太大意義的，如同"蝴蝶效應"般的全面聯繫，完全超出了人的感知能力（起碼是現階段的感知能力）。那麼"相互聯繫、前後影響的歷史"的研究，必定要發現或者建立不同事物之間合乎邏輯的聯繫或者發展，本文即在指出以往的研究在建立這些聯繫和發展史時，在認知方法上可能存在問題，因此所建立的聯繫和發展史在邏輯上存在缺陷。但需要強調的是，本文雖然對以往的研究方法和一些觀點提出了疑問，雖然從現有資料來看本人傾向於否定中國古代都城的城市形態存在一種完整的發展史，但并不否認某些時期的一些都城以及不同時期某些城市形態因素之間存在聯繫或者發展，也不否認或隨著今後研究的深入，或是發現了一些新的材料、證據，從而能在邏輯上構建出一個都城城市形態相互聯合、前後影響的歷史。

本人認爲今後中國古代都城城市形態的研究應該注意以下幾個問題：

① 將中國古代都城的城市形態放置在中國古代城市形態發展史的宏觀背景下進行研究，可能才會揭示各個都城城市形態形成的原因和動力[103]，也才能闡釋聯繫與發展。

② 單純構建都城城市形態的定義和構成要素的列表作爲比較的基礎意義并不大，更爲重要的是探討城市形態以及構成要素形成的原因及內涵，以此爲基礎進行的都城城市形態的研究才更具有學術價值。

③ 加強對一些關鍵問題的研究，比如對北魏平城的街道格局，北宋開封的街道格局以及中國古代城市街道佈局的研究，由此才能在某些問題上取得突破。

④ 考古工作除了以往重視的大型夯土基址的考古發掘之外，今後也應重視街巷、普通住宅基址的發掘工作，從而爲更全面的認識中國古代都城的城市形態奠定基礎。

註

(1) 本文沒有使用"規劃"或者"佈局"作爲標題，是因爲這兩個詞彙都帶有很強的人爲色彩，而正如後文將要解釋的，中國古代的一些都城雖然可能存在一定程度的規劃，但這種規劃可能只是局部的、臨時性的。所以，爲了避免"規劃"或者"佈局"這類詞彙可能引起的誤導，在標題中使用了更爲中性的"城市形態"一詞。

(2) 中國社會科學院考古研究所二里頭工作隊：《河南偃師市二里頭遺址宮城及宮殿區外圍道路的勘察與發掘》，《考古》2004年11期，5頁；許宏、陳國梁、趙海濤：《二里頭遺址聚落形態的初步考察》，《考古》2004年11期，24頁。

(3) 王學榮在《偃師商城"宮城"之新認識》一文中利用考古資料對這一長期以來的傳統說法提出了質疑，認爲這一區域的建築在整個時期存在著發展變化，同一階段建築遺迹的整體佈局也不太清楚；到了D5下層基礎的時期，這一地區是否還呈"城狀"也存在疑問。

(4) 上述參考了曲英傑：《史記都城考》，商務印書館，2007年，46頁。

(5) 如唐蘭：《作冊令尊及作冊令彝考釋》，《國學季刊》4卷1號，1952年，25頁；陳夢家：《西周銅器斷代（二）》，《考古學報》10冊，1955年，101頁等。

(6) 如楊寬：《中國古代都城制度研究》，上海古籍出版社，1993年等。

(7) 曲英傑：《史記都城考》，商務印書館，2007年，95頁。

(8) 這座城址中的地層和遺物幾乎沒有屬於西周時期的，因此不太可能是西周時期的都城。發掘者根據城

墙的叠壓關係推斷，城墻大約建于春秋中葉之前，從戰國時代至秦漢之際曾疊加補修。

(9) 曲英傑：《史記都城考》，商務印書館，2007年，對西周、春秋、戰國、漢代臨淄城的佈局進行了詳細的分析。但其對宮、市相對位置的推測，基本上根據"前朝後市"，考古證據並不充份。

(10) 許宏：《先秦城市考古學研究》，北京燕山出版社，2000年，97頁；王恩田：《曲阜魯國故城的年代及其相關問題》，《考古與文物》1988年2期，48頁。

(11) 許宏：《先秦城市考古學研究》，北京燕山出版社，2000年，171頁；王恩田：《曲阜魯國故城的年代及其相關問題》，《考古與文物》1988年2期，48頁。

(12) 如張學海：《淺談曲阜魯城的年代和基本佈局》，《文物》1982年12期，13頁；李如森：《先秦古城演變與漢長安城模式確立》，《北方文物》1994年1期，10頁；曲英傑：《史記都城考》，商務印書館，2007年，210頁。

(13) 許宏：《先秦城市考古學研究》附錄"曲阜魯國故城之再研究"，北京燕山出版社，2000年，171頁。

(14) 曲英傑根據文獻推測趙都邯鄲的宮城位于大城之中，而將趙王城認爲主要是用于軍事用途。曲英傑：《史記都城考》，商務印書館，2007年，364頁。

(15) 如曲英傑：《史記都城考》，商務印書館，2007年，316頁，其中作者對郢市位置的推斷主要是基于"面朝後市"，依據并不充份。

(16) 許宏：《先秦城市考古學研究》，北京燕山出版社，2000年，94頁。

(17) 曲英傑認爲牛村的內城修建時間較早，此後修建了平望古城，後隨著國力的增强又修建了台神、牛村兩城，將牛村的內城包圍在內。曲英傑：《史記都城考》，商務印書館，2007年，299頁。

(18) 關于漢長安城中居民區"閭里"的位置，有學者認爲"大多數都該住在城外北面和東北面的'郭'區"如楊寬《中國古代都城制度史研究》，上海古籍出版社，1993年，119頁；也有學者認爲主要分布在長安城城內東北，如劉慶柱、李毓芳：《漢長安城》，文物出版社，2003年，167頁等。

(19) 中國社會科學院考古研究所洛陽漢魏城隊：《漢魏洛陽故城城垣試掘》，《考古學報》1998年3期，361頁。

(20) 楊寬在《中國古代都城制度史研究》中認爲"秦及西漢時，洛陽已有南宮和北宮"，上海古籍出版社，1993年，134頁。

(21) 《資治通鑒》卷86，"永嘉元年"條，中華書局，1956年，2728頁。

(22) 《三國志》卷1，《魏太祖本紀》。

(23) 《三國志》卷1，《魏太祖本紀》。

(24) 《三國志》卷1，《魏太祖本紀》。

(25) 《宋書》卷16，《禮制三》。

(26) 《宋書》卷14，《禮制一》。

(27) 關于曹魏官署佈局可以參見郭濟橋：《曹魏鄴城中央官署佈局初釋》，《殷都學刊》2002年2期，34頁。

(28) 《文選》卷6，"魏都賦"，上海古籍出版社，1986年，279頁。

(29) 顧炎武在《歷代宅京記》中曾根據文獻對曹魏鄴城的佈局進行過復原，具體參見顧炎武：《歷代宅京記》卷12，"鄴下"，中華書局，1984年，174頁。

(30) 前田正名：《平城歷史地理學研究》，書目文獻出版社，1994年，95頁。

(31) 要子瑾：《魏都平城遺址試探》，《中國歷史地理論叢》1992年3期，215頁。

(32) 《魏書》卷2，《太祖本紀》。要子瑾：《魏都平城遺址試探》，《中國歷史地理論叢》1992年3期，234頁的復原圖。

(33) 《南齊書》卷57，《魏虜傳》。

(34) 劉淑芬也持類似的觀點，參見劉淑芬：《六朝的城市與社會·中古都城坊制初探》，臺灣學生書局，1992年，419頁。

(35) 《魏書》卷7，《高祖本紀下》。

(36) 《魏書》卷 8,《世宗本紀》。
(37) 《魏書》卷 18,《廣陽王嘉傳》。
(38) 中國社會科學院考古研究所漢魏城工作隊:《北魏洛陽外郭和水道的勘查》,《考古》1993 年 7 期,602 頁。
(39) 勞幹認爲應當爲二百二十坊(勞幹:《北魏洛陽城圖的復原》,《中央研究院歷史語言研究所集刊》二十本上);范祥雍認爲應爲三百二十坊(範祥雍:《洛陽伽藍記校注》,上海古籍出版社,1958 年);何炳棣則認爲有二百二十坊(何炳棣:《北魏洛陽城郭規劃》,《慶祝李濟先生七十歲論文集》上册,臺北:清華學報社,1965 年)。賀業鉅和孟凡人則認爲三百二十或者三百二十三坊,指的是洛陽郭城内依照面積可以劃分的坊的數量,而二百二十坊則是實際上修築的坊的數量(賀業鉅:《北魏洛都規劃分析——兼論中期封建社會城市規劃制度》,《中國古代城市規劃史論叢》,中國建築工業出版社,1986 年;孟凡人:《北魏洛陽城外郭城形制初探》,《中國歷史博物館館刊》1982 年 4 期,44 頁)。劉淑芬認爲,三百二十或者三百二十三坊指的都是洛陽城郭内以及郭外所建的坊數,二百二十指的是郭内修建的坊數(劉淑芬:《六朝的城市與社會·中古都城坊制初探》,臺灣學生書局,1992 年,418 頁)。
(40) 《魏書》卷 12,《孝靜帝本紀》。
(41) 《魏書》卷 12,《孝靜帝本紀》。
(42) 《北齊書》卷 4,《文宣帝本紀》。
(43) 《北齊書》卷 4,《文宣帝本紀》。
(44) 《隋書》卷 24,《食貨志》。
(45) 顧炎武:《歷代宅京記》卷 12,"鄴下",中華書局,1994 年,182 頁。
(46) 顧炎武:《歷代宅京記》卷 12,"鄴下",中華書局,1994 年,184 頁。
(47) 中國社會科學院考古研究所、河北省文物研究所鄴城考古工作隊:《河北臨漳縣鄴南城遺址勘探與發掘》,《考古》1997 年 3 期,27 頁。
(48) 顧炎武:《歷代宅京記》卷 12,"鄴下",中華書局,1994 年,184 頁。
(49) 王仲犖:《北周地理志》卷 10,"河北下",中華書局,1980 年,921 頁。
(50) 《北史》卷 43,《李崇傳》。
(51) 李孝聰:《歷史城市地理》,山東教育出版社,2007 年,133 頁。
(52) 郭濟橋:《北朝時期鄴南城佈局初探》,《文物春秋》2002 年 2 期,16 頁。
(53) 中國社會科學院考古研究所洛陽唐城隊:《隋唐洛陽城城垣 1995 年—1997 年發掘簡報》,《考古》2003 年 3 期,47 頁。
(54) 《資治通鑒》卷 292,"顯德二年",中華書局,1956 年,9532 頁。
(55) 《册府元龜》卷 14,"帝王部",鳳凰出版社,2006 年,154 頁。
(56) 《册府元龜》卷 14,"帝王部",鳳凰出版社,2006 年,155 頁。
(57) 曲英傑:《古代城市》,文物出版社,2003 年,220 頁。
(58) 侯仁之:《試論元大都城的規劃設計》,《侯仁之文集》,北京大學出版社,1998 年,135 頁。
(59) 傅熹年:《隋唐長安洛陽規劃手法的探討》,《文物》1995 年 3 期,48 頁。
(60) 《元史》卷 13,《世祖本紀》。
(61) 本節主要參考王劍英:《明中都研究》,中國青年出版社,2005 年。
(62) 《明太祖實録》卷 45,史語所,1962 年,881 頁。
(63) 《寰宇通志》卷 9,《鳳陽府》,玄覽堂叢書續集。
(64) 轉引自劍英:《明中都研究》,中國青年出版社,2005 年,83 頁。
(65) 《明太祖實録》卷 60,史語所,1962 年,1170 頁。
(66) 《明太祖實録》卷 76,史語所,1962 年,1404 頁。
(67) 《明太祖實録》卷 83,史語所,1962 年,1483 頁,即"(洪武六年六月)辛巳,中都皇城成"。

(68) 《明太祖實錄》卷 71，史語所，1962 年，1323 頁。
(69) 《嘉慶重修一統志》卷 125，7 冊，上海書店，1984 年。
(70) 《明太祖實錄》卷 217，史語所，1962 年，3189 頁。
(71) 參見王劍英：《明中都研究》，中國青年出版社，2005 年，155 頁。
(72) 王劍英：《明中都研究》，中國青年出版社，2005 年，124 頁。
(73) 同濟大學建築城規學院主編：《城市規劃資料集·總論》，中國建築工業出版社，2003 年，5 頁。
(74) 賀業鉅：《中國古代城市規劃史》前言，中國建築工業出版社，1996 年。
(75) 李久昌：《偃師二里頭遺址的都城空間結構及其特徵》，《中國歷史地理論叢》2007 年 4 輯，49 頁。持有類似觀點的還有，中國社會科學院考古研究所二里頭工作隊：《河南偃師市二里頭遺址宮城及宮殿區外圍道路的勘察與發掘》，《考古》2004 年 11 期，3 頁；許宏：《二里頭遺址考古新發現的學術意義》，《中國文物報》2004 年 9 月 17 日第 7 版。
(76) 如王學榮在《夏商王朝更替與考古學文化變革關係分析——以二里頭和偃師商城遺址爲例》中認爲"同一時期（第二期），'井'字狀交錯大道內部遺迹的分布狀況尚不清楚。目前的考古資料還不能證明二里頭文化第二期時宮城已經出現"，《古代文明研究》1 輯，文物出版社，2005 年，134 頁。
(77) 陳喜波：《"法天象地"原則與古城規劃》，《文博》2000 年 4 期，15 頁。
(78) 如陳喜波、韓光輝：《漢長安"斗城"規劃探析》，《考古與文物》2007 年 1 期，69 頁。
(79) 劉慶柱：《中國古代宮城考古學研究的幾個問題》，《文物》1998 年 3 期，49 頁。
(80) 對"斗城"說進行過反駁的學者還有，馬正林：《漢長安城總體佈局的地理特徵》，《陝西師大學報（哲學社會科學版）》1994 年 4 期，60 頁；王社教：《漢長安城斗城來由再探》，《考古與文物》，2001 年 4 期，60 頁。
(81) 郭濟橋：《曹魏鄴城中央官署佈局初釋》，《殷都學刊》2002 年 2 期，34 頁。
(82) 在三國和魏晉南北朝時期，很多政權都修建了自己的都城，其中著名的如西夏的統萬城等等，但是這些都城的城市形態現在依然不清楚。以往對於這一時期都城城市形態的研究多注重那些"主流"王朝的都城，而沒有注意這些政權的都城，因此那些由"主流"王朝建立的都城的城市形態，雖然可能對後世都城的城市形態產生了影響，但并不一定能代表當時都城的城市形態（或者佈局、規劃）。
(83) 《鄭州商城》（中），文物出版社，2001 年，1023 頁。
(84) 劉淑芬：《六朝的城市與社會·六朝建康與北魏洛陽之比較》，臺灣學生書局，1992 年，186 頁。
(85) 陳寅恪：《隋唐制度淵源略論稿》附論都城建築，三聯出版社，2001 年，69 頁。
(86) 在此處順帶提及的是，從參與修建者的背景入手進行分析成爲了研究這一時期都城規劃來源的一個重要方法，雖然這一研究方法有一定的道理，但在邏輯上并不完備。設計者的生活地、學識背景雖然會對其頭腦中的都城規劃產生一定的影響，但是并不等於就會應用於規劃，而且影響建造以及城市規劃的因素很多，因此對修建者背景的研究，至多只能提供一種影響都城規劃的可能，而不是一種確定的結論。如同爲劉秉忠規劃的元大都和元上都，兩者在城市佈局之間就存在很大差異。此外陳寅恪所論述的北魏洛陽受到河西姑臧的影響只集中于市場位于宮城之南，也就是違背了所謂傳統的"面朝後市"的制度，但北魏洛陽之前的都城明確存在"後市"的只有漢長安（可能還有秦都雍城），因此談不上"面朝後市"的傳統，形成這種佈局方式的原因可能是陳寅恪也提到的交通因素，而且東漢洛陽也已經出現了"前市"（曹魏鄴城可能也是如此），因此陳寅恪的這一結論并不准確。
(87) 芮沃壽：《中國城市的宇宙觀》，施堅雅主編，葉光庭等譯《中華帝國晚期的城市》，中華書局，2000 年，50 頁。
(88) 同上，64 頁。
(89) 同上，66 頁。
(90) 劉慶柱：《漢長安城的考古發現及相關問題》，《古代都城與帝陵考古學研究》，科學出版社，2000 年，130 頁。

(91) 李孝聰：《歷史城市地理》，山東教育出版社，2007年，96頁。
(92) 孟凡人：《試論北魏洛陽城的形制與中亞古城形制的關係》，《漢唐與邊疆考古研究》，科學出版社，1994年，97頁。
(93) 趙正之：《元大都平面規劃復原的研究》，轉引自侯仁之《元大都》，《侯仁之文集》，北京大學出版社，1998年，62頁。
(94) 侯仁之：《元大都》，《侯仁之文集》，北京大學出版社，1998年，62頁。
(95) 李季譯：《馬可波羅遊記》，上海東亞圖書館，1936年，133頁，
(96) 田建文：《"新田模式"——侯馬晉國都城遺址研究》，《山西省考古學會論文集（二）》，山西人民出版社，1994年，126頁。
(97) 孟凡人：《北魏洛陽外郭城形制初探》，《中央歷史博物館館刊》1982年4期，41頁。
(98) 楊寬：《中國古代都城制度史研究》，上海古籍出版社，1993年，303頁。
(99) 當前中國城市研究中使用的"棋盤格"的概念與西方存在一定差異。中國學者一般認爲"棋盤格"的街道佈局就是街道將城內劃分爲大致一致的區塊，西方學者一般將大部份街道垂直相交的街道佈局認定爲"棋盤格"或者"網格"。本文中使用的"棋盤格"遵循了中國學者的習慣，但今後確實有必要考察街巷式佈局與棋盤格佈局之間是否存在本質差異。
(100) 黃建軍：《中國古都選址與規劃佈局的本土思想研究》，廈門大學出版社，2005年。
(101) 賀業鉅：《中國古代城市規劃史論叢》，中國建築工業出版社，1986年。
(102) 再如20頁，對秦都咸陽的分析"秦都規劃繼承了戰國時期革新傳統的經驗，重視利用地形，不強求形制上的規整，不過以宮位主體強化中軸綫的佈局，以及前朝後寢的宮廷規劃，這些營國制度的傳統影響，其一脉相承的關係是極其明顯的"，作者在這裏强調的秦都的中軸綫，由於秦都咸陽被渭水所毁，現在考古上很難進行復原，但根據文獻來看，大多數研究者都認爲咸陽的佈局是非常零散的，而且并不是一次規劃佈局的結果，不存在全城的中軸綫，而且即使存在中軸綫也與作者一再强調的由市—宮城——外朝構成的中軸綫不同；"前朝後寢"，從考古來看，自商代即是如此，這應當是中國古代朝寢佈局的習慣。《考工記》對於王城佈局的規制甚多，僅僅以可能不存在的中軸綫與一直如此的前朝後寢來說明秦都咸陽受到了《考工記》的影響過于勉强，如果作者的這一觀點成立的話，那麼中國古代無論都城，還是大大小小的地方城市乃至居民住宅都可以看到《考工記》的影子了。
(103) 現在的研究在某種程度上似乎正好相反，反而是在都城城市形態變化的背景之下來研究全國（地方）城市形態的發展變化，坊市制就是一個很好的例子。現在大多數關於城市史或者城市形態史的著作中的重點内容都是都城也是一個極好的佐證。

あとがき

　本書は、序章冒頭でも述べたように、科学研究費補助金の交付を契機に組織された「近世東アジア比較都城史研究会」の3年間の研究成果の一端をまとめたものである。公的資金として交付される科研費では、交付当初に研究期間が設定され、その期間内に一定の研究成果を出すことが求められる。しかし人文科学領域の研究とは、ほんらい息の長いものであり、所定の期間内に予定どおり順調に成果を出すのは難しいところがある。

　いま最終校正と索引に収録する語彙を採る作業を進めながら、あとがきを記すにあたっていささか安堵の気持ちを禁じ得ない。交付期間終了後、2年以内に本書の公刊まで漕ぎ着けたのは、なによりも研究会のメンバー諸氏による協力のお蔭である。加えて、本書が日本学術振興会より今年度の研究成果公開促進費の交付を受けたことに因るところも大きい。

　従来、東アジアの都城研究では、その歴史的淵源を探ることに主たるアプローチが置かれていた。日本においては、とりわけこの傾向が顕著である。近世都城に焦点をあてた本研究会では、近現代の社会をも意識しつつ都城の比較研究を進めてきた。その含意するところは、近代に成立していらい、現代世界を蔽いつつある都市（City）の淵源とその展開を明らかにすることの重要性である。本書の刊行をもって本研究会の活動も一つの区切りを迎えるが、できうれば「東アジア比較都城史研究会」の一部会として今後も共同研究を継続することを期待したい。

　最後になったが、電子媒体による成果公開が勢いを増す一方で学術図書の出版がますます困難となる折、本書刊行を即諾していただいた白帝社、ならびに出版助成の申請段階から編集・校正・図版製作まで一貫して担当していただいた同社企画室長の伊佐順子さんに衷心より感謝の意を表する。
　　2014年正月

　　　　　　　　　　　　　　　　　　　　　　　　　　　　　　　　新宮　学

The Comparative Historical studies of the Capital Cities (Ducheng) in Early Modern East Asia

Edited by ARAMIYA Manabu

Contents

Introduction

PART ONE： *Problems of the Palace City*

CHAP. 1   *From the Taiji Palace Epoch to the Daming Palace Epoch, The Transformation of the Palace Space and the Urban Society in the Tang Dynasty*
　　　SEO Tatsuhiko

CHAP. 2   *A Study on the Rear Garden of the Changdeok Palace in the Early Joseon Dynasty*
　　　KUWANO Eiji

CHAP. 3   *The Mongolian Aristocracy (Wnag Gung) at the Qing Court: Analyzing the Diary of Qian qing men Xing zou, 1883-1884*
　　　NAKAMURA Atsushi

PART TWO： *Problems of the Capital City Space*

CHAP. 4   *The Abolishment of the Capital Kaifeng and Establishment of a New Capital in Lin an*
　　　KUBOTA Kazuo

CHAP. 5   *The Formation Process of Yuan Da du*
　　　WATANABE Kenya

CHAP. 6   *The Appearance of the Outer Walled City of Beijing : Circumstances of what Chong cheng built during the Ming Jiajing Period*
　　　ARAMIYA Manabu

CHAP. 7   *A New Thought on Excavation and Restoration of Jiankang City in Six Dynasties Period*
    ZHANG Xuefeng , translated by OBI Takao

CHAP. 8   *The Prisons of Capital Cities during Ancient Japan: Double Prison-System and the Structure of Capital Cities*
    HASHIMOTO Yoshinori

CHAP. 9   *A Study of Strategic Passes (Sai), Barriers (Guan), and Ferries (Jin) of the Guanzhong area in the Qin Dynasty*
    MA Biao

CHAP. 10 *A Review on Researches of the Chinese Ancient Capital City Form*
    CHENG Yinong

Afterword
Chinese   Contents
List of Maps and Tables
Index

Hakuteisha, Tokyo 2014

《近世東亞比較都城史諸問題》　新宮　學　編

目　錄

序章　近世東亞比較都城史研究序説　（新宮　學）

第一部　宮城諸問題
第1章　從太極宮到大明宮 ——唐長安宮城空間與城市社会的變遷（妹尾達彦）
第2章　朝鮮初期昌德宮後苑小考（桑野榮治）
第3章　清朝宮廷的蒙古王公 —— 光緒 9-10 年乾清門行走日記分析（中村篤志）

第二部　都城空間諸問題
第4章　開封廢都與臨安定都（久保田和男）
第5章　元大都的形成過程（渡邊健哉）
第6章　北京外城的出現 ——明嘉靖"重城"建設始末（新宮　學）
第7章　六朝建康城研究 —— 發掘與復原（張　學鋒、小尾孝夫譯）
第8章　日本古代宮都的獄 —— 左右獄制的成立與宮都的結構（橋本義則）
第9章　秦、西漢初期"關中"之關（津）、塞再考（馬　彪）
第10章　中国古代都城城市形態史評述（成　一農）

後記
英文目錄
図表目錄
索引

白帝社：東京
2014 年

図表一覧

数字はページ数を示す

第一部　宮城をめぐる諸問題

第1章　太極宮から大明宮へ　妹尾達彦
　　図1　東アジアの都城の変遷－太極殿の時代　20　図2　隋大興城の都市計画　26
　　図3　唐長安城の宮城と皇城：8世紀前半　27　図4　衛禁津の空間構造　28
　　図5　呂大防「長安図」（部分）36　　　　　図6　8～9世紀の大明宮　37
　　図7　渤海上京の都市構造　40

第2章　朝鮮初期昌徳宮後苑小考　桑野栄治
　　【表】朝鮮初期における昌徳宮後苑の沿革　66

第3章　清朝宮廷におけるモンゴル王公　中村篤志
　　【表1】バボードルジの値班想定年と受賀・賜宴　96【表2】バボードルジ参加儀礼・賜宴　96
　　【表3】乾清門行走日記概要　102

第二部　都城空間をめぐる諸問題

第4章　開封廃都と臨安定都をめぐって　久保田和男
　　図1　開封廃都から臨安定都まで　122　　　図2　臨安南郊関係図　129

第5章　元の大都の形成過程　渡辺健哉
　　図1　遼・金・元の北京の沿革　141　　　　図2　元大都城　141

第6章　北京外城の出現　新宮　学
　　図1　北京市の行政区画図（2010年7月以前）160　図2　明代北京の内城と外城（万暦—崇禎年間）161
　　図3　明北京城図（1421～1449年）164　　図4　明南京の外郭城図　166
　　図5　聶豹重城プラン推定図　174
【表】外城建設工事により陞賞と恩廕に預かった官員　177

第7章　六朝建康城の研究　張　学鋒
　　図1　朱偰復原図　197　　　　　　　　　　図2　郭黎安復原図　198
　　図3　秋山日出雄復原図　200　　　　　　　図4　中村圭爾復原図　201
　　図5　郭湖生復原図　202　　　　　　　　　図6　『南京建置志』復原図　203
　　図7　賀雲翱復原図　203　　　　　　　　　図8　盧海鳴復原図　204
　　図9　外村中復原図　205　　　　　　　　　図10　張学鋒復原位置図　213

第8章　日本古代宮都の獄　橋本義則
　　図1　平安京（10世紀頃）における左獄と右獄の位置　222
　　図2　唐長安城における大理寺と御史台の位置　241
　　図3　唐長安城における京兆府廨と長安・万年両県廨の位置　242
　　【表1】平安京内で左右対称に配置された官司・諸施設　223
　　【表2】平安京獄年表（稿）永承年間まで　224　　【表3】唐代の獄　240

第9章　秦・前漢初期「関中」における関（津）・塞についての再考　馬　彪
　　図1　「関中」地理的な範囲：東の函谷関、南の秦嶺、西の陳倉、北の九嵕山　251
　　図2　秦直道の石門関・調令関　259　　　　図3　天水放馬灘秦墓出土地図2　262
　　図4　天水放馬灘秦墓出土地図1のB面　262　図5　秦代「関中」における関（津）塞の位置図　263
　　【表1】秦・前漢初期「関中」における関（津）の位置と分布　257
　　【表2】秦・前漢初期「関中」における塞の位置と分布　258
　　【表3】漢代辺境軍隊における「塞尉」と「士吏」との上下関係　261

第10章　中國古代都城城市形態史評述　成　一農
　　圖1　二里頭遺址中心區佈局的演變過程　266　圖2　偃師商城宮城主要遺迹示意圖　268
　　圖3　王城基本規劃結構示意圖　294　　　　圖4　戴震《考工記圖》王城圖　295

索　引

*本索引は、本書各章の本文（引用資料や註を除く）から都城や宮城に関わる語彙を中心に採録した。
*表記は、すべて常用漢字に統一し、五十音順に配列した。
*都城名には、（　）内に王朝名などを補った。

〔あ行〕

阿育王寺　209
飛鳥浄御原宮　230
アルタン（Altan, 俺答）　169, 170
行在　115, 119, 120, 131
安史の乱　34, 38, 48
安定門　162, 165
安邑（魏都）　273
安陽　7
也黒迭児　148, 149
囲宿軍　148
移住規定　145, 152
韋述　30, 46, 47
一宮制　19
一体化　6
囲班　91
殷墟　269
右安門　176
右街　28
右京（西京）　222
右獄（西獄）　222, 223, 234, 237, 239, 244
右司　30
右省　30
運河　167
運漬　196, 201, 202, 205, 206, 210, 211, 212, 215
永安宮　34, 276
営造尺　71
永定門　176
永楽遷都　7
永楽帝　5, 162, 169
掖庭局　240
衛士府　221
閲武亭　61, 69, 70, 75, 78
衛門府　221
エルデニ・ゾー　9

垣　255, 256
燕雲十六州　116
延英殿　35
燕王→永楽帝　166
燕下都（燕国都城）　272, 291
円丘　19, 23, 128, 131
圜丘　285
衍慶宮　283
燕京城（遼）　142
延興門　280
燕山君　74, 75, 76, 77, 78
焉（烏）氏塞　259
偃師商城　267
延秋門　34
延春閣　285
燕雀湖　202, 204, 284
燕朝　41
円仁　42
燕賓館　142
延福宮　118
延平門　280
洹北商城　269
苑囿　62, 214, 215
横街　30, 217, 280, 283
王権論　19
王粛　22
応昌故城　10
甕城　163, 176, 178
王庭（大単于）　218
応天府（明）　284
応天門　283
翁同龢　95
王邦瑞　169, 170, 175, 182
王莽　19, 275
大蔵省　221
オゴデイ・カアン（Ögodei）　4
温州　125, 126

〔か行〕

解慍亭　67, 68, 70, 77
華夷観　131
開元律令　25
海子　283
会昌の廃仏　42
海上の盟　116
会聖宮　121
開封　7, 35, 38, 115, 116, 117, 118, 119, 120, 121, 123, 124, 126, 127, 128, 129, 130, 131, 142, 143, 154
開封城（北宋）　9, 282, 292, 293, 295, 297
海陵王　139, 142
華雲龍　162
果園　62
科挙　41, 43, 45, 48
格　255, 256
郭守敬　147
郭城　272
角箭楼　163, 180
嘉靖帝　160, 168, 169, 170, 171, 172, 173, 175, 178, 181, 182
華林園　19, 214, 217
カラコルム（Khara Khorum 和林）　4, 9, 143
カンバリク　4, 145
関　254, 256
刊　255, 256
関右　252
咸宜坊　152
函谷関　251, 252, 256, 259, 260
関廂　167, 168, 171
漢城　61, 62, 63, 65, 67, 68, 76
漢城府　71
関津　254
環翠亭　73, 78

関西 252	京都古図(仁和寺所蔵) 223	銀台門 45
甘泉宮 256	曲宴 77	空間 17, 18, 47
邯鄲(趙国故城) 272	曲江池 281	恭仁宮 232
関中 251, 252, 253, 256, 259, 263, 264	玉璽 118	恭仁京 228, 231, 234
還都 61, 67, 126	曲阜(魯国故城) 271	クビライ(Khubilai 世祖) 4, 7, 139, 146, 148, 151
関内 252	許嵩 195	グリッドプラン(grid plan) 3
桓武天皇 233	浄御原令 230	軍事訓練 70, 78
咸陽(秦都) 251, 252, 275	禁苑 19, 149, 277	ケシク(Kshig) 151
咸陽城 287	禁垣 285	啓運宮 121
堪輿の説 173	禁軍 34, 38	京苑 62
関吏 261	金口運河 147, 148	慶会楼 64, 67, 76, 78
翰林院 35, 43, 45, 46	金虎台 276, 277	瓊華島 148, 149
外苑 62	金城坊 152	恵化門 75
外郭城 29, 165, 166, 167, 172, 181, 278, 281, 284	近世 5	京畿道 62
	近世都城 8, 12	桂宮 275, 276
外司 221	近世東アジア比較都城史研究会 8, 10	京師 128, 131, 160, 168
外城 79, 128, 140, 142, 153, 159, 160, 165, 167, 168, 170, 172, 175, 176, 178, 181, 182, 267, 268, 285	欽宗 115, 116, 117	慶寿寺 142
	金台坊 152	京城 221, 239, 241
	禁内 69	啓聖宮 126
外城壁 116	金明門 216, 276, 277	啓聖宮神御 123
外朝 33, 35, 39	金墉城 217, 278	京兆尹 29
外羅城 168, 169, 170, 172, 181, 182	金鑾殿 45	景定建康志 196
	金陵 118	倪塘 208
含元宮 34	金陵記 195, 208, 209	景福宮 61, 64, 67, 70, 71
含元殿 32, 39, 41, 42, 43	金陵古迹図考 196, 198, 203, 205	景福宮後苑 61, 70, 72, 77
含涼殿 39	金陵城(南唐) 199, 210	景霊宮 68, 126, 127, 128, 129
喜雨亭 75, 76	議政府 64, 68	景霊宮神御 120, 122, 123, 124, 126, 127
徽宗 115, 116, 117, 119, 131	牛首山 212	
紀南城(郢都) 273	鄴 19	鶏籠山 196, 199, 201, 202
宮苑記 198	嶢関 256, 259	撃毬 67, 77
九宮貴神 42	鄴城(曹魏) 214, 216, 217, 218, 276, 287, 288	検非違使 221, 223, 235, 236, 237, 238
宮城 17, 25, 29, 33, 35, 79, 142, 146, 147, 148, 149, 151, 152, 198, 199, 201, 204, 205, 206, 211, 212, 214, 215, 216, 221, 266, 267, 268, 272, 278, 280, 281, 282	鄴城(東魏・北斉) 278	検非違使庁 222, 223
	鄴南城 295	検非違使の獄 239, 244
	刑部省 221, 231, 232, 238, 239, 244	検非違使佐 235
		検非違使別当 233
	御街 129, 280	建業 280
旧城(開封) 116, 128, 282	玉河 180	建業城(孫呉) 199, 212, 214
九仙門 42	御在所 28, 29	建康 19, 22, 122, 125, 126, 280
九嵕山 251, 259	御史台 29, 152, 153, 240, 243, 279, 284	建康宮 199, 214
宮廷儀礼 90		建康実録 195, 196, 198, 210, 214
九六城 200, 276, 292	御前行走 89, 90, 92, 97, 98, 100	建康城(六朝、東晋) 9, 195, 197, 200, 201, 203, 206, 207, 208, 209, 211, 212, 215, 217, 218, 280
京職 221	御道 209, 210, 211	
共時性 6	銀局 151	
夾城 38, 281		

建康府	122	
建康府城（宋）	205	
謙州営	144	
建春門	64, 216, 276, 277	
建章宮	275	
乾清門（kiyan čing men）	92, 94, 95, 98, 99, 100	
乾清門行走	91, 92, 95, 97, 98, 100, 101	
乾隆帝	89, 91, 100	
玄元皇帝廟	42	
厳嵩	171, 173, 175, 178, 182	
玄宗（唐）	34, 240	
原廟	68, 78	
玄武湖	199, 214, 284	
元祐皇后→隆祐皇太后		
元祐の礼	127	
工	180	
江右	209	
後苑	34, 61, 62, 66, 70, 71, 75	
広延楼	67	
康王→高宗（宋）		
弘化門	75	
広寒殿	150	
甲賀宮	231, 232	
洪吉	93	
光熙門	179	
広禧門	179	
広渠門	176	
興慶宮	29, 34, 280, 281	
考工記	216, 217, 218, 265, 271, 288, 289, 292, 293, 294, 295, 296	
広孝殿	68, 78, 121	
江左	209	
杭州	7, 122, 123	
碓杵	180	
光緒帝	97, 101	
庚戌の変	171, 178, 181, 182	
皇城	25, 29, 33, 35, 79, 146, 148, 151, 152, 153, 172, 200, 243, 244, 280, 281, 282, 283, 285	
皇城（内城）	140	
皇城宮闕図	143	
江西	209	
興聖宮	148, 283	

行走	90, 92, 95, 96, 97, 99, 100, 101	
高宗（唐）	34, 46	
高宗（宋）	118, 119, 120, 121, 122, 123, 124, 125, 126, 127	
後朝	35, 41	
黄帝九廟	275	
皇帝巡幸	8	
昊天上帝	23	
江東	209	
広徳門	276	
江寧県城（唐）	210	
江寧府	122	
広寧門	176	
広莫門	214	
興隆関	256	
湖関	259	
黒窰廠	179, 180	
古城牆（南京）	196, 199, 201	
鼓吹司	221	
古代都城	17	
国家儀礼	115, 118	
艮嶽	131	
昆明湖	180	
五雲坊	153	
午門	98, 285	
権近	67, 68	

〔さ行〕

左安門	176	
塞尉	261	
塞界	254, 256	
蔡京	131	
採桑壇	72, 73, 78	
左街	28	
左京（東京）	222	
左京図	239	
左獄（東獄）	222, 223, 234, 237	
ザサグ（jasaγ）	91, 92, 94, 97, 100, 101	
左司	30	
左省	30	
左右獄	235	
左右獄制	244	
三区分法	6	

三清殿	41, 42	
三朝制	33, 39, 41	
三鎮割譲	116	
三礼図	294	
塹	255, 256	
侍衛	92, 93, 99	
四関説	253	
四区分法	6	
四京図	143	
紫光閣	97	
四塞	251, 252, 253	
四山	65	
市司	221	
紫宸殿	33, 35, 38, 39, 41, 42, 43, 46	
子城	212	
至正金陵新志	196, 198	
思政殿	35, 64	
七徳亭	75, 76	
治朝	39	
司馬門	199, 214	
紫微宮	22	
四面重城	170, 172, 173, 175, 179, 181, 182	
社稷	217	
社稷壇	283, 216, 284, 285	
射殿	34	
集慶坊	152	
州県	241	
集賢院	35	
集権化	7	
集権国家	48	
囚獄司	221, 231, 232, 235, 236, 237, 238, 239, 243, 244	
粛清門	179	
粛宗（唐）	34	
寿康宮	72	
朱子	23	
朱雀航	196, 197, 199, 209, 212, 280	
朱雀大街	280	
朱雀門	209, 210, 211, 281	
寿静堂	70	
朱偰	196, 201, 202, 203, 204, 209	
出蠟局	151	

主都	228, 232, 244	城門	3, 4	西苑	169
首都機能	115, 119, 120, 121, 127, 128, 131	少陽院	35	西華門	149
		翔鑾閣	39	斉化門	162, 163
首都志	196	松林苑	221	成均館	75, 76
朱伯辰	172, 175, 178	上林園	61, 62, 63, 64, 65, 66, 77	青渓	199, 200, 201, 202, 203, 204, 206, 209, 210, 211, 212, 214, 215
周礼	19, 33, 265, 289, 292, 293, 296	徐階	160, 169, 172, 178		
		序賢亭	70		
酒楼	144	徐杲	178	西京(長安)	234
巡幸	115, 119, 126	処女	63, 77	西京河南府(洛陽)	121
順承門	162, 163	女墻	165	盛京	160
順治遷都	7, 170	徐達	143, 153, 162	盛京城(清)	293
掌苑署	62, 63, 77	仁旺山	65	棲玄塘	199
掌苑署謄録	62	秦檜	116, 124, 126, 127	西湖	180
蕭関	259	津関律	253	靖康の変	115, 121, 127
彰義門	179	津関令(張家山漢簡)	252, 253, 259, 260	西市	279, 280
商業化	7			西州城(東晋南朝)	210
浄業院	75	侵街	145	政治・学問のサロン	78
上郡塞	259	神祇壇(山川壇)	179	政事堂	30
昌慶宮	72	神御	68	青城	131
昌慶宮後苑	74, 78	仁昭殿	68, 69, 77	西城区	159
上京・祖陵	10	壬申の乱	229	世祖(元)	144, 147, 148
上京城(遼)	8, 9	壬辰倭乱	61	世祖(朝鮮)	66, 71, 72, 78
上京龍泉府(渤海)	39	進奏院	119	世宗(朝鮮)	63, 64, 65
上京臨潢府(金)	142	秦長城	259	成宗(朝鮮)	72, 74
鄭玄	22	新鄭(鄭・韓故城)	273, 291	西大門	75
商塞	259	真殿	68, 69	西直門	163, 165, 180
蔣山	208	新田(晋都)	274, 291, 292	成帝(東晋)	212, 214, 217
蕭墻	283	進都	125	西内	34
尚書省	29, 30, 152, 279	慎独亭	67, 68, 77	西内苑	214
小寝	41	新茅亭	70, 71, 72, 78	清寧亭	67
小西門	179	神木廠	179	西便門	176
承天門	30, 41, 243	瀋陽故宮	218	棲鳳閣	39
昌徳宮	61, 67, 68, 69, 70, 71, 77	秦嶺	251, 252	清明上河図	120
昌徳宮後苑	61, 66, 67, 70, 71, 72, 73, 74, 75, 76, 78	秦淮河	196, 197, 200, 209, 210, 212, 284	西明門	210
				正陽門	163, 165, 171, 176, 179, 281
上都(元)	148, 150	崇礼門	76		
上都開平城(元)	5, 9	崇仁門	162, 163	石局	151
仗内	35	崇文区	159	石子崗	208, 209
松柏之塞	259, 260	崇文門	159, 163, 165, 171, 176	析津志輯佚	144
商阪之塞	260	枢密院	35, 38, 152, 284	積水潭	162, 283
聶豹	173, 174, 176, 178, 179, 181, 182	瑞葱台	76, 77, 78	石頭城	208, 209
		朱雀大路(日本)	236	石門関	256
城壁	3, 4, 149, 159, 160, 163, 167, 173, 179	斉	123	世俗化	7
		西安	7, 251, 252	宣徽殿	35
聖武天皇	228	西掖門	210	瞻覲(baraγalqaqu)	92, 98, 99

索　引　313

先蚕壇	72	
宣政殿	18, 33, 39, 41, 43, 46	
遷都	115, 142, 143, 163, 228, 232, 233, 280	
宣徳門	128	
先農壇	73	
宣武区	159	
千仏寺	152	
宣武門	159, 163, 165, 171, 176	
千歩廊	283	
宣陽門	196, 199, 200, 205, 206, 211, 280	
繕工監	70, 71, 73	
前朝	39	
楚	118	
漕運	120, 124	
宋金和議（第一次）	126	
宋金和議（第二次）	127	
喪儀司	221	
贓贖司	221, 232, 239	
曹操	216, 218	
曹丕	216	
宗廟	216, 217	
宗良輔	171	
蘇峻の乱	207	
租庸調制	48	

〔た行〕

太液池	32, 39, 42, 61, 148, 149, 283	
太学	276	
太極	19, 22, 23, 29	
太極宮	17, 18, 19, 30, 34, 35, 38, 39, 41, 47	
太極殿	18, 22, 24, 25, 28, 30, 31, 215	
太極殿の時代	19, 22	
太社	41	
太初宮	214	
泰始律令	25	
太清宮	42	
太祖（朝鮮）	68	
太宗（唐）	34	
太宗（朝鮮）	65, 67, 68, 77	
太倉	276	
太廟	41, 99, 121, 125, 126, 128, 169, 173, 176, 215, 279, 283, 284, 285	
太廟神主	120, 121, 122, 124, 125, 127	
太平館	76	
大宝律令	235, 236	
対面接触	90	
太和殿	94, 95, 96	
泰和律（金）	144	
多宮制	216	
濯龍園	276	
堞口	176	
橘奈良麻呂の変	228, 229	
丹鳳門	32, 39, 41	
端門	128	
端礼門	142, 283	
大学寮	221	
大興苑	281	
大興宮	17	
大行宮（民国総統府）	202, 204, 205, 206, 208, 209, 210, 214	
大興城（隋）	29, 280	
大興殿	18	
大高殿	99	
大極殿	24, 39	
大散関	256	
大司馬府	279	
大司馬門	211, 280	
大相国宮	131	
大相国寺	131	
大城	142	
台城	198, 199, 206, 280	
大造殿	72	
大台	32, 41	
大内裏図考証	223, 236, 239	
大朝会	39	
大通橋	176	
大都（Daidu）	4, 7, 139, 140, 145, 150, 153, 154, 162, 172, 218, 283, 285, 290	
大唐開元礼	25, 31, 41	
大都城（元）	9, 140, 142, 145, 146, 147, 148, 151, 152, 153, 154, 159, 162, 169, 283, 286, 293, 295	
大都留守司	147	
大内	17, 146, 169, 282, 283	
大内（＝宮城）	148	
大寧坊	42	
大報恩寺	209	
大明宮	17, 18, 25, 29, 30, 31, 32, 33, 34, 35, 38, 39, 42, 43, 47, 48, 280, 281	
大明殿	150, 151	
大蒙古包宴	97	
大理寺	240, 243, 244	
雉堞（堞口）	165, 176	
察罕脳児行宮	10	
茶礼	63	
中京	10	
中京城（遼金）	9	
中原回復	131	
中書外省	30	
中書省	29, 30, 152, 153, 284, 285	
中書門下	30	
中心閣	283	
中心台	283	
中軸線	33, 39, 208, 211, 212, 215, 223, 243, 277, 288	
忠順堂	70	
中世（中国）	218	
中正殿	97, 99	
中世都城	214, 218	
中朝	30, 33, 35, 41	
中都（金）	5, 139, 140, 172	
中都（元）	10	
中都（明）	290	
中都城（金）	147, 153, 169, 283, 295	
中都城（元）	9	
中都城（明）	9, 284, 286, 295	
中陽門	217	
長楽渡	197	
長安	5	
長安（漢）	287	
長安（唐）	17, 18, 19, 48, 154, 290	
長安（平安京の右京）	234	
長安志	30	
長安城（漢）	8, 46, 216, 275, 289	
長安城（唐）	29, 34, 39, 280	

長安城（隋唐）	10, 200, 214, 217, 218, 286, 289, 292, 293, 296
長安図	42
重華門	99
張家湾	170, 171
長干寺	209
張居正	160
朝覲	91, 92
重玄門	42
張浩	143
潮溝	19, 201, 202, 210, 212, 214
張浚	123, 126
長春宮	146
聴訟堂	214
長城	167, 169
重城（外城）	170, 172, 176, 178
重城プラン	162, 174
澄清坊	153
長朝殿	150, 151
朝堂	19
趙文華	172
張邦昌	118, 119, 121
朝陽門	163, 165
長楽宮	276
長楽渡	196, 209
調令関	256
直道	256
陳圭	173, 178, 181, 182
陳州門	116
珍珠河	214
陳倉	251
通恵河	180, 283
通州	170
通津門	116
通常の値班（keb–yin jisiy–a sayuyad）	95, 99
鄭州商城	268, 288
鄭所之塞	259, 260
提点宮城所	148
定都	125, 129
梯板	180
邸報	119
敵台	165, 180
天禧寺	209
天闕	212
天子－皇帝制	24, 25
殿試	121
天壇	174, 179
天地合祭	127
天地壇	174
殿中省	29
天帝	22, 24, 28, 42
天武天皇	230, 231
統一化	7
東華門	116, 149
東宮	64
東京夢華録	128, 130, 131
投壺	74
東西移動（都の）	6, 7
東西両獄	240, 243
東山	62
東市	243, 279
東小門	75
東城区	159
都城プラン	216
東水門	116
唐宋変革	118
東大門	72
唐長安図	32
東直門	163, 165
東都（洛陽）	234
東内	34
東便殿	150
東便門	176
東方見聞録	150
唐六典	25, 31
唐律	28, 31
桃林塞	260
唐令	30, 31
蜥蜴祈雨祭	64
徳勝門	162, 165
徳盛坊	68
都市（city）	3
都市化	4
都城	3, 4, 8, 19, 24, 25, 29, 38, 42, 115, 118, 126, 159, 160, 167, 195, 196, 197, 201, 211, 212, 215
都城（大城）	140
都城（内城）	170
斗城	287
都城制	3, 4, 8, 29
都城の時代	47, 139
都人	115, 116, 124, 128, 129, 130
都督府	241
都の立地	7
道観	152
潼関	260
銅爵園	214, 216, 277
銅爵台	277, 276
同泰寺	197, 198, 214, 215
童男	64
土城	172
土木の変	166
土木堡	10
敦義門	75
墩台	165

〔な行〕

内侍省	29, 35
内城	35, 142, 153, 159, 160, 163, 165, 172, 175, 176, 215, 268, 282
内地の法	89, 100
内朝	30, 33, 35, 41
内廷	35
長岡京	223, 232, 233, 234
南関廂	168, 171, 173, 175, 179, 182
南宮（後漢）	19, 217, 276
南京	7, 172, 195, 212
南京城	201
南京城（明）	9, 284
南京（遼）	5
南京応天府（宋州）	118, 119
南京応天府（商州）	120
南京城（遼）	283
南郊	23, 115, 120, 121, 122, 126, 127
南郊壇	127, 212
南山	65
南城（金中都城）	140
南城	143, 144, 145, 146, 151, 152, 153, 154
南大門	76
南内	34
南北移動（都の）	6, 7

索　引　315

南北軸	3	
二関説	253	
入唐求法巡礼行記	42	
二里岡	269	
二里頭	266, 286, 287	
熱河	160	
年班	90, 91, 92, 97, 100, 101	
農業＝遊牧境界地帯	5, 48	
農牧複合国家	48	

〔は行〕

廃都　　　　　　　　　115, 233
バイバリック(白八里)　　　143
白下瑣言　　　　　　　196, 197
白岳山　　　　　　　　　　65
白居易　　　　　　　　　43, 45
ババードルジ(babudorji)　94, 95,
　96, 97, 98, 99, 100, 101
ハルバルガスン　　　　　　4
夯杵(hāng chǔ)　　　　　180
范成大　　　　　　　　　142
版築　　　　　　　　175, 180
版築牆　　　　　　　　207, 214
夯土(hāng tǔ)　266, 267, 268,
　269, 270, 271, 272, 273, 274, 275,
　276, 278
罰工(輸作贖罪)　　　　　166
馬遞舖　　　　　　　　　119
馬面　　　　　　　　　　165
万安宮　　　　　　　　　　4
万歳山　　　　　　　　148, 285
万寿山　　　　　　　148, 150, 151
東アジア国際秩序　　　　　64
東アジア比較都城史研究会　　8
秘書監　　　　　　　　　152
秘書省　　　　　　　　　29
冰井台　　　　　　　　　277
兵部省　　　　　　　　　221
鑛鉄局　　　　　　　　　151
未央宮　　　　　　　　　276
備塞都尉　　　　　　　　261
憫忠寺　　　　　　　　　144
封　　　　　　　　　255, 256
風水　　　　　　　　　　293
復原　　　　　　　　　　265

復原研究　　　　　　　195, 215
覆舟山　　　199, 201, 202, 211, 212,
　215
福田坊　　　　　　　　　152
藤原宮　　　　　　　　　230
藤原京　　　　　　　　231, 234
藤原種継　　　　　　　　233
藤原仲麻呂の乱　　　　　229
阜成門　　　　　　　　163, 165
芙蓉園　　　　　　　　　281
武関　　　　　　　　256, 259, 260
武則天　　　　　　　　34, 240
仏寺　　　　　　　　　　152
武帝(漢)　　　　　　　　275
文思院　　　　　　　　　35
文昭殿　　　　　　　　68, 77, 78
文廟　　　　　　　　　　76
文明門　　　　　　　　162, 163
平安宮　　　　　　　　　39
平安京　　221, 222, 223, 233, 234,
　235, 236, 238, 243, 244
平安京図(九条家本)　　　222
平城(北魏)　19, 215, 277, 287,
　297
平城宮　　　　　　　　　221
平城京　　223, 228, 229, 230, 231,
　232, 234
平則門　　　　　　　　162, 163
辟雍　　　　　　　　　275, 276
汴州城(唐・五代)　　　　282
北京　　4, 7, 38, 61, 92, 93, 139,
　154, 160, 162, 218
北京城(明清)　　9, 10, 153, 159,
　165, 169, 182, 285, 295
北京遷都　　　　　　　　163
鳳凰山　　　　　　　　　285
法宮　　　　　　　　　　67
方丘　　　　　　　　　　285
豊宜門　　　　　　　　142, 283
豊鎬(西周)　　　　　　　270
望遠亭　　　　　　　　　75
望闕礼　　　　　　　　　76
望仙門　　　　　　　　　42
法通寺　　　　　　　　　152
奉謨堂　　　　　　　　　70

放馬灘秦代木牘地図　　　261
蓬莱宮　　　　　　　　34, 35, 42
蓬莱池　　　　　　　　　42
蓬莱殿　　　　　　　　39, 42
芳林園　　　　　　　　　217
慕華館　　　　　　　　　75
北掖門　　　　　　　　　214
北宮(前漢)　　　　　　　275
北宮(後漢)　　　　　19, 217, 276
木局　　　　　　　　　　151
北郊壇　　　　　　　　　214
北蕭関　　　　　　　　　256
北内　　　　　　　　　　34
北平城　　　　　　　　　162
ホショー・ツァイダム　　　9
蒲津　　　　　　　　　　260
ポスト・モンゴル時代　　　6
北極星　　　　　　　　　22
蒲阪関(津)　　　　　　　260
保和殿　　　　　　　　96, 97
梵像局　　　　　　　　　151

〔ま行〕

マルコ・ポーロ(Marco Polo
　馬可・波羅)　　　　　　290
秣陵　　　　　　　　　　280
秣陵集　　　　　　　196, 197, 199
無逸殿　　　　　　　　70, 71, 72, 78
夢梁録　　　　　　　　129, 131
明光宮　　　　　　　　275, 276
明受の乱　　　　　　　　122
明帝(魏)　　　　　　　　18, 19
明徳門　　　　　　　　32, 280, 281
明堂　　　120, 124, 125, 126, 127,
　275, 276
毛憲　　　　　　　　　167, 175
孟元老　　　　　　　　130, 131
毛伯温　　167, 168, 169, 175, 181
木覓山　　　　　　　　　65
門下外省　　　　　　　　30
門下省　　　　　　　　29, 30
モンゴル王公　90, 91, 93, 96, 98,
　99, 100, 101

〔や行〕

夜行の禁	145
冶城	210
幽州城(唐)	283
油漆局	151
揚州	121, 128
養心殿	98
養心門	98
雍城(秦都)	274
浴堂殿	35
豫章	122

〔ら行〕

雷禮	178
駱駝山	65
洛邑(西周)	270
楽游苑	214
洛陽(平安京の左京)	234
洛陽(魏晋)	7, 18, 19, 22
洛陽(北魏)	290
洛陽(隋唐)	290
洛陽城(後漢)	276
洛陽城(魏晋)	218, 215, 217, 212
洛陽城(北魏)	212, 214, 215, 218, 277, 288, 289, 292, 295, 296
洛陽城(隋唐)	200, 281, 286, 292, 293
洛陽城(唐)	34
洛陽牧院	240
羅城	79, 167
攬轡録	142
離	255, 256
離宮	67, 68, 77
六宮	124
陸炳	171, 172, 173, 178, 181
梨峴	75
裏城	282
李白	43, 44
里坊	217, 277, 279, 292
籬門	217
留守	233
龍尾道	32, 39, 41
隆福宮	148, 283
隆祐皇太后	118, 120, 121, 123, 124
劉豫	123
両宮制	19
両儀殿	28, 30, 33, 35
両京新記	30, 46, 47
両京制	7
両闕体制	67
両税法	48
呂大防	32, 42
臨安(南宋)	115, 121, 124, 125, 126, 127, 128, 129, 130, 131
臨安首都体制	127
臨安府城(南宋)	283, 287
臨淄(斉国故城)	270, 291
臨清	171
麟徳殿	35
麟楼閣	45
礼制	169
麗正門	128, 162, 163
霊台	276
歴代宅京記	279
路寝	41
路門	39

〔わ行〕

和義門	162, 163

執筆者紹介 （掲載順）

新宮　学（あらみや まなぶ）　　山形大学人文学部教授　中国近世史
妹尾　達彦（せお たつひこ）　　中央大学文学部教授　中国都市史
桑野　栄治（くわの えいじ）　　久留米大学文学部教授　朝鮮近世史
中村　篤志（なかむら あつし）　　山形大学人文学部准教授　清代モンゴル史
久保田和男（くぼた かずお）　　長野工業高等専門学校一般科教授　宋代史
渡辺　健哉（わたなべ けんや）　　東北大学大学院文学研究科専門研究員　元朝史
張　学鋒（ちょう がくほう）　　南京大学歴史系教授　中国考古学
小尾　孝夫（おび たかお）　　大手前大学総合文化学部准教授　魏晋南北朝史
橋本　義則（はしもと よしのり）　　山口大学人文学部教授　日本古代史
馬　彪（ま ひょう）　　山口大学人文学部教授　中国古代史
成　一農（せい いちのう）　　中国社会科学院歴史研究所副研究員　中国歴史地理

近世東アジア比較都城史の諸相

2014年2月25日　初版発行

編　者　　新宮　学
発行者　　佐藤　康夫
発行所　　白　帝　社

〒171-0014　東京都豊島区池袋2-65-1
電話 03-3986-3271
FAX 03-3986-3272
http://www.hakuteisha.co.jp/

組版・印刷　倉敷印刷㈱　製本　カナメブックス

ⓒManabu Aramiya 2014　Printed in Japan 6914　ISBN978-4-86398-151-5
造本には十分注意しておりますが落丁乱丁の際はおとりかえいたします。
Ⓡ本書の全部または一部を無断で複写複製（コピー）することは、著作権法上での例外を除き、禁じられています。本書からの複写を希望される場合は、日本複写権センター（03-3401-2382）にご連絡ください。